Serial killeuses

Ouvrage dirigé par Hervé Desinge
Conception graphique : Jef Cortes

34-36, rue La Pérouse
75116 Paris
www.hugoetcie.fr

ISBN : 9782755688993
Dépôt légal : juin 2021
Imprimé à Barcelone par : CPI BlackPrint

Virginia Ennor

Serial killeuses

Le meurtre en série au féminin

Hugo Doc

Préface

Elles ont souvent prémédité leur crime, ont parfois torturé leurs victimes avant de les exécuter. Froidement. Ce qui frappe d'abord, lorsqu'on lit les portraits dressés par Virginia Ennor de ces tueuses en série, c'est le côté méthodique de leur acte : elles ne laissent pas grand-chose au hasard, et il faut d'ailleurs des années aux enquêteurs pour dresser une liste, qui n'est sans doute pas exhaustive, de leurs crimes. Le second fait frappant, c'est qu'elles massacrent des proches. Leurs enfants. Leurs maris. Leurs amants. Et en silence. Ce n'est pas un Nordahl Lelandais qui tue à mains nues des inconnus. Ce n'est pas non plus un Dupont de Ligonnès qui massacre sa famille avec des armes à feu : non, elles choisissent le poison, souvent, la torture, parfois. La discrétion, toujours. Même quand elles assassinent leurs propres enfants, adultes ou presque, elles ne sont pas inquiétées. Ces femmes sont affreusement troublantes.

On a longtemps méconnu le fait que des femmes puissent tuer, et même massacrer. Pourtant, elles appartiennent, de fait, à la même humanité que les hommes. Et ce n'est pas parce que les femmes sont assignées, par la société, à une incarnation de la douceur maternelle qu'elles peuvent échapper à cette part de monstruosité qui est en chacun et chacune de nous. Mais que l'éducation, la société, et aussi l'amour des siens, souvent, permettent de domestiquer.

Car ce qui interpelle, chez la plupart des femmes décrites par Virginia, c'est justement leur parcours : la violence intrafamiliale ou l'instabilité, parfois, la prostitution, souvent, l'alcool, presque toujours. Et en permanence, une solitude terrifiante au moment de l'adolescence et, à une ou deux exceptions près, un rapport convulsif avec l'argent. Est-ce que cela explique leurs gestes ? Comme dirait mon fils de 17 ans, ce qui est important, c'est ce qui a amené ces femmes sur ce chemin jonché de cadavres. Pour prévenir. Pour arrêter de croire que les femmes ne tuent pas. Elles tuent silencieusement. Et on détourne le regard, c'est tout.

Alors, qu'est-ce qui peut pousser une femme aussi délicieuse que Virginia Ennor à s'intéresser à ces massacreuses ? Sa profonde humanité, justement. Virginia est cette fille capable de pleurer pendant des heures après avoir vu une photo de poussins broyés. Elle est cette fille qui ne supporte pas la violence, verbale comme physique. Elle est aussi cette femme au rire incroyable qui s'intéresse, toujours, aux angles morts de notre société, ceux qu'on refuse de voir. Elle a monté plus jeune une exposition sur les godemichés, et c'était bien avant le #meetoo. Elle s'est intéressée au dessin de presse avant que l'attentat de janvier 2015 à *Charlie Hebdo* nous force à regarder en face la place qu'il tient dans notre société. Elle est cette femme qui souffre de toute forme d'injustice. Rien d'étonnant alors à ce qu'elle s'intéresse aussi à celles qu'on préfère montrer comme des monstres, plutôt que de comprendre qu'elles sont aussi dans notre société, dans notre humanité.

Virginia a mené une enquête rigoureuse, elle a recensé les meurtres, elle a épluché les procès, les films, les interviews. Vous pourrez le voir tout au long de ce livre, elle a aussi beaucoup communiqué avec les enquêteurs et quelques acteurs de ces drames. On la sent parfois, au détour d'une phrase, horrifiée, quand une mère attache ses deux adolescentes, tour à tour, au pied d'une table, pendant des mois. Ou quand une infirmière empoisonne ses patients, des personnes âgées. Je la vois d'ici clamer : « Mais quelle salope ! » Virginia, sa rigueur autant que sa spontanéité, son franc-parler autant que sa délicatesse, se retrouvent à chacune de ces pages.

Caroline Constant

Caroline Constant, journaliste à *L'Humanité* depuis 1995. Elle y traite des médias, radios, télévisions et liberté d'expression.

Theresa Jimmie Knorr

Le 27 octobre 1993, le sergent Ron Perea, du bureau du shérif de la ville de Nevada en Californie, reçoit un appel très intrigant : au bout du fil, une jeune fille en panique, Terry Knorr, qui accuse sa mère Theresa Knorr (née Cross) d'avoir assassiné, quelques années auparavant, ses deux sœurs aînées. Terry lui parle de Sheila, 20 ans, qui est morte de faim et de soif après avoir été enfermée plusieurs jours dans un placard – dans lequel seulement un chien de petite taille pouvait se tenir debout – avant que son corps ne soit disposé dans une boîte en carton, pour finalement être abandonné en pleine montagne. Le sergent s'est souvenu qu'en effet, en 1985, la police avait bien retrouvé le cadavre d'une jeune fille du côté de la « Martis Valley », située entre le comté de Placer et celui du Nevada, dans une boîte et dans un sale état. Cependant l'affaire avait, semble-t-il, été résolue : le tueur en série Benjamin Herbert Boyle avait été arrêté et accusé d'avoir commis cet homicide. Ce n'est que lorsque Terry parle du meurtre de sa seconde sœur Suesan, 17 ans, qui a été torturée pendant des années avant d'être brûlée vive dans la « Squaw Valley », que Ron Perea commence à prendre l'appel au sérieux. Ses collègues du bureau du shérif de la ville de Thaoe, située dans le comté de Placer en Californie, avaient toujours en cours une affaire non élucidée qui datait de 1984 : le cas Jane Doe #4858-84 – Jane Doe (John pour un homme) est une expression anglaise pour désigner une personne non identifiée, en l'occurrence elle est suivie d'un numéro de dossier et de l'année de la découverte du corps. Deux jours plus tard, Perea téléphone au sergent John Fitzgerald qui se souvient très bien de ce *Cold Case.* Cela remonte certes à presque dix ans, mais il est bien déterminé à résoudre cette affaire et à rouvrir le dossier de Sheila, connue sous le matricule Jane Doe #6607-85.

I

« Je peux vous dire que Theresa était manipulatrice et une sale petite égoïste. »

Theresa Jimmie Francine Cross est née dans la capitale de l'État de Californie, Sacramento. Elle est la cadette d'une fratrie de quatre enfants. Sa mère Swannie Cross (née Gay) avait déjà eu deux enfants, William et une fille Clara, d'un précédent mariage avec Harry Tapp, mort en 1939. En 1940, Swannie rencontre le père de Theresa, James Cross, un assistant fromager, très éduqué et bien élevé. James Cross épouse Swannie à Reno le 11 juillet 1942. En 1944, elle donne naissance à Rosemary et, le 14 mars 1946, à Theresa.

Après la naissance de Theresa, Swannie se trouve un travail dans une fabrique de stylos. Sa fille Clara, en plus de son job de serveuse, doit s'occuper des deux petites pendant que les parents sont au boulot. James a la réputation d'être près de ses sous, Clara se souvient : « Avec mon frère William, nous étions obligés de donner l'intégralité de notre salaire à notre beau-père, il courait après le moindre centime. S'il avait su que je touchais des pourboires, il les aurait pris aussi. Mais je ne lui disais pas, sinon il était discret. » James est un père un peu strict, mais pas méchant, explique Robert Knorr, le second mari de Theresa. « Il lui arrivait parfois de donner des petites gifles lorsque ses enfants dépassaient les bornes, mais ce n'était pas un homme abusivement violent. » Dans le courant de l'année 1950, Clara quitte le domicile familial pour se marier. William, quant à lui, devient un petit voyou qui passe le plus clair de son temps derrière les verrous.

James et Swannie travaillent dur et peuvent du coup, au début de l'année 1950, s'offrir une jolie maison, dans la ville de Rio Linda, en Californie. Malheureusement, ce petit bonheur ne va pas durer. À la fin de la même année, James déclenche la maladie de Parkinson et se retrouve ainsi dans l'impossibilité de travailler, avec juste une modeste pension d'invalidité. C'est alors Swannie qui va subvenir financièrement aux besoins de la famille.

Sawnnie est une femme de caractère, une bosseuse et une très bonne mère. Cependant, elle ne cache pas sa préférence à l'égard de Theresa. Bea Howard, une ancienne voisine, raconte : « Sa mère disait toujours : “Oh, ma belle Theresa !” Mais je peux vous dire que Theresa était manipulatrice et une sale petite égoïste. Rosemary, non. » Theresa, qui aime également sa mère plus que tout, en joue beaucoup, elle ne cesse de narguer sa sœur et prend plaisir à répandre, ici et là, des ragots sur son compte. : « Theresa racontait à tout le monde que Rosemary était malade de jalousie à l'idée que leur mère préférait Theresa. Nous savions tous que c'était faux », raconte encore Bea. Loin de là : Rosemary s'en contrebalance, même. En revanche, Theresa est dangereusement jalouse de sa sœur. Pourtant, il n'y a pas de quoi, les deux sœurs sont tout aussi jolies l'une que l'autre. Rosemary est grande au corps athlétique, Theresa est plus petite et très fine. Mais c'est dans sa nature : Theresa veut être la plus séduisante et le centre de la terre. Il en sera d'ailleurs ainsi tout au long de sa vie, elle deviendra aussi démesurément jalouse de ses propres filles.

Les Cross sont catholiques, et James très pratiquant et très à cheval sur les principes. Cela n'empêchera pas Theresa d'avoir sa première relation sexuelle à l'aube de son adolescence. Elle adore séduire et parle beaucoup de sexe. C'est la seule chose qu'elle fera, à l'avenir, « d'à peu près » bien : séduire, puis se marier. Heike McGinnis, un ancien ami de Rosemary, dit d'elle : « Theresa était complètement obsédée par les gars, elle ne pensait qu'à ça. Rosemary était différente, discrète et bosseuse, tandis que Theresa était une petite peste capricieuse et un vrai pot de colle. » Comme on dit, un malheur n'arrive jamais seul, et cette fois Theresa ne s'en remettra pas, James non plus. Le 2 mars 1961, alors qu'elle fait les courses avec sa mère chérie, Swannie, qui souffre de diabète, s'effondre dans les bras de Theresa et meurt d'un arrêt cardiaque. Elle est enterrée le 6 mars 1961, juste huit jours avant le quinzième anniversaire de Theresa.

Après ce drame, Rosemary est contrainte de prendre les choses en main. James tremble de plus en plus, et Theresa ne s'occupe de rien. De surcroît, sa haine à l'égard de sa sœur s'accroît de façon alarmante au fil des jours.

En janvier 1962, Rosemary, qui en a assez d'être traitée comme une boniche, se marie avec Floyd Joe Norris, sans en informer son père ni sa sœur. James est si furieux quand il apprend la nouvelle qu'il fiche son aînée à la porte. Theresa se retrouve alors seule avec son père de plus en plus souffrant. James n'ayant plus les moyens de subvenir à leurs besoins décide de vendre la maison. Theresa va dès lors connaître la vie précaire, et cela ne va pas lui plaire. Elle n'a cependant pas l'intention de travailler pour autant ni de poursuivre sa scolarité. Sa solution pour remédier au problème, sera de se trouver un époux.

II

« Je lui ait dit de ne pas l'épouser, mais quand les jeunes ont une idée en tête, vous pouvez leur dire ce que vous voulez, ils ne vous écoutent pas. »

Quelques semaines à peine après le départ de sa sœur, Theresa rencontre Clifford Clyde Sanders, un ancien fermier de cinq ans son aîné. Cliff est littéralement tombé sous le charme de la jeune fille. Son frère, Tom Sanders, en revanche, ne l'apprécie guère : « Je ne l'ai jamais sentie. Quelque chose me dérangeait, mais je n'arrivais pas à définir quoi. Je lui ai dit de ne pas l'épouser, mais quand les jeunes ont une idée en tête, vous pouvez leur dire ce que vous voulez, ils ne vous écoutent pas. » Cliff épouse Theresa le 29 septembre 1962, sous dérogation puisqu'elle n'a que 16 ans, puis le couple s'installe, avec le père de Theresa, dans un petit duplex à North Highlands, dans le comté de Sacramento. Mais le mariage va rapidement battre de l'aile : Theresa est extrêmement possessive et ne cesse de faire des scènes de jalousie à son mari, souvent sans aucun fondement.

Le 16 juillet 1963, Theresa donne naissance à leur premier enfant, Howard Clyde Sanders. Cet heureux événement n'arrange pas leur problème : Theresa est de plus en plus insupportable, Cliff ne peut pas bouger une oreille sans l'avoir sur le dos. Elle l'emmène et le récupère chaque jour au travail afin de s'assurer qu'il ne puisse pas croiser d'autres femmes. Et pour empêcher qu'il ne traîne dans les bistrots, elle lui prend l'intégralité de son salaire. Elle se comportera d'ailleurs ainsi avec ses futurs maris et ses enfants, c'est d'une part une manière de garder le contrôle, mais d'autre part, Theresa est tout bonnement une femme cupide. Comme son père.

Les choses vont toutefois prendre une tout autre tournure lorsqu'elle retombe enceinte. Cliff a des doutes quant à la paternité de l'enfant, du coup c'est lui qui devient jaloux. Elle décide de le quitter et s'installe, toujours avec son père, dans un petit appartement dans un quartier pauvre de la ville de Galt.

Or Cliff adore son fils, et l'idée de vivre sans Howard lui est insupportable. Dès lors, au bout de quelques semaines, il décide de réintégrer le domicile familial. Mais les scènes reprennent de plus belle, et le 6 juillet, alors qu'il s'apprête à la quitter définitivement, elle l'abat d'un coup de fusil dans le cœur.

Elle est arrêtée, puis interrogée : elle raconte à la police que c'était de la légitime défense, que Cliff l'avait frappée et qu'elle avait voulu l'intimider pour qu'il cesse de la violenter. Selon elle, le coup serait parti tout seul. Seulement, selon James Cross, le fusil avait toujours le cran de sécurité enclenché, le coup n'a donc pas pu partir accidentellement. De plus, elle avait confié, dans la panique, à l'épouse du shérif Ysabel May chez qui elle s'était rendue après le drame, qu'elle avait volontairement tiré, mais qu'elle ne pensait pas que cela ferait autant de dégâts.

À la fin de l'interrogatoire, elle charge un officier de police de conduire Howard chez sa sœur Rosemary, mais celle-ci n'est pas très encline à s'occuper du gamin. C'est alors Bea Howard qui va prendre soin du petit en attendant le retour de Theresa. Cette dernière est transférée à la prison de Sacramento en attendant l'ouverture du procès.

III

« Les assassins n'ont pas tous la même tête que la sorcière du film de Blanche Neige. »

Le procès s'est ouvert au tribunal de Sacramento le 10 septembre 1964. Son avocat Robert A. Zariski décrit Theresa comme étant une jeune femme douce et fragile, victime d'un mari violent : « Clifford Sanders était une brute purement et simplement. C'était un tyran qui battait sa femme comme un chasseur cruel bat son chien », déclare-t-il à la Cour. Theresa, plusieurs mois avant le meurtre, s'était rendue à la police pour porter plainte contre son mari. Le couple s'était bagarré et elle avait en effet un beau bleu sur le bras, c'est sur cet incident que son avocat va construire sa défense. Cependant, plusieurs personnes de leur entourage affirment que Clifford n'était pas un homme violent, au contraire, il était selon eux terrorisé par Theresa, sa jalousie la rendait violente, elle piquait des crises de nerfs incontrôlables. La sœur de ce dernier, Lydia Hansen, confirme : « Elle a toujours dit : "Je tuerai Cliff avant qu'une autre ne puisse l'avoir." Et elle n'en était pas à son coup d'essai. Elle avait déjà tiré avec le même fusil, par chance, la balle avait atterri dans le plancher de l'appartement. »

Le procureur Donald Dorfman est persuadé de la culpabilité de Theresa : « Nous n'avons trouvé aucune marque de coup sur son corps, ce jour-là. Il est clair qu'elle a tout calculé, elle a pris le fusil, enlevé le cran de sécurité, il a tenté de se protéger avec ses mains et elle a tiré. Pour moi, c'est évidemment un meurtre au premier degré. »

Durant douze jours, les témoins de la défense et de l'accusation vont ainsi défiler à la barre. Les témoignages présentant Theresa comme une pauvre fille martyrisée sont peu nombreux, comparés à ceux qui la décrivent comme une femme froide calculatrice, menteuse et vicieuse. Mais les jurés, neuf hommes et trois femmes, ont pris Theresa en sympathie. Il faut dire qu'elle joue bien la comédie, cette jolie jeune fille avec sa petite bouille innocente. De surcroît elle est enceinte de trois mois. Donald Dorfman les a bien mis en garde : « Les assassins ne ressemblent pas tous à la sorcière du film de *Blanche Neige*. » Mais c'est trop tard, Blanche Neige a mis les jurés dans sa poche depuis belle lurette, et le 22 septembre, ils rendent leur verdict : elle est reconnue à l'unanimité non coupable. Ils le regretteront amèrement trente ans plus tard.

Lorsque le juge Charles W. Johnson a prononcé l'acquittement, elle a fondu en larmes, puis a déclaré à la presse : « La seule chose dont j'ai envie, c'est de récupérer mon bébé. » Sauf que la première chose qu'elle est allée récupérer, c'est le fusil qu'elle a utilisé pour buter son mari : « Elle m'a dit avec une immense froideur qu'il lui appartenait et qu'elle était dans son droit. Elle a ajouté qu'elle avait beaucoup aimé la façon dont j'avais plaidé. J'étais estomaqué », Donald Dorfman.

IV

« *Elle mentait extrêmement bien, même quand vous la chopiez la main dans le sac, elle affirmait avec une assurance déconcertante qu'elle ne voyait pas d'autre homme.* »

Plusieurs jours après sa libération, Theresa se décide enfin à aller chercher son enfant. Bea qui s'est attachée au petit lui propose de l'héberger, le temps qu'elle se remette sur pied. Mais à la condition que cette dernière reprenne les cours et n'aille pas courir les garçons. Theresa accepte, mais au bout d'une semaine à peine, elle enfreint déjà les règles. Malgré sa grossesse, elle traîne dans les bars, dépense la pension qu'elle touche de l'État pour élever Howard[1], dans les salons de beauté, ne s'occupe pas de son bébé et, lorsqu'elle n'arpente pas les bistrots, passe son temps affalée dans le canapé. Tout ce qu'elle veut, c'est se trouver un homme, et avec sa jolie frimousse, ses techniques de

1 Theresa, en tant que veuve, bénéficie de ce que le gouvernement appelle *survivor benefit.* Le montant varie selon la situation. Elle touche également une aide pour Howard (en 2020, le montant s'élève à 816 $ par mois et par enfant). De plus, l'État de Californie fait beaucoup dans le social, les mères veuves ou célibataires bénéficient du programme *Single mothers assistance in California :* logement social plus équivalent de la CAF qui couvre entièrement le montant du loyer, l'aide pour l'électricité, la nourriture et la couverture médicale.

drague et de manipulation, ce n'est pas très difficile. C'est sur Lee Thornsberry, un ancien soldat paraplégique, qu'elle pose son dévolu, en début d'année 1965. Le handicap de Lee ne la dérange pas, d'autant qu'il la couvre de cadeaux, l'emmène au restaurant, puis lui laisse conduire sa voiture. Lorsque Bea Howard découvre le « pot aux roses », elle réalise que de toute évidence Theresa n'a pas l'intention de reprendre le chemin de l'école. Alors, puisque Theresa n'en fait qu'à sa tête, pensant la faire réagir, Bea la menace de la foutre dehors. Theresa n'attendait que ça. Dès le lendemain, grâce aux aides de l'État, elle emménage dans un petit appartement sur Rio Linda Boulevard.

Le 13 mars 1965, la veille de son anniversaire, elle donne naissance à Sheila Gay Sanders, puis s'installe avec Lee dans une maison située dans la ville de Citrus Heights, au nord-est de Sacramento.

Si au début de leur relation, Lee trouvait Theresa charmante, la désillusion s'est rapidement installée au sein du couple, qui n'en est pas vraiment un d'ailleurs : Theresa a toujours nié qu'ils étaient ensemble. Elle recommence à traîner dans les bars, lui confie souvent Howard et Sheila, et quand elle ne lui laisse pas les enfants, elle les embarque et les enferme dans la voiture pendant qu'elle prend du bon temps. C'est aussi durant cette période qu'elle commence à frapper quotidiennement la petite Sheila – qu'elle tient pour responsable de son échec avec son ex-mari. Theresa est devenue un vrai boulet pour Lee, elle ne lui est d'aucune aide dans les tâches ménagères et, pour couronner le tout, elle s'envoie en l'air avec tout ce qui bouge : « Je savais qu'elle couchait aussi avec mon meilleur ami, mais elle mentait extrêmement bien, même quand vous la chopiez la main dans le sac, elle affirmait avec une assurance déconcertante qu'elle ne voyait pas d'autre homme », Lee Thornsberry.

À la fin de l'année 1965, Lee en assez, il prend la décision de la quitter et retourne chez ses parents, le temps qu'elle se trouve un appartement. Grosse erreur de sa part, car à peine a-t-il tourné le dos que la belle se fait la malle en emportant avec elle tous les meubles et l'électroménager. Son vol, qui va rester impuni, n'est que le début d'une longue série d'arnaques et de malversations. Theresa a plus d'un mauvais tour dans son sac.

V

« Mes parents m'ont dit, tu es en train de faire la plus grosse bêtise de ta vie. S'il te plaît, n'épouse pas cette femme. »

Décembre 1965, Robert (alias Bob) Knorr, un beau blond de 18 ans engagé dans les forces armées, est en permission à Sacramento lorsqu'on lui présente la belle Theresa : « J'avais été en cours avec sa sœur Rosemary, mais je ne me souvenais pas de Theresa », se souvient Robert. Cette dernière, maintenant teinte en blonde, ne le laisse guère indifférent. Theresa l'a bien compris, et elle n'est pas farouche : « Elle m'a littéralement sauté dessus et elle n'arrêtait pas de m'embrasser. On a fait l'amour. C'était ma première fois, alors je suis tombé fou amoureux. » Durant deux semaines, les deux tourtereaux ne se lâchent pas d'une semelle, chaque jour ils font l'amour, mais comme on dit, les bonnes choses ont toujours une fin : Bob doit repartir suivre son entraînement pour les Forces armées américaines, dans la baie de Kealakekua sur l'île d'Hawaï, avant de rejoindre, en février 1966, les troupes américaines au Vietnam. De son côté, Theresa découvre qu'elle est enceinte.

Dans le courant du mois de juillet, Bob est rapatrié d'urgence à l'hôpital de Oakland en Californie : il s'est pris, en à peine quatre mois, pas moins d'une trentaine de balles. Ses jours ne sont pas en danger, mais il n'est plus en mesure de rejoindre le front. Une situation qui enchante la jeune Theresa, elle peut désormais lui mettre le grappin dessus. Le 9 juillet 1966, Bob l'épouse, en dépit des réticences de ses parents : « Ils m'ont dit, tu es en train de faire la plus grosse bêtise de ta vie. S'il te plaît, n'épouse pas cette femme. »

Le couple s'est installé dans un logement social dans le nord de Sacramento. Theresa a entre-temps récupéré son père James, qui résidait jusqu'alors dans une maison de convalescence. Theresa va ainsi encaisser directement les chèques de la retraite et la pension d'invalidité de James, en plus de ceux qu'elle touche de l'État pour élever Howard et Sheila. Et comme elle l'avait fait avec Clifford, son ex-mari, elle exige de Bob qu'il lui verse l'intégralité de sa pension de l'armée.

Theresa est égale à elle-même, elle lui fait scène sur scène. Car, en dépit de ses cicatrices, Bob est resté très beau garçon. Il est prévenu, s'il a le malheur de la tromper, elle lui troue la peau : « Elle m'a dit qu'elle l'avait déjà fait une fois, et cela ne la gênerait pas de recommencer », se souvient Bob.

Ils vont en tout se séparer et se réconcilier trois fois, puis ils couperont définitivement les ponts dans le début de l'année 1970. Ils ont eu ensemble, en quatre ans de vie commune, quatre enfants ; Suesan Marline née le 27 septembre 1966, William Robert né le 15 septembre 1967, Robert Wallace né le 31 décembre 1968, et la petite dernière Theresa (alias Terry) née après leur séparation le 5 août 1970. Bob a toujours pensé que Terry n'était pas de lui.

Pour obtenir la garde des enfants et une belle pension alimentaire, Theresa accuse Bob d'avoir été un mari et un père violent. Ironie du sort, c'est le juge Charles W. Johnson, celui-là même qui avait présidé son procès pour le meurtre de son premier mari, qui ordonne le jugement de divorce. Le 3 juillet 1970, le couple est officiellement divorcé.

Bob est plumé, mais le cauchemar pour lui est terminé : pour les enfants, en revanche, il ne fait que commencer.

VI

« Ron aimait ma mère pas de doute, mais elle non, je crois que ma mère était juste intéressée par l'argent. »

De nouveau libre, Theresa repart à la chasse à l'homme ; pour ce faire, elle se trouve un petit boulot dans un bar et c'est ainsi qu'elle rencontre, fin décembre 1970, Ronald K. Pulliam, un cheminot de 28 ans. Malgré ses six grossesses, Theresa, qui a maintenant 25 ans, est toujours aussi attirante. Ron tombe lui aussi sous son charme. Et au bout de trois mois, il lui demande de l'épouser. Ils se marient le 27 mars 1971, dans une petite chapelle dans la ville de Reno.

Theresa ne perd pas le nord, elle veut une nouvelle maison et tout de suite. Ron ne supportant plus la pression cède à son caprice. Et au mois d'août, ils emménagent dans un joli bungalow au 3825 William Way, à Sacramento. Ron est super avec les enfants et Theresa semble beaucoup plus paisible, Ron parvient même à la convaincre de laisser les petits aller, de temps en temps, chez leur père. Mais cela ne va pas durer. Comme on dit, « chassez le naturel, il revient au galop. » Bob s'est remarié et son épouse, Goergia, est adorable avec les gosses. Theresa ne supporte pas l'idée que ses enfants puissent aimer une autre femme : « Un jour, elle a appelé Bob, pour lui dire : "Je ne veux pas que ta salope de femme embrasse mes enfants », se souvient Georgia. Theresa leur a fait vivre une telle misère que Bob et son épouse ont fini par jeter l'éponge. Et à partir de ce jour-là, les enfants ne reverront pas leur père avant très longtemps, enfin du moins Terry, William et Robert. Suesan n'aura pas cette chance. Theresa ment comme elle respire, elle n'a jamais tort et elle rend toujours les autres responsables des méfaits qu'elle crée. Elle va ainsi monter les enfants contre leur père en inventant toutes sortes d'histoires à dormir debout telles que « votre père est un monstre, il se drogue, il nous frappait, vous et moi ». « Ma mère excellait dans l'art de nous manipuler. Elle utilisait la peur, l'amour parfois, pour nous contrôler. Elle nous a fait subir un vrai lavage de cerveau, et nous a inculqué la peur des étrangers et de la police », se souvient Howard.

Pour Ron, c'est aussi le début des ennuis. Elle se remet à picoler, à sortir, en le laissant souvent seul avec les enfants, dépense tout son argent et disparaît même parfois durant plusieurs jours. Ron est gentil, mais il a ses limites. Et en décembre 1972, le couple divorce. Mais Ron est toujours amoureux de Theresa et très attaché aux gamins. Il lui laisse alors une seconde chance : « Ron aimait ma mère, pas de doute, mais elle non, je crois qu'elle était juste intéressée par l'argent », explique Terry. Theresa revient vivre bien volontiers à ses côtés, mais dans le même temps elle le trompe avec Ron Bullington, un homme de quelques années son cadet. Là, c'est la goutte d'eau, Ron la somme de partir sur-le-champ, mais elle refuse et le fait chanter : elle ne partira que s'il l'aide financièrement à acheter une maison. Ron qui veut se débarrasser d'elle au plus vite accepte et, en mars 1973, Theresa s'installe avec les enfants au 5539 Bellingham Way, à Orangevale, une banlieue de Sacramento, et à quelques pâtés de maisons de sa sœur Rosemary.

Mais Ron n'en a pas encore fini avec sa future ex-femme. Dans le courant du mois d'avril, elle attend qu'il soit au boulot pour lui voler, avec l'aide de son nouveau petit ami, ses meubles, son électroménager et son pistolet. Ron, furieux, se rend à la police, qui ne peut rien faire. Il tente de déposer une plainte auprès du tribunal, en vain. On pourrait penser que c'est une plaisanterie, mais non, c'est encore le juge Charles W. Johnson qui prononcera le divorce. Tout est, bien entendu, la faute de Ron : elle prétend qu'il l'a menacée de la tuer, et ce serait la raison pour laquelle elle lui aurait confisqué son pistolet. Quant aux meubles, elle affirme qu'ils sont à elle. Le juge lui donne à nouveau gain de cause.

Sa liaison avec le jeune Ron Bullington n'a pas duré très longtemps. Après leur rupture, elle recommence à fricoter avec des amants ici et là, mais dorénavant aucun homme ne franchira la porte de sa nouvelle maison.

VII

« Je ne l'ai pas reconnue tout de suite. Quand elle s'est rappelée à ma mémoire, j'avais du mal à y croire, je me suis dit, mais quel culot ! »

Sans Ron, l'argent commence à manquer : les pensions alimentaires de ses ex-maris, la pension de son père – lequel est maintenant en maison de convalescence –, celles de Howard et Sheila ne suffisent pas à combler les goûts de luxe de Madame. Elle croule sous les dettes et paie ses factures avec des chèques en bois. Elle décide alors de se bouger un peu et trouve des petits boulots ici et là : elle travaillera un temps en tant qu'aide-soignante, puis en tant que femme de ménage… Dans le courant de l'année 1976, dans son bar favori, l'*American Legion hall,* elle rencontre celui qui sera son dernier mari, Chet Harris, un journaliste de 59 ans, pas très sexy mais doté de pas mal d'argent. Leur histoire ne va pas, non plus, durer longtemps. Juste le temps suffisant pour permettre à Theresa de lui dilapider sa petite fortune. Ils ont commencé à flirter, début août, et se sont mariés le 23 du même mois. C'est un tantinet précipité, mais les jolies femmes de 30 ans ne se bousculent pas à son portillon, alors Chet a sauté sur l'occasion. Il va, lui aussi, s'en bouffer sacrément les doigts. Après le mariage, elle s'installe chez lui avec les enfants. À peine a-t-elle posé ses jalons qu'elle le pousse à prendre un crédit pour agrandir la maison. Mais une partie du prêt va servir à rembourser ses chèques en bois, ainsi que ses dettes. Puis elle déroule le même scénario, elle boit, sort, lui laisse les enfants et le trompe… Chet et Suesan s'entendent à merveille, les deux partagent les mêmes intérêts pour la littérature. Ils passent de longs moments ensemble à discuter de politique, mythologie et ésotérisme. Cette proximité n'est pas du goût de Theresa. Elle les soupçonne de vivre une histoire beaucoup plus intime.

Entre Chet et Theresa, les tensions montent chaque jour davantage, jusqu'au moment de l'explosion en octobre, soit trois mois après leur mariage. Theresa réintègre bien volontiers sa maison à Orangevale, toutefois bien déterminée à le plumer lui aussi. Theresa est une femme excessive dans tous les sens du terme, et sans aucune once de bon sens. Pour assurer sa défense, Madame décide d'aller solliciter l'aide de Donald Dorfman, le procureur – dorénavant devenu avocat – qui voulait la faire tomber pour meurtre au premier degré en 1964 : « Je ne l'ai pas reconnue tout de suite. Quand elle s'est rappelée à ma mémoire, j'avais du mal à y croire, je me suis dit, mais quel culot ! J'ai bien sûr refusé de la défendre, mais je l'ai tout de même recommandée à un de mes confrères », se souvient Donald.

Cette fois-ci, elle accuse Chet Harris d'avoir tenté de la forcer à tourner dans des films pornographiques : Chet aimait photographier des femmes nues, ses modèles étaient le plus souvent ses ex-femmes, et Theresa s'en était offusquée. C'est encore le juge Charles W. Johnson qui est chargé de prononcer le divorce. Il prendra, pour la dernière fois, une énième fois, son parti. Le juge condamne Chet à lui verser quelques milliers de dollars, en échange de sa propre maison, ainsi qu'à lui donner tout son électroménager. Chet et Theresa Harris sont officiellement divorcés le 17 décembre 1976, soit six mois après leur première rencontre.

VIII

« *Elle m'a enfermée dans le congélateur, elle s'est assise dessus avec l'aide de mon frère Howard, afin que je ne puisse pas en sortir.* »

Theresa va pour l'heure ne plus faire grand-chose, hormis aller à la messe le dimanche, dans les bars le soir et terroriser ses enfants : « Un jour, je suis rentré de l'école, la porte était grande ouverte, ma mère avait disparu. J'ai dû m'occuper de tout, le dîner, les courses… Puis elle a réapparu quatre jours plus tard avec le shérif. Elle m'a accusé de l'avoir menacée avec un fusil. Bien sûr, c'était faux », se souvient Howard. Maintenant qu'elle n'a plus d'homme à harceler, ce sont les enfants qui vont morfler. Oh, elle les maltraite depuis leur naissance, mais cela va désormais prendre une tout autre tournure. William se souvient : « Un soir, elle est rentrée très ivre, elle avait joué aux fléchettes et elle était contente, car elle disait qu'elle était très douée, elle nous a demandé de nous coller au mur, j'étais le premier, et elle s'est mise à lécher le couteau avant de le lancer, j'ai eu la peur de ma vie, j'ai fermé les yeux et quand je les ai rouverts, le couteau avait atterri au-dessus de mon épaule. Puis ce fut au tour de Sheila, elle s'est ratée. Le couteau a atterri dans l'épaule de Sheila avant de tomber par terre. Sheila n'était pas gravement blessée, mais elle saignait beaucoup. Ma mère ne s'est pas excusée, au contraire, elle était très en colère, elle a accusé Sheila d'avoir fait exprès de bouger. » Au grand dam des gamins, elle devient chaque jour de plus en plus paranoïaque : « Je devais avoir 8 ans, quand un jour où elle s'entretenait avec mon professeur, je l'ai prise dans mes bras et je lui ai dit que je l'aimais. Elle m'a regardée de travers. Une fois rentrés à la maison, elle m'a dit que j'avais fait ça parce que j'avais certainement dû dire du mal d'elle, puis elle m'a enfermée dans le congélateur, elle s'est assise dessus avec mon frère Howard, afin que je ne puisse pas en sortir », confie Terry. Dès que les enfants parlent entre eux, elle s'imagine qu'ils complotent dans son dos, et pour leur extorquer des aveux, elle les frappe, les brûle avec des cigarettes et les menace à coups d'armes à feu…

Theresa hait ses filles, elles sont extrêmement charmantes et ça la rend folle de jalousie. Pour les punir d'être jolies, elle les tabasse avec un genre de batte de base-ball, sur laquelle est inscrit *The board of education*, mais le pire est qu'elle demande à ses garçons d'immobiliser les gamines au sol pendant qu'elle frappe. Elle cogne aussi ses fils, néanmoins beaucoup moins souvent.

Son intérêt pour la religion n'arrange pas la situation. Theresa est persuadée qu'elle descend de la lignée du roi d'Israël, David, et que son père James est le dernier homme d'une lignée de mauvais esprits à l'origine d'un complot pour détruire la planète. Dès lors, pour éradiquer le mauvais sort, elle force les enfants à l'écouter réciter des versets bibliques, en pleine nuit et durant des heures, et leur colle des tartes s'ils ont le malheur de s'endormir.

Elle exerce une emprise totale sur leur mental, et ils n'ont d'autres choix que de se soustraire à sa frénésie sadique s'ils veulent rester en vie. Néanmoins, les enfants grandissent et vont bientôt atteindre l'âge de la rébellion, et cette idée la fait paniquer : s'ils se mettaient à parler ? Si quelqu'un venait à découvrir les sévices qu'elle leur inflige, elle risquerait de prendre cher, et les enfants seraient placés illico auprès des services sociaux. L'idée de vivre sans ses garçons lui est insoutenable, et même si elle les déteste, elle considère que ses filles sont sa propriété. Dès lors, elle décide de ne plus les laisser voir leurs amis ni même de sortir, à part pour faire les courses et aller à l'école. Elle chronomètre chaque trajet, de l'école ou des magasins jusqu'à la maison, et au moindre retard, c'est la trique assurée. Une amie d'enfance de Suesan racontera aux enquêteurs, en 1993, que cette dernière devenait hystérique si son bus n'arrivait pas à l'heure, car elle savait qu'elle prendrait cher si elle rentrait chez elle en retard.

Pour échapper à cette atmosphère délétère, William, âgé de 10 ans, se trouve un petit boulot de vendeur de journaux à la criée. Theresa ne s'y oppose pas tant que c'est elle qui encaisse le salaire de son fils : William s'en fout, elle peut bien prendre tout ce qu'elle veut tant qu'il peut fuir cet enfer, c'est tout ce qui compte à ses yeux. Howard, quant à lui, s'est lancé dans le trafic de drogue, et lorsqu'il en rapporte à la maison, tout le monde en profite, la marijuana est la seule chose qui leur procure un peu de bonheur. Terry a fumé son premier joint à l'âge de 8 ans. Bizarrement, Theresa laisse faire.

IX

« Lorsque les assistantes sociales sont parties, ma mère a menotté Suesan au pied de la table de la cuisine, elle y est restée attachée deux ans, il me semble. »

Suesan est devenue une adolescente brillante, elle a du caractère et commence à transgresser les règles imposées par sa mère. Elle sèche souvent les cours pour rendre visite à Chet Harris avec qui elle passe des heures à discuter de sciences occultes. Lorsque Theresa a découvert les activités secrètes de sa fille, elle est devenue hystérique : elle s'est alors imaginé que Chet initiait Suesan à la magie noire. Et que cette dernière était une sorcière qui lui jetait des sorts dans le but de la faire grossir : Theresa est devenue obèse, il faut dire qu'elle boit comme un trou.

Un jour, Suesan, qui en a assez, trouve le courage de s'échapper. Mais au bout de quelques jours à traîner dans les rues, elle se fait arrêter par la police. Elle profite de l'occasion pour leur raconter les mauvais traitements qu'elle subit quotidiennement et les supplie de ne pas la ramener chez elle. Les policiers entendent l'appel à l'aide de la jeune fille et la placent aux Child Protective Service offices de Sacramento. Elle réitère son histoire aux travailleurs sociaux, qui décident d'aller rendre une petite visite à Theresa. Mais cette dernière a plus d'un tour dans son sac, elle excelle en matière de manipulation et sait se montrer charmante quand il le faut : d'un air mielleux, elle accuse Suesan d'être une enfant ingérable, malade, attardée mentale, mythomane et dangereuse. Rien que ça. Ils questionnent tout de même les enfants chacun leur tour. William se souvient :

« Ma mère était dans la pièce, elle nous fixait droit dans les yeux, quand les deux femmes nous interrogeaient.

– Est-ce que ta maman te frappe ?

– Non, Madame.

– Est-ce que tu as déjà vu ta maman frapper Suesan ?

– Non, Madame.

– Est-ce que ta maman est violente ?

– Non, Madame. »

William regrette aujourd'hui, amèrement, de ne pas avoir eu le courage de dire la vérité, mais à l'époque il était loin de se douter de ce qui allait se passer ensuite : « Lorsque les assistantes sociales sont parties, ma mère a menotté Suesan au pied de la table de la cuisine, elle y est restée attachée deux ans, il me semble. C'était sa façon, à elle, de nous dire : "Vous voyez ce qu'il va vous arriver si vous dites du mal de moi à qui que ce soit. »

Si les travailleurs sociaux s'étaient donné la peine ne serait-ce que d'interroger leurs professeurs, ils auraient su que ceux-ci avaient constaté que les enfants étaient mal nourris, sans parler des absences fréquentes. Les voisins savaient tous que quelque chose ne tournait pas rond avec Theresa. Une ancienne voisine déclarait aux journalistes en 1993 : « Les enfants étaient toujours nerveux et tendus. Quant à elle, on ne la voyait quasiment jamais, elle utilisait toujours la porte arrière de la maison pour sortir. Je savais qu'ils étaient bizarres, mais je ne savais pas qu'ils l'étaient à ce point-là. » Suesan serait aujourd'hui probablement encore en vie.

X

« *Suesan était détachée et ma mère a foncé sur elle avec le pistolet, puis lui a tiré dessus.* »

Nul doute maintenant que Theresa est complètement siphonnée, mais elle va se surpasser encore : elle drogue Suesan par peur que cette dernière ne lui jette des sorts, et force ses enfants à garder un œil sur leur sœur absolument tout le temps, tout en leur interdisant formellement de lui adresser la parole.

William s'en veut : « Avec le recul, on aurait pu la détacher et tous se sauver. Mais où serions-nous allés ? » Outre le supplice de devoir rester attachée sous une table sans pouvoir se lever ni se retourner, ses membres font terriblement souffrir Suesan : elle a des problèmes de circulation du sang, ce qui engendre toutes sortes de symptômes comme des sensations de picotement dans les membres inférieurs (jambes, chevilles et pieds), des pieds anormalement froids, le bleuissement de la peau à certains endroits (manque d'oxygène), des taches rougeâtres de différentes dimensions et des plaies aux membres inférieurs qui tardent à guérir, des varices (veines) douloureuses et enflées aux jambes, de la constipation, de l'épuisement et de la fatigue (les muscles peuvent être affectés par une circulation lente) ainsi que la perte d'appétit et une perte de poids… Les seuls moments de bonheur sont quand elle doit se rendre aux toilettes : si Theresa est de bonne humeur, Suesan a alors le droit de se dégourdir les jambes durant quelques heures.

Dans le même temps, Theresa continue de prendre du poids : cette fois, elle en est certaine, c'est Suesan qui, pour se venger, incante des « versets sataniques » dans le but de la faire grossir. Theresa va lui faire payer cher : elle se met à forcer Suesan à avaler des saladiers entiers de macaronis au fromage, agrémentés d'une bonne dose de graisse de porc (saindoux), et ce plusieurs fois par jour. Si Suesan vomit, elle l'oblige à manger ses vomissures. Au bout d'une semaine de tortures, Theresa constate que Suesan n'a pas pris un gramme, elle sombre alors dans un délire psychopathique. Elle la détache, la menace d'un pistolet, lui hurle dessus. Sheila et Terry la supplient d'arrêter : « Elle a ensuite ordonné à Terry de prendre l'arme, elle avait tout juste 13 ans, et de la braquer contre Suesan. Terry tremblait comme une feuille. Ma mère m'a ensuite demandé de la suivre dans la cuisine pour préparer le déjeuner, je me souviens que les bols étaient si brûlants que j'en ai renversé un, et là, j'ai entendu un coup de feu. Le bruit du choc sur le sol a dû faire sursauter Terry, et le coup est parti. Le sol était couvert de sang, ma mère s'est empressée de nettoyer le plancher, l'état de ma sœur ne lui importait guère : tout ce qu'elle voulait, c'était effacer les traces. » Cela étant, Terry a de son côté une tout autre version : « Suesan était détachée et ma mère a foncé sur elle avec le pistolet, puis lui a tiré dessus. » Peu importe qui a raison, le fait est que Suesan s'est bien pris une balle dans l'abdomen, laquelle est allée se loger dans le dos. Le coup n'a pas été fatal, néanmoins il aurait mieux valu pour elle : ce que Theresa va ensuite lui faire subir est « mille fois pire » que ce qu'elle vient de traverser. Et c'est peu dire.

Suesan est placée dans la baignoire, dans laquelle elle restera durant un mois. Bien évidemment, Theresa n'appelle pas de médecin, il aurait inévitablement signalé l'incident à la police. C'est donc elle qui va la soigner avec toute une panoplie d'anesthésiques et d'antibiotiques qu'elle avait gardés de son bref emploi d'aide-soignante. Elle panse la plaie et la nourrit presque affectueusement, mais pour le reste, c'est à Sheila et Terry de nettoyer les excréments. Au bout d'un mois, Suesan recouvre miraculeusement la santé. En revanche, l'état mental de Theresa s'est littéralement aggravé. À peine remise sur pied, Suesan est renvoyée sous la table de la cuisine, et les supplices vont aller crescendo jusqu'à l'ultime atrocité. Vivre auprès de Theresa, c'est comme être au cœur d'un film d'horreur : *Shining* de Kubrick, à côté, c'est *La petite maison dans la prairie*.

XI

« Ma mère m'avait assuré que Suesan était morte, j'étais tellement en état de choc que je n'ai pas vérifié si elle respirait. Elle braquait son pistolet sur moi, alors, lorsqu'elle m'a dit : "Toi, tu allumes l'allumette, tu la lâches et tu cours", je l'ai fait. »

Dans le courant de l'année 1983, Robert Knorr, son second mari, qui était à la recherche de ses enfants depuis un bon bout de temps – Theresa n'avait pas d'adresse à proprement dit, elle recevait son courrier dans une boîte postale – se pointe chez son ex-femme. Les enfants sont là, mais Theresa leur ordonne de se taire : « Elle nous a toujours décrit notre père comme étant un monstre, alors on a obéi. Avec le recul, si nous avions pu lui parler, tout aurait certainement été différent », explique Terry. On ne connaît pas la raison qui l'a poussée à déménager, toujours est-il qu'en novembre de la même année, elle vend la maison et loue un petit appartement situé sur Auburn Boulevard, dans le nord de Sacramento : le quartier est pauvre, entouré de motels miteux, de prostitués et d'adolescents trafiquants de drogue à bicyclette, le type d'endroit où les résidents ont suffisamment de problèmes pour ne pas s'intéresser à ceux des autres. Howard, quant à lui, est alors installé avec Connie Sue depuis plusieurs mois et coupe progressivement les ponts avec sa mère.

Avec l'argent de la vente, Theresa achète deux voitures, une pour elle et l'autre pour William, elle offre aux garçons des places de concerts, des instruments de musique. Elle achète quelques vêtements à Terry. Rien pour Suesan et Sheila, car elle a beaucoup mieux à leur offrir : elle les autorise à sortir en dehors de la maison. Theresa aurait-elle repris ses esprits ? Pensez-vous ! Suesan et Sheila vont dorénavant aller dans la rue, pas pour prendre l'air ni s'amuser mais pour se prostituer. Vu qu'elle les a retirées de l'école depuis belle lurette, autant qu'elles lui servent à quelque chose, se dit-elle.

Pour Suesan, c'est pourtant une échappatoire : pendant ce temps, elle ne croupit pas sous la table : « Je me suis toujours demandé pourquoi Suesan n'a pas tenté de s'enfuir. Je pense qu'elle avait peur de ce qui pourrait se produire si elle était à nouveau rattrapée », se rappelle tristement Terry.

Au printemps 1984, soit cinq mois après la vente de la maison, Theresa a déjà tout dépensé et les passes de ses filles ne lui suffisent pas, ce qui aggrave son état mental de façon effrayante. Suesan n'a maintenant plus le droit de lever les yeux, Theresa la frappe à coups de pied dans le ventre chaque fois qu'elle passe devant elle. Pour aller aux toilettes, elle doit lever le doigt et a l'interdiction formelle de l'appeler maman. Désormais, elle doit dire : « Puis-je aller aux toilettes Madame Knorr ? » Elle la gave de plus en plus, lui enfonçant souvent la cuillère tout au fond la gorge.

Suesan perd de plus en plus souvent connaissance, son teint est devenu jaunâtre, ses beaux yeux bleus aussi. Sa mine cadavérique ne fait qu'accroître la conviction de Theresa que sa fille est possédée par le démon. Malheureusement, personne ne bronche devant son agonie : « Un jour, elle a balancé une paire de ciseaux sur Suesan, lesquels se sont logés dans son dos. Et là, elle l'a détachée, comme si elle avait des remords, elles ont bu de l'alcool et fumé des joints ensemble. On aurait dit des vieilles copines », confie Terry. Suesan entrevoit là une lueur d'espoir et demande à sa mère de la laisser partir en lui promettant de ne jamais révéler à quiconque ce qui s'est passé. Elle veut partir vivre en Alaska. Theresa lui répond : « Ok, mais avant, je vais t'enlever la balle que tu as dans le dos. » Theresa veut supprimer tout indice qui risquerait de la compromettre. Suesan accepte. Pour l'anesthésier, elle lui fait avaler une poignée de Melleril, un antipsychotique, et boire une demi-bouteille de whisky. Suesan s'écroule sur la couverture sur laquelle elle dort depuis maintenant presque deux ans. C'est Robert qui est chargé de faire le sale boulot. Et à l'aide d'un couteau, il retire la balle. Suesan s'en sort, mais pas pour longtemps. Theresa la gave d'antibiotiques, sans succès. L'état de la jeune fille se détériore chaque jour davantage, elle a beaucoup de fièvre, délire, ne mange plus et n'a plus la force de boire. Dans la nuit du 16 juillet, Theresa décide d'en finir, et pour s'assurer que l'esprit de Suesan ne revienne la hanter, elle va se débarrasser de sa fille de 17 ans, de la même manière que les chrétiens se débarrassaient de ces « pseudo-sorcières » à l'époque de la Renaissance. Elle ordonne à William et Robert de charger leur sœur dans la voiture. Ils prennent la route en direction des montagnes, mais un problème mécanique les contraint à faire demi-tour. Le lendemain, même scénario, mais cette fois ils reviendront sans Suesan. Le corps de la jeune fille a été déposé dans la Squaw Valley. Theresa l'a aspergé d'huile d'olive puis d'essence. « Ma mère m'avait assuré que Suesan était morte, j'étais tellement en état de choc que je n'ai pas vérifié si elle respirait. Elle braquait son pistolet sur moi, alors, lorsqu'elle m'a dit : "Toi, tu allumes l'allumette, tu la lâches et tu cours", je l'ai fait », se souvient William.

Le lendemain matin, Suesan est retrouvée par deux randonneurs. Le shérif Donald J. Nunes du comté de Placer, se souvient : « Je n'avais jamais vu un cas aussi bizarre, c'était pathétique, cela dépassait l'entendement humain. »

Quand Nunes est arrivé, dans le courant de la matinée, le corps fumait encore, il était si gravement brûlé que la police scientifique n'a pas été en mesure d'identifier la victime : une partie des mains avait cramé, en l'occurrence juste les doigts, laissant les flics dans l'impossibilité de prélever des empreintes digitales. Quant à son visage, toute la partie gauche était carbonisée, ils ont alors dû avoir recours à une reconstitution faciale via ordinateur. Le portrait-robot est dès le lendemain diffusé dans la presse. Malheureusement, personne n'a reconnu Suesan et personne dans le voisinage n'a constaté sa disparition. D'une certaine manière, c'est comme si elle n'avait jamais existé. Le médecin légiste, le docteur Cunha, confirmera après l'autopsie que Suesan, identifiée Jane Doe #4858-84, était encore vivante lorsqu'on l'a embrasée. Quand on regarde la photo du corps, la douleur et la terreur ressenties par Suesan sont palpables : son bras gauche est en l'air et repose sur son coude, comme si elle avait tenté de lever le bras pour demander de l'aide.

XII

« J'ai refermé la porte du placard, parce que ma mère arrivait, en fait j'ai placé ma vie au-dessus de celle de Sheila, et je n'aurais pas dû faire cela. C'est pourquoi j'ai beaucoup de difficulté à vivre aujourd'hui. »

Dès le lendemain de cette atroce tragédie, Sheila devient la cible de Theresa. La jeune fille doit nettoyer avec une brosse à dents et de l'eau de Javel l'endroit où, durant des mois, elle a vu sa sœur agoniser.

Robert et Terry sont toujours scolarisés, William, quant à lui, a trouvé un boulot dans un théâtre, les trois peuvent ainsi s'échapper quelques heures par jour de cet enfer. En revanche, Sheila n'est autorisée à sortir que pour se prostituer. Terry s'interroge encore : « Pourquoi ma sœur n'en a jamais profité pour s'enfuir ? »

Un soir d'hiver de l'année 1985, Sheila, qui rentrait chez elle à bicyclette, est renversée par un corbillard, devant une maison funéraire. Elle est conduite à l'hôpital mais s'en sort avec juste quelques ecchymoses. Theresa n'a manifesté aucune empathie à l'égard de sa fille, au contraire elle s'est mise en colère et s'est persuadée que Sheila aurait été tuée lors de l'accident, que son âme se serait envolée vers le ciel et qu'une entité démoniaque se serait emparée du corps de sa fille.

Peu de temps après cet incident – lequel n'allait pas rester sans conséquences –, Theresa se fait embaucher en tant que femme de ménage par un septuagénaire marginal, Lucien, qui vit dans un camion aménagé garé juste à côté de chez elle. Son emploi fera long feu : Lucien se rend compte que pas mal de ses effets personnels disparaissent à chacun de ses passages. Elle envoie alors Sheila pour la remplacer. Sheila est heureuse, cela lui permet de s'aérer un peu, d'autant plus que Lucien est un homme charmant et intelligent. Ils discutent ensemble de voyage, de littérature, de tout ce dont elle est privée par Theresa en somme. Mais ces instants de bonheur ne vont pas durer.

Sheila a 20 ans et elle est très jolie, mince et dotée de beaux cheveux longs châtains : Theresa pense que sa fille couche avec Lucien contre quelques dollars dans le but de s'enfuir en Alaska. Encore une fois, cette histoire n'est que le fruit de son imagination paranoïaque. Elle tente alors de lui extorquer des aveux, en la frappant avec une telle violence qu'il lui est maintenant impossible de la laisser à nouveau mettre le nez dehors sans prendre le risque que quelqu'un ne remarque les bleus dont elle est couverte. À cela s'ajoute un nouveau délire qui va la faire basculer dans une perversité innommable : elle s'imagine que Sheila est enceinte et a contracté une MST. Sheila a beau lui dire qu'elle se fait des idées, rien n'y fait. Theresa est rongée par la haine et dominée par la folie : pour la punir de lui mentir, elle oblige la jeune fille à rester des journées entières à genoux à regarder le sol, les mains ligotées dans le dos, avec interdiction de bouger ni de lever les yeux. Au moindre mouvement, les coups se mettent à pleuvoir. William raconte : « Un jour, je lui ai dit : "Mais qu'est-ce que tu fais ? La mort de Suesan ne t'a pas suffi ?" Elle a essayé de me frapper, je me suis rebiffé et je lui ai dit que plus jamais elle ne lèverait la main sur moi, puis je suis parti. Pour de bon. »

Dans le même temps Theresa continue de prendre du poids, Suesan n'étant plus, ce ne peut donc être que la faute de Sheila. Theresa se construit alors un nouveau scénario : Sheila lui aurait filé sa « MST imaginaire » en s'asseyant sur la cuvette des toilettes, et ce serait la raison pour laquelle Theresa grossit. On nage en plein délire, mais tristement, Theresa en est vraiment convaincue. Sheila est alors à son tour menottée au pied de la table de la cuisine, où elle va subir le même sort que sa sœur Suesan : gavage comme une oie d'aliments gras en grosse quantité et, si elle régurgite, elle doit manger ses vomissures. Puis, selon Terry : « Un jour ma mère l'a détachée pour l'interroger sur cette soi-disant MST, elle voulait que Sheila avoue, mais Sheila n'avait absolument rien. Ma mère s'est mise à la frapper et, pour la première fois de ma vie, j'ai vu Sheila se rebiffer. » Sheila venait de signer son arrêt de mort. Theresa, avec l'aide de Robert, enferme sa fille dans un placard dans lequel seul un chien de petite taille pouvait tenir debout. Et là, tout bascule comme dans un véritable film d'horreur.

Sheila supplie sa mère de la laisser sortir, mais cette dernière prend un malin plaisir à la faire souffrir : à tel point qu'elle a placé une serviette en bas de la porte, pour étouffer les cris, certes, mais aussi pour empêcher l'air de passer. Terry ne se souvient pas d'avoir vu sa mère ouvrir une seule fois la porte du placard pour la nourrir : « Un jour où ma mère s'est absentée, j'ai ouvert le placard, et elle s'est écroulée. J'ai pleuré, je me sentais si mal. J'avais ouvert le placard parce que ma sœur pleurait, elle avait très chaud, elle voulait quelque chose à boire. Je lui ai donné une bière. C'est tout ce que j'ai trouvé. Puis j'ai refermé la porte du placard, parce que ma mère arrivait, en fait j'ai placé ma vie au-dessus de celle de Sheila, et je n'aurais pas dû le faire. C'est pourquoi j'ai beaucoup de difficulté à vivre aujourd'hui. »

La seule chose dont Robert et Terry se souviennent : « Au fil des jours, ses cris se sont affaiblis et puis un jour plus rien, on ne sait plus combien de temps Sheila est restée enfermée, sans boire ni manger », raconte Robert.

En revanche, ce dont ils se souviennent, c'est l'odeur qui s'en dégageait. C'est d'ailleurs cela qui a décidé Theresa à ouvrir cette satanée porte. Le corps était dans un tel état de décomposition que cela ne faisait belle lurette que Sheila était morte. Et d'une mort atroce. Theresa n'a, selon Terry, manifesté aucune émotion, elle est restée figée à contempler son œuvre. La seule chose qui lui importe, désormais, c'est de se débarrasser du corps.

Ce sont encore ses garçons et sa fille qui vont faire le sale boulot. William, qui ne voulait plus jamais entendre parler de sa mère, va être contraint de lui filer un coup de main : « Robert est arrivé à vélo chez moi et m'a dit : "Maman veut te voir tout de suite. Et j'imagine que tu n'as pas envie que ce soit elle qui vienne te chercher ? »

William a du mal à croire ce qu'il voit, le spectacle est insoutenable. Le corps de sa sœur est mou mais figé en position fœtale, ses mains, même si les liens se sont fondus dans la chair, sont toujours ligotées. Malgré la quantité de sang et l'odeur de putréfaction, William et Robert réussissent à garder leur calme pendant qu'ils placent le corps de leur sœur dans une boîte en carton. Ils prennent ensuite la route en direction des montagnes, c'est Theresa qui conduit. Sur le chemin, William l'interroge : « Je lui ai demandé ce que tout cela signifiait. Elle m'a répondu qu'elle avait entendu un bruit qui émanait du placard, puis que Sheila était morte. Je lui ai alors demandé qu'est-ce que Sheila faisait dans le placard. Elle m'a répondu, peu importe, et après cela nous n'avons plus échangé un mot. »

Après cette nuit cauchemardesque, William a littéralement coupé les ponts avec sa famille. Il ne reverra sa mère qu'en novembre 1993, le jour de leur comparution devant le tribunal.

Le 21 juin 1985, Elmer Barber, le gardien du Martis Creek Camping situé près du Martis Creek Lake (sur les États de Californie et du Nevada), fait sa ronde habituelle – le coin est près de la route mais suffisamment excentré pour que les gens y balancent leurs déchets sans se faire remarquer – quand il aperçoit un carton de la taille d'un emballage de téléviseur. Il doit s'en débarrasser avant que les randonneurs n'arrivent. « Lorsqu'il a ouvert la boîte, un bras lui est tombé dessus. C'était un amas de puanteur, et c'est un euphémisme », se souvient son épouse Hazel Barber. C'est la détective Liz Rehkop qui arrive la première sur les lieux : quinze ans plus tard, devant les caméras, elle exprime ce qu'elle a ressenti et ressent encore aujourd'hui : « C'était juste horrible, je n'avais jamais rien vu d'aussi atroce. Le corps était noir, grouillait d'asticots. Elle était coincée dans un carton où l'on stockait des gobelets à pop-corn. Je me suis demandé comment les responsables s'étaient débrouillés pour la faire rentrer dedans. » Le corps était tellement abîmé que le docteur Cunha, qui avait autopsié Suesan l'année précédente, n'a pu déterminer les causes de la mort de Sheila, classée à Jane Doe #6607-85.

XIII

« Ma mère était une criminelle futée. Elle savait très bien gérer les choses de façon à ne jamais se faire coincer. »

Theresa est angoissée, non pas par la mort de sa fille mais par l'idée d'être démasquée par la police. Dès lors, elle se dépêche de se débarrasser des affaires de Sheila, tandis que Terry doit nettoyer le carnage : « Elle ne m'a pas laissé le choix, je ne voulais pas, mais elle m'a frappée. Alors, je me suis exécutée. Je m'en souviendrai toute ma vie, il restait des morceaux de chair de ma sœur sur le sol, j'essayais de boire des sodas au raisin parce qu'il faisait chaud, mais tout ce que je sentais, c'était l'odeur de la mort… le soda avait pris le goût de cette odeur », raconte-elle devant la caméra, des sanglots dans la voix.

Le père de Theresa meurt, le 2 novembre 1985.

Bon an mal an, Theresa n'a pas l'intention de s'arrêter là. La prochaine sur la liste, c'est la jeune Terry : « Sheila m'a dit, quand elle était menottée à la table de la cuisine, qu'elle savait que ma mère allait la tuer. Lorsque ma mère m'a menottée à mon tour au pied de la table, après la mort de Sheila, j'ai compris que j'allais aussi y passer. »

Allongée malgré elle sur le sol, Terry peut, de là où elle se trouve voir sa mère, et cette dernière semble préoccupée : elle est figée, à l'instar d'une statue, à observer fixement cet horrible placard. Terry se dit que sa mère ressent « peut-être » des remords. Tu parles ! Theresa est tout bonnement inquiète : comment expliquer la présence de sang incrusté dans le sol et cette odeur tenace de putréfaction ? La seule solution qui lui apparaît la plus sûre, c'est de s'en débarrasser : « Elle m'a dit un jour : "Tiens, j'ai un boulot pour toi. Si tu brûles l'appartement, je te laisse partir. Tu mets des gants pour ne pas laisser d'empreintes, tu sors par la fenêtre avant d'allumer le feu et tu cours." Ma mère était une criminelle futée. Elle savait très bien gérer les choses de façon à ne jamais se faire coincer. »

Dans la nuit du 29 septembre 1986, Terry s'exécute. Mais cela ne se passe pas comme prévu. Les pompiers sont arrivés trop vite, l'appartement n'a donc pas eu le temps de brûler dans sa totalité. Dans le même temps, Theresa et Robert se sont installés dans un motel. Terry les rejoint en se doutant bien que sa mère ne va guère apprécier son échec. Elle prend tout de même le risque, quelque chose au fond d'elle la pousse à aller vers son bourreau. Elle a bien fait : dès son arrivée, Theresa, pour la punir d'avoir mal fait le job, tente de la frapper et la menace avec un couteau. Terry, pour la première fois de sa vie, a enfin le courage de la contrer : « Si tu me touches encore une fois, je te tue », lui dit-elle. Theresa est estomaquée, elle ordonne à Robert de lui venir en aide, mais ce dernier refuse : « J'ai toujours, par crainte des représailles, obéi à ma mère, mais là non. J'ai senti qu'une page venait de se tourner. Je lui ai dit de foutre la paix à Terry et de la laisser partir. » Puis, sans se retourner, Terry, s'en est allée. Même si elle n'a nulle part où aller, elle est dorénavant, libre. Enfin.

XIV

« *Elle était bizarre, dans tous les sens du terme, elle portait des perruques, se faisait envoyer son courrier dans une boîte postale, elle semblait toujours cacher quelque chose.* »

Robert et Theresa vont, durant quelques mois, vagabonder ensemble d'hôtel en hôtel : « Elle n'avait plus que moi, alors elle était extrêmement et triplement paranoïaque. Elle nous en voulait, de ne pas être reconnaissants de tout ce qu'elle avait fait pour nous. Elle était persuadée que nous allions la dénoncer à la police. Un jour, je suis rentré du travail et elle avait disparu. Et ce fut, pour moi, un immense soulagement », se souvient Robert.

Salt Lake City, la capitale des mormons, située dans l'État de l'Utah. Le cœur de la ville est dominé par le Salt Lake Temple : la plus grande « Église de Jésus-Christ des saints des derniers jours », plus communément appelée les mormons. Non loin de là, une femme blonde d'une quarantaine d'années s'enregistre à la réception d'un hôtel modeste. Cette femme, c'est Theresa Cross, bien déterminée à se construire une nouvelle vie et à faire table rase de son passé. Dotée d'une perruque et d'une nouvelle identité, elle se met à chercher du travail. C'est dans les petites annonces du journal le *DeseretNews* qu'elle trouve son premier emploi. Elle est embauchée pour veiller sur Alice Powell, une riche septuagénaire souffrant de sclérose en plaques, de diabète et d'arthrite. Alice vit dans la petite ville de Bountiful, située à une quinzaine de minutes en voiture du centre-ville de Salt Lake City. (Bountiful est connue pour être la seconde cité, après Salt Lake, dominée par les mormons, mais aussi pour avoir logé en son sein Debra Kent, une des victimes de l'un des tueurs en série les plus prolifique des USA, Ted Bundy : Debra est l'une des rares jeunes filles à avoir été conduite chez Ted avant qu'il ne la tue. Il n'a pas été en mesure de dire combien de temps il l'avait gardée en vie avant de la tuer. Elle avait 17 ans lorsqu'elle a été enlevée en 1974, son corps a été retrouvé après que Bundy a avoué son meurtre en 1989. Theresa était déjà dans le coin lorsque les flics ont fouillé les environs pour retrouver le corps de Debra.) Les enfants d'Alice ont tout de suite adoré Theresa, surtout lorsque la jeune femme leur a évoqué, à demi-mot, sa triste vie : elle leur a raconté des bobards, s'est inventé une enfance douloureuse, une grand-mère décédée dans un camp de concentration durant la Seconde Guerre mondiale, un ex-mari qui la battait. Puis elle a parlé de ses deux seuls enfants, deux fils, dont un serait mort à la suite d'un accident de moto.

Alice est en chaise roulante, ce qui nécessite une présence auprès d'elle à plein temps. Theresa ne s'en plaint pas, au contraire, elle est nourrie, logée, puis blanchie. Elle peut ainsi mettre un maximum d'argent de côté et préparer sa future escapade, car Theresa n'a pas l'intention de s'éterniser. Dans le printemps de l'année 1991, elle s'inscrit au cours du soir dans une école d'infirmières, elle obtient son diplôme avec succès et change de famille : pour célébrer l'obtention de son certificat, elle a pris un mois de congé, elle a prétexté rendre visite à son fils à San Diego, mais elle n'est revenue qu'au bout de deux mois sans avoir pris la peine d'en aviser les filles d'Alice. Elle a donc été virée dès son arrivée.

Entre août 1991 et août 1992, elle a travaillé à divers endroits, dont New York pour Robert Kirsch : « Elle s'occupait vraiment très bien de ma mère, mais elle était bizarre, dans tous les sens du terme, elle portait des perruques, se faisait envoyer son courrier dans une boîte postale, elle semblait toujours cacher quelque chose. Un jour, elle m'a dit qu'elle allait passer un coup de fil, juste en bas de la rue, je ne l'ai jamais revue. »

En août 1992, donc, Theresa s'installe chez sa nouvelle protégée, Alice Sullivan : Alice est une riche dame de 86 ans vivant dans un quartier très chic, dans le sud-est de Salt Lake City. Bud Sullivan, le fils d'Alice, adore Theresa. Il avoue cependant : « Elle était parfois très étrange, elle passait son temps libre enfermée dans sa chambre, ou elle disparaissait parfois durant plusieurs jours. Elle passait aussi des heures au téléphone. » Les enquêteurs vont d'ailleurs beaucoup s'intéresser à ces coups de fil. Qui pouvait-elle bien appeler ? Les flics se sont demandé si quelqu'un ne la faisait pas chanter.

Theresa gagne bien sa vie, son salaire approche les 2000 $ par mois. Alors, elle flambe. Sa chambre est remplie de vêtements, bijoux et cosmétiques de marque, Chanel, Yves Saint Laurent, Cartier. Lorsqu'elle ne fait pas les boutiques, ne lit pas dans sa chambre ou ne traîne on ne se sait où, Theresa aime faire ses courses dans le supermarché du coin, le *Albertson*. Le monde est vraiment petit, mais là, il y avait peu de chances pour que cela se produise : une des seules personnes à pouvoir faire tomber la tête de Theresa pour les atrocités qu'elle a commises travaille justement à la caisse de ce magasin. La belle vie de la « mère mégère » Theresa va bientôt toucher à sa fin.

XV

« *Au début, je me suis dit, mais qu'est-ce que c'est que cette histoire ? Je pensais qu'elle était folle.* »

Terry a pas mal galéré depuis sa libération du camp de concentration qu'était son ancienne maison. Elle s'est lancée dans la prostitution. Elle s'est mise à boire beaucoup, la plupart des mecs qu'elle se trouvait lui tapaient dessus. Son frère William n'a plus jamais voulu entendre parler d'elle, Howard et Robert sont en prison. Howard a été jugé pour violence conjugale. Robert, en novembre 1991, avec son pote McNarry, a braqué un hôtel et tué le barman. C'est Brian qui a tiré, mais Robert est tout de même condamné pour meurtre au second degré. Terry a bien tenté de renouer avec son père, mais l'expérience a été désastreuse : elle est restée très longtemps sous l'influence de sa mère, sans être capable de dévoiler les circonstances de la mort de Suesan. Et elle est toujours convaincue que son père est le monstre dépeint par Theresa. Bob a bien essayé de la remettre dans le droit chemin, en vain.

Fin 1987 début 88, elle rencontre Dennis Ropper. Elle est folle de lui et le suit jusqu'à Salt Lake City. Dennis est un homme violent, les deux se bagarrent très souvent. Leur relation ne tient pas. Elle rencontre ensuite Mickael Groves, un mormon vivant toujours avec ses parents dans une ferme située dans la petite ville de Sandy, à trente minutes en voiture de Bountiful et de sa mère. Mais elle ne le sait pas encore. Elle se marie avec Mickael une première fois en 1990, une seconde en 1993 : elle s'était remise un temps avec Ropper, et évidemment, cela n'a pas fonctionné. Puis elle se fait embaucher comme caissière au *Albertson* : elle n'a jamais croisé sa mère, elle dira cependant, en apprenant que Theresa avait l'habitude de faire son shopping dans ce supermarché, qu'il lui arrivait de la sentir.

Depuis qu'elle s'est libérée du joug de sa mère en 1986, elle n'a cessé de tenter de la faire tomber, mais en vain : « J'ai parlé à un avocat, à un psy, à la police de l'Utah, mais personne n'a cru à mon histoire. C'était trop atroce pour être vrai. Tout le monde pensait que j'avais inventé tout ça pour que l'on s'intéresse à moi. Même Mikael ne me croyait pas. » Dans la soirée du 25 octobre 1993, Terry sirote un verre de bourbon en regardant l'émission *America's Most Wanted* (*AMW* est un programme télévisé d'investigation et de réalité scénarisé à l'américaine, un genre de *Témoin numéro 1*, animé par Jacques Pradel de 1993 à 96 sur TF1) qui a été diffusé sur la Fox de 1988 à 2012. L'émission a d'ailleurs permis l'arrestation de John List en 1989, après qu'il ait décimé femme et enfants en 1971. (John List, c'était un peu notre Xavier Dupont de Ligonnès.) Elle se dit qu'elle n'a rien à perdre et appelle la production. C'est une jeune femme nommée Sherry qui lui répond, elle lui sera d'une aide précieuse : « Elle m'a dit qu'elle ne pouvait rien faire étant donné que l'affaire n'avait pas été signalée à la police. Mais qu'il fallait que je contacte les services de police concernés, à Placer ou Nevada. »

Le 27 octobre 1993, elle raconte son histoire au sergent Ron Perea de la ville de Nevada : « Elle parlait très vite, elle semblait être en panique. Au début je me suis dit, mais qu'est-ce que c'est que cette histoire ? Je pensais qu'elle était folle. Puis je me suis souvenu qu'en effet, nous avions retrouvé le corps d'une jeune fille en 1985, que nous n'avions jamais pu identifier. Je lui ai alors dit que j'allais vérifier et que je la rappellerais. » Deux jours plus tard, le détective John FitzGerald contacte Terry. Après plus d'une heure de conversation, le détective lui dit : « Jeune fille, si cela peut vous consoler, vous pouvez dire à votre mari cela : j'ai bien trouvé le corps d'une jeune fille carbonisé près de Squaw Creek, le 17 juillet 1984, et je pense que c'est votre sœur. » Quand FitzGerald a raconté au détective Johnnie Smith qu'ils étaient sur le point de résoudre ces deux affaires, John s'est tout à coup souvenu : « Mais je connais Theresa Knorr. Sa sœur Rosemary a été assassinée le 14 décembre 1983, on l'a retrouvée morte étranglée sur un parking. » Theresa a été soupçonnée d'avoir commis le meurtre. Johnnie l'avait interrogée chez elle à l'époque, puis elle avait été placée sous surveillance durant plusieurs semaines. Il se souvient qu'il n'a jamais vu Suesan. Seulement deux filles. Il se dit que si Terry dit vrai, cela signifie que lorsqu'il était dans le salon avec Theresa, Suesan était attachée dans la cuisine. Johnnie est sous le choc : « Comment a-t-elle pu garder ainsi son sang-froid ? »

XVI

« Ma mère lui a cassé une dent en lui enfonçant la nourriture dans la bouche avec une cuillère en bois. »

Le 30 octobre 1993, John FitzGerald et l'inspecteur Johnnie Smith interrogent Terry chez elle à Sandy. Theresa vit maintenant à vingt minutes à peine en voiture de chez sa fille. Même s'ils sont certains qu'ils sont sur le point d'identifier les deux Jane Doe, ils doivent procéder à plusieurs vérifications. John lui demande alors :

« Nous avons retrouvé des couches-culottes près du corps de Suesan, pouvez-vous m'en dire un peu plus ?

– Suesan était nue, mais vu qu'elle ne pouvait plus se lever, on devait lui mettre des couches.

– Pouvez-vous me donner d'autres indices ?

– Ma mère lui faisait porter des gants pour que l'on ne voie pas les traces des menottes. Et elle portait à son doigt une bague ancienne.

– Et pour Sheila ?

Ma mère lui a cassé une dent en lui enfonçant la nourriture dans la bouche avec une cuillère en bois.

– Parlez-moi encore du carton dans lequel on a trouvé Sheila.

– C'est William qui l'a rapporté du théâtre où il travaillait, je pense qu'il contenait auparavant des gobelets. »

Après deux heures d'interview et d'enregistrement, les deux policiers reprennent l'avion. De retour au commissariat, plus de doute possible, Jane Doe #6607-85 avait bien une dent de devant cassée, le carton a été identifié et provenait bien du théâtre où William travaillait. Et ils ont trouvé des traces de sang sur le sol du placard. Les détectives qui l'ont inspecté ont été horrifiés en voyant sa taille, à peine 60 sur 60 centimètres. En ce qui concerne Suesan, Jane Doe #4858-84, ils n'ont pas trouvé de gants, en revanche ses mains étaient enroulées dans du scotch. Et ils ont bien retrouvé une bague ancienne sur la scène du crime. Plus tout le reste, ils ont maintenant suffisamment d'éléments pour arrêter Theresa, William et Robert. Pour William et Robert, cela n'a pas été difficile de les retrouver, mais où peut bien être Theresa ?

Le 5 novembre, William est arrêté à son travail et interrogé. Robert est, quant à lui, déjà emprisonné dans le centre pénitentiaire du Nevada. William et Robert sont mis en examen pour complicité de meurtre. Un avis de recherche est diffusé le 6 et la presse ne tarde pas à s'emparer du sujet, le *Sacramento Bee* titre le 6 novembre 1993 : « *Tueries : une mère recherchée dans tout l'État du nord* », les photos des accusé(e)s et des victimes accompagnent l'article. Mais c'est l'intervention de Terry, le samedi 6 novembre, sur la chaîne locale KUTV News, qui inquiète tout particulièrement FitzGerald : si Theresa regarde la télévision ce jour-là, elle risque fort bien de leur filer entre les doigts. Il a raison de s'inquiéter : « Le dimanche, elle m'a demandé 4600 $ d'avance pour soi-disant payer des taxes. Je n'avais aucune raison de douter d'elle », racontera Bob aux enquêteurs. Ce dernier n'a pas fait le lien entre la Theresa recherchée pour avoir assassiné ses deux filles et celle qui s'occupe comme une perle de sa mère Alice. Il faut dire que la seule et unique photo trouvée pour diffuser l'avis de recherche date d'une vingtaine d'années. Cela posé, les investigations pour la retrouver ont vite porté leurs fruits : Theresa a, en 1992, renouvelé son permis de conduire sous son nom de jeune fille, Cross (pas très malin de sa part, mais tant mieux pour la police). Et elle avait été arrêtée pour excès de vitesse début 1993, dès lors, cela n'a pas été très difficile de la localiser. Quand les officiers des services de police de l'Utah ont contacté FitzGerald, ce dernier n'en croyait pas ses oreilles : la mère et la fille ont vécu durant ces deux dernières années à même pas trente kilomètres l'une de l'autre sans jamais se croiser.

Le jeudi 11 novembre, soit dix jours après avoir pris la déposition de Terry, le détective John FitzGerald et l'inspecteur Johnnie Smith frappent chez Alice Sullivan, Theresa leur ouvre calmement la porte, puis après avoir entendu ses droits Miranda[2], leur dit qu'elle doit prévenir Bob Sullivan avant de les suivre. Elle savait qu'elle serait localisée à un moment, mais sans se douter que cela irait aussi vite. Elle préparait sa fuite depuis plusieurs jours, et avait déjà chargé, discrètement, ses effets personnels dans sa voiture garée derrière la maison : « Quand elle a ouvert la porte de derrière pour s'enfuir, elle a été surprise de me voir. Pas moi. Je me doutais bien qu'elle tenterait quelque chose », se souvient John.

Theresa est indignée d'être accusée de telles ignominies et refuse d'être jugée en Californie. Lorsqu'elle comprend qu'elle n'a pas le choix, elle demande à être extradée par train : Madame souffre d'une sinusite et ne supporte pas l'avion. John FitzGerald ignore ses exigences et la ramène à la prison de Placer, le 18 décembre. En avion.

Le 20 décembre elle comparaît, avec son fils William, pour les meurtres au premier degré de Suesan et Sheila devant la Placer Conty Superior Court. Durant l'audience, William fixe ses pompes.

2 Lecture d'un avertissement lors de l'arrestation d'un individu, lui signifiant notamment son droit à garder le silence et à bénéficier d'un avocat.

XVII

« J'espère que tu vas brûler en enfer pour ce que tu as fait à mes enfants. »

Pas une seule fois il n'a osé affronter le regard de sa mère. Dans la salle, Robert Knorr senior s'écrie : « J'espère que tu vas brûler en enfer pour ce que tu as fait à mes enfants. » Theresa ne bronche pas d'un iota, elle reste droite dans ses bottes et regarde droit devant elle. Elle plaide non coupable. L'avocat de William également. William est libéré sous caution.

L'avocat de William et la partie civile se bagarrent : d'une part pour savoir où va se dérouler le procès, à Placer ou dans le Nevada ? Ou bien faut-il deux procès ? Un pour le meurtre de Suesan à Placer, l'autre pour le meurtre de Sheila à Nevada ? Et William et Robert doivent-ils être jugés devant un tribunal pour enfants ou pour adultes ? Les deux étaient mineurs au moment des faits. Pour finir, il est décidé que le procès se déroulera à Sacramento et les garçons seront jugés devant un tribunal pour adultes. Avec leur mère.

Theresa sait que ses fils vont témoigner contre elle et qu'elle a très peu de chances d'être innocentée. Elle sait aussi qu'elle risque la peine de mort, et l'idée de finir grillée sur la chaise électrique ne la tente pas des masses. Elle décide alors, loin de tout remords, de plaider coupable : son procès, qui s'ouvre le 17 octobre 1995, est alors vite expédié. William écope de cinq ans de probation et l'obligation de suivre une thérapie, et Robert de trois ans de prison.

L'avocat de Theresa, Maître Hamilton Hintz, tente tant bien que mal de redorer le blason de sa cliente : « Theresa a eu une enfance difficile, elle a été frappée par ses parents, puis par ses quatre maris. Elle n'a jamais eu de chance dans sa vie. Elle s'est toujours sacrifiée pour nourrir ses enfants. Elle a fait tout ce qu'elle a pu pour les élever, alors qu'elle était elle-même encore une enfant. » Le juge Ridgway et le procureur John O'Mara, qui n'ont pas trouvé la prose de l'avocat nécessaire, n'ont pas pipé un mot mais l'ont sacrément regardé de travers. Theresa a été reconnue coupable des meurtres par torture de Suesan Marline Knorr et de Sheila Gay Sanders, d'actes de cruauté et de barbarie et écope de deux condamnations à la prison à perpétuité.

XVIII

« *Si les langues s'étaient déliées avant, Suesan et Sheila ne seraient certainement pas devenues les stars du film The Afflicted (connu également sous le titre Another American Crime), sorti en 2011.* »

Se construire une vie avec un tel passif relève de l'exploit. Pour Terry, ne pas sombrer dans la folie a été un immense défi. Elle a eu beaucoup de mal à se sortir de l'alcool. Elle a tenté d'avoir des enfants, mais elle a fait trois fausses couches. Sa mère l'a tellement frappée qu'elle lui a endommagé l'utérus et les ovaires. En revanche, être régulièrement invitée sur les plateaux de télévision pour raconter ce qu'elle a vécu l'a beaucoup aidée à exorciser ses démons. Avec l'argent touché pour ses interventions, elle avait pour projet d'ouvrir un centre pour enfants maltraités, en hommage à ses sœurs. Elle n'a pas été en mesure de le faire. Elle est décédée, le 8 décembre 2011, d'une crise cardiaque selon certaines sources et d'une overdose d'héroïne selon d'autres. Elle n'avait que 41 ans.

Robert, durant son incarcération, a suivi des cours pour devenir éducateur, afin de venir en aide, comme sa sœur Terry, disait-il, aux enfants abusés. Mais cela a pris une tout autre tournure : il a été condamné en août 2016 à huit ans de prison pour possession et recel de vidéos pornographiques à caractère pédophile.

William semble aller bien. Il a témoigné en 2019, pour la première fois depuis 1995, dans un documentaire intitulé : *Evil Lives Here: The Face of My Torturer*. Il est marié et a une petite fille. Avec le recul, il reconnaît qu'il aurait dû faire quelque chose. Mais c'est trop tard. Je l'ai retrouvé sur Facebook, il a refusé de me parler.

Quant à Howard Clyde Sanders, il n'a pas trop fait parler de lui. Il vivrait maintenant dans le Michigan. Lorsque John FizGerald l'a interrogé en 1993, il a déclaré que sa mère lui a toujours fait peur, mais c'est le seul qui a réussi à partir, à l'âge de 18 ans, sans que sa mère ne le menace de mort.

Theresa, par ses agissements odieux, a traumatisé le pays tout entier, et les policiers qui ont travaillé sur l'affaire ne sont pas près de l'oublier. Un des enquêteurs a confié au détective DeCecco : « Il se demandait comment de tels abus avaient pu être perpétrés pendant aussi longtemps sans qu'aucun des enfants ne réagisse. "Une personne normale n'aurait-elle pas appelé à l'aide ?" Je lui ai répondu que nous n'avions pas affaire à des gens normaux. Ils ne connaissaient pas les codes. Theresa ne leur a transmis que les siens. Pour eux, les violences qu'ils subissaient étaient normales. Ils n'ont malheureusement connu que cela. » On peut toutefois s'interroger. En 1993, lorsque l'horreur a éclaté dans les médias, ils ont été très nombreux, voisins, membres de la famille… à se confier aux journalistes afin de décrire les scènes, plus que questionnables, dont ils ont été témoins : « Theresa, qui était enceinte de Suesan, nous avait un jour confié Sheila, elle avait 3 ans. Nous avions remarqué qu'elle avait des escarres autour des chevilles. Nous l'avons emmenée chez le médecin et ce dernier nous a dit : "De toute évidence, cette enfant est attachée de force dans son lit », se souviennent l'oncle et la tante de Robert Knorr. « La punition préférée de Theresa était de forcer la petite Sheila à rester à genoux durant des heures, à regarder un écran de télé blanc », raconte Bea Howard. « Après des années de mauvais traitements, Suesan commençait à présenter des signes de maladie mentale. Elle ne mangeait plus, vomissait sa nourriture, s'urinait dessus de façon incontrôlable, et ma mère nous disait : “Regardez, regardez, vous avez vu, c’est une sorcière », confie Howard Sanders… Et ce n’est qu’un triste échantillon des atrocités que les gens ont pu rapporter à la presse, et tout particulièrement au journaliste Dennis McDougal pour son livre *Mother's Day*, paru en 1998. Si les langues s’étaient déliées avant, Suesan et Sheila ne seraient certainement pas devenues les stars du film *The Afflicted* (connu également sous le titre *Another American Crime*), sorti en 2011. Le réalisateur Jason Stoddard s’est inspiré de leur calvaire. Et ce dernier n’a pas eu besoin de noircir le scénario ni d’en rajouter, les faits étant ce qu’ils sont. Le film est même classé dans la catégorie « Film d’horreur ».

Theresa est incarcérée à la prison pour femmes The California Institution for Women, située dans la ville de Corona, dans le comté de Riverside. Elle pourra faire appel en 2027, elle aura 81 ans, mais elle a très peu de chances, même pour bonne conduite, d’être libérée.

Dorothea Montalvo-Puente

La Californie est l'un des États des USA où il fait bon vivre. Surtout, il est un des rares États où il fait bon vivre pour les sans-abri – plus particulièrement dans les années quatre-vingt. Le gouvernement est généreux[3] (nous l'avons vu avec Theresa Knorr et ses multiples pensions) : outre le SSI (Supplemental Security Income, équivalent du RSA au niveau national), les sans-abri peuvent bénéficier de tickets-repas, du Medi-Cal

3 Depuis 1933, la loi californienne (bien-être et institutions Code Section 17000) oblige ses comtés à secourir les personnes en situation de précarité, en leur offrant des services de soins et de santé et une assistance générale. Les résidents du comté reçoivent ces services, qu'ils vivent ou non dans la zone non constituée du comté ou dans les limites de la ville.

(équivalent de la CMU créée en 1965) et de diverses aides qu'ils ne toucheraient pas dans un autre État. Dans la ville de Sacramento, les Sacs (c'est ainsi qu'on prénomme les habitants de la ville) ont la réputation d'être des personnes tolérantes et bienveillantes.

Comme par exemple Judy Moise, qui consacre sa vie à venir en aide aux sans-abri par le biais du programme The Volunteers of America, fondé le 8 mars 1896 par Ballington Booth, fils du fondateur de l'Armée du Salut et son épouse Maud : le Volunteers of America est une association qui emploie des milliers de volontaires qui viennent en aide aux personnes en situation de précarité, fragiles, âgées, seules, vivant dans la rue, malades, défavorisées…

Au début de l'année 1988, Judy repère Alberto (alias Bert) Gonzales Montoya, un SDF de 51 ans, souffrant de schizophrénie. Bert est une personne étonnamment douce et gentille. Il est aussi loin d'être un imbécile, mais sa maladie lui cause bien des soucis : il entend des voix, parle aux arbres… en somme, il est perché. Dès lors, Judy le prend sous son aile et se démène corps et âme pour lui trouver un toit. En février, c'est chose faite, Bert emménage dans une jolie maison victorienne très bien entretenue, avec volets bleus, jardin fleuri, située dans un quartier bien fréquenté, au 1426 F Street dans le centre-ville de Sacramento. L'adresse est bien connue des Volunteers of America : la logeuse, Dorothea Montalvo-Puente, a la réputation d'être généreuse : elle accueille, au sein de sa demeure, des personnes un peu paumées, alcooliques, droguées, malades, sans famille… Tout a donc bien commencé, Judy est heureuse de savoir Bert dans un endroit confortable et chaleureux. Jusqu'à ce mois d'août 1988 où il semble s'être volatilisé. Judy s'inquiète, cela ne lui ressemble pas de disparaître comme ça, sans prévenir. De son côté, Dorothea tente de la rassurer en lui disant que Bert est parti avec son beau-frère à Mexico. Judy ne la croit pas : Bert n'a plus de famille et ne connaît personne à Mexico. Le 7 novembre, Judy signale sa disparition à la police.

Et le 11 novembre, le détective John Cabrera débarque avec son équipe au 1426 F Street, sans mandat, mais bien déterminé à inspecter la maison : John avait eu vent de certaines rumeurs selon lesquels Montalvo-Puente enterrait ses locataires sous son potager. Lorsque le détective lui demande de fouiller son jardin, la maîtresse de maison non seulement n'émet pas d'objection mais en plus lui offre, pour creuser, d'utiliser sa propre pelle. Quelques minutes plus tard, John tombe sur un os. Un fémur humain. Dorothea est emmenée au commissariat pour y être interrogée, elle n'est cependant pas encore en état d'arrestation. Le 12, les fouilles reprennent, mais entre-temps Dorothea s'est fait la belle. Un avis de recherche est diffusé dans toute la presse et le FBI déploie tous les moyens pour la retrouver : la fugitive est dangereuse, les policiers ont depuis l'évasion de cette dernière exhumé du sol de sa maison sept cadavres : quatre femmes et trois hommes, dont celui d'Alberto Bert Gonzales Montoya.

I

Prélude

« 80, si ce n'est 90% des récits qu'elle a racontés ne sont que du pipeau. »

Retracer le parcours de Dorothea Montalvo-Puente depuis son enfance n'a pas été chose aisée, tant on trouve, que ce soit sur internet, dans la presse et dans des livres qui lui sont consacrés, tout et n'importe quoi. Et pour cause : en plus d'être une tueuse en série machiavélique, Dorothea était aussi une menteuse pathologique. Le détective John Cabrera me raconte :

« Elle mentait constamment. Et elle était très convaincante, elle ne laissait rien entrevoir. Je pense qu'elle croyait aussi ce qu'elle disait. » Une mythomane également, donc.

Juste pour vous donner un aperçu des morceaux de vie qu'elle s'est inventés : en 2008, au journaliste Martin Kuz qui a eu la possibilité de lui rendre visite, moyennant quelques billets, à la Central Californias Women' Facility Prison située dans la commune de Chowchilla, elle s'est vantée d'avoir été très proche de John et Jackie Kennedy, et amie avec l'actrice Rita Hayworth.

Mildred Ballenger, une travailleuse sociale à la retraite, qui a rencontré Montalvo-Puente pour la première fois vers la fin des années soixante-dix, alors que celle-ci travaillait comme aide-soignante, se souvient : « Puente se plaignait tout le temps de sa santé. Elle racontait qu'elle était atteinte d'un cancer. Mais chaque fois que vous alliez la voir, son cancer s'était déplacé : de son cerveau à son sein, puis de son sein à son foie, en somme son cancer avait la bougeotte. À partir de là, vous saviez que vous aviez affaire à une menteuse. »

En ce qui concerne son enfance, idem : lors d'une de ses arrestations, en 1978, elle a raconté à l'officier de police qui l'a interrogée qu'elle était fille unique, que son père était mort alors qu'elle avait 4 ans et sa mère alors qu'elle en avait 5 et qu'elle n'avait jamais eu d'enfant. La même année, lors d'une expertise psychiatrique, elle raconte au docteur Thomas E. Doody qu'elle souffre d'amnésie due au fait que son mari la frappait et au traumatisme qu'elle a subi à la suite du suicide de son unique fille, âgée de 21 ans au moment des faits. Et, dans un procès-verbal daté de 1982, elle serait l'aînée d'une fratrie de dix-huit enfants dont quatre seraient décédés et dont elle aurait la charge financière, et toute cette petite famille vivrait dans la ville de Mexico. Selon John Cabrera, elle n'aurait jamais mis les pieds à Mexico.

Elle a également raconté avoir été violée alors qu'elle était placée dans un orphelinat, et d'ailleurs qu'elle aurait passé le plus clair de son enfance au sein des services sociaux. Que lorsqu'elle vivait avec ses parents, ces derniers ne la nourrissaient pas, elle était alors obligée de faire les poubelles pour se nourrir. 80, si ce n'est 90% des récits qu'elle a racontés ne sont que du pipeau. Fort heureusement, il existe des documents officiels, à savoir procès-verbaux, rapports d'audience, rapport de la défense, arbre généalogique… qui permettent de faire le tri entre le vrai et le faux. J'ai pu, grâce à Kim Hayden (archiviste au Center for Sacramento History) et au détective John Cabrera, me les procurer. Ainsi nous allons enfin pouvoir faire la lumière sur la véritable histoire d'une des tueuses en série parmi les plus tordues du XXe siècle, Dorothea Montalvo-Puente.

II

« J'ai 7 ans et demi, je vais à l'école à San Antonio, je veux vivre avec mon papa et si je peux pas, je veux vivre avec ma sœur, mais je ne veux pas vivre avec ma maman. »

Dorothy Helen Gray est née le 9 janvier 1929, dans la commune de Redlands, en Californie : en 2007, on y recensait 70 000 habitants. Elle est la sixième d'une fratrie de sept enfants : James Gloe, né le 26 mars 1918, Jessie Wilma le 26 juin 1920 (décédée le 1er janvier 1940), Sylvia Géraldine, née le 17 novembre 1921, Jesse Everett, né le 17 septembre 1923 (décédé le 13 novembre 1973), Audrey Willie, née le 16 août 1926 et Ray June, né le 1er juin 1932. Sa mère Trudie Mae (née Yates, le 4 mars 1901) et son père Jesse James Gray, un ancien militaire (né le 23 novembre 1894) ont vécu un mariage très mouvementé : Trudie est alcoolique et Jesse dépressif. Lors du procès de Dorothea en 1993, d'anciennes relations de la famille déclareront que Jesse avait tenté, à plusieurs reprises, de se suicider avec une arme à feu devant les enfants. Jesse quitte Trudie, en décembre 1936, et s'installe chez sa sœur cadette Clara. Trudie est une délinquante et alcoolique notoire, elle ne cesse de faire des allers et retours entre la prison et les centres de désintoxication : en 1935, elle est arrêtée puis envoyée en détox ; en 1936, elle est condamnée à huit mois d'emprisonnement, elle n'en sortira qu'en janvier 1937.

Jesse, quant à lui, passe le plus clair de son temps entre l'hôpital et la maison : il est atteint de tuberculose. Dès lors, c'est Clara qui s'occupe la plupart du temps des enfants. En février 1937, Trudie, qui a purgé sa peine, récupère les enfants et part s'installer à Los Angeles avec Sylvia, Jesse, Audrey, Dorothy et Ray. Les autres sont placés chez des membres de la famille. En 1937, une enquête sociale est diligentée, les voisins se plaignent de l'attitude de Trudie : elle se prostitue, laisse souvent les enfants seuls, livrés à eux-mêmes, et boit comme un trou. Selon un ancien rapport des services sociaux rédigé quand Trudy était en prison au mois de juin 1936, les enfants étaient unanimes : tous voulaient vivre avec leur père et non avec leur mère. Sur ce rapport, on peut lire la déposition de Dorothy : « *J'ai 7 ans et demi, je vais à l'école à San Antonio, je veux vivre avec mon papa et si je peux pas, je veux vivre avec ma sœur, mais je ne veux pas vivre avec ma maman.* »

Malheureusement, Jesse décède de sa maladie, le 29 mars 1937. Au mois de février 1938, Trudie perd définitivement la garde des enfants : Audrey, Dorothy et Ray sont placés dans un pensionnat : The Church of Christ Home à Orlando. La directrice du foyer, Clara Peters, qui a recueilli les témoignages des trois petits durant leur séjour, écrit : « *Les trois enfants progressent très bien. Aucun d'eux ne présente de problème de comportement particulier. Ils semblent heureux ici.* » En décembre 1938, Trudie meurt dans un accident de moto. Le 19 mai 1939, Audrey et Dorothy sont envoyées vivre dans la ville de Shafter, chez leur grand-mère maternelle Willie Vaughn. (Après la mort de son mari, William Yates, cette dernière s'est remariée et a donné naissance à trois enfants, dont deux ont souffert comme Trudie de gros problème d'alcoolisme.) Les deux petites fuient la maison de leur grand-mère, en juillet de la même année, pour aller vivre chez leur frère aîné James et son épouse Louise, dans la ville de Saint Helena, située dans le comté de Napa, toujours en Californie. Saint Helena est réputée pour être l'une des régions les plus belles des USA. Selon le rapport du juge pour enfants daté, du 8 août 1939 : « *Les filles (Audrey et Dorothy) ont déclaré qu'elles avaient eu constamment des problèmes avec leur grand-mère ainsi qu'avec leurs oncles et leurs tantes, depuis le jour de leur arrivée. Tous les membres de la famille leur ont dit qu'elles n'étaient pas les bienvenues et qu'ils n'ont jamais voulu d'elles. Dorothy et Ray vivent à ce jour chez leur frère James.* » Audrey de son côté vit, depuis fin juillet, chez M. et Mme Hughes (le rapport ne stipule pas si les Hughes sont des membres de la famille) dans la ville de San Fernando. Dorothy la rejoint avec Ray, en janvier 1944, et rentre au collège dans la foulée. En janvier 1945, elle part vivre chez sa sœur Sylvia et son mari Rex à Los Angeles. Elle fugue, en mai de la même année.

De toute évidence, l'enfance de Dorothy n'a pas été l'une des plus heureuses que l'on puisse avoir. Cependant, on est loin du vilain schéma qu'elle en avait dépeint.

III

« *Elle m'a dit qu'elle était médecin et qu'elle avait pratiqué beaucoup d'interventions chirurgicales dans sa vie. Je ne l'ai pas crue. Je l'ai trouvée quelconque, effacée, sans vraie personnalité.* »

Sa fugue l'a conduite jusqu'à la capitale de l'État de Washington, Olympia, où elle devient Dorothea. Comme on dit, les chiens ne font pas des chats, et Dorothea a pris tous les mauvais côtés de Trudie. Pour commencer, comme sa mère, elle boit comme un trou et, pour gagner sa vie, elle se prostitue. Étant donné qu'elle est très jolie, la prostitution lui paraît être un bon moyen de se faire pas mal d'argent sans trop se fatiguer.

C'est en se prostituant qu'un jour, elle attire l'attention de Fred McFaul, un soldat de 22 ans de retour du Pacifique après la Seconde Guerre mondiale. Ils se marient en novembre 1945 et partent s'installer à Gardnerville dans le Nevada. Le 9 juin 1946, Dorothea donne naissance à Diane et, le 8 février 1947, à Linda Melody. Là encore, comme sa mère Trudie, Dorothea ressent une véritable aversion à l'égard des enfants. Diane est envoyée chez la mère de Fred et Linda est placée pour adoption, à l'âge de 3 mois : Linda Bloom retrouvera sa mère en août 1988 : « Elle m'a dit qu'elle était médecin et qu'elle avait pratiqué beaucoup d'interventions chirurgicales dans sa vie. Je ne l'ai pas crue. Je l'ai trouvée quelconque, effacée, sans vraie personnalité. » Fred a beaucoup de mal à supporter le caractère vénal, car elle ne pense qu'au fric, et les bobards de son épouse : elle lui soutient mordicus qu'elle est l'une des survivantes de la marche de la mort de Bataan, laquelle s'est déroulée en 1942 aux Philippines. Fred la quitte au début de l'année 1948.

Le 27 avril de cette même année, elle est arrêtée dans la ville de Riverside, en Californie, et condamnée à un an de prison dont six mois ferme et trois ans de probation (mise à l'épreuve) pour contrefaçon et falsification de chèques volés. À sa sortie de prison, elle ne respecte pas les termes de sa probation et fuit à San Francisco où elle rencontre, en 1952, un beau Suédois, Axel Johansson. Ils se marient l'année de leur rencontre.

Dorothea et Axel partent ensemble vivre à Sacramento, mais leur relation est houleuse et instable. Dorothea aime faire la fête et n'est pas très fidèle : le 24 avril 1960, alors qu'elle passe la soirée dans une « house of ill fame » (maison de mauvaise réputation) sur Fulton Avenue, elle accoste un homme et lui propose de lui faire une fellation, mais pas de bol, l'homme en question est un flic en civil. Pour se défendre, elle a raconté au policier qui a pris sa déposition qu'elle rendait juste visite à une amie et qu'elle ne savait pas que c'était un bordel. Sur le rapport d'audience, il est écrit : « *L'accusée a été condamnée à 90 jours d'emprisonnement ferme pour avoir résidé dans une maison de mauvaise réputation et à 90 jours d'emprisonnement avec sursis pour vagabondage.* » En 1961, un an après l'incident, elle est hospitalisée quelque temps dans un service psychiatrique et mise sous antidépresseurs. Puis, au bout de quatorze ans de mariage, Dorothea et Axel divorcent en 1966 : « C'était un homme au grand cœur, très gentil. Il était bon avec moi », confie-t-elle au journaliste Martin Kuz pour son article « The Life and Death of Dorothea Puente », paru en 2009 dans le *Sactown Magazine.*

En 1968, elle rencontre son troisième mari, de seize ans son cadet, Roberto Puente. Roberto est mexicain, il a depuis peu immigré à Sacramento. Roberto se serait marié avec Dorothea dans le seul but d'acquérir des papiers en règle et un visa : de Dorothea, il se contrefout. Durant cette période, elle ouvre un centre de réhabilitation pour alcooliques (non reconnu par l'État, illégal donc) situé entre la 30th Street et Capitol Avenue à Sacramento. Elle se fait passer pour une infirmière qualifiée et gère les entrées et sorties des patients, puis leur fournit en douce toutes sortes de médicaments, antidépresseurs, anxiolytiques… Là, elle réalise qu'il est beaucoup plus facile de dépouiller les gens lorsqu'ils sont dans les vapes. Cependant, sa technique n'est pas encore au point : une de ses premières victimes à s'être rendu compte de l'entourloupe, c'est Mildred Gilbert. Une quinquagénaire alcoolique à qui elle a piqué et dont elle a encaissé des chèques pour une grosse somme d'argent, après l'avoir droguée. Cette dernière a déposé plainte le 19 janvier 1968, laquelle est restée sans suite. Mais Dorothea est désormais blacklistée. Ce n'est pas cela qui va l'arrêter. Au contraire, cette expérience lui a fait comprendre qu'il lui fallait trouver des victimes plus vulnérables, et doubler, voire tripler, les doses de médocs pour ne pas se faire coincer.

IV

« *Elle passait son temps à traîner dans les bars, afin de trouver des hommes, elle les faisait boire, elle leur détournait des chèques, elle était vraiment machiavélique.* »

Dans le courant de l'année 1969, elle divorce de Roberto Puente et se lance, corps et âme, dans le social, elle souhaite – du moins c'est ce qu'elle laisse croire – venir en aide aux sans famille, drogués, alcooliques, aux personnes âgées et/ou malades. Enfin, elle cherche surtout des personnes facilement malléables afin de les escroquer. Elle ouvre son business crapuleux, au 2100 F Street à Sacramento, dans une immense maison victorienne sur trois étages où elle peut accueillir une vingtaine de personnes.

Ses affaires démarrent plutôt bien, il faut dire qu'elle y a mis le paquet : pour se faire bien voir, elle donne beaucoup aux œuvres de charité. Et ça marche. Les gens du quartier l'adorent et admirent la façon dont elle s'investit pour venir en aide à toutes ces personnes vulnérables. Donald Dorfman, celui-là même qui était persuadé de la culpabilité de Theresa Knorr et qui a tenté de la faire tomber pour meurtres au premier degré, avant de devenir avocat, s'est aussi occupé de certaines affaires dans lesquelles Dorothea était impliquée, il dit d'elle : « C'était une femme très respectée dans la communauté mexicaine. Elle leur donnait des vêtements, de la nourriture, elle donnait des conseils aux femmes qui souhaitaient divorcer. C'était une femme remarquable. »

Mais ça, c'est ce que l'on voit de l'extérieur. De l'intérieur, c'est une tout autre histoire. Elle est très vindicative, c'est elle qui réceptionne et ouvre le courrier de ses locataires et s'ils se plaignent, elle entre dans des rages folles : « Beaucoup de témoins nous ont rapporté qu'elle paraissait très douce, mais ce n'était qu'une apparence, elle pouvait basculer dans une extrême violence », m'explique John Cabrera. Les résidents sont nourris, logés et blanchis à la seule condition qu'elle encaisse leur pension : elle se paye d'abord et leur donne ensuite ce qui reste. Et ceux qui ne sont pas d'accord, elle les fout dehors. Ses petites magouilles commencent cependant à se savoir ici et là, et les complaintes des mécontents vont finir par arriver jusqu'aux oreilles du FBI. Ces derniers découvrent ses antécédents judiciaires et constatent que son business est illégal. Elle est illico placée sous haute surveillance. Dans le même temps, les médecins de l'hôpital de Sacramento commencent à s'interroger sur le bien-fondé des motivations de Dorothea : « Ses locataires arrivaient très malades, ils passaient aux urgences parfois deux ou trois fois par semaine. Les docteurs ont vite compris que les patients étaient délibérément empoisonnés, et ce ne pouvait être que par une même personne. Ils ont alerté la police, mais les victimes n'ont pas porté plainte et elle n'avait encore tué personne », m'explique aussi John Cabrera.

En 1976, elle se marie avec Pedro Montalvo. L'histoire ne dure que quelques mois, ils divorcent l'année même de leur mariage. On ne sait pour ainsi dire rien de lui ni de ce qui s'est passé entre eux. Elle se met alors en quête de trouver des amants, qu'elle dépouille également : « Elle passait son temps à traîner dans les bars, afin de trouver des hommes, elle les faisait boire, elle leur détournait des chèques, elle était vraiment machiavélique », me confie John.

De son côté l'agent du FBI, Robert Davidson, a bien étoffé son dossier : il a obtenu la preuve que Dorothea avait détourné un bon nombre de chèques du Trésor. Elle est arrêtée le 4 octobre, puis jugée le 21 décembre 1978 : « *L'investigation menée par les services secrets des USA a révélé qu'approximativement 34 chèques ont été frauduleusement encaissés par l'accusée, Dorothea Montalvo [...]. Le 21 décembre 1978, devant la Cour fédérale, l'accusée a été placée cinq ans en probation, puis a été condamnée à rembourser les victimes, d'un montant total de $ 4054,20 et à suivre une psychothérapie. Nous pensons que Montalvo constitue un danger à l'égard des citoyens, plus particulièrement aux citoyens sans défense. Nous demandons que des mesures soient prises afin d'empêcher l'accusée à l'avenir d'exercer une quelconque activité* *en relation avec des personnes. Duane Hudson, Federal Probation Officer.* »

Le 8 novembre 1979, elle se rend à son premier rendez-vous chez le psychiatre Thomas E. Doody. C'est d'ailleurs le seul terme de sa condamnation qu'elle respectera. Et pour cause, elle va se servir de lui pour tenter de se faire passer pour une martyre, puis pour se faire prescrire toutes les drogues avec lesquelles elle empoisonnera ses futures victimes. Pour commencer, elle lui raconte qu'elle revient de la ville de Stockton, Californie. Le docteur fait, à ce moment-là une petite parenthèse dans son rapport : (« *Elle a consulté deux psychiatres à Stockton, mais je n'ai vu aucun de leur rapport.* ») Elle poursuit : elle entend des voix, a des hallucinations et elle affirme qu'elle ne se souvient pas d'avoir signé les chèques qu'on l'accuse d'avoir détournés. Elle lui parle du soi-disant suicide de sa « pseudo » fille unique. Et termine en lui assurant qu'avant son arrestation le 4 octobre 1978, elle n'a jamais eu de déboire avec la justice. Le psychiatre conclut : « *Elle est très fragile, prend des anxiolytiques. [...] Pour le diagnostic, je vois trois possibilités : la schizophrénie, une dépression psychotique ou une psychose hystérique. Pour bien identifier la maladie, il faudrait procéder à une série de tests psychologiques, mais le Medi-Cal ne prend pas en charge ce genre d'examen. Elle a, à plusieurs reprises, eu les larmes aux yeux, je pense qu'elle serait capable de commettre un suicide. Elle trouve sa condamnation trop lourde peut-être faudrait-il la revoir à la baisse ? [...]. Thomas E. Doody.* »

Tu parles, elle se fiche pas mal de sa mise à l'épreuve ! À l'heure où elle parlait au docteur, elle s'était déjà inscrite, en tant qu'aide-soignante, dans une agence d'intérim, The Quality Care Nursing. Dorothea n'entend pas s'arrêter là, détourner des chèques est une activité bien trop florissante.

V

Si Dorothea lui avait fait avaler les mêmes doses deux jours de plus, cela lui aurait été fatal.

Le 1er décembre 1979, The Quality Care Nursing lui confie sa première mission : elle doit s'occuper d'une septuagénaire du nom d'Ester Busby. Le job idéal pour Dorothea puisqu'elle est logée chez sa patiente. C'est ainsi qu'elle va faire la connaissance de Mildred Ballenger (la fameuse travailleuse sociale à qui elle a raconté être atteinte d'un cancer). Le courant entre les deux femmes ne passe pas, Mildred se méfie de Dorothea. Cette dernière, qui s'en est rendu compte, va tout faire pour écarter Mildred de son chemin : pour commencer, elle l'empêche de faire ses visites de routine en refusant de la laisser rentrer dans l'appartement d'Ester. « C'est louche », pense Mildred. C'est d'autant plus louche qu'Ester tombe de plus en plus souvent malade, à tel point que son état de santé nécessite à chaque fois une hospitalisation. Et, pendant ce temps, Dorothea profite des absences d'Ester pour s'approprier l'identité, les effets personnels, l'appartement ainsi que les chèques de cette dernière. De leur côté, les docteurs Lackner et Pierce commencent à s'interroger sur les malaises d'Ester et soupçonnent Dorothea de l'empoisonner. Ils envoient alors un prélèvement sanguin au labo, et bingo : les résultats d'analyse révèlent la présence en grosse quantité – environ trois fois la dose recommandée – de phénobarbital (médicament barbiturique utilisé dans le traitement de l'épilepsie) et de warfarine (un anticoagulant). Dorothea ne sera pas poursuivie pour la seule raison qu'Ester avait pour habitude de consommer de l'alcool, elle aurait très bien pu les avaler de son propre gré. Dorothea est toutefois renvoyée par mesure de sécurité. Ester l'a échappé belle : si Dorothea lui avait fait avaler les mêmes doses deux jours de plus, cela lui aurait été fatal. Bon an mal an, cette dernière continue d'échafauder ses plans. Mildred, de son côté, a tout de même signalé l'incident dans un rapport. En mai, Dorothea revoit son psy et en profite pour monter un dossier afin de bénéficier du SSDI (Social Security Disability Insurance). Doody l'ayant déclaré comme étant atteinte de troubles du comportement, elle va pouvoir toucher à vie le somme de 650 $ par mois. À ce montant vont venir s'ajouter les chèques et argents volés à ses futures victimes. Et elles vont être très, très nombreuses.

VI

« *Un jour où ma mère était à son rendez-vous hebdomadaire c hez le coiffeur, elle a raconté à sa coiffeuse, Deedee, qu'elle avait été victime d'un malaise après avoir bu le daïquiri (cocktail à base de rhum, de jus de lime ou jus de citron et de sucre de canne) que Dorothea lui avait préparé, puis qu'elle était restée inconsciente durant vingt-quatre heures.* »

Fin 1981 ou début 1982 (la date varie selon les documents), Dorothea loue un appartement situé à l'étage d'une belle maison victorienne au 1426 F Street, tandis que le propriétaire Ricardo Ordorica, qu'elle appelle son neveu, vit dans l'appartement du rez-de-chaussée avec son épouse, ses enfants et sa belle-sœur. Ricardo a rencontré Dorothea dans les années soixante-dix, à l'époque où elle fréquentait la communauté mexicaine. Ce dernier, lui-même immigré mexicain, se souvient : « Nous étions dans un bar à écouter de la musique de mon pays. Elle m'a offert une bière et j'ai remis ma tournée. Elle était comme une star de cinéma. Elle était avec son mari, un garde du corps et son chauffeur. Et nous sommes devenus très proches », confie Ricardo.

Vers la fin de l'année 1981, Harold Munreo, un alcoolique notoire atteint d'un cancer et ami de Dorothea, lui présente son épouse, Ruth Clausen Munroe, une pharmacienne à la retraite. Les deux femmes deviennent les meilleures amies du monde et, en février 1982, elles prennent ensemble la gérance d'un café où elles servent des petits déjeuners. La fille de Ruth, Rosemary Gibson, se souvient : « Ma mère m'avait parlé d'un projet selon lequel elles allaient avec Dorothea ouvrir un restaurant, mais je n'ai jamais vraiment compris de quoi il s'agissait. » En mars, Harold est hospitalisé d'urgence, son cancer s'est généralisé, il n'en a plus pour très longtemps. Ruth est certes chagrinée à l'idée de perdre son mari, mais elle garde le moral, elle n'est pas au fond du gouffre. Ruth est une sexagénaire pleine de joie et de vie. Début avril, les deux femmes ferment le café et Dorothea propose alors à Ruth, qui se sent seule, de venir s'installer au 1426 F Street. Ruth accepte bien volontiers : elle adore Dorothea et l'idée d'emménager dans cette jolie maison l'emplit de bonheur et d'allégresse.

Tristement, la bonne humeur et la santé de Ruth vont disparaître dès l'instant où elle aura posé un pied dans sa nouvelle demeure. Sa fille se souvient : « Un jour où ma mère était à son rendez-vous hebdomadaire chez le coiffeur, elle a raconté à sa coiffeuse, Deedee, qu'elle avait été victime d'un malaise après avoir bu le daïquiri (cocktail à base de rhum, de jus de lime ou jus de citron et de sucre de canne) que Dorothea lui avait préparé, puis qu'elle était restée inconsciente durant vingt-quatre heures », confiera sa fille à la police.

Le 25 avril, Ruth raconte à une amie qu'elle se sent de plus en plus mal, elle a l'impression qu'elle va mourir. Dans la soirée du 25, William Clausen, qui a l'habitude de s'arrêter tous les jours pour dire bonjour à sa mère, la trouve très fatiguée : « Je me souviens : elle était en train de boire un genre de cocktail, quand je lui ai demandé ce que c'était, elle m'a répondu : "C'est Dorothea qui m'a préparé une crème de menthe pour me remonter et calmer les nerfs." Ma mère buvait très rarement de l'alcool. » Le 27 avril, l'état de santé de Ruth se dégrade brusquement, elle ne peut même plus se lever. Et le comportement de Dorothea commence à intriguer les enfants de la souffrante. William raconte : « Dorothea ne voulait pas me laisser entrer dans la chambre, elle me disait sans cesse qu'il fallait que je la laisse se reposer. Je suis entré quand même, ma mère était immobile les yeux grands ouverts, j'avais l'impression qu'elle voulait me parler, mais elle n'y arrivait pas. » Dorothea lui explique que Harold – qui était, à ce moment-là, à l'article de la mort sur son lit d'hôpital – serait passé dans l'après-midi puis aurait frappé Ruth avec sa canne, et qu'elle avait alors dû faire appel à un médecin, et ce dernier venait de, soi-disant, lui faire une piqûre de tranquillisant. William rentre chez lui, un peu préoccupé, mais il a confiance en Dorothea. Et puis, ce ne doit pas être bien grave, sa mère a toujours été en excellente santé, se dit-il. Plus tard, dans la soirée, c'est au tour de Rosemary de venir prendre des nouvelles. Là, Dorothea change de version : elle aurait emmené Ruth aux urgences et les médecins lui auraient fait une injection de tranquillisant, et selon elle, maintenant, tout irait bien : « Elle insistait pour que je laisse ma mère dormir, j'ai été obligée de la pousser pour entrer dans sa chambre. Elle dormait, j'ai pris son pouls, elle semblait aller bien. » Le lendemain matin (à 6h45 selon le rapport de police et 5h45 selon celui du procès), Rosemary reçoit un coup de fil de Dorothea. Ruth était morte. Dorothea a raconté aux policiers que Ruth était très dépressive, à l'idée de perdre son mari, elle se serait alors gavée de médicaments. Elle ajoute que Ruth avait ressenti des douleurs dans le bras et à la poitrine. Selon Dorothea, Ruth aurait été victime d'un arrêt cardiaque.

Les analyses toxicologiques ont révélé des taux d'acétaminophène (Tylénol, un analgésique) et de codéine bien au-dessus des doses thérapeutiques recommandées. Ainsi que des traces de méprobamate (anxiolytique). Bien que le taux de Tylenol ait été mortel, il n'a pas causé la mort de Ruth. Cette dernière a été victime d'une dépression respiratoire causée par une surdose massive de codéine. La codéine provoque un coma, puis la mort par dépression respiratoire dans les deux à quatre heures après l'overdose. L'heure de la mort est estimée, à deux heures près, autour de minuit. L'autopsie a aussi révélé une nécrose du foie causée par une surdose de Tylénol : le rapport indique qu'il faudrait consommer une surdose de Tylénol pendant au minimum deux à cinq ou sept jours avant de provoquer une nécrose du foie. La police a conclu à un suicide.

Ruth était une ancienne pharmacienne, difficile d'imaginer qu'elle ait choisi ce type de médicament pour se suicider, elle savait qu'en prenant une grosse quantité de Tylénol et de codéine, la mort serait lente et douloureuse. Ce qui fut le cas. Elle laisse derrière elle cinq enfants et huit petits-enfants.

VII

« *Elle était purement et simplement un monstre.*
Je ne sais pas si elle a déjà fait quelque chose de bien sans avoir une mauvaise motivation derrière la tête. »

Le 19 mai 1982, alors qu'elle s'apprête à partir pour Mexico le sac rempli d'argent, Dorothea se fait arrêter par la police. Cela n'a aucun rapport avec la mort de Ruth, les faits qui lui sont reprochés se sont produits entre septembre 1980 et mai 1982 : après avoir appris que Dorothea avait empoisonné et volé deux autres personnes âgées, Mildred a transmis son rapport sur l'affaire Ester Busby à la police. Une enquête a été diligentée et menée par le détective David Schwartz. S'il l'avait arrêtée plus tôt, Ruth serait probablement encore en vie, mais ils ont eu beaucoup de mal à lui mettre la main dessus : Dorothea utilisait quatre noms différents, Gray, Johannson, Montalvo et Puente. Et parfois, elle en inventait d'autres.

Septembre 1980, Dorothea avait la charge de Mary Sawtell, 75 ans. Elle était présente le jour où sa patiente est décédée, mais elle n'a pas été, sur le moment, soupçonnée : Mary était une personne âgée très malade, son médecin, le docteur Harris, a conclu à une mort naturelle. Dorothea en a profité pour l'informer que beaucoup des effets personnels de la défunte avaient disparu et a accusé un membre la famille d'en être responsable. Aucune plainte n'a été déposée, cependant grâce aux investigations de Mildred Ballenger, cette affaire a pu être ajoutée au lourd dossier de Miss Puente-Montalvo. Ballenger dit d'elle : « Elle était purement et simplement un monstre. Je ne sais pas si elle a déjà fait quelque chose de bien sans avoir une mauvaise motivation derrière la tête. »

En juillet 1981, The Quality Care Nursing envoie Dorothea veiller sur Dorothy Gosling, 83 ans, qui souffre de problèmes du cœur. Quelques heures après l'arrivée de la « pseudo » infirmière, Dorothy se sent mal, elle est envoyée d'urgence à l'hôpital. Plusieurs jours après sa sortie de l'hôpital, Dorothy découvre que son courrier est transféré vers une boîte postale dont elle ignore totalement l'existence. Elle constate également que, le 1er septembre, trois de ses chèques ont été endossés au nom de Dorothea Montalvo et Dorothy Gosling pour une valeur totale de 850 $. Certains de ses effets personnels ont également disparu, à savoir deux montres, des pièces en or, des bijoux pour une valeur totale, approximativement de 5000 $. Dorothy porte plainte le 18 novembre 1981.

Le 16 janvier vers 16h, Malcolm McKenzie, 74 ans, boit tranquillement un verre au *Zebra Club* lorsque Dorothea tape l'incruste au comptoir. Le gentleman lui offre bien volontiers une collation et se reprend un verre par la même occasion : « Je me suis tout de suite senti partir. Je me souviens qu'elle voulait voir mon appartement, mais je ne me rappelle pas comment nous y sommes allés. Puis, chez moi, je la voyais fouiller dans mes affaires, mais j'étais incapable de bouger. Je l'ai aussi vu appeler quelqu'un au téléphone. J'ai repris mes esprits vers 4h du matin, cependant je suis resté vaseux durant plusieurs jours », a-t-il confié à la police. Le lendemain de l'incident, Dorothea le rappelle en lui faisant remarquer qu'ils avaient soi-disant rendez-vous et qu'il était en retard. McKenzie n'en croit pas ses oreilles. Elle lui a volé deux chèques en blanc, deux montres, des bijoux, une collection d'anciennes pièces de monnaie, un attaché-case. Et deux couteaux de boucher.

Le 11 mai 1982, Dorothea se pointe chez Irene Gregory, 82 ans. Elle se présente en tant que Betty Peterson et prétend être envoyée par la Sacramento Medical Association. Irene ne se méfie pas et la fait entrer : « Elle m'a demandé quels médicaments je prenais, je lui ai montré puis elle m'a donné deux pilules à prendre, je n'ai pas vu ce que c'était, et elle m'a demandé de m'allonger et de fermer les yeux. Elle m'a dit qu'elle reviendrait plus tard prendre ma tension. Je ne l'ai jamais revue. » Dorothea s'en est allée avec une bague en diamant d'une valeur 1000 $, une carte de crédit, des petites bricoles. Et une centaine de somnifères.

Lorsque les policiers l'ont arrêtée chez elle, le 19 mai, elle avait, en plus de son billet d'avion, une collection de pièces anciennes enroulées dans du papier, sur lequel étaient notés « D. Osborne » et un numéro de téléphone. Lorsque les enquêteurs ont appelé la personne en question, cette dernière était surprise : elle ne s'était pas rendu compte qu'on lui avait volé ses pièces. Dorothy Osborne leur a raconté : « Dorothea est une de mes voisines, elle m'a rendu visite le 16 mai vers 11h. Elle avait apporté une bouteille de vodka. Elle m'a préparé un cocktail avec des tas de trucs dedans, mais je trouvais le goût infâme. Je suis alors partie acheter des bières, puis je ne me souviens de rien. Quand je me suis réveillée vers 20h, mes clés, ma carte bancaire et un peu de liquidité avaient disparu. »

Dorothea est conduite au Sacramento County Jail, où elle est interrogée, le policier Tony Ruiz écrit : « *[...] L'accusée explique avoir de la peine pour les victimes, qu'elle comprend ce qu'elles ressentent, car elle a eu une enfance très difficile, et qu'elle aussi a été souvent volée. [...] L'accusée nie avoir volé, puis change de version et avoue, puis nie à nouveau. L'accusée explique qu'elle est très inquiète pour ses quatorze frères et sœurs qui l'attendent à Mexico, car ils dépendent d'elle financièrement et si elle ne peut pas leur envoyer de l'argent, ils vont être très déçus. De toute évidence, l'accusée tente de manipuler l'entretien. L'accusée prétend qu'elle est d'origine hispanique. L'accusée fait semblant de pleurer tout en surveillant ce qui est écrit sur le procès-verbal […].* » Elle a tout essayé pour les embobiner, mais cela n'a pas fonctionné. Elle est passée devant le juge le 18 août 1982, elle a été reconnue coupable de vol qualifié et d'administration de drogues à autrui dans le but de les voler. Le 21 août le *Sacramento Bee* titre : *La mamie qui avait plus d'un tour dans son sac.* Lorsque les enfants de Ruth Munroe, William Clausen et Rosemary Gibson, ont lu l'article qui détaille très bien les faits dont Dorothea est accusée, empoisonnement et vol, ils comprennent que leur mère ne s'est probablement pas suicidée. En fouinant d'un peu plus près dans les affaires et l'entourage de leur mère, ils découvrent qu'elle avait, peu de temps avant sa mort, plus de 1100 $ dans son portefeuille : Ruth avait expliqué à une de ses amies que l'argent provenait du café qu'elle tenait avec Dorothea. Montalvo et Munroe avaient ouvert un compte joint et cette dernière avait aussi prêté 600 $ à Dorothea, qu'elle n'a jamais remboursés. Cerise sur le gâteau, après sa mort, les enfants n'ont pas vu un seul billet traîner la chambre de leur mère. Ils déposent plainte à la police, le procureur William Wood prend l'affaire très au sérieux et en informe un de ses confrères, le procureur John O'Mara. Celui-là même qui a plaidé l'affaire Theresa Knorr.

VIII

« De tout le temps où vous étiez sur place à faire les travaux vous n'avez jamais senti une odeur désagréable ? Une odeur de mort ? »

De sa prison, située dans la ville de Fresno, Dorothea continue ses petites magouilles. Étant incarcérée, elle n'est pas autorisée à percevoir sa pension d'invalidité. L'administration est supposée suspendre les versements jusqu'à sa libération, et les mensualités ne sont pas rétroactives. Dorothea falsifie alors, on ne sait comment, des documents afin que son neveu Ricardo puisse encaisser les chèques et mettre l'argent de côté en attendant son retour. Ce qui lui fera un sacré petit magot à sa sortie de prison. Dans le même temps, elle ne cesse de harceler son avocat Maître Porter pour qu'il récupère auprès de la police son billet d'avion pour Mexico, qui a été saisi, le jour de son arrestation le 19 mai : « *[…] Le jour de ma condamnation, vous m'aviez promis que vous vous occuperiez de mon billet d'avion avec Monsieur William Wood* [le procureur]. *S'il vous plaît, faites le nécessaire, cela m'a coûté beaucoup d'argent et ce serait dommage de le perdre. Ricardo ira faire la demande de remboursement. Merci de votre aide. Dorothea Montalvo.* » Si elle n'était pas aussi mauvaise, on la trouverait presque comique.

Outre arnaquer l'État, du fond de sa cellule, elle élabore de nouveaux plans, encore plus machiavéliques que les précédents. Comme se trouver un bon pigeon. On ne sait pas quand et comment leur relation épistolaire a débuté, toujours est-il qu'Everson Theodore Gilmouth, un sculpteur sur bois de 77 ans, originaire de l'Oregon, est tombé raide dingue de Dorothea. Elle lui parle de mariage, lui fait miroiter monts et merveilles à travers les longues lettres qu'elle lui envoie. Gilmouth y croit. Au bout de trois ans d'emprisonnement, Dorothea est libérée pour bonne conduite, le 9 septembre 1985. C'est son beau futur époux, car Gilmouth est un très bel homme, qui l'accueille avec Ricardo à sa sortie de prison. Dorothea se montre charmante à l'égard de son fiancé, qui bénéficie du Social Security retirement (SSA), soit 632 $ par mois, et d'une complémentaire de 42,59 $ par mois également. Gilmouth a emménagé chez Dorothea le 1er septembre, ses chèques arrivent au 1426 F Street depuis cette date. Le 10, les deux tourtereaux ouvrent un compte joint, et le 15, Gilmouth appelle sa sœur, Reba, pour lui annoncer la bonne nouvelle. C'est la dernière fois que Reba entendra le son de sa voix.

Dans le courant du mois de septembre, Dorothea rencontre, dans un bar, le *Chato Rendez-vous,* situé à deux pâtés de maisons de chez elle, Ismaël Florez, un charpentier : « C'est le barman qui me l'a présentée, il savait que je cherchais du travail et elle avait besoin de quelqu'un pour lui poser du lambris dans la salle à manger. » Ismaël s'y rend le lendemain pour prendre les mesures. Lorsqu'il sera interrogé, deux ans plus tard, il dira que Gilmouth était là ce jour-là, puis se rétractera et dira qu'en fait, il ne l'a jamais rencontré. Toujours est-il que lorsqu'Ismaël revient en novembre pour faire les travaux, Gilmouth n'est plus là. Dorothea racontera que ce dernier est parti à Los Angeles. Dans le même temps la sœur de Gilmouth, Reba reçoit un télégramme de son frère :

2 novembre 1985

Départ pour Palm Spring à 11h30 aujourd'hui. J'ai essayé d'appeler, mais la ligne est occupée.

Ai décidé de continuer. Tu essaierais de m'arrêter. Je retournerai chez Dorothea pour Thanksgiving, mais je te contacterai avant. Ne t'inquiète pas.

Everson

Durant toute la période où il a posé le lambris, trois semaines environ, à part Ricardo et Dorothea, Ismaël n'a vu personne. Dans le courant du mois de décembre – Ismaël ne se rappelle pas exactement quand, mais ce dont il est sûr, c'est que c'était avant les fêtes de Noël –, Dorothea lui propose de lui vendre un Ford pick-up (celui de Gilmouth) quasiment neuf pour la modique somme de 800 $, il en vaut 3000 ; en échange, elle ne paye pas la pose du lambris. Ismaël accepte. Puis elle lui demande un dernier service, celui de lui construire un coffre en bois de

5 ou 6 pieds de long, 2 ou 3 de largeur et 2 de hauteur. Ismaël se colle à la tâche dans la salle à manger. Une fois le coffre monté : « Je l'ai laissé là, puis quand je suis revenu plusieurs jours plus tard, Dorothea avait scellé le couvercle et l'avait déplacé dans la cuisine. » Le coffre pèse maintenant 130 kilos, il est supposé contenir des livres : jusque-là, c'est plausible. C'est ensuite que cela se complique. Ismaël reprend : « Je conduisais, puis elle me guidait, je ne savais pas où elle voulait aller, elle m'a juste dit qu'on allait déposer le coffre dans un centre de stockage, puis à un moment, elle a réalisé qu'on avait été trop loin, elle m'a alors demandé de m'arrêter au bord de la route puis de laisser le coffre ici. » Les policiers trouveront, en 1988 lorsqu'ils interrogeront Ismaël, que sa version est un peu tirée par les cheveux.

Le jour du nouvel an 1986, un pêcheur trouve le coffre avec un cadavre à l'intérieur – le couvercle avait sauté – entre la Garden Hihway et la Sacramento River dans le comté de Sutter, soit à une trentaine de kilomètres du centre-ville de Sacramento. Le corps de Gilmouth était dans un état de décomposition très avancé, enroulé dans des sacs plastiques et lié avec du ruban adhésif isolant. Dorothea avait laissé la montre du défunt autour de son poignet. C'est sympa. Les enquêteurs ont également retrouvé des bombes désodorisantes ainsi que des boules de naphtaline tout autour du corps putréfié. La présence des bombes et des boules a d'ailleurs beaucoup titillé les policiers. Ainsi que le procureur, George Williamson, qui lors des audiences préliminaires a demandé à Ismaël :

« De tout le temps où vous étiez sur place à faire les travaux, vous n'avez jamais senti une odeur désagréable ? Une odeur de mort ?

– Non, juste une odeur de cuisine, elle cuisinait beaucoup avec de la cannelle.

– Et lorsque vous avez déplacé le coffre, vous n'avez rien senti ?

– Non, rien. »

La cannelle est réputée pour chasser les mauvaises odeurs. Les policiers et Williamson ont toujours eu un doute quant à la véracité du témoignage d'Ismaël, non pas qu'ils l'aient cru coupable, mais il devait savoir que Dorothea avait disposé un cadavre dans ce coffre. John Cabrera, qui l'a aussi interrogé, m'explique : « Il a admis avoir construit la boîte en bois pour que Dorothea puisse y mettre de vieux livres et s'en débarrasser. Puis il a demandé l'immunité avant de donner toute autre information, celle-ci lui a été accordée par le procureur. Il ne cherchait pas à défendre Dorothea, il voulait surtout couvrir ses arrières. »

Gilmouth était déjà mort quand sa sœur a reçu le télégramme le 2 novembre, c'est Dorothea qui l'a écrit et posté : elle va continuer, régulièrement, à correspondre, se faisant passer pour lui, avec la famille de Gilmouth, jusqu'à son arrestation en 1988. Les causes du décès n'ont pas été déterminées : aucune recherche toxicologique n'a été faite à l'époque. Mais on devine aisément quelles sont les raisons qui l'ont conduit au fond du trou : selon sa sœur Reba, il était en excellente santé quand il a quitté l'Oregon, tout comme Ruth lorsqu'elle a quitté sa maison. Gilmouth ne sera identifié qu'en 1988, lorsque le scandale éclatera dans les médias et que la sœur de ce dernier allumera son téléviseur.

IX

« *Il y avait des jours, je ne pouvais même pas allumer mon air conditionné tellement ça sentait mauvais. Elle avait toujours une excuse : des rats ou des chats morts, des remontées d'égouts, ou bien les odeurs de fertiliseurs. Et puis, c'était toujours très bruyant, même la nuit.* »

Depuis sa sortie de prison et le meurtre de Gilmouth, Dorothea pète le feu : elle a compris comment procéder pour ne plus se faire attraper, tout en continuant à soutirer les revenus de ses victimes. Dorénavant, elle va tous les éliminer, et chez elle : c'est plus discret. Elle s'en est sortie deux fois en procédant ainsi, pour Ruth puis Gill, et telle est la devise du tueur en série : « J'arrêterai quand vous m'arrêterez. » Son premier locataire, c'est James McCauley, un alcoolique d'une soixantaine d'années qu'elle a rencontré dans un bar. James va devenir son homme à tout faire, et comme une bonne nouvelle n'arrive jamais seule, au mois de juillet 1986, soit un mois après l'arrivée de James, son neveu Ricardo lui annonce qu'il vient d'acheter une autre maison. En février 1987, la belle-sœur de Ricardo retourne vivre à Mexico, et Dorothea a maintenant la maison pour elle toute seule, pour presque rien : Ricardo la lui loue pour la modique somme de 600 $ par mois. Avec ses propres pensions, plus les chèques de la pension de Gilmouth qu'elle continue d'encaisser, le loyer de James de 600 $, ce n'est pas grand-chose pour elle. Elle a projeté de louer les huit chambres (trois en haut, cinq en bas) en instaurant les mêmes règles que du temps où elle gérait la maison du 2100 F Street : à savoir, c'est elle qui réceptionne la correspondance des locataires et la redistribue ensuite.

Dans le courant de l'année 1986, la jeune Brenda Trujillo s'installe chez Dorothea. Les deux femmes se connaissent bien, elles ont partagé leur cellule dans la prison de Fresno entre 1982 et 1985. Brenda était au courant de sa relation avec Gilmouth : « Elle m'a dit que Gill était mort d'un arrêt cardiaque et qu'elle ne pouvait pas appeler l'ambulance, car elle ne voulait pas retourner en prison. Elle m'a demandé de lui trouver quelqu'un pour se débarrasser du corps, elle était prête à payer 4000 $. Puis elle m'a dit que ce n'était pas nécessaire, qu'il était enterré dans le jardin », racontera-elle à la police en 1989. Sachant qu'elle s'était déjà débarrassée de Gilmouth près d'une rivière, quel intérêt avait-elle à raconter cela à Brenda ? Brenda a des soucis avec la drogue, l'héroïne en particulier, elle se prostitue aussi, ce qui lui vaut de faire régulièrement des séjours en prison. Et un soir, après un bref séjour en détention, Brenda arrive chez Dorothea pour dîner. Entre la poire et le fromage, Dorothea confie à son amie qu'elle tue des personnes, puis qu'elle les enterre ensuite dans le jardin : « Je l'ai vue donner des médicaments à McCauley, il s'est écroulé presque instantanément. De mon côté, je ne me sentais pas très bien, puis elle a commencé à me faire avaler les mêmes pilules que McCauley. Je me suis réveillée en cellule », a-t-elle raconté à la police. Dorothea savait que Brenda était en liberté conditionnelle et que si police la trouvait sous influence de la drogue, elle serait renvoyée illico derrière les barreaux.

Betty Palmer, 78 ans, est sa seconde locataire, elle est arrivée vers la fin de l'année 1986. Betty est décrite comme étant une femme bizarre et très secrète, on lui a diagnostiqué des troubles du comportement, elle est alors sous anxiolytique, elle prend également du flurazepam (de la famille des benzodiazépines ;habituellement, on l'utilise comme somnifère, on peut sentir son action en moins d'une heure). Betty l'utilise pour endormir une douleur : l'année précédente, elle s'est cassé une côte et ça l'a fait terriblement souffrir. Comme la plupart des futures locataires de Dorothea, Betty a des petits soucis avec l'alcool, mais le plus important aux yeux de la logeuse, c'est qu'elle n'a pas ou plus de contact ni avec ses proches ni avec sa famille. Cerise sur le gâteau, Betty est bénéficiaire du SSI. Peu de temps après l'arrivée de Betty, environ quelques semaines, Dorothea demande à John McCauley de creuser un trou dans le petit jardin situé à l'avant de la maison. Plusieurs jours plus tard, Ricardo qui passait par là lui demande de le reboucher. Et Betty s'est volatilisée.

Leona Carpenter, 78 ans, est une amie de Dorothea. Selon cette dernière, elles se connaissent depuis une trentaine d'années. Leona est suicidaire, elle a le mal de vivre. Avant de s'installer au 1426 F Street, en décembre 1986, Leona avait fait une overdose de médicaments : elle avait avalé 28 capsules de flurazepam et une grosse quantité d'alcool, elle aurait sérieusement pu y passer, mais au lieu de ça, elle a fait un petit coma. La mamie est costaude. C'est dans ce cadre-là que Leona a atterri chez Dorothea qui a convaincu les médecins de la laisser veiller sur son amie. Dorothea a la même bouille que « Mamie Nova » celle qui nous donnait envie de manger des yaourts, pour ceux s'en souviennent. En la voyant, on n'imagine pas une seconde qu'elle soit capable du pire. Et pourtant ! Les médecins ne voient alors aucune raison de ne pas laisser leur patiente repartir avec la gentille mamie. Leona picole pas mal aussi, Dorothea n'a alors pas de mal à obtenir une procuration de sa locataire l'autorisant à encaisser ses chèques du SSI. Tout le temps où Leona a vécu chez Dorothea, elle l'a passé au lit, à gémir et à souffrir. Puis, un jour, elle a mystérieusement mis les voiles, la logeuse a raconté qu'elle était partie vivre chez sa fille. Sauf que Leona n'a jamais eu d'enfant.

James Gallop, 62 ans, est la poule aux œufs d'or de Dorothea, puisque le papi touche le SSI, le SSA (pension pour les veufs) le HEAP (Home Energy Assistance Programme, fonds de solidarité en France) et le RAP (Renter's Assistance Programme, équivalent des allocations logement en France), ce qui fait un montant aux alentours de 2000 $ par mois. James est arrivé chez Dorothea au mois de février 1987. Il venait de subir une petite opération. La logeuse en prend soin, elle lui donne chaque jour ses flurazepam et lui prépare de bons petits plats. James est atteint d'une tumeur au cerveau, mais il n'est pas à l'article de la mort, celle-ci n'est pas maligne. Il boit également beaucoup, environ six packs de bières par jour, alors évidemment, au bout d'un moment, les docteurs lui ont trouvé un cancer du côlon. Avec James, cela ne se passe pas comme le voudrait la maîtresse des lieux, il refuse de lui signer une procuration. Il est certes un peu mal en point, mais il a toujours toute sa tête, il se sent tout à fait capable de gérer seul sa trésorerie. Vers la fin du mois de juillet, le docteur de Gallop est inquiet, James n'est pas venu à son rendez-vous : il devait subir une série de tests afin de savoir s'il devait être opéré ou pas. Lorsqu'il demande à parler à James, Dorothea lui répond que James était parti vivre à Los Angeles. James a disparu.

Dans le courant de l'automne 1987, Dorothea contacte les Volunters of America où elle rencontre Peggy Nickerson. Lorsque Peggy se rend au 1426 F Street, elle est aux anges, la maison est magnifique et la logeuse charmante : l'association est toujours à la recherche d'endroits comme celui-là pour offrir un toit aux personnes en situation de précarité et malades : « Elle était la meilleure chose que le système pouvait nous offrir », raconte Peggy. Entre le jour de leur première rencontre et août 1988, Peggy va placer dix-neuf personnes chez Dorothea.

La première se nomme Vera Faye Martin, elle a 61 ans. Vera est également alcoolique et bénéficie du SSI depuis 1974. Elle est décrite comme une femme qui aime lever le coude et peut parfois être agressive. Alors pour Peggy, Dorothea paraît être la personne idéale pour veiller sur Vera : « Elle avait un côté sévère, je la trouvais tenace et courageuse. J'ai senti que ses traits de caractère étaient très complémentaires avec les personnes que je lui confiais », se souvient Peggy. Sévère, c'est le moins qu'on puisse dire. Walter Day, un autre Volunters of America, raconte : « J'ai essayé de placer certains de mes protégés chez Dorothea et beaucoup refusaient d'y aller. Ils me disaient : "Non pas chez elle, elle nous fout les jetons." »

Vera est divorcée, elle a deux enfants, qu'elle ne voit pas souvent : ses problèmes d'alcool les ont un peu éloignés. Mais ils s'appellent régulièrement, pas tous les jours certes, mais au moins pour les anniversaires. Cette année, sa fille n'a pas reçu d'appel pour son anniversaire, lequel avait lieu en octobre 1987, et son fils qui célébrait le sien en novembre de la même année, non plus. Vera s'est volatilisée du jour au lendemain.

Fin 1987, Dorothea se lance dans de grands travaux. Elle fait appel à d'anciens taulards. Ils ne coûtent pas cher, 20 $ par jour, et surtout ils ne sont pas curieux. L'un d'entre eux, Donald Anthony, raconte : « Elle nous faisait faire des trous un peu partout, elle nous disait que c'était pour enterrer des trucs qui ne servaient à rien. J'ai souvent vu des bouts de moquette ou des couvertures. Tant qu'elle nous payait, on ne posait pas de questions. » Elle leur fait aussi construire un garage et installer un belvédère…

Le 21 octobre 1987, Nickerson place Dorothy Miller, 65 ans, au 1426 F Street. Dorothea l'installe dans l'appartement du haut, dans la chambre à côté de la cuisine. Miller est une alcoolique « extrêmement paranoïaque » et « agressive » qui a des antécédents suicidaires. Elle est très impulsive, ete bascule parfois dans des explosions de violence. Elle perçoit le SSA depuis 1986, plus une pension de l'administration des anciens combattants de 517 $ par mois en raison de son handicap psychiatrique. Elle n'est pas coutumière du flurazépam ou de carbamazépine (antiépileptiques), en revanche, on lui a déjà prescrit du Valium par le passé. Le 22 octobre, Miller est citée à comparaître devant un juge : elle s'est fait attraper en train de voler deux paquets de cigarettes. Elle demande à Nickerson de l'accompagner au tribunal. Le 23 octobre 1987, Miller se rend chez le médecin pour des problèmes gynécologiques. Un autre rendez-vous a été fixé au 13 novembre.

Fin octobre 1987, Dorothea présente Ricardo à Miller. La logeuse veut que Ricardo devienne son tuteur. Dès le lendemain, les deux se rendent au bureau des pensions, et c'est réglé. Ricardo a officiellement l'autorisation d'encaisser les chèques de Miller qu'il donnera ensuite à sa pseudo-tatie. La démarche n'est pas illégale : lorsqu'une personne soufre de dépendance à l'alcool ou à la drogue, et/ou de troubles du comportement, il est fréquent que les travailleurs sociaux leur désignent un tuteur dans le but de les aider à bien gérer ou bien à ne pas se faire voler leur argent. Ce qui est illégal, c'est que Dorothea n'a pas le pouvoir de décider qui peut gérer qui, et d'autre part, elle est en probation avec interdiction de travailler avec des gens vulnérables.

Le 13 novembre, Miller ne se présente pas à son rendez-vous chez le médecin. Dorothea dira à l'un des locataires qu'elle l'a foutue dehors, car elle ne la supportait plus. À un autre qu'une infirmière est venue la chercher, et à Ricardo qu'elle a été internée, pour traiter son alcoolisme, dans un hôpital situé dans la ville de Martinez, dans le comté de Contra Costa, en Californie.

En novembre 1987, Brenda, qui est à nouveau en prison, envoie une lettre à l'administration : « *Il apparaît que mes chèques du SSI ont été encaissés par une femme du nom de Dorothea Gray ou*

Dorothea Montalvo ou Dorothea Puente, elles sont toutes la même personne. Je suis actuellement incarcérée à Rio Cosumnes, en attente d'être transférée vers la CIW (California Institution for Women). [...] À l'époque où je louais une chambre au domicile de Mme Dorothea Gray, mes chèques de SSI étaient envoyés à son adresse, au 1426 F Street, Sacramento, Calif. Elle ne m'a jamais dit qu'elle continuait à recevoir mes chèques. J'ai dû demander à mon médecin de faire les vérifications. Et cette dernière m'a répondu que mes chèques y étaient envoyés depuis le début du mois de juillet 1987. Le premier chèque était d'un montant de $ 3000. L'agent de la Sécurité sociale à qui j'ai parlé m'a également informée que je recevrais ensuite un chèque de $ 500 par mois. [...] Pour information, Dorothea est en liberté conditionnelle fédérale pour avoir commis dans le passé les mêmes infractions. Je vous remercie donc de faire le nécessaire. Brenda Trujillo. »

En janvier 1988, John Sharp, 64 ans, un cuisinier à la retraite, s'installe dans une des chambres à l'étage. John est différent des autres locataires, il n'a pas de problème de santé particulier ni de trouble du comportement, et ne boit pas d'alcool. Dorothea se montre particulièrement sympa avec lui.

Dans le courant du mois de février, Judy Moise, qui a entendu parler de Dorothea par l'intermédiaire de Peggy, frappe la porte de cette dernière : « Je cherchais, une chambre pour Alberto. Et c'est vrai que la maison était belle et propre. Dorothea était charmante, elle m'a dit qu'elle avait 70 ans et qu'elle avait été infirmière durant la Seconde Guerre mondiale. C'est vrai que cela m'a rassurée », se souvient Judy. Albert (alias Bert) Gonzales Montoya n'a pas eu de chez-lui depuis bien longtemps. Cela faisait plus de cinq ans qu'il vivait, une partie du temps, dans la rue et l'autre dans un centre de désintoxication. Outre ses problèmes avec l'alcool, Bert est schizophrène. Judy explique : « Il disait que les voix qu'il entendait étaient les esprits des morts. Il parlait souvent avec son père, qu'il disait décédé. Et aimait beaucoup communiquer avec la nature, avec les arbres en particulier. » Bert est né en 1936, au Costa

Rica, sa famille était très embarrassée par sa maladie. Ils sont arrivés avec sa mère Theresa Montoya et sa sœur aux USA dans les années soixante. On ne sait pas ce qui est arrivé à son père, Joe Gonzales. Sa sœur est décédée peu de temps après leur arrivée, puis sa mère a abandonné Alberto à son triste sort. Il serait passé par Los Angeles, puis San Francisco avant d'arriver, en 1981, à Sacramento. Judy est impressionnée du changement qui s'opère en Alberto : Dorothea l'a amené chez le coiffeur, l'habille avec de beaux vêtements et propres, fait en sorte qu'ils prennent bien ses médicaments. De surcroît, elle l'a aidé à faire sa demande du SSID (pension d'invalidité) auprès de l'administration. Une vraie petite maman.

En mars, Peggy confie Benjamin Fink, 55 ans, à Dorothea. Fink est un alcoolique chronique. Il ne vit que pour l'alcool. Il fait régulièrement des petits passages aux urgences pour des chutes, des bagarres, des comas éthyliques… Benjamin est néanmoins un personnage agréable, les locataires l'apprécient beaucoup, il aime faire rire son entourage. Il est aussi très proche de son frère, Robert, qui lui rend visite chaque semaine : « Mon frère boit depuis l'âge de 17 ans, j'étais content qu'il vive dans cette jolie maison. Cela me rassurait de ne pas le savoir seul. » Un soir où Benjamin était bien alcoolisé, John Sharp se souvient : « Elle m'a dit qu'elle allait l'aider à le mettre au lit et faire en sorte qu'il se sente mieux. Je ne l'ai jamais revu après cela. Quatre jours plus tard, cela sentait terriblement mauvais à l'étage, une odeur de mort. Elle m'a dit que c'était des remontées d'égouts. » En avril, Robert signale la disparition de Ben à la police, ce dernier n'a pas été vu depuis plusieurs semaines et les explications de la logeuse sur son éventuelle fugue avec une infirmière ne tiennent pas la route. Quand la police frappe à sa porte, elle leur raconte qu'elle l'a foutu dehors, car elle ne le supportait plus lorsqu'il buvait.

En avril 1988, Brenda est furieuse contre Dorothea, elle veut récupérer son argent, mais cette dernière lui fait son cinéma habituel, elle n'est au courant de rien. Quelques heures après sa visite au 1426 FT Street, Brenda voit la police débarquer chez son ami, Jose, chez qui elle loge à présent : ils ont reçu un appel anonyme accusant Brenda d'avoir assassiné quelqu'un : « Lors de son arrestation, Brenda m'a dit qu'elle savait que c'était Puente qui nous avait appelés. Elle m'a dit que Puente volait de l'argent à ses locataires, dont elle-même, puis qu'ensuite elle les tuait. J'ai écouté son histoire et, plus tard, j'ai procédé à des vérifications. Mais à cette époque-là, on n'a rien trouvé qui aurait pu étayer ses allégations. Et puis, la nuit où j'ai arrêté Brenda, elle était complètement défoncée », m'explique John Cabrera.

Le 29 avril, Dorothea reçoit plus d'une douzaine de sacs de ciment. Dans le même temps, son voisinage se plaint de la puanteur qui se dégage de son jardin et plus particulièrement Will McIntyre, qui vit juste à côté, au 1424 F Street : « Il y avait des jours, je ne pouvais même pas allumer mon air conditionné tellement ça sentait mauvais. Elle avait toujours une excuse : des rats ou des chats morts, des remontées d'égouts ou bien les odeurs de fertiliseurs. C'était toujours très bruyant, même la nuit. Elle était toujours à bricoler dans son jardin. Elle en était fière. » Dorothea est costaude, c'est elle qui va porter et ranger les sacs de ciment en attendant que ses anciens taulards arrivent au mois de juin pour lui faire des travaux.

Dans le courant du mois d'août, Dorothea reçoit 65 sacs de ciment, et l'odeur qui émane de son jardin est devenue insoutenable. À tel point que les voisins font régulièrement des réclamations auprès de l'administration, mais elles restent toujours sans réponse.

X

« Elle m'a dit de vous mentir. »

Bert ne souhaite plus vivre chez Dorothea : « Un jour, il est arrivé au centre, il m'a dit qu'il voulait revenir habiter ici, car il n'aimait pas les médicaments que la logeuse le forçait à avaler. Je suis allé voir Dorothea afin d'avoir des explications. Elle a totalement démenti et m'a affirmé qu'au contraire, c'était Bert qui la réveillait souvent en pleine nuit pour lui réclamer des médicaments. Bert a baissé la tête et n'a pas protesté, alors j'ai cru Dorothea », se souvient William Johnson, un employé du Sacramento Detox Facility.

Fin août, Judy se rend chez Dorothea afin de voir si son protégé se porte toujours aussi bien : « Elle m'a dit que Bert était parti rendre visite à son beau-frère à Mexico. Je savais qu'il n'avait pas de famille à Mexico. Peut-être avait-il menti à Dorothea, me suis-je dit, tout en restant perplexe à cette idée. Ce n'était pas son genre. » Judy et William sont ensuite revenus en septembre, puis en octobre, toujours pas de nouvelles de Bert, et Dorothea maintient sa version : Bert est à Mexico. Judy lui lance alors un ultimatum : elle reviendra le 1er novembre et Montoya a intérêt à être là. Le 1er novembre, Dorothea lui annonce qu'elle part chercher Bert à Mexico et qu'elle sera de retour le samedi 5 novembre. Judy lui répond : « Je reviendrai lundi, et mieux vaut pour vous qu'il soit là. » Le lundi 7 novembre, toujours pas de trace de Bert Montoya, et Dorothea raconte à nouveau une histoire à dormir debout : « Je vous assure qu'il était là ce week-end, c'est moi qui suis allée le chercher, puis son beau-frère est venu le récupérer, ils ont emballé ses affaires et ils sont partis dans l'État de l'Utah, m'ont-ils dit. » Pour Judy, c'en est trop. Elle contacte la police et, dans l'après-midi du 7 novembre, l'officier de police R. Erwing frappe à sa porte. Dorothea lui sert la même histoire : il a passé deux mois à Mexico avant de partir samedi pour l'Utah.

Erwing questionne alors Julius Kelly, un des locataires, et John Sharp qui confirment la version de leur logeuse. Au moment de partir : « John Sharp m'a glissé une note sur laquelle il avait écrit : "Elle m'a dit de vous mentir", nous nous sommes arrangés pour nous retrouver dehors et, là, il m'a expliqué qu'il n'avait pas vu Bert depuis plusieurs mois, puis qu'au cours de ces dernières semaines elle avait engagé beaucoup de travaux dans le jardin, des trous surtout. » De retour au commissariat, Erwing tape son rapport et, dans le même temps, Judy reçoit un étrange coup fil : « C'était un certain Michael Obergone, il disait être le beau-frère de Bert. Qu'ils étaient dans le comté de l'Utah. Quand je lui ai demandé si je pouvais parler à Bert, il a refusé de me le passer et de me donner un numéro de téléphone. » Judy a également trouvé un message sur son répondeur du même homme, elle a très bien reconnu sa voix, qui lui disait la même chose au sujet de Bert, cependant l'homme en question disait s'appeler Donald Anthony : Donald est l'un des anciens taulards qui aident Dorothea, il racontera à la police : « Elle était comme une mère pour moi, j'aurais fait n'importe quoi pour elle. » Le 10, elle reçoit un courrier provenant de la ville de Fresno, du soi-disant Michael Obergone. Plus de doute possible, quelque chose de grave est arrivé à Bert. Elle rappelle la police et John Cabrera est d'urgence contacté. Ce dernier, qui a déjà eu vent des activités illicites de Dorothea, via Brenda, prend immédiatement l'affaire au sérieux et rend visite à Judy. Quand celle-ci expose le topo de ce qu'elle redoute à propos d'Alberto, John lui demande :

« Voulez-vous que je fouille la maison et le jardin ?

– Oh oui, s'il vous plaît, faites donc. »

XI

Au bout d'une heure à peine, les trois policiers ont déterré un fémur humain, puis un pied chaussé. Dorothea est horrifiée.

Le 11 novembre, à 9h15, les détectives John Cabrera, Terry Brown et Jim Wilson arrivent, pelles à la main, chez Dorothea Montalvo-Puente : « Elle était très calme, très agréable, elle nous a offert un thé. Je lui ai demandé si je pouvais regarder dans la maison, elle n'a manifesté aucune objection », se souvient John. Tandis que Brown et Wilson interrogent la maîtresse de maison, John retourne de fond en comble la baraque, et ce qu'il trouve est ma foi fort intéressant : des tas de boîtes de divers médicaments et de flurazépam, dont une au nom de Dorothy Miller : « Brenda m'avait parlé des empoisonnements par médicaments, alors en voyant toutes ces pilules, je me suis dit qu'elle n'avait peut-être pas fabulé. Et que Dorothea avait réellement enterré des gens dans son jardin. Quand je suis redescendu, je lui ai demandé si je pouvais le fouiller, elle a acquiescé sans poser de questions, elle m'a même prêté sa pelle. » Au bout d'une heure à peine, les trois policiers ont déterré un fémur humain, puis un pied chaussé. Dorothea est horrifiée. Et là, branle-bas de combat, les légistes arrivent, accompagnés d'une équipe pour sécuriser la scène de crime, et les journalistes ne tardent pas à envahir la rue. Dorothea est, quant à elle, emmenée au commissariat à 12h, c'est John Cabrera qui conduit l'interrogatoire :

« Bien, pouvez-vous me donner votre nom et votre date de naissance ?

– Je suis née le 9 janvier 1929, à Redlands, Montalvo est le nom de mon ex-mari, je suis née Puente.

– Vous êtes née Puente ?

– Oui.

– Dites-moi, Dorothea, où est Bert Montoya ?

– Il est parti avec son beau-frère.

– Dorothea, nous savons que Bert n'a pas de contact avec sa famille, je suis sûr que Bert est enterré dans le jardin.

– Oh ! Mon Dieu, non. Je l'ai vu ce week-end.

– John Sharp nous a dit que vous lui avez demandé de nous mentir.

– Oh ! Non, je n'ai jamais fait une chose pareille. John m'en veut parce que je lui ai demandé de partir.

– Quand lui avez-vous demandé ça ?

– Je ne sais plus.

– Je recommence, Dorothea. Où est Bert Montoya ?

– Je vous l'ai dit et je l'ai vu ce week-end.

– Moi, je pense qu'il est mort et enterré dans votre jardin. Brenda m'a dit l'an dernier qu'il y avait des corps dans le jardin.

– Non, je l'ai vu dimanche, Je ne pourrais jamais tuer qui que ce soit. Brenda veut se venger parce que je l'ai mise dehors.

– Et Benjamin Flink, où est-il ?

– Je l'ai mis dehors en septembre, j'en avais assez, il buvait trop.

– Je ne crois pas, Dorothea, il a disparu, sa famille a cherché partout, sans trouver aucune trace de lui nulle part.

– Je ne sais pas, il buvait tellement, il pourrait être n'importe où.

– Je pense qu'il est aussi dans le jardin.

– Non, je vous jure. Si vous voulez, vous pouvez retourner fouiller, je n'ai rien à cacher.

– C'est ce que nous allons faire. Nous autorisez-vous à creuser ou avez-vous besoin qu'on vous montre un mandat ?

– Je vous autorise, pas de problème, faites donc et si ça peut vous prouvez ma bonne foi ! Je suis d'accord. »

L'interrogatoire s'est arrêté à 13h, John m'explique : « Bien sûr, au moment où je l'interrogeais, je ne savais pas ce que l'on allait trouver. C'était juste une technique pour voir sa réaction. »

Le 12 novembre, les enquêteurs frappent à nouveau à sa porte. Dorothea demande à John : « Suis-je en état d'arrestation ?

– Non, pas pour l'instant.

– Puis-je aller boire une tasse de café avec mon neveu au *Clarion Hotel,* juste en face. Tout ce remue-ménage me rend nerveuse.

– Oui, pas de problème. »

Vingt minutes après son départ, John exhume le corps de Leona Carpenter. Ce dernier envoie illico un officier récupérer Dorothea, mais cette dernière a disparu.

XII

Dans l'après-midi, Betty Palmer est retrouvée, elle sera la dernière à être exhumée, et l'état dans lequel les légistes ont retrouvé son corps a doublement provoqué l'effroi. Elle n'avait pas de tête ni de mains, et ses jambes avaient été coupées au niveau des rotules. Les coupures étaient nettes, ce qui laisse suggérer que ses membres ont été découpés avec une scie.

Leona Carpenter a été retrouvé en position fœtale, habillée et chaussée d'escarpins à talons aiguilles. De toute évidence, elle était morte depuis plusieurs mois, son corps était dans un tel état de décomposition qu'ils n'ont pas retrouvé son foie. Aucune trace de fracture apparente. Lors de l'autopsie, l'analyse des tissus cérébraux a révélé la présence de codéine, de diazépam, de flurazépam et de métabolites du flurazépam.

Son voisin, Will McIntyre, a fait la veille une trouvaille assez troublante : « J'ai un chien, alors je nettoie mon jardin tous les jours. Vendredi, j'ai trouvé une poignée de dents en or, une balle provenant d'une arme à feu puis un bout de bijou en or également. Je peux vous dire que jeudi ils n'y étaient pas. »

En début d'après-midi, le corps d'Alberto Gonzales Montoya est retrouvé sous une dalle en ciment. Son corps était entièrement vêtu, à l'exception des chaussures. Il était enveloppé dans plusieurs couvertures, lesquelles étaient nouées avec du ruban adhésif. Il n'y avait aucun signe de traumatisme sur le corps de Montoya. Il était mort depuis « des semaines ou des mois », il a été enterré entre un à six jours après son décès. Des échantillons de tissus du cerveau et du foie ont été prélevés et conservés pour des tests toxicologiques. Les tests ont révélé la présence de loxapine, de flurazépam et de ses métabolites, de diphénhydramine, d'amitriptyline et de carbamazépine. Tous ces médicaments avaient été prescrits à Montoya, à l'exception de la carbamazépine, un antiépileptique, de neurotropes et psychotropes, également connus sous le nom de Tegretol. L'amitriptyline est un antidépresseur également connu sous le nom d'Elavil. La loxapine est un médicament antipsychotique. La diphenhydramine est un antihistaminique également connu sous le nom de Benadryl.

Le corps de Dorothy Miller est exhumé en fin d'après-midi. Elle est enveloppée dans un drap, puis un édredon et pour finir dans un sac plastique, le tout noué avec de la ficelle. Son corps est aussi en position fœtale. Elle portait deux chemisiers, une robe, des bas et des sous-vêtements. Elle n'avait pas de chaussures aux pieds. Son bras droit avait été scotché à son abdomen avec un gros morceau de ruban adhésif qui courait autour de ses genoux et de ses jambes. Il n'y avait pas de trace de traumatisme sur le corps de Miller. Des échantillons de tissus du cerveau et du foie ont été prélevés et testés. L'analyse de ces échantillons a révélé la présence de carbamazépine, de flurazépam et de ses métabolites. La carbamazépine est un anticonvulsivant.

Dans la matinée du dimanche 13 novembre, le corps de Benjamin Fink est exhumé. Ben ne portait qu'un caleçon et des chaussettes, et il était enveloppé dans deux couches de couvre-lit, puis dans un sac plastique, le tout était noué par du ruban adhésif. Il avait aussi un coussin collé sur le visage et une partie de sa poitrine, puis un autre entre les jambes. Il n'y avait aucune trace de traumatisme sur le corps de Fink. Son corps était vidé de son sang, les analyses ont alors été faites à partir d'échantillons de tissu cérébral et du foie. Les tests ont révélé la présence d'amitriptyline, de son métabolite nortriptyline, de loxapine et de flurazépam et de ses métabolites.

Dans l'après-midi, c'est au tour du corps de James Gallop d'être exhumé. Il était également enveloppé dans des draps noués par de la ficelle. Gallop ne portait qu'une chemise à manches courtes et des chaussettes. Il ne portait pas de sous-vêtements. Une cravate a été enroulée trois fois et nouée autour de sa jambe inférieure gauche et de sa cuisse de manière à ramener la jambe contre la cuisse. Une ceinture était enroulée autour de sa cheville droite et de sa cuisse droite. Il n'y avait aucune trace de traumatisme sur son corps. Comme pour Fink, des échantillons de tissus du cerveau et du foie de Gallop ont été prélevés pour des tests toxicologiques. L'amitriptyline, la nortriptyline, la phénytoïne et le flurazépam ainsi que leurs métabolites ont été trouvés dans ses tissus. La phénytoïne est un médicament anticonvulsif, également connu sous le nom de Dilantin, qui est administré pour prévenir les crises d'épilepsie. La nortriptyline est un métabolite de l'amitriptyline.

Dans la matinée du lundi 14 novembre, le corps de Vera Faye Martin est retrouvé. Il était enroulé dans plusieurs couches de draps, nouées avec de la ficelle. La partie supérieure du corps de Martin était recouverte d'un grand morceau de papier absorbant bleu épais. Un morceau de papier similaire était noué autour et entre ses jambes puis relié à l'avant entre ses genoux. Elle était vêtue d'une robe, d'un soutien-gorge et d'une paire de collants. Elle avait une montre à son poignet, une bague à son doigt et des boucles d'oreilles à proximité des oreilles. Elle ne portait pas de chaussures. Il n'y avait aucun signe de traumatisme sur le corps de Martin. Les tests ont révélé la présence de flurazépam et de ses métabolites.

Depuis le début des fouilles, la presse grouille de tous les côtés, les gens du quartier observent le macabre spectacle, c'est une véritable cohue. Steve Rutledge, qui a la déveine de vivre juste en face du 1426 F Street, raconte au journaliste Bill Lindelof, pour le *Sacramento Bee* : « J'ai une petite fille de 13 mois, depuis trois jours, les bruits des antennes satellites et des flashs des appareils photos… l'empêchent de dormir. Les gens sont fous, certains restent des heures entières perchés dans les arbres. Et hier matin, j'ai trouvé trois personnes sur mon balcon, c'est insupportable. » Et il y a ceux qui ont trouvé comment tirer profit de la situation : Mike, toujours pour le *SacBee* : « Je vends pour 4,99 $ des gobelets remplis de la terre provenant du jardin de Dorothea et sur lesquels j'ai fait imprimer *Nightmare on F Street*[4]. »

Dans l'après-midi, le corps de Betty Palmer est retrouvé, elle sera la dernière à être exhumée, et l'état dans lequel les légistes ont retrouvé son corps a doublement provoqué l'effroi. Elle n'avait pas de tête ni de mains, et ses jambes avaient été coupées au niveau des rotules. Les coupures étaient nettes, ce qui laisse suggérer que ses membres ont été découpés avec une scie. Les légistes pensent qu'elle était déjà morte lorsqu'elle a été décapitée et démembrée : « Si ces membres avaient été découpés avant le décès, cela aurait provoqué une hémorragie “massive”. Même jusqu'à deux jours après la mort, le corps aurait rejeté une “grande quantité” de sang, et la chemise de nuit de Palmer n'en avait pas la moindre trace. »

Les tests ont révélé la présence de doxylamine, un antihistaminique en vente libre et un somnifère, d'haloperidol, un antipsychotique, et de flurazepam et ses métabolites. Sa tête, ses mains et la moitié de ses jambes n'ont jamais été retrouvées. Et Dorothea court toujours.

4 « Cauchemar dans la F Street ».

XIII

« Maintenant que je sais qui elle est, et ce qu'elle a fait, je me dis, heureusement que je l'ai reconnue. Sinon, j'aurais certainement accepté son invitation à dîner. »

Los Angeles, mercredi 16 novembre, Charles Willgues, un menuisier de 59 ans, est à la *Monte-Carlo Tarven* en train de siroter une bière, lorsque vers 14h une femme, cheveux blancs, bien maquillée, vêtue d'un manteau rouge, s'installe au bout du bar : « La chaleur du moteur du réfrigérateur sort juste de là où vous êtes assise », lui dit-il pour engager la conversation. La dame le remercie et vient s'asseoir près de lui. Elle commande une vodka orange et les deux trinquent ensemble. Elle se présente, Donna Johansson. Elle lui raconte qu'elle vient de perdre son mari et qu'elle espère bien recommencer une nouvelle vie. Mais celle-ci a bien mal débuté, lui dit-elle. Elle est venue de Sacramento en taxi et ce dernier lui a égaré ses valises. Ils parlent un peu de tout et n'importe quoi, puis la conversation prend un tournant assez inattendu : Donna demande à Charles, d'un ton très décontracté, d'où proviennent ses revenus et de quels montants il dispose. Ce dernier lui répond naturellement, 576 $ par mois de la Sécurité sociale : « Elle m'a dit que je pouvais toucher jusqu'à 680 $. J'étais très à l'aise avec elle. Elle était attentionnée, intelligente, elle semblait être une bonne mamie », se souvient Charles. Ce dernier n'a rien trouvé de curieux lorsqu'elle a abordé les questions d'argent. Soudain, Donna à une idée : « Vous êtes seul, moi aussi, et c'est bientôt Thanksgiving, je suis une cuisinière remarquable, je pourrais venir chez vous et nous préparer à dîner ? »

Charles répond qu'il va y penser, mais la seconde proposition le laisse pantois : « Elle m'a demandé si je vous voulais bien vivre avec elle, j'ai trouvé ça un peu étrange. » La dame est rapide en besogne, il est tout juste 16h. Quelque chose turlupine Charles, il ne connaît pas cette femme. Pourtant, il a l'impression qu'il l'a déjà vue. Mais où ? Après plusieurs verres, ils conviennent de se revoir le lendemain, Charles lui a promis de l'accompagner faire du shopping. Donna est descendue au *Royal Viking Motel*, il lui appelle un taxi et la belle rentre à son hôtel.

De retour chez lui, Charles ne peut s'empêcher de penser à Donna, puis il a un flash : elle ressemble étrangement à la femme qui est recherchée par le FBI, Dorothea Montalvo-Puente. Il allume alors sa télé et se connecte sur Channel 2, en espérant que KCBS diffuse à nouveau la photographie de la tueuse en série. Mais rien. Il décide alors de les appeler : « Je ne voulais pas appeler la police, vu que je n'étais pas sûr de moi, je ne souhaitais pas impliquer une personne innocente dans une histoire pareille. » Après avoir entendu l'étrange aventure de Charles, un des producteurs de la chaîne, Gene Silver, se rend, avec une photo de la fugitive, à l'appartement de Charles : « Oui, cela pourrait être elle », déclare Charles, mais pas encore tout à fait sûr de lui. Gene ne prend pas de risque et appelle illico la police. Les enquêteurs arrivent aussi chez Charles, où ils l'interrogent. Et, lors du flash info de 21h, une vidéo de Dorothea est diffusée à la télévision, plus de doute possible, c'est bien la femme avec qui Charles a passé l'après-midi. Elle est arrêtée dans sa chambre d'hôtel vers 2h30 du matin, le jeudi 17 novembre. Elle avait sur elle 3042,25 $ en cash. Elle a suivi les flics sans faire de vague.

La légende dit que la police aurait passé un deal avec la KCRA-TV, selon lequel la chaîne prenait en charge le billet d'avion de Dorothea et, en échange, un journaliste était autorisé à monter dans l'avion avec la police et l'accusée. La police dément avoir passé un tel arrangement avec la presse. Toujours est-il que, durant le vol, Dorothea a confié au journaliste Mike Boyd de KCRA-TV qu'elle a bien encaissé des chèques, mais qu'elle n'a tué personne.

De son côté Charles Willgues exprime son soulagement au journaliste David Freed du *Los Angeles Times* : « Maintenant que je sais qui elle est, et ce qu'elle a fait, je me dis, heureusement que je l'ai reconnu, sinon j'aurais certainement accepté son invitation à dîner. »

XIV

« Dans le taxi, elle m'a dit je suis désolée, mais après, elle n'a plus jamais voulu m'adresser la parole et nous ne nous sommes plus jamais parlé. »

La question qui se pose maintenant, c'est : est-elle « mentalement responsable » pour être jugée devant un tribunal ? En 1982, son psy Thomas Doody l'avait diagnostiquée schizophrène, dès lors, la question est légitime. Les audiences préliminaires se sont déroulées d'avril à mai 1990, et le 19 juin de la même année, les magistrats, après avoir vu défiler des médecins et une soixantaine de témoins, ont estimé que, d'une part, Dorothea était « mentalement responsable » et consciente de ses actes aux moments des faits. Et d'autre part, qu'ils avaient suffisamment de preuves contre elle pour la juger sous 18 chefs d'accusation, vols, détournements de fonds, empoisonnements et meurtres : les enfants de Ruth Monroe ont apporté suffisamment de preuves pour rouvrir l'enquête concernant le décès de leur mère, puis Reba, la sœur de Gilmouth, a pu enfin identifier son frère comme étant le John Doe retrouvé le jour de l'an près de la rivière de Sacramento, en 1986. Dorothea devra donc également répondre de la mort de Ruth et Gilmouth, en plus de celles de Leona Carpenter, Alberto Gonzales Montoya, Dorothy Miller, Benjamin Fink, James Gallop, Vera Faye Martin et Betty Palmer.

Le 11 juillet 1992, il a été décidé, étant donné l'immense publicité que l'affaire a engendrée au sein des médias, que le procès se déroulerait aux assises de la ville de Monterey, toujours en Californie, mais à deux cent soixante kilomètres de Sacramento.

Le procès s'est ouvert le 9 février 1993, et durant six longs mois, les jurés, six hommes et quatre femmes, vont entendre plus de 150 témoins. Le procès est présidé par le juge Michael J. Virga, les parties civiles par le procureur John O'Mara. Dorothea est représentée par Maîtres Peter Valutin et Kevin Clymo. Ces derniers vont tenter de prouver que Dorothea n'a tué personne, qu'ils sont tous morts de leur belle mort. Son seul crime est de ne pas avoir signalé leur mort et d'avoir continué à encaisser leurs chèques après leurs décès.

Sara Medrano, la responsable de la Sécurité sociale de Sacramento, est venue témoigner à la barre et a confirmé à la cour et aux jurés que l'accusée avait bien encaissé les chèques des victimes jusqu'en novembre 1988, jour de son arrestation, pour un montant total estimé à 87 000 $.

La question qui a souvent été posée est : avait-elle des complices pour déplacer les corps ? John Cabrera m'a confié : « Je soupçonne McCauley de l'avoir aidée. Mais je ne pense pas qu'il savait comment ils étaient morts. Je pense qu'il ne voulait pas qu'elle retourne en prison. C'était un alcoolique sévère qui souffrait souvent de black-out dû à la boisson. Je soupçonne quelqu'un de plus malveillant de l'avoir aidée à porter les corps, mais je ne veux pas divulguer son nom et je ne l'ai jamais fait. Ce n'est que mon opinion. » En revanche, on sait qu'elle faisait creuser les tombes par d'anciens taulards et qu'elle sollicitait également ses locataires, comme Homer Myers, 74 ans, qui a vécu un an chez Montalvo-Puente. Il raconte à la barre : « Elle a dit un jour qu'elle avait contacté un pépiniériste, car elle voulait planter un abricotier, et qu'ils lui auraient dit qu'elle avait besoin d'un trou de quatre pieds sur quatre et de cinq pieds de profondeur. Je trouvais que c'était un peu profond. Maintenant, je sais pourquoi. » Et Dorothea dans tout ça ? John m'explique : « Elle regardait droit devant elle. Et évitait les regards des témoins de l'accusation.

Quand je suis venue témoigner, elle ne m'a pas regardé une seule fois. »

Les jurés se sont retirés pour délibérer le 2 août 1993, avec les trois cents pièces à conviction qui prouvent sa culpabilité. Pour n'en citer que quelques-unes : deux permis de conduire au nom de Betty Palmer portant la photo de Dorothea, ses mensonges à propos d'Alberto Montoya, des livres consacrés à diverses drogues dont un *Drugs and Their Effects*, ses anciennes condamnations pour vols et emprisonnement et les prescriptions à outrance de médicaments signées par Thomas Doody et son médecin traitant, Jose Hererra. Les dossiers de *Medi-Cal* révèlent que, entre 1985 et 1988, Doody a prescrit à dix-huit reprises du Dalmane à Puente, et chaque ordonnance était renouvelable entre trois et six fois. Herrera, de son côté lui a prescrit la même quantité sur une période analogue… Elle a été reconnue coupable, le 26 août, seulement pour les meurtres – au premier degré – de Benjamin Fink et de Dorothy Miller, puis pour le meurtre au second degré de Leona Carpenter. Au cœur de la salle d'audience, la stupeur se ressent, personne ne comprend : « Cette décision est ridicule. Pourquoi ne pas l'avoir reconnue coupable pour le meurtre d'Alberto, et des autres aussi bien sûr, mais sincèrement pour Alberto, ils avaient les preuves nécessaires pour la condamner. Il était, mis à part ses troubles psychologiques, en bonne santé », déclare Judy Moise en pleurant à la presse. Judy n'a pas pu poursuivre sa mission, la culpabilité l'a tellement rongée qu'elle a, après cela, donné sa démission. Elle n'est pas la seule, à se sentir coupable. William Johnson s'en veut terriblement aussi : « J'aurais dû l'écouter lorsqu'Alberto m'a demandé de revenir vivre au centre. Et dire que je lui ai répondu qu'il serait plus en sécurité chez cette femme. Maintenant, il va falloir que je vive avec ça sur la conscience, c'est très douloureux. »

Ce verdict insensé, pour la majeure partie de l'auditoire, est l'œuvre d'un des jurés, Monsieur Jesus Sanchez. Il est le seul à avoir suivi la théorie de la défense : à savoir que ses autres locataires étaient probablement décédés de leur belle mort. De plus, il a accusé les autres jurés d'avoir manqué d'impartialité : selon lui, c es derniers auraient fait des recherches de leur côté afin d'en savoir plus sur les effets des médicaments retrouvés dans les corps des victimes, plutôt que de se concentrer sur les pièces des dossiers. Ses accusations n'ont jamais pu être prouvées. Maintenant, il reste à savoir s'ils vont la condamner ou non à la peine capitale. La fille de Dorothea, Linda Bloom, a été l'élément clé dans la décision finale : elle a supplié les jurés d'épargner sa mère. Celle qui pourtant l'avait abandonnée lorsqu'elle était bébé.

Sanchez a également semé la zizanie durant la délibération concernant la sentence : à cause de lui, elles ont été les plus longues de toute l'histoire de la justice californienne. Les jurés se sont retirés le 11 septembre et ont rendu leur verdict le 14 octobre : cinq sont pour la peine de mort et sept pour la prison à perpétuité. Le 11 décembre 1993, le juge annonce la sentence : Dorothea est condamnée deux fois à la prison à perpétuité, sans possibilité de libération, et à quinze ans de prison pour meurtre au second degré. Elle est incarcérée à la Central California Women's Facility.

XV

La décomposition faisait-elle aussi partie de son modus operandi ?

Son histoire en a inspiré plus d'un : cela va de la tasse à café aux tee-shirts à son effigie, en passant par les livres (au moins cinq ont été écrits sur elle) et par le cinéma : en 1990, le film *Evil Spirit* de Gary Graver est inspiré de son histoire.

En 2010, la maison a été rachetée par Tom Williams et Barbara Holmes qui l'ont retapée dans sa décoration d'origine : un mannequin en plastique représente, en grandeur réelle, Dorothea munie d'une pelle et habillée comme si la tueuse vous accueillait sur le palier. En décembre 2014, un article du journal *SacBee* titrait : « *Le mannequin de la meurtrière Puente a été volé devant la maison.* » En 2015, Tom et Barbara ont organisé une visite guidée, la vente des tickets a été reversée à une association œuvrant pour les sans-abri. Les visiteurs ont ainsi pu s'immerger dans la vie de Dorothea et de ses victimes. Et, sérieusement on s'y croirait. Si vous n'avez pas la possibilité de vous rendre à Sacramento, pas de souci, vous pouvez tout de même visiter la maison en regardant, sur internet, le documentaire *The House Is Innocent*, réalisé par Nicholas Coles, en 2015. Plus récemment, en décembre 2020, se jouait une pièce de théâtre intitulée *Dorothea Puente Tells All* au California Stage à Sacramento. Le rôle de Dorothea était interprété par l'actrice Janis Stevens.

Mais en dépit de tout ce qui a été interprété et écrit, une énigme plane toujours sur l'affaire Montalvo-Puente. Les tueurs et tueuses en série ont la réputation d'avoir leur propre modus operandi, celui de Dorothea, nous l'avons vu, consiste à empoisonner ses victimes avec des médicaments. Lors de la perquisition, John Cabrera, en soulevant la moquette de la chambre où elle tuait ses victimes, celle qui se trouve en haut près de la cuisine, a relevé d'énormes taches de sang. (Dans la phase de décomposition, le corps se vide de son sang.) Il a également constaté une très forte odeur de putréfaction. John Sharp a aussi évoqué, à plusieurs reprises, qu'il se dégageait toujours une puanteur insoutenable de cette chambre. Et Gilmouth a été vu pour la dernière fois le 15 novembre, mais elle ne s'est débarrassée de son corps que fin décembre. Enfin, les légistes n'ont relevé aucune trace de sang sur les draps ou les couvertures qui enroulaient les corps. Dès lors, on peut sérieusement s'interroger sur la raison pour laquelle elle gardait les corps aussi longtemps avant de s'en débarrasser. La décomposition faisait-elle aussi partie de son modus operandi ? Ou bien était-ce parce qu'une fois s'être vidés de leur sang et de leurs entrailles, les corps étaient plus légers à transporter ?

Mystère et boule de gomme. On ne le saura jamais. On ne saura jamais non plus combien de personnes a-t- elle tué au final ? : les enquêteurs ont découvert que lorsqu'elle officiait au 2100 F Street, elle avait fait aussi beaucoup de travaux : « Je pense qu'elle a tué beaucoup plus de personnes. On voulait fouiller le jardin du 2100 F Street, mais la maison avait été rachetée et les propriétaires ont refusé. Sans preuve, on ne pouvait pas obtenir de mandat. Aujourd'hui avec les moyens techniques, on pourrait sonder le jardin. Mais, là encore, il faudrait que les propriétaires soient d'accord », me confie John Cabrera. John a l'habitude de trouver des corps dans les jardins. En 1987, c'est lui qui a arrêté le tueur en série Morris Solomon Jr, à même pas dix minutes en voiture de chez Dorothea. Solomon a tué, entre 1986 et 1987, six jeunes femmes avant de les enterrer dans son jardin.

Dorothea a tenté de faire appel à plusieurs reprises, mais ils ont tous été rejetés. Elle est décédée de sa belle mort, le 27 mars 2011, à l'âge de 82 ans.

Rosemary & Fred West

Chez Rosemary et Fred West, au 25 Cromwell Street, « *You can check-out any time you like, but you can never leave*[5]. » C'est du moins ce qui est arrivé à un bon nombre de jeunes filles qui ont eu le malheur de croiser leur chemin.

En février 1994, après deux ans d'enquête sur les comportements déviants du couple, inceste, pédophilie, violences physiques et psychologiques sur leurs propres enfants… et une rumeur qui circulait selon laquelle Rose et Fred auraient enterré leur fille Heather under the patio, la détective Hazel Savage

5 « Tu peux demander à quitter les lieux quand tu veux, mais tu ne peux jamais partir. »

obtient finalement un mandat pour fouiller leur jardin. Et là, comble de l'horreur, non seulement ce n'était pas une rumeur, Heather était bel est bien enterrée sous le patio mais, en plus, elle n'était pas seule. Les flics ont retrouvé les cadavres décapités de neuf jeunes filles, dont Heather, enfouis sous le 25 Cromwell Street.

L'affaire Rose & Fred West ne faisait que commencer, car ce que les enquêteurs allaient par la suite découvrir dépasse de très loin l'entendement humain.

I

Une petite dévergondée

Rosemary Pauline (dite Rose) Letts est née le 29 novembre 1953 à Northam, dans le comté de Devon, au Royaume-Uni. Elle est la cinquième d'une fratrie de sept enfants. Son père, William Andrew Letts (alias Bill), est un ancien vétéran de la Seconde Guerre mondiale, souffrant de troubles obsessionnels de la propreté et de la perfection. La famille n'est pas riche et le boulot se fait rare. Bill va alors porter toute sa frustration sur sa femme, Daisy Gwendoline, et ses enfants : Patricia, née en 1943 ; Joyce, en 1945 ; Glenys, en 1950 ; puis Andrew, en 1952. Un murmure, la fourchette qui heurte le coin de l'assiette, la moindre saleté – et souvent sans raison – suffisent à faire éclater sa fureur. Et lorsque Bill sort de ses gonds, c'est à coups de ceinturon, coups de pied dans le ventre, coups de poing en pleine figure, qu'il passe ses nerfs sur sa famille. Il pousse même le vice jusqu'à leur cogner la tête contre les murs, les pousser dans les escaliers, leur balancer de l'eau bouillante en pleine figure : « Le pire, c'est qu'il y prenait du plaisir », dira Andrew des années plus tard. D'un autre côté, il peut parfois se montrer très charmant. Sa femme Daisy découvrira le jour de sa mort, le 24 mai 1979, qu'outre être maniaco-dépressif, il était aussi schizophrène.

En 1953, alors qu'elle est enceinte de Rose, Daisy sombre dans une terrible dépression. Pour la soigner, les médecins vont la traiter à coups d'électroconvulsivothérapie (ECT), technique utilisée en psychiatrie qui consiste à délivrer un courant électrique d'intensité variable sur le cuir chevelu. Daisy a reçu la dernière décharge la veille de son accouchement. Il a alors été suggéré – car Daisy n'a pour cela jamais consulté de médecin – que les électrochocs auraient, peut-être, causé des dommages cérébraux au bébé : Rose avait, pour habitude, de balancer frénétiquement la tête de gauche à droite et d'avant en arrière, jusqu'à presque perdre connaissance ; elle fixait également – le regard absent – les gens durant des heures. Néanmoins, sa mère disait d'elle qu'elle était *a baby as good as gold* (un bébé aussi bon que de l'or), car elle ne pleurait jamais. Cela n'allait pas durer.

En 1957, Daisy donne naissance à Graham. Graham n'échappera pas à la violence du père. En revanche, Bill n'a jamais levé la main sur Rose. Pourtant, en grandissant, elle ment souvent, adore massacrer ses draps à coups de ciseaux et en faire des robes pour ses poupées, jouer avec la nourriture et jacter durant les repas… Elle fait, en somme, tout ce qui tend à rendre fou son père, sans jamais se faire réprimander. Selon Daisy, c'est sa naïveté qui lui évitait les foudres paternelles : Rose n'était pas très futée, d'où son surnom, *Dosy* (stupide) *Rosie.* Patricia et Joyce qui n'ont jamais réussi à attirer les faveurs de leur père n'attendront pas leur majorité pour fuir les violences domestiques et feront leurs valises à l'aube où Rose s'apprête à débuter sa scolarité.

En classe, Rose ne s'épanouit pas, son manque de jugeote l'empêche d'avoir des bonnes notes et des amis. Elle rentre souvent en pleurs, après les cours. Néanmoins les choses vont prendre une tout autre tournure lorsque la famille s'installe, en 1960, à Bishop's Cleeve, dans le comté de Gloucestershire. À l'école Cleeve School, comme dans la précédente, les élèves la harcèlent mais, cette fois-ci, Rose ne se laisse pas faire, elle devient agressive et extrêmement violente, à tel point que les autres gamins en ont une peur bleue.

Naïve, peut-être, mais pas complètement idiote finalement : elle a vite appris l'art et la manière de manipuler les gens. Lorsque ses parents sont au boulot – Bill bosse dans une usine d'électronique et Daisy fait des ménages –, elle relègue ses tâches ménagères à ses deux jeunes frères, Graham et Gordon (né en 1960). Et pendant qu'ils astiquent le plancher, la donzelle aime se pavaner nue devant eux : Rose est sexuellement très précoce, à 13 ans, elle commence à abuser de son petit frère, Graham, qui est âgé de seulement 10 ans. Il confiera des années plus tard : « Rose se glissait dans le lit et me masturbait, je pensais que c'était normal, et j'étais tellement en manque d'amour et de tendresse que je me laissais faire. Elle savait que je n'en parlerais pas. » Jouer au docteur avec son frère a été la première étape, la seconde a été « l'œuvre de chair ». Elle va ainsi avoir des relations sexuelles avec Graham – avec Gordon aussi – jusqu'au jour où elle quittera, définitivement, le domicile familial.

En janvier 1968, dans la ville de Gloucester, une jeune fille de 15 ans, Mary Bastholm, qui attendait le bus pour retrouver son petit ami, disparaît mystérieusement. La police est sur les dents, il y a déjà eu deux viols sur mineur depuis le début de l'année, et l'agresseur court toujours. Plus de trois cents policiers sont déployés pour tenter de la retrouver, dont un jeune officier, John Bennet. Vingt-six ans plus tard, il sera l'une des figures les plus importantes dans le déroulement de l'enquête Fred et Rose West. Les Glocestriens sont inquiets, des flyers d'appel à la vigilance sont distribués dans les écoles, dont celle de Rose : Bishop's Cleeve, sise à dix-sept kilomètres de Gloucester. Mais Rose, 14 ans, ne s'affole pas plus que ça, elle rôde dans le village en quête d'amants, qu'elle trouve facilement.

Dans le courant de la même année, Glenys Letts se marie avec Jim Tyler : un mécano qu'elle fréquentait depuis plusieurs années.

Au printemps 1969, Daisy, qui sent qu'elle est sur le point de faire un second breakdown, quitte son mari – elle y retournera quelques mois plus tard – et s'installe avec Rose, Graham et Gordon chez sa fille Glenys. Jim travaille dans un garage et Glenys tient un Mobile Snack (une caravane aménagée en snack). Elle attend son premier heureux événement et recherche une personne pour la remplacer. Rose a maintenant presque 16 ans et s'apprête à quitter l'école, elle semble alors être la personne idéale pour faire le job.

Jim, avant de se rendre à son travail, dépose Rose tous les matins avec la caravane qu'il gare sur un bout de terrain situé au sud de la ville. Seulement, cette dernière ne prend pas son travail très au sérieux, ce qui l'intéresse avant tout, c'est de séduire les clients : quand Tyler repasse dans la journée, afin de s'assurer qu'elle n'a besoin de rien, il trouve souvent la caravane fermée et Rose installée dans l'un des véhicules de ses clients : la clientèle était essentiellement composée de chauffeurs routiers et de représentants.

Jim Tyler raconte : « Pour se justifier, elle me racontait qu'elle s'était fait accompagner afin de faire quelques courses. Mais je n'étais pas dupe, elle sortait du véhicule toujours sens dessus dessous, je me doutais bien qu'elle venait de coucher avec le gars. Rose, c'était une petite dévergondée. » Au mitan de la même année, Daisy trouve du boulot et un logement dans une ferme située à Toddington, au nord de Cheltenham. Elle s'y installe avec les enfants, sans emmener Rose ni même la prévenir. Sa famille ne sait trop pourquoi Daisy a agi de la sorte, cependant, des doutes subsistent : selon ses frères et sa sœur, ils soupçonnent leur mère d'avoir surpris Rose avec Jim dans une posture ambiguë, mais ils ne peuvent l'affirmer car Daisy a toujours refusé de s'expliquer. De son côté, Jim confiera plus tard : « Un soir, elle pleurait dans son lit car un homme beaucoup plus âgé qu'elle avait refusé ses avances. Je l'ai prise dans mes bras pour la réconforter, puis elle m'a dit que Glenys avait de la chance d'être mariée à un homme comme moi. Si je l'avais laissée faire, cela aurait certainement été plus loin. » Rose se sent abandonnée par sa mère et s'accroche avec sa sœur : elle ne supporte pas que Glenys lui dise ce qu'elle doit faire. Elle fait ses valises, et se fait la malle. À peine a-t-elle franchi le seuil de la porte qu'elle croise Ken, un Irlandais d'une trentaine d'années, qui plus est ami de Jim et Glenys. Elle va vivre et entretenir une relation amoureuse avec lui durant un certain temps avant de retourner s'installer chez son père sur la Tobyfield Road. Après tout, Bill ne la frappe pas, elle.

Vers la fin de l'été 1969, Rose se trouve un petit boulot de serveuse dans un salon de thé. Et sa mère réintègre le domicile conjugal. Dans le courant de l'automne de la même année, Rose, qui attend le bus pour rentrer chez elle à la station centrale de Cheltenham, se fait accoster par un type un peu bizarre.

Elle vient de rencontrer l'homme avec qui elle va commettre les crimes les plus abjects, Fred West.

II

Un mythomane

Frederick Walter Stephen West est né le 29 septembre 1941, à Bickerton Cottage dans le village de Much Marcle, situé dans le comté de Herefordshire, au Royaume-Uni.

Les West ne sont pas riches, il faut dire que le pays sort tout juste de la Bataille d'Angleterre. (Les Britanniques reconnaissent officiellement que la durée de la bataille s'étend du 10 juillet au 31 octobre 1940, période qui chevauche la période des bombardements nocturnes, par les nazis, connues sous le nom de Blitz, qui a duré du 7 septembre 1940 au 11 mai 1941.) C'est donc tout le pays qui est appauvri. Son père, Walter, est employé dans une ferme et Daisy, sa mère, travaille à la maison.

Ils n'ont ni eau courante ni électricité, néanmoins ses parents sont des gens sans histoires et prévenants à l'égard de leurs enfants.

Fred est un petit bout de chou très mignon, une belle bouille ronde, une jolie tignasse blonde et bouclée, avec des beaux yeux bleus, Daisy l'appelle mon *Blue-eyed boy*. Fred est le chouchou de Daisy : elle a perdu l'année précédente une petite fille nommée Violet, elle a alors reporté tous son amour sur son petit garçon. Cependant, elle ne néglige pas ses autres enfants pour autant : John Charles Edward, né en octobre 1942, David Henry George, en septembre 1943 (il décédera un mois plus tard), Daisy Elizabeth Mary en août 1944, Douglas en novembre 1946, Kathleen (alias Kitty) en novembre 1947 et Gwendoline en février 1951. Tout ce petit monde a grandi dans une belle campagne fleurie et verdoyante, à Morcourt Cottage, un bâtiment transformé en logement : lequel est rattaché à Morcourt Farm, la ferme où Walter travaille. Si les enfants ne sont pas maltraités, il arrive tout de même que Walter ait recours au ceinturon pour recadrer ses garçons – surtout Fred et John qui sont ingérables – mais seulement lorsqu'ils vont trop loin, il ne les frappe pas par plaisir. Mais Fred est une petite chochotte, dès la moindre remontrance, il court pleurnicher dans les jupons de sa mère et cette dernière prend souvent sa défense.

À l'école, ce n'est pas la joie pour le petit Fred, il est nul en classe et les mauvais élèves sont sévèrement punis à coups de bâton. Pour couronner le tout, les autres élèves se moquent de lui : sa réputation d'être un « fils à maman » le poursuit jusque dans la cour de l'école du fait que, chaque fois que son instituteur le corrige, sa mère Daisy débarque en furie pour incendier le prof devant toute la classe.

Fort heureusement, le petit est doté d'un grand talent. Il dessine très bien et se passionne tout particulièrement pour la fabrication d'objets et pour le bricolage : ce qui lui sera d'ailleurs d'une grande utilité lorsqu'il aménagera, plus tard, dans les sous-sols du 25 Cromwell Street. À 15 ans, après une scolarité plus que chaotique, il quitte l'école pour aller travailler à la ferme avec son père.

Avec les filles, il ne rencontre pas un succès fou, non pas qu'il soit vilain, au contraire, il est plutôt beau garçon, mais c'est un vrai bourrin. Lorsqu'il a le béguin pour une fille, il ne s'embarrasse pas de savoir si le sentiment est réciproque. Il l'attrape contre son gré, et ça l'amuse.

Pour ses 16 ans, Fred s'offre une moto, une 125cc James. Il n'en profitera qu'une année, car en novembre 1958, soit deux mois après son dix-septième anniversaire, il entre en collision avec une cycliste de 13 ans. La petite s'en sort avec quelques égratignures sans gravité. En revanche, Fred est sérieusement blessé : il plonge une semaine dans le coma et, à son réveil, il racontera avoir vu son corps mort, gisant sur le sol. Il en gardera, tout au long de sa vie, beaucoup de séquelles, des cicatrices au visage, une jambe plus courte, les dents et le nez abîmés et des pertes de mémoire. En 1961, il sera à nouveau grièvement blessé à la tête et replongera dans le coma. Vingt-quatre heures cette fois : une fille qu'il avait malmenée l'avait, pour se défendre, giflé et fait basculer en bas d'un escalier. Certains membres de sa famille ont raconté qu'il serait devenu, à la suite de ces deux accidents, agressif, violent, mythomane, déviant sexuellement. Et, selon Keith Ashcroft, psychologue légiste spécialisé dans les neurosciences, « *si le cortex frontal est endommagé, cela peut engendrer d'importants troubles émotionnels et du comportement.* »

En plus d'être maintenant un peu givré, il se met aussi à voler : en avril 1961, il écope d'une amende de 4 £ pour avoir dérobé deux étuis à cigarettes et une montre en or dans une boutique. Trois mois plus tard, la police débarque de nouveau chez lui mais, cette fois, pour des faits bien plus graves. Il est accusé d'avoir abusé et mis enceinte sa petite sœur de 13 ans, Kitty. Il ne nie pas les faits, mais s'étonne qu'on les lui reproche. Il déclare à la police : « Ce n'est pas à cela qu'elle sert ? Qu'est-ce vous pensez, qu'elle est lesbienne ? »

Daisy est indignée, les autres membres de la famille aussi : personne ne digère son geste. Son père refuse de continuer de travailler auprès de lui. Et Daisy l'envoie vivre chez sa sœur.

Son procès s'ouvre en novembre 1961, et en dépit du dégoût qu'elle ressent à l'égard de son fils, Daisy accepte de témoigner en sa faveur. Leur médecin de famille appelle également à la clémence : il explique au juge que Fred, outre être devenu épileptique depuis ses deux accidents, souffre de troubles du comportement. Mais ce qui va sauver Fred de la prison, c'est le « non »-témoignage de sa sœur Kitty : lorsque celle-ci arrive à la barre, elle fait volte-face, se mure littéralement dans le silence et refuse de répondre aux questions qui lui sont posées. Le juge se retrouve alors pieds et poings liés : sans le témoignage de la victime, il n'a plus aucune charge à retenir contre l'accusé. Fred sort donc du tribunal libre comme l'air ; ce qui ne restera pas sans de graves conséquences car, à compter de cet instant, Fred va réitérer les agressions sexuelles sur mineurs en s'imaginant qu'il est dans son droit.

III

Rena

Ce sordide incident n'a visiblement pas affecté Fred : il mène une petite vie peinarde. Il s'est réconcilié avec sa mère et le reste de sa famille, bosse dans le bâtiment, vole ses clients… et abuse à nouveau d'une gamine de 15 ans tout en traînant ses groles dans les bars de la ville de Ledbury, située non loin de Much Marcle.

Durant l'été 1962, dans un café de Ledbury, il porte son dévolu sur la serveuse, une jolie blonde. Cette jeune fille, c'est Catherine Bernadette Costello (alias Rena). Rena est née le 14 avril 1944 dans la ville de Coatbridge, en Écosse. Elle est la quatrième d'une fratrie de cinq filles. À l'adolescence, ses parents divorcent puis, ne pouvant pas s'occuper de leurs enfants, les placent tous au sein des services sociaux.

Rena est en fait l'ancienne petite amie de Fred, il ne l'a pas reconnue immédiatement, elle avait changé de couleur de cheveux. Rena et Fred se sont rencontrés au mitan de l'année 1960, lors d'un bal organisé au Memorial Hall, à Much Marcle. Elle s'était installée dans le coin pour fuir les déboires qu'elle avait avec la justice écossaise : elle était alors poursuivie pour vol et prostitution – à seulement 16 ans. Leur amourette avait été très fusionnelle, mais Fred était jaloux comme un coq, il ne la lâchait pas d'une semelle. Au bout de quelques semaines, elle en avait eu assez et était retournée dans sa ville natale, située à vingt kilomètres de Glasgow.

Deux ans se sont écoulés, et le voilà de nouveau face à elle. Il retente sa chance, et pour son plus grand bonheur, Rena lui ouvre une fois de plus les bras. Ils remettent le couvert, or Fred découvre qu'elle est enceinte. Rena est mineure et l'acte de l'Abortion légale de 1967 est entré en vigueur en avril 1968. Fred parvient alors à convaincre Rena de le laisser pratiquer lui-même l'interruption de grossesse : une pratique qui tournera plus tard à l'obsession, à tel point qu'il proposera d'avorter quasiment toutes les jeunes filles qui croiseront son chemin.

Le jour J, c'est leur amie Margaret Clarke qui est chargée de faire le guet, dans le bois de Dog Hill, mais au moment où Fred s'apprête à charcuter Rena, un promeneur qui passait par là les surprend et prévient la police : les flics arrivent juste à temps pour éviter le carnage, Fred ne sera donc pas condamné. Il ne retentera pas l'expérience, il ne leur reste alors qu'une solution : le mariage. Non pas que les deux soient très pieux mais, à l'époque, les mères célibataires, qui plus est mineures, étaient soit placées dans des structures spécialisées religieuses comme le Skene Moral Welfare ou dans des structures d'État comme le Birdhurst, entre autres. Ce n'était certes pas aussi punitif qu'en Irlande avec les Magdalene Sisters, mais ce n'était pas non plus le Club Med. On y poussait de surcroît les jeunes mères à abandonner leurs enfants en vue de les faire adopter.

Ils se marient donc le 17 novembre 1962 au Lebbury Register Office : Fred n'a pas souhaité en informer sa mère, le seul à être présent à la cérémonie, c'est son témoin, John, son frère cadet. Rena, de son côté, ne souhaite pas rester dans le coin, dès lors ils partent s'installer chez elle à Coatbridge, en Écosse.

Fred et Rena vont rester ensemble près de sept ans, par intermittence car Rena le quittera régulièrement. Elle a de très bonnes raisons : Fred la frappe, lui impose des pratiques sadomasochistes, la trompe et la pousse à la prostitution.

Le 22 mars 1963, Rena donne naissance à Charmaine Carol Mary West. Fred n'est pas enchanté, la petite est métissée, il lui est alors difficile de prétendre qu'il est le père biologique de cette enfant. Charmaine va en payer les frais. Fred la frappe régulièrement et, selon une amie de Rena, Isa McNeil, il aurait commencé à abuser d'elle sexuellement dès ses 5 ans.

Le 6 juillet 1964, Rena donne naissance à une seconde petite fille, de Fred cette fois, Anna Marie Kathleen Daisy West. Et, en 1966, une de ses maîtresses lui donne un fils nommé Stephen – Fred s'est, plus tard, vanté d'être le père d'au moins une quarantaine d'enfants.

Pour subvenir aux besoins de sa petite famille, il vend des glaces à bord d'un MR Whippy Ice Cream Van. Et, à l'instar de Rose avec le Camion Snack de son beau-frère, il profite de sa position pour attirer et draguer des gamines âgées de 13 à 15 ans. Mais Fred n'est pas un homme très discret, et le Cumbie Gang qui officie dans le quartier – même si les types sont peu fréquentables – n'apprécie pas du tout les pédophiles. Qui plus est lorsque l'une des victimes se trouve être la petite sœur du chef du gang en question, Malky Frazer.

En 1965, lors d'une de ses tournées, Fred renverse et tue Henry Feeney, un petit garçon de 3 ans. La justice conclura à un accident, mais ledit gang soupçonne Fred d'avoir volontairement roulé sur le gamin. L'écrivain écossais Colin MacFarlane, qui a rencontré Fred à cette époque, raconte : « J'étais gamin, et avec une amie, on lui a acheté une glace. Il s'est montré très agressif à notre égard. Je me souviens que les gars du gang voulaient lui mettre la main dessus. Fred l'a su et, du jour au lendemain, il a disparu. »

Fred joue au dur avec les femmes, mais face aux hommes, c'est un vrai couard : sentant que sa vie était en danger, il a fait ses valises puis est retourné se cacher dans les jupons de sa mère. Bizarrement, Rena l'a laissé, en dépit des mauvais traitements qu'il infligeait à Charmaine, partir seul avec les deux petites. Il est resté un petit moment chez ses parents à Much Marcle, avant de partir s'installer – avec Rena qui entre-temps l'a rejoint – dans un mobile home sur le site The Willows Caravan, dans le village de Sandhurs. Là, il se trouve un boulot de chauffeur : il ramasse, pour une tannerie, des carcasses, des peaux et des abats d'animaux, dans les abattoirs – d'où lui viennent, probablement, sa passion du sang et son habileté pour la décapitation.

IV

Le meurtre d'Anna McFall

Rena a beaucoup de mal à tolérer les comportements déviants de Fred, de surcroît celui-ci se plaît à rentrer du boulot le corps couvert de sang, et l'odeur des cadavres d'animaux lui devient de plus en plus insupportable. Elle ne cesse alors de faire des allers et retours entre Sandhurs et Coatbridge, mais toujours sans ses filles, qu'elle laisse bien volontiers soit sous la coupe de son mari, soit sous celle des services sociaux. Dans le courant de l'année 1966, Rena a des remords, les petites lui manquent, elle revient alors à Sandhurs pour les retrouver mais, cette fois, elle se fait accompagner de deux de ses amies, Isa McNeill et Anna McFall. Elle se dit que leur présence, en plus de lui apporter du réconfort, pourrait calmer les ardeurs violentes de Fred. En fait, il se produit l'effet inverse. Certes, il jubile d'avoir, pour lui tout seul, trois femmes à son service. Mais cela le rend imbuvable, il se prend pour un cador, un chef de meute. Il est pire qu'avant. Il frappe Rena s'il ne trouve pas son dîner sur la table en rentrant du travail, lui interdit de quitter la caravane. La situation devient vite invivable.

Rena monte alors un plan afin de s'enfuir avec les enfants : elle demande à John McLachan – un amant avec qui elle entretient une relation en Écosse – de venir la chercher. Dès le lendemain, John débarque de Glasgow avec un de ses amis. Ils sont sur le point de partir quand Fred, qui est rentré inopinément du travail, les surprend. Il est furieux et refuse de laisser partir Rena avec les enfants. Une bagarre éclate alors entre Fred et John. L'altercation entre les deux hommes est si houleuse que Rena décide de laisser tomber et repart en laissant les petites derrière elle. Isa la suit, mais pas Anna, qui prétexte vouloir s'occuper des filles : en réalité, Anna est tombée amoureuse de Fred. Selon les sources du journaliste Howard Sounes, ce serait même elle qui aurait balancé le plan de Rena à Fred.

Rena n'étant désormais plus un obstacle, Fred se met à coucher avec Anna, et dans le même temps, il lui confie la garde des fillettes. Or celle-ci ne s'en sort pas, et pour cause : elle n'a que 16 ans. Fred place alors Charmaine et Anna Marie pour un temps en foyer. (Quand Fred n'avait pas de copine pour bien veiller sur les enfants, il les confiait illico aux services sociaux.) Les petites vont ainsi faire plusieurs allers et retours dans des familles d'accueil avant qu'elles ne rencontrent leur futur bourreau, Rosemary Letts.

Dans le courant de l'été 1966, Rena retente, somme toute, de récupérer ses filles, elle découvre par la même occasion la relation qu'entretient Fred avec Anna. En dépit des tensions qui règnent entre elle et son mari, la nouvelle ne lui plaît pas. Elle réussit toutefois à récupérer Charmaine et Anna Marie et s'installe avec ces dernières dans une caravane à Brockworth, un petit village situé à quinze minutes en voiture de la ville de Gloucester. Malheureusement, leur bonheur d'avoir retrouvé leur mère ne sera qu'éphémère. Rena est arrêtée en novembre de la même année, pour avoir volé des effets personnels d'Anna ainsi que de l'argent et des cigarettes à une autre femme. Elle est placée trois ans en probation. Si bien que les petites vont être transbahutées des services sociaux au domicile de leur mère, de la caravane de leur mère à celle de leur père, de chez leurs deux parents – Rena et Fred se réconcilient parfois – aux services sociaux, et ainsi de suite. Anna va, elle aussi, avoir le tournis. Après le procès de Rena, Anna s'est aussi installée à Brockworth, dans un camping non loin de celui de sa rivale. Et comme les petites, elle ne cesse d'osciller entre sa caravane et celle de Fred. À force de coucher avec Fred, ce qui devait arriver arrive, Anna tombe enceinte. Si elle est heureuse de cette nouvelle, Fred l'est beaucoup moins, il redoute que son épouse ne l'apprenne. Il va alors, durant plusieurs mois, papillonner entre les deux jeunes femmes en veillant bien à ce qu'elles ne se croisent pas. Jusqu'à ce terrible mois d'août 1967 où Anna va s'évanouir mystérieusement dans la nature : personne ne signalera sa disparition à la police.

Les restes d'Anna et son bébé seront retrouvés, dans un très sale état, le 7 juin 1994, enterrés dans un champ, le Fingerpost Field, situé à Kempley, près de Much Marcle. Anna était enceinte de huit mois lorsqu'elle a été assassinée.

Le 6 février 1968, la mère de Fred, Daisy, meurt à la suite d'une complication postopératoire de l'ablation de la vésicule biliaire. Walter est effondré, à tel point qu'il ne peut pas se rendre aux funérailles de son épouse.

Après le meurtre d'Anna McFall, Rena et Fred se réconcilient. Ils se sépareront définitivement dans le courant de l'année 1969.

V

Un scénario digne d'un film pornographique

En 1969, Fred qui, est désormais installé à The Lake House Caravan, dans le village de Bishop's Cleeve, repère une jolie petite brunette, âgée de 15 ans et demi, à la station centrale de Cheltenham. Fred a, en effet, pour habitude de rôder autour des arrêts de bus, lesquels sont pour lui un vaste vivier de ravissantes adolescentes. Il tente sa chance, mais elle n'est pas immédiatement séduite. Il faut dire que son apparence n'a jamais été aussi catastrophique, crasseux, les dents toujours abîmées par son accident – la couleur grisâtre en plus. Cependant Fred va, pour une fois, se comporter en gentleman. Il est presque patient. Pendant plusieurs jours, il prend le bus avec elle, lui raconte des histoires et la fait rire. Elle se laisse finalement séduire et accepte d'aller boire un verre avec cet étrange individu. Cette jeune fille, c'est Rose Letts.

Leur premier rendez-vous se passe assez bien, Fred se montre très doux et prévenant, il lui offre même des présents, volés certainement. Fred remarque promptement que Rose est différente des autres filles. Il commence alors à lui parler de sexe et Rose, qui est très audacieuse, mord rapidement à l'hameçon. La soirée qui se voulait au départ romantique se transforme vite en scénario digne d'un film pornographique. Mais là où il marque son plus gros point, c'est lorsqu'il lui parle de Charmaine et d'Anna Marie. Il ne lui dit, bien sûr, pas la vérité : il lui explique qu'il a dû se séparer de son ex-femme car celle-ci se prostituait, et qu'il est alors contraint de s'occuper seul de ses deux petites filles – ces dernières étaient à ce moment-là placées en famille d'accueil. Rose qui adore les enfants (pour l'instant) souhaite en avoir une ribambelle. Elle est aussi très attirée par les hommes plus âgés – Fred est de douze ans son aîné. Dès lors, quand il lui propose de lui présenter ses filles, Rose entrevoit une possibilité de peut-être fonder une famille avec cet homme plus que complexe.

Fred vient de conquérir la femme, pour son plus grand bonheur, la plus perverse qui lui ait jamais été donné de rencontrer.

VI

La jalousie s'est vite installée

La première rencontre entre Rose, Charmaine et Anna Marie se passe plutôt bien. Fred saisit la balle au bond et lui offre de devenir sa baby-sitter. Elle accepte bien volontiers et lui offre en prime une bonne partie de jambes en l'air. Sa décision est prise, elle quitte son boulot de serveuse – sans en informer sa famille – et veut passer dorénavant le plus clair de son temps avec Fred et les enfants.

Le problème, c'est que Rose donne une partie de son salaire à ses parents : Fred lui file donc quelques sterlings qu'elle reverse ensuite à ces derniers afin qu'ils ne découvrent pas l'embrouille.

Mais leur petit manège ne va durer qu'un temps : Bishop's Cleeve est un petit village, et les potins vont bon train. Bill ne tarde pas avoir ouï-dire des activités de sa fille. Il est furax, il veut découper Fred en morceaux. (Il aurait dû !) Dans la mesure où Rose n'a pas encore 16 ans, Bill contacte les services sociaux et la police. Rose est aussitôt placée en pension, avec interdiction d'en sortir avant l'âge de 16 ans, sauf pour aller visiter ses parents. Elle prend la fuite quelques jours avant son anniversaire. La police la retrouve et la ramène au foyer, mais elle se sauve à nouveau et s'installe définitivement avec Fred et les enfants. Bill tente tant bien que mal de la ramener à la raison, mais ses efforts et ceux de la police sont vains. Rose est enceinte de Fred et a désobéi : elle avait promis de se faire avorter, mais elle ne l'a pas fait. Bill capitule et décide de ne plus jamais revoir sa fille. Si au début Rose s'est montrée charmante avec les enfants, elle ne tarde pas à révéler sa vraie nature : « Le jour où mon père nous a présenté Rose, elle avait l'air très gentille. Mais la jalousie s'est vite installée entre nous. J'étais la fille à son papa et cela ne lui plaisait pas, elle faisait toujours en sorte de ne jamais nous laisser seuls ensemble. Rose était excessivement jalouse de la relation que j'entretenais avec à mon père », se rappelle Anna Marie. Mais Fred exulte dès qu'il est en compagnie de sa nouvelle petite amie, c'est un vrai toutou, et il la laisse ainsi prendre le contrôle sur toute la famille. Leur relation est très fusionnelle : ils partagent les mêmes fantasmes. Tous deux adorent le sexe violent et s'adonnent avec plaisir à des pratiques sadomasochistes. Fred est aussi un adepte du voyeurisme, il aime mater sa compagne se faire culbuter par d'autres et, inversement, Rose adore qu'il la regarde. De plus, Rose est d'accord pour joindre l'utile à l'agréable : elle va ainsi offrir son corps, pendant que Fred l'observe, en échange de quelques pièces, et le mobile home va, progressivement, se transformer en bordel géant où les hommes – des collègues de Fred, mais aussi d'anciens amants de Rose du temps où elle travaillait pour son beau-frère – vont défiler à tout bout de champ. Avec Charmaine et Anna Marie dans leurs pattes, ils commencent à se sentir quelque peu à l'étroit.

VII

Un caractère violent et impulsif

En juillet 1970, Fred et Rose s'installent au rez-de-chaussée d'une maison mitoyenne situé au 25 Midland Road, dans la ville Gloucester. Le 17 octobre de la même année, Rose donne naissance à une jolie petite fille, Heather Ann West. En janvier 1971, Fred est condamné à dix mois de prison – il n'en fera que six – pour plusieurs histoires de vols commis entre février 1969 et décembre 1970 : des pneus, un disque d'impôt (un genre de vignette automobile des), des excès de vitesse… Rose se retrouve donc seule avec trois enfants : un bébé qui ne fait pas ses nuits et deux petites filles en bas âge qui ne rêvent que d'une chose : retrouver leur mère. Rose en bave dans son nouveau rôle de mère au foyer – elle a tout juste 17 ans – et chaque jour qui passe, elle a de plus en plus de mal à garder son sang-froid : « Elle avait un caractère violent et impulsif, lorsqu'elle se mettait en colère, elle avait les yeux qui lui sortaient de la tête, à ce moment-là, on savait qu'elle allait nous frapper. Un jour, elle m'a planté un couteau dans le bras parce qu'elle en voulait à ma sœur : elle détestait Charmaine », se rappelle tristement Anna Marie.

C'est réciproque, Charmaine ne supporte pas non plus Rose et elle a de bonnes raisons : la petite la connaît à peine, Rose qui est seulement de dix ans son aînée l'oblige à l'appeler maman et la frappe régulièrement. La petite fille refuse alors de se soumettre à ses exigences. Elle le paiera très cher. Rose, en matière de sadisme, est la copie conforme, si ce n'est pire, de son père, la perversité sexuelle en plus. Dès lors, pour se faire respecter, elle va, quotidiennement, punir la gamine à coups de gourdin, de ceinture, et avec à peu près tout ce qui lui tombe sous la main.

Sa brutalité s'accroît de jour en jour à tel point que Charmaine est, en mars 1971, admise aux urgences pour une plaie très profonde à la cheville : Rose a raconté au médecin que la petite avait été victime d'un accident domestique, en réalité, elle avait frappé la gamine avec un objet contondant. Une dizaine d'allers-retours entre le foyer et les urgences, des marques de coups violents, une mère isolée, qui plus est mineure, et un père en prison n'ont pas suffi à éveiller les soupçons des services sociaux. Et ce, pour le plus grand malheur de Charmaine puisque, trois mois après cette énième attaque, en juin 1971, elle finira par succomber à la frénésie sadique de sa belle-mère : « Un jour, Rose avait enfermé Charmaine dans notre chambre. Je savais où se trouvait la clé. Lorsque j'ai ouvert, Charmaine était nue, allongée sur une alaise en plastique et attachée aux barreaux de notre lit. Elle avait le regard terrifié, et semblait avoir pleuré », explique encore Anna Marie. Et pourtant, Charmaine ne pleurait jamais quand Rose la frappait, c'était sa manière de lui montrer qu'elle ne se soumettait pas à son autorité : « Le soir, quand je suis rentrée de l'école, ajoute Anna Marie, Charmaine n'était plus là. Rose m'a raconté que notre mère Rena était venue la chercher, j'étais sous le choc. Pourquoi ma mère ne m'avait-elle pas attendue et emmenée moi aussi ? Je n'ai plus jamais eu de nouvelles de Charmaine ni de ma mère après ce jour-là. »

Le corps de Charmaine sera retrouvé, le 4 mai 1994, au 25 Midland Road, enterré sous la cuisine située dans une extension à l'arrière de la maison. Rose l'aurait battue à mort, puis aurait planqué son cadavre – on suppose sous un tas de charbon, puisque les médecins légistes en ont retrouvé des traces lors de l'autopsie – en attendant que Fred dissimule le corps, à sa sortie de prison le 24 juin. Charmaine n'avait que 8 ans.

Après le meurtre de Charmaine, Rose commence à paniquer. Les voisins ne cessent de lui demander où est passée la petite. Elle se dispute avec Fred et tente de retourner vivre chez ses parents. À peine est-elle arrivée au domicile parental que Fred est déjà à leur porte pour la récupérer. Lors du procès de sa fille, Daisy a déclaré à la Cour que « Fred lui a dit : "Allez Rose, tu sais ce qu'il y a entre nous. Si tu ne rentres pas avec moi, il y aura une autre fille à ta place dans mon lit, dans moins de 10 minutes." Rose est si maladivement jalouse que l'idée qu'elle puisse être remplacée par une autre a suffi à la convaincre de rentrer. Puis, avant de partir, Rose nous a dit : "Vous ne savez pas qui il est, il est capable de tout, même de tuer. »

De retour au bercail, Rose est toujours angoissée. Il reste toujours le problème de Rena à régler. Elle allait bien, à un moment donné, réapparaître pour tenter de récupérer ses filles.

C'est ce qui arrive en août 1971. Selon Fred, ils auraient bu quelques verres dans un pub, ils auraient ensuite fait l'amour, puis il l'aurait étranglée. Le corps de Rena sera retrouvé, en 1994, enterré à Kempley, comme Anna Mcfall, mais à plusieurs kilomètres de cette dernière, près de Much Marcle.

VIII

La chambre de torture

De retour au bercail, le couple reprend son petit train-train pervers quotidien comme si de rien n'était. Rose fait rentrer un peu d'argent avec ses passes. Toutefois, le détective John Bennett m'explique que « Rose West n'était pas une prostituée au vrai sens légal du terme. Elle ne faisait pas payer ses services à tous ses visiteurs. » Anna Marie confirme que Rose ne faisait payer que les hommes d'origine européenne.

Fred, quant à lui, travaille maintenant dans le bâtiment pour le compte de celui qui leur loue l'appartement, M. Zygmunt.

Le 29 janvier 1972, Fred et Rose se marient, pour le meilleur, et surtout pour le pire, au Glousester Register Office. Fred n'a pas signalé à l'administration qu'il était déjà marié et personne n'a pris la peine de vérifier. Le voilà donc, désormais, polygame.

Début 1972, Rose est à nouveau enceinte. La famille s'agrandit, M. Zygmunt leur propose alors de leur louer une maison mitoyenne, composée d'un rez-de-chaussée, de deux étages et d'un jardin. Laquelle est située au 25 Cromwell Street où est sise une Église adventiste du septième jour : Cromwell Street n'est pas une rue très attractive, la plupart des maisons de style victorien ont été divisées en appartements à loyer modique, la population est essentiellement transitoire avec beaucoup d'étudiants, d'étrangers de passage, de chômeurs et d'anciens patients relâchés de l'hôpital psychiatrique de Coney Hill, lequel sera fermé en 1994. Ce qui explique certainement pourquoi les West ont pu sévir durant autant d'années sans jamais éveiller les soupçons de leur voisinage.

Les West n'ont pas d'énormes revenus, ils décident alors de monter, dans leur maison, un genre de Bed & Breakfast (sans le Breakfast) : Fred va faire beaucoup de transformations, jusqu'à leur arrestation en 1994, mais au tout début, les West vivent au rez-de-chaussée ; les premier et deuxième étages sont réservés aux locataires. Le jardin deviendra un cimetière. La cave aussi mais, avant cela, elle va servir de salle de jeux et de chambre de torture. Anna Marie sera, pour son plus grand malheur, l'une des premières à l'inaugurer.

Anna Marie, outre être le souffre-douleur de sa belle-mère, est aussi sa bonne à tout faire, c'est elle qui doit s'occuper de toutes les tâches ménagères : ménage, repassage, préparation des repas sans compter les soins à Heather. Dès lors, elle n'est pas surprise lorsqu'un jour Rose lui ordonne de descendre dans cette pièce infâme afin de « soi-disant » ranger les jouets : la cave est divisée en trois sections : l'une sert d'atelier où Fred bricole et range ses outils ; l'autre de salle de jeux donc ; et la dernière se situe à l'arrière, un niveau en dessous des deux autres. Et c'est là que Fred et Rose vont la conduire. Une fois arrivée sur les lieux, ce ne sont pas des jouets qu'elle aperçoit traîner sur le sol mais un bol en pyrex, une serviette, un rouleau de scotch et un vibromasseur. (À l'époque, elle ne sait pas ce qu'est cet objet.) Puis elle entend la porte se refermer derrière elle. Elle se retourne, ils sont là, plantés devant elle, silencieux et froid. Elle ne comprend pas, bien sûr, ce qui se passe, elle n'a que 8 ans. Elle sent cependant que quelque chose ne tourne pas rond, et l'angoisse commence à l'envahir. Rose reste impassible devant la détresse de la gamine, et lui ôte de force ses vêtements : « Rose m'a allongée sur le sol, je me débattais, alors elle s'est assise sur mon visage, je pouvais à peine respirer, puis j'ai ressenti une terrible douleur au vagin. » Fred l'a d'abord violée avec le vibro, puis l'a ensuite pénétrée pendant que Rose lui enfonçait violemment ses ongles dans la peau. Elle ne cessait de rire, elle semblait prendre plaisir à la voir souffrir. Ils lui ont ensuite dit qu'elle devait s'estimer heureuse d'avoir des parents de la sorte, gentils et attentionnés : ils ont fait cela uniquement pour lui rendre service. Ainsi plus tard, lorsqu'elle se marierait, elle serait en mesure de satisfaire son mari et surtout de le garder. « Ils m'ont fait croire que tous les parents faisaient cela. Puis Rose m'a dit que c'était pour mon bien et qu'il fallait que j'arrête de faire ma mijaurée. Mais elle m'a aussi dit que si j'en parlais à qui que ce soit, ça allait être terrible pour moi. Ils m'ont ensuite laissée là, seule, gisant sur le sol. Je criais, mais la pièce était insonorisée, je doute que l'on pouvait m'entendre. Ils sont ensuite revenus et ont recommencé. » Anna Marie racontera cette histoire durant le procès de Rose, lors de diverses interviews télévisées mais aussi dans son livre : *Out of the Shadows : Fred West's Daughter Tells Her Harrowing Story of Survival*, paru en 1996.

Le supplice qu'a subi, ce jour-là, Anna Marie a de quoi vous retourner les boyaux, or le pire reste à venir : Rose était loin d'avoir atteint son paroxysme de cruauté.

Durant sept longues années, Anna Marie va subir toutes sortes d'humiliations de la part de Rose et de son père. Mais pour Anna Marie, Rose était indéniablement la plus sadique : « Elle me forçait à faire le ménage, avec un vibromasseur (en fonctionnement) inséré dans mon vagin. » Rose la maltraite inlassablement. Elle se plaît à la garder attachée nue, après l'avoir violée avec un godemiché, à une barre d'extension que Fred a fixée au mur de la salle de torture, elle oblige la petite à lui faire des cunnilingus : « Il fallait que je l'amène jusqu'à l'orgasme et avec Rose cela pouvait durer très longtemps. » Elle la photographie nue et exige qu'elle prenne des poses pornographiques puis, comble de l'horreur, en 1974, Rose commence à donner Anna Marie (elle n'a que 10 ans) en pâture à ses pseudo-clients, ou plutôt aux « bons amis de papa et maman », comme le couple aime à dire.

Le 1er juin 1972, Rose donne naissance à une seconde petite fille May (elle changera, plus tard son nom en Mae). Cela ne va pas être le Club Med pour cette enfant non plus. Elle sera, elle aussi, abusée par son père et frappée par sa mère.

IX

« Ils m'ont dit que si je ne me calmais pas, ils allaient me tuer et m'enterrer sous la cave. »

Outre abuser d'Anna Marie et coucher avec ses « amants-clients », Rose aime aussi s'envoyer en l'air avec ses locataires. Deux d'entre eux, Benjamin Stanniland et Alan Davis (alias Draper) – tous deux 18 ans à l'époque – expliquent que lorsqu'ils ont emménagé au 25 Cromwell Street, Fred et Rose les ont invités au pub, puis lorsqu'ils sont rentrés, Rose s'est glissée d'abord dans le lit de Benjamin, puis après avoir couché avec celui-ci, elle s'est occupée de Draper. Benjamin a raconté lors du procès : « On avait un peu peur de croiser Fred le lendemain, mais il semblait être ok avec ça, il ne nous a pas réprimandés. » Si Rose a maintenant tout pour satisfaire son vorace appétit sexuel, elle n'est pas comblée pour autant. Rose est obsédée par l'idée de faire des plans à trois avec des jeunes filles et son mari. Rose est plutôt mignonne, en revanche, Fred n'est pas très sexy, il leur est alors difficile d'attirer des gamines dans leur lit, et cela contrarie Rose à un tel point qu'ils ne vont plus, dans le futur, s'embarrasser de demander l'avis des intéressées.

Elizabeth Agius, une ancienne voisine du temps où les West vivaient au 25 Midland Road, se souvient : « Fred m'a raconté qu'il aimait rouler la nuit dans l'espoir de ramasser des jeunes femmes dans la rue. Qu'il préférait les fugueuses, car elles n'avaient nulle part où aller. Il a aussi spécifié qu'il préférait les filles entre 15 et 17 ans car, avec un peu de chance, elles étaient encore vierges, et les vierges rapportaient plus d'argent. Puis un soir, Rose est venue frapper à ma porte pour me demander de garder leurs enfants, je lui ai demandé où elle allait et elle m'a répondu qu'elle accompagnait Fred, car c'était plus facile de persuader les filles de monter dans la voiture si une femme était aussi à bord du véhicule. Je pensais qu'ils plaisantaient. »

Un soir de novembre 1972, alors qu'ils effectuent leur infâme repérage, ils aperçoivent une très jolie auto-stoppeuse, 17 ans, cheveux longs châtains, Caroline Owens. Ils font demi-tour et lui proposent de la ramener chez elle : « Ils avaient l'air d'être un couple marié tout à fait normal, et plutôt sympathique, je suis montée dans leur véhicule sans aucune inquiétude », se souvient-elle. Durant le trajet, ils la questionnent un peu sur sa vie : la jeune fille leur confie qu'elle ne s'entend pas très bien avec son beau-père et qu'elle aimerait bien se trouver un travail ainsi qu'un logement. Rose saisit tout de suite la balle au bond et lui offre illico un job de baby-sitter payé 3 £ par semaine, et qui plus est, nourrie-logée. Caroline accepte à la condition que sa mère soit d'accord. Rose peut être charmante quand elle veut, elle n'a eu aucun mal à convaincre cette dernière que sa fille serait en sécurité tant qu'elle serait sous leur toit et entre leurs mains. Caroline débarque quelques jours plus tard au 25 Cromwell Street et s'installe dans la chambre d'Anna Marie. Caroline se rend vite compte que quelque chose cloche dans cette maison. Elle remarque que la petite Anna Marie se ferme comme une huître dès qu'elle est en présence de ses parents. Ils ne cessent de parler de sexe. Fred lui explique également qu'il est très doué pour pratiquer les avortements : « Il m'a dit que si je tombais enceinte, je pouvais compter sur lui, il était vraiment très bizarre. »

À cela s'ajoute l'attitude ambiguë de Rose à l'égard de Caroline : elle est collante et ne cesse de lui tripoter les cheveux, lui caresser le visage, les mains… De débouler dans la salle de bains lorsque la jeune fille est dans son bain : à part la cave, et la chambre où Rose reçoit ses « amants et clients », aucune des portes ne ferme à clé. Elle se sent de plus en plus mal à l'aise et quitte la maison, sans crier gare, au bout de quelques semaines. Rose est furieuse, la petite effrontée a osé refuser ses avances. Caroline ne va pas s'en sortir comme ça, car le plaisir mutuel consenti n'est certainement pas une des priorités du couple.

Rose et Fred connaissent très bien les habitudes de Caroline, et dans la soirée du 6 décembre 1972, ils se rendent là où cette dernière a coutume de faire du stop. Rose fait mine d'être surprise et s'excuse d'avoir eu des attitudes déplacées, puis la supplie de revenir chez eux car elle manque, soi-disant, terriblement aux enfants. Elle lui propose ensuite de la reconduire chez elle : Caroline est, cette fois-ci, un peu méfiante, malheureusement pas assez pour décliner leur invitation. À peine est-elle dans la voiture que Fred lui demande si elle vient d'avoir des relations sexuelles avec son petit ami, elle est choquée, mais lui répond tout de même que non, puis il somme Rose – qui s'est assise à l'arrière – de vérifier. Rose s'exécute en lui insérant les doigts dans le vagin tout en lui tripotant les seins : « Elle me regardait d'un air extrêmement vicieux, j'étais effrayée. » Elle tente, tant bien que mal, de se débattre, mais Fred l'assomme à coups de poing. Lorsqu'elle reprend connaissance, elle constate qu'elle a les mains ligotées dans le dos et que Fred est en train de lui enrouler la tête avec du scotch. De retour à Cromwell Street, Rose lui écarte les jambes tandis que Fred lui porte des coups violents de ceinturon sur la vulve, puis le couple la viole : pendant que Fred pénètre Rose, celle-ci gamahuche violemment la vulve de la jeune fille : « À un moment, j'ai entendu une porte claquer, je me suis mise à hurler, mais Rose m'a collé un oreiller sur la tête, je ne pouvais plus respirer. Ils m'ont dit, ensuite, que si je ne me calmais pas, ils allaient me tuer et m'enterrer dans la cave et qu'il y avait déjà une centaine de jeunes filles enfouies là-dessous. Rose était vraiment très agressive et violente. Ils se sont ensuite endormis et, moi, j'étais coincée entre eux, toujours attachée. Le matin, Rose s'est absentée un moment de la chambre, et Fred en a profité pour me violer à nouveau, il s'est ensuite mis à pleurer. Il était désolé et me disait que c'était l'idée de Rose. Il a ajouté qu'elle était toujours ainsi lorsqu'elle était enceinte. Puis il m'a demandé de revenir m'occuper des enfants. J'ai fait mine d'accepter pour les calmer. J'ai accompagné Rose dans une laverie, je lui ai dit que j'avais besoin de cigarettes et je me suis enfuie », a-t-elle raconté lors du procès de Rose en 1995, dans de nombreux documentaires consacrés à l'affaire, puis dans son livre *The One That Got Away : My Life Living With Fred and Rose West*, paru en 2012.

Nul doute que les West manquent totalement de lucidité, mais là, ils se sont surpassés en matière d'insanités : après le viol, ils s'imaginaient vraiment que Caroline allait revenir, comme une fleur, s'occuper des enfants puis entamer avec eux un ménage à trois. « Lorsque je suis rentrée chez moi, je n'ai pas osé en parler tout de suite à ma mère, j'étais terrorisée. Je me suis finalement confiée et elle m'a poussée à aller voir la police. » Les West sont arrêtés. Et l'audience préliminaire prend place le 12 janvier 1973.

Les West n'ont pas nié avoir eu une relation sexuelle avec elle, ils ont néanmoins déclaré que Caroline était consentante. Puis, pour la discréditer, ils ont raconté au juge que Caroline avait, lorsqu'elle vivait chez eux, couché avec plusieurs des locataires dont Benjamin, tentant ainsi de la faire passer pour une fille légère. Cette dernière s'est sentie salie et affaiblie par ses déclarations, à tel point qu'elle n'a pas eu le courage de les affronter jusqu'aux assises. De ce fait, le juge, John Smith, qui trouvait Fred sympathique, et vu que Rose était enceinte, n'a pas jugé nécessaire de les envoyer en prison. Il les a seulement condamnés pour agression et attentat à la pudeur – mais pas pour viol. Ils écopent tous les deux d'une amende de 25 £ pour chacun des faits, soit un total de 100 £. Et Rose accepte de suivre une thérapie, l'homosexualité étant, à cette époque, considérée comme une maladie mentale par l'Organisation mondiale de la santé. Le juge va profondément se le reprocher, vingt et un ans plus tard. En 1995, dans le documentaire *Shame Of Cromwell Street*, il déclare : « Je regrette sincèrement de ne pas les avoir envoyés en prison. » Le contraire aurait été étonnant ! Après cette attaque, elles ont été nombreuses à tomber dans les sales pattes du couple. Certaines, comme Caroline, ont survécu, d'autres pas.

X

Perversion meurtrière

Durant l'année 1973, David Bowie tue Ziggy Stardust, Rose et Fred achètent le 25 Cromwell Street et basculent dans la perversion meurtrière.

Au début de l'année, Benjamin, le locataire des West, rencontre Lynda Gough, une jeune couturière de 19 ans. Lynda lui rend souvent visite au 25 Cromwell Street, ils passent de bons moments ensemble. Cependant, leur relation ne va pas durer longtemps. Après leur rupture, Linda va enchaîner les aventures avec les autres locataires de la maison maudite, dont David Evans qui, comme Benjamin, a aussi, à une occasion, couché avec Rose. Lynda est née le 1er mai 1953 à Gloucester. Elle est brune, jolie, pleine de joie et de vie, ce qui ne laisse évidemment pas Rose indifférente. Cette dernière a également remarqué que la jeune fille a un besoin vital d'indépendance, elle lui propose alors de s'installer chez elle pour s'occuper des enfants. Linda accepte bien volontiers, et le 19 avril, elle laisse une note – sans donner d'adresse – à ses parents, disant : « *S'il vous plaît, ne vous inquiétez pas pour moi. J'ai trouvé un appartement et je viendrai bientôt vous voir.* »

Trois semaines se sont écoulées depuis le départ de sa fille, et June Gough est toujours sans nouvelles. Elle commence à s'inquiéter, mais ne sachant où la trouver, elle mène une petite enquête auprès des amies de Lynda, lesquelles lui conseillent d'aller jeter un œil chez les West. Quand Rose lui ouvre la porte, June constate que cette dernière porte les pantoufles de sa fille : « Lorsque je lui ai demandé à voir Lynda, elle m'a d'abord répondu qu'elle ne connaissait pas de Lynda, je lui ai alors fait remarquer que j'avais reconnu ses chaussons, je lui ai aussi demandé pourquoi ses vêtements étaient étendus sur le fil à linge ? Elle m'a dit : "Ah oui, je me souviens maintenant, elle est partie à Weston-super-Mare et elle a laissé quelques affaires. » Lynda est une jeune fille adorable et proche de ses parents, cependant elle est aussi rebelle et têtue, elle a toujours refusé qu'ils se mêlent de ses affaires, c'est bien le genre de jeune fille à partir sans prévenir. Et Weston-super-Mare est une station balnéaire très prisée. June se dit que sa fille a le droit de faire sa vie sans être entravée par l'autorité parentale, elle s'en va donc en acceptant les explications de Rose.

À David Evans, Rose avait cependant donné, deux semaines avant la visite de June Gough, une tout autre version des faits : « Rose est montée un matin dans ma chambre pour m'annoncer que Lynda avait frappé sa fille et qu'elle ne reviendrait pas. » La réalité est bien plus macabre. Benjamin se souvient d'une anecdote plus que douteuse : « Un jour, je suis descendu pour emprunter l'aspirateur de Rose. J'ai frappé et quand j'ai ouvert la porte, ça a été un choc. Elles étaient toutes les deux dans une posture ambiguë. J'ai vite compris que j'étais tombé au mauvais moment. » De toute évidence, il s'est passé quelque chose entre Rose et Lynda, mais était-ce consenti ? Nous ne le saurons jamais puisque le corps de Lynda a été retrouvé, enterré dans une ancienne fosse sous le plancher de la salle de bains des West. Le médecin légiste, le professeur Bernard Knight, qui sera chargé d'identifier, en 1994, tous les corps exhumés, a constaté que du scotch et de l'adhésif chirurgical ceignaient une partie de son crâne. Ses membres étaient ligotés avec des liens qui pourraient bien avoir été fabriqués avec les propres vêtements de la victime.

Les parents de Lynda avaient, après plusieurs mois sans nouvelles de leur fille, bien tenté de la rechercher. Ils se sont d'abord rendus à Weston-super-Mare. Et, bien sûr, ils ne l'ont pas trouvée. Puis ils ont demandé de l'aide à plusieurs organisations, dont l'Armée du Salut, mais ils n'ont jamais signalé sa disparition à la police.

Le 19 août 1973, Rose donne naissance à Stephen Andrew (nommé Steve aujourd'hui).

Le 10 novembre, Carol Ann Cooper, une jolie adolescente de 15 ans, passe la journée avec son petit ami Andrew et des copains dans le quartier Wardon situé dans la ville de Worcester, à quarante-cinq kilomètres de Gloucester. Ils vont au cinéma et au pub, puis, vers 21h, Andrew la raccompagne à l'arrêt de bus. Ils se font des bisous et, à 21h10, Carole monte dans le bus, Andrew se souvient : « Elle me faisait des signes de la main pour me dire au revoir, et je ne l'ai plus jamais revue après cela. » À l'inverse de Lynda, sa disparition est signalée à la police de West Mercia (Mercia est la force de police territoriale chargée de surveiller les comtés de Herefordshire, Shropshire – y compris Telford et The Wrekin – et Worcestershire en Angleterre). De gros moyens sont déployés par les West Mercia Officers pour la retrouver, bien sûr en vain, puisque son corps a été retrouvé, vingt et un ans plus tard, enterré dans la cave du 25 Cromwell Street. Son crâne était aussi enroulé d'adhésif chirurgical, et ses membres étaient ligotés avec une corde et des morceaux de tissus.

Carol est née le 10 avril 1958, à Luton. La jeune fille n'a pas eu une enfance facile, ses parents ont divorcé quand elle avait 3 ans. Elle a d'abord vécu avec sa mère, puis après le décès de celle-ci, elle est allée vivre avec son père, Colin, un ancien de la Royal Air Force, devenu assureur. Colin, ayant du mal à veiller sur sa fille, la place dans un foyer, le Pines Children's Home, dans la ville de Worcester. Le soir de sa disparition, Carole se faisait une joie de passer le week-end chez sa grand-mère, c'est en se rendant chez cette dernière qu'elle a, pour son plus grand malheur, croisé le chemin des West.

Le 27 décembre 1973, Lucy Partington passe la soirée chez son amie d'enfance Helen, à Pittville, une banlieue de la ville de Cheltenham, située à vingt-huit minutes en voiture de Gloucester. Aux environs de 22h, Lucy quitte Helen pour attraper le bus de 22h15, l'arrêt se trouvant à quelques mètres du domicile de cette dernière. Elle ne prendra jamais ce bus.

À l'instar de Carole Cooper, des gros moyens ont été déployés pour la retrouver, les chiens de la brigade cynophile ont été lâchés, des plongeurs ont dragué le lac du parc de Pittville, des avis de recherche ont été placardés dans tout le comté et diffusés dans les médias, mais rien, aucune trace de la jeune fille.

Lucy Katherine Partington est née à St Albans le 4 mars 1952. Lucy est issue d'une famille bien éduquée. Ses parents ont divorcé en 1967, mais sont cependant restés très soudés. Son père, Roger, est chimiste, sa mère Margaret est architecte, et son oncle n'est autre que le célèbre romancier Kingsley Amis, auteur notamment du *Colonel Sun* (sous le nom de Robert Markan), la première aventure de James Bond écrite par un autre écrivain que Ian Fleming. Lucy étudiait l'anglais médiéval à l'université de Exeter. Elle venait, récemment, de rejoindre l'Église catholique romaine. Lynda était une jeune fille très sérieuse et sans histoires, c'est du moins ainsi que ses proches et ses parents l'ont dépeinte au journaliste Reg Harcourt, dans un reportage diffusé sur la chaîne ATV Midlands en mai 1974. Helen est la dernière personne à avoir vu Lucy, elle est paraplégique et n'a pas souhaité être filmée, elle raconte cependant au journaliste que Lucy était un peu préoccupée ce soir-là : « Elle m'a raconté que la veille, alors qu'elle attendait le bus, un homme à bord d'une Ford Corsaire bleu clair (Fed et Rose possédaient une Ford aussi, mais une Popular de couleur beige), s'était proposé de la raccompagner, mais elle a refusé. Il a ensuite fait le tour du pâté de maisons avant de l'accoster une seconde fois. Elle a refusé à nouveau, mais cela l'avait beaucoup contrariée. » La mère de Lucy explique, quant à elle, qu'elle n'avait rien remarqué : « Lorsque je l'ai quittée le matin, elle dormait, mais la veille elle avait l'air d'aller très bien. Mais si Helen le dit, ce doit être vrai, Lucy ne me racontait pas tout, elle avait ses petits secrets. » Lorsque Reg Harcourt lui demande si Lucy aurait pu accepter de monter dans la voiture d'un inconnu, elle répond : « Non, je ne pense pas, et si elle avait raté le bus, elle serait retournée chez Helen pour me téléphoner et je serais venue la chercher. » Interviewée également, une de ses professeurs, Avril Hendry, raconte : « Quelques semaines avant sa disparition, nous avions eu une discussion justement, à propos de l'auto-stop, avec d'autre élèves de la classe, et Lucy y était fermement opposée. Je me souviens qu'elle avait vivement mis en garde les filles contre cette pratique. » Toutes les personnes interviewées ont déclaré garder toujours l'espoir qu'elle soit encore en vie, sauf son père qui est apparu bien plus pragmatique. Il raconte, des sanglots dans la voix : « Bien sûr que je souhaite plus que tout au monde que ma fille soit encore vivante, et je comprends que d'autres gardent espoir. C'est humain. Mais je sais que ma fille est morte. Elle ne serait jamais restée cinq mois sans nous donner de nouvelles. Elle n'avait pas d'argent ni passeport. Elle avait prévu de poster sa demande d'inscription pour rentrer au London's Courtauld Institute afin d'y étudier l'art médiéval, nous devions déjeuner ensemble le lendemain de sa disparition, et nous étions très impatients de nous retrouver. »

Douloureusement, son père avait raison, puisque le corps de Lucy était déjà enterré sous la cave du 25 Cromwell lorsqu'il a donné cette interview. Lucy a été retrouvée dans le même état que Lynda Gough et Carole Cooper, à deux détails près : le scotch ceignait la totalité de son crâne et un couteau de cuisine gisait à ses côtés.

Une chose est sûre, Lucy ne serait jamais montée dans une voiture seule avec Fred. Soit Rose était là, et sa présence l'aurait rassurée ? Soit elle a été poussée de force dans leur véhicule !

Le 15 avril 1974, Thérèse Siegenthaler, une jeune étudiante en sociologie, décide de faire du stop de Londres jusqu'à Holyhead, dans le pays de Galles, afin d'attraper le ferry pour se rendre en Irlande. Une de ses amies a bien tenté de la mettre en garde, mais Thérèse lui a répondu en riant : « Je peux me défendre, je suis une experte en judo. » Cela n'a visiblement pas suffi, puisque son corps a été retrouvé dans la cave des West, enterré sous une fausse cheminée. Le professeur Bernard Knight n'a pas trouvé de scotch sur Thérèse. C'est un foulard qui ceignait une partie de son crâne, ses bras et ses jambes étaient ligotés avec une corde.

Thérèse Siegenthaler est née le 27 novembre 1952 dans la commune de Trub située dans le canton de Berne, en Suisse. Elle est arrivée en Angleterre dans les années soixante-dix pour y faire ses études. Elle suivait des cours au Woolwich College of Further Education à Londres et travaillait le week-end dans une boutique suisse, dans le quartier de Covent Garden. Ses ami(e)s l'ont décrite comme étant une fille très intelligente, serviable et pleine de vie.

Sa disparition a été signalée, des gros moyens ont aussi été déployés pour la retrouver, mais l'affaire avait été saisie par les services de police de Londres, qui n'étaient pas au courant des enlèvements dans les comtés voisins. Il faudra attendre 1994, que le détective John Bennet et son équipe commencent à exhumer les victimes du 25 Cromwell Street et que les médias du monde entier s'emparent de l'affaire, pour que les flics chargés d'enquêter sur la disparition de Thérèse ressortent le dossier et permettent ainsi au médecin légiste d'identifier l'un des corps comme étant celui de Thérèse. Son père ne saura jamais ce qui est arrivé à Thérèse, car le pauvre homme, à force d'avoir en vain attendu le retour de sa fille, est mort de chagrin en 1990.

Le 14 novembre 1974, dans la ville de Worcester, située à une cinquantaine de kilomètres de Gloucester, Shirley Hubbard passe la soirée avec son petit ami, Daniel Davis. Vers 21h30, Daniel l'accompagne jusqu'à l'arrêt de bus. Avant de se quitter, ils se fixent un rendez-vous pour le lendemain au même endroit. Le jour suivant, David va, comme prévu, à la rencontre de

Shirley. Mais lorsque le bus arrive, Shirley n'est pas dedans. Il attend le suivant, puis encore le suivant, toujours pas de trace de Shirley. Il part un peu furax, pensant que cette dernière lui a posé un lapin. Tristement non, Shirley a bel et bien disparu. Bon an mal an, les services de police de West Mercia et du comté de Gloucestershire commencent à faire le lien entre les disparitions de Carole Cooper, de Lucy Partington et de Mary Bastholm (disparue en janvier 1968). Les quatre jeunes filles ont chaque fois été vues pour la dernière fois, soit près d'un arrêt de bus, soit dans un bus. Les flics sont sur les dents, les médias diffusent l'information dans les journaux. Mais rien, les West sont plus malins qu'ils en ont l'air, ils ne laissent, derrière eux, jamais de témoins.

Le corps de Shirley a été retrouvé, enterré dans la cave, sous ce que les West appelaient l'espace « Marilyn Monroe ». L'état dans lequel était son crâne révèle clairement que les West étaient montés de plusieurs crans dans la barbarie et la perversité. Sa tête était enroulée de plusieurs couches de scotch, partant de sous le menton jusqu'au-dessus des yeux, et des tubes en plastique étaient insérés dans chacune de ses narines. La façon dont l'adhésif était disposé nous fait étrangement penser au masque qu'utilisent les adeptes d'asphyxiophilie, technique qui consiste à priver le cerveau d'oxygène afin d'éprouver un plaisir sexuel. On peut soit le faire subir à un partenaire, soit se l'infliger à soi-même. La pratique est dangereuse : on compte chaque année entre trois cents et mille deux cents morts. De toute évidence, cela sera d'ailleurs démontré lors du procès, les West n'utilisaient pas le scotch dans le seul but de faire taire leurs victimes, ils l'utilisaient aussi pour assouvir leurs fantasmes sadomasochistes, et les tubes ont servi à maintenir Shirley en vie (on ne saura jamais combien de temps) afin que Rose et Fred puissent abuser d'elle le plus longtemps possible.

Shirley Hubbard est née Shirley Lloyd-Owen, le 26 juin 1959, dans la ville de Birmingham. À 2 ans, elle est placée sous la protection des services sociaux. À 6 ans, elle est conduite dans une famille d'accueil, chez les Hubbard qui sont installés dans la ville de Droitwich, située à une cinquantaine de kilomètres de Gloucester. Shirley s'est bien intégrée dans sa nouvelle famille, les Hubbard de leur côté sont très attachés à elle. Shirley était une très jolie jeune fille, pleine de joie et rebelle aussi. L'année de son assassinat, elle avait prévu de rentrer au lycée.

Le 12 avril 1975, Juanita Mott est attendue au mariage de Jennifer, une amie qui l'héberge dans un bungalow dans le village de Newent, à vingt de kilomètres de Gloucester. La veille au soir, Juanita décide d'aller faire la fête à Gloucester et promet à Jenifer d'être de retour le lendemain afin de veiller sur les enfants de celle-ci durant la cérémonie. Juanita a l'habitude de faire, en auto-stop, des allers-retours entre Newent et Gloucester. Malheureusement, ce jour-là, elle ne va pas tomber sur les bonnes personnes : Juanita connaissait très bien les West, elle avait loué, durant un temps, une chambre au 25 Cromwell Street. Un ancien de ses petits amis Timothy Davis se souvient du temps où elle vivait chez eux : « C'était vers la fin de l'année 1974, début 1975, je venais souvent la chercher et je la ramenais ensuite, mais je ne suis jamais entré dans la maison. » Il se peut que les West qui connaissaient bien ses habitudes, se soient rendus là où Juanita levait le pouce. Comme ils l'avaient fait avec Caroline Owens : si le scénario de son enlèvement reste encore flou, ce dont on est sûr, c'est qu'elle les a croisés ce jour-là, puisque la police a retrouvé son corps dans la cave du couple, enterré sous le plancher dans une alcôve près du mur où, autrefois, se trouvait un escalier. Le professeur Bernard Knight a constaté une fracture importante au niveau de sa boîte crânienne, faite probablement avec un marteau. Pour la bâillonner, les West n'ont pas utilisé de scotch mais des chaussettes en nylon, un soutien-gorge et deux paires de collants ; le professeur a aussi retrouvé un genre de fil à linge enroulé autour de ses membres.

Juanita Mott est née le 1er mars 1957 en Angleterre. Son père est américain, engagé dans l'US Army et sa mère Mary est d'origine anglaise. Enfant de divorcée, Juanita est un peu rebelle, sa sœur Belinda se souvient : « Elle disparaissait souvent pendant plusieurs jours, ma mère me disait toujours, ne t'inquiète pas, elle va revenir. Mais elle n'est jamais revenue cette fois. » Juanita est également une très jolie jeune fille, vivante, indépendante et pleine de gaieté. Hélas, sa famille n'a pas signalé sa disparition à la police, juste à l'Armée du Salut. Et triste ironie du sort : sur les six jeunes filles assassinées par les West, entre 1973 et 1975, deux seulement avaient un lien direct avec le couple puisqu'elles avaient vécu au 25 Cromwell Street, Juanita Mott donc et Lynda Gough, et ce sont les deux seules à ne pas avoir été signalées disparues à la police.

Lorsque John Bennet mènera l'enquête en 1994, il ne cessera de se dire que s'ils avaient à l'époque été informés des disparitions de Lynda et Juanita, ils auraient probablement pu établir un lien entre toutes ces affaires et les West. De plus, l'enlèvement de Caroline, près d'un arrêt de bus en 1972, était du même acabit. Fred et ses locataires étaient également bien connus des services de police : Fred avait déjà été condamné et emprisonné pour vol, et avec Rose pour le viol de Caroline. Quant à leurs locataires, ils dealaient et consommaient du cannabis, les flics faisaient alors régulièrement des descentes au 25 Cromwell Street. Et deux d'entre eux avaient eu une aventure avec Lynda Gough. Certes, cela ne leur aurait pas rendu la vie, mais cela aurait peut-être permis d'en sauver d'autres.

XI

Les bons amis de papa et maman

Force est de constater que Rose n'est pas déchaînée sexuellement uniquement lorsqu'elle est enceinte, puisqu'elle ne l'était pas lorsque le couple a violé, torturé et tué Carole Ann Cooper, Lucy Katherine Partington, Thérèse Siegenthaler, Shirley Hubbard et Juanita Mott.

Rose retombe enceinte en 1977 et, le 9 décembre de cette même année, elle donne naissance à Tara Jayne (enfantée par un des amants de Rose), puis elle enchaîne les grossesses : le 17 novembre 1979, elle donne naissance à Louise Carol ; le 16 juin 1980, à Barry John ; le 13 avril 1982, à Rosemary Ann (enfantée par un des amants de Rose) et le 16 juillet 1983 à Lucyanna Mary (enfantée par un des amants de Rose). Rose se fera stériliser après la naissance de Lucyanna.

Les amants de Rose sont majoritairement des hommes d'origine jamaïcaine et d'Inde de l'Ouest, ce qui explique le métissage de Tara, Rosemary et Lucyanna. Rose trouve qu'ils sont d'excellents amants et, surtout, elle aime les hommes bien membrés. Elle le précise d'ailleurs dans une annonce qu'elle a publiée dans une revue spécialisée :

SEXY HOUSWIFE NEEDS IT
DEEP AND HARD FROM
VERY-WELL- ENDOWED MALE
WHILE HUSBAND WATCHES
COLOUREDS WELCOME[6]

Fred a installé une sonnette individuelle au nom de Mandy pour prévenir de l'arrivée des « bons amis de papa et maman ». Mais personne dans la maison n'est dupe, y compris les locataires. Dès que les visiteurs sonnent chez la pseudo-Mandy, Rose se rend dans ce qu'ils appellent « The Rose's Bedroom » – située désormais au premier étage – et en quelques minutes, elle se met à vociférer des obscénités. Gill Bret, une ancienne locataire,

---

6 « Femme au foyer sexy a besoin d'un bon coup bien profond avec un homme bien monté, pendant que son mari regarde. Les hommes de couleur sont les bienvenus. »

se souvient : « Parfois, il y avait deux mecs en même temps, on l'entendait gémir, hurler, on était obligés de monter le son de la radio ou de la télévision pour ne pas l'entendre. Mais de toute évidence, ce n'étaient pas des cris de souffrance. » Fred, quant à lui, aime écouter son épouse s'envoyer en l'air avec d'autres hommes, pour ce faire, il a fixé un babyphone dans la chambre de cette dernière afin de mieux percevoir, bien installé dans son canapé, les rugissements de Rose. Steve se souvient : « Il nous forçait à rester près de lui pour écouter notre mère coucher avec d'autres hommes. On était écœurés, mais lui, ça l'amusait de nous voir mal à l'aise. »

Fred a aussi installé un œilleton sur la porte (côté extérieur de la chambre) qui est caché par une plaque en bois amovible, et par lequel il mate les ébats de Rose. Il aime également garder des souvenirs des instants orgiaques que Rose partage avec ses amants. Pour cela, il a installé tout un système de surveillance vidéo, qui lui permet de la filmer, mais aussi d'épier tout ce qui se passe dans la maison. Comme évoqué précédemment, Rose ne se prostitue pas au sens légal du terme, ce n'est pas tant une histoire d'argent, c'est par-dessus tout un moyen d'assouvir leurs fantasmes pervers : qui plus est, Fred est un éjaculateur précoce, il a alors beaucoup de mal à satisfaire l'appétit sexuel démesuré de Rose, les « bons amis » de maman l'aident ainsi à combler son épouse.

Enfin, combler est un bien grand mot, car Rose continue, malgré tout, à abuser d'Anna Marie régulièrement et à violer d'autres jeunes filles. Comme Miss A (son identité était protégée par un ordre de la Cour lors du procès de Rose), une jeune fille de 15 ans, placée dans une institution pour adolescentes en difficultés familiales, The Jordon' Brook. Miss A. a raconté devant la Cour, en 1995, comment durant l'année 1976 Rose et Fred l'ont sauvagement agressée sexuellement. C'est une de ses amies qui lui avait présenté Rose. Miss A l'a alors tout de suite trouvée gentille : Rose lui a dit que si elle avait le moindre problème, elle pouvait compter sur elle. Miss A a vite déchanté le jour où, en sortant des toilettes, Rose qui l'attendait derrière la porte l'a poussée dans sa chambre. Fred et deux filles (entre 12 et 14 ans) étaient aussi présents, elles étaient nues, l'une d'entre elles avait l'air terrorisée, l'autre plutôt dans le gaz. Ils en ont ligoté une aux barreaux avec du scotch, de façon à bien lui écarter les jambes, puis ils l'ont violée tous les deux, par voies anale et vaginale avec un vibromasseur et une énorme bougie. Elle hurlait de douleur. Miss A était tétanisée devant l'horreur qui se déroulait sous ses yeux. Ce fut ensuite son tour, Rose l'a jetée sur le lit, et le couple lui a fait subir le même sort, mais elle ajoute que Fred l'a en plus pénétrée. Une fois leur sale business terminé, Rose lui a demandé, en la regardant d'un air sadique, si cela lui avait plu : Miss A avait déjà été abusée sexuellement, par son père et son propre frère, et personne ne l'avait aidée – Rose était au courant. Selon Miss A, à l'époque, les plaintes des enfants de la DHSSD (DDAAS) étaient rarement prises aux sérieux. C'est certainement la raison pour laquelle les West ne lui ont pas ôté la vie, Rose savait que la gamine n'en parlerait pas. Quelques semaines après l'agression, Miss A a « la rage au ventre » : « J'ai acheté un bidon d'essence, je voulais foutre le feu à leur maison, mais j'ai fait volte-face à la dernière minute et je suis partie. » Elle a gardé ce lourd secret pendant des années, jusqu'en 1994, lorsqu'elle a vu l'affaire éclater dans les médias, où elle a enfin trouvé la force et le courage d'en parler à la police.

Rose West est également exhibitionniste, elle se promène souvent nue dans la maison, qu'il y ait des visiteurs ou pas. Steve se souvient : « Un jour, j'avais invité ma petite amie, elle n'a même pas pris la peine de s'habiller, elle est restée complètement nue, à discuter pendant une heure avec nous. J'étais extrêmement gêné. » Même quand elle est habillée, elle ne porte pas de culotte et se plaît à s'asseoir devant la maison, les jambes bien écartées, de façon à offrir en spectacle, à qui veut bien regarder, ses parties génitales. Gill Bret se souvient d'une anecdote très embarrassante : « Elle m'a fait le coup un jour où je faisais tourner une machine, elle s'est plantée devant moi, a posé un pied sur une chaise, a écarté sa jambe sur le côté, de façon à bien me montrer son sexe. J'étais très gênée. Pas elle. »

Les tocs de Rose ne vont en revanche pas tant déplaire à leur nouvelle locataire, Shirley Robinson.

Shirley Robinson est née le 8 octobre 1959 dans le comté de Leicestershire. Son père, Roy, est caporal dans la Royal Air Force, sa mère Christina (alias Christa) est sans profession. Après la naissance de Shirley, la famille part s'installer en Allemagne. Shirley a 3 ans quand ses parents divorcent. Elle va dans un premier temps vivre avec sa mère en Angleterre avant de rejoindre, à la préadolescence, son père maintenant installé dans la ville de Wolverhampton, située dans le comté de Staffordshire. Le divorce l'a beaucoup perturbée, à tel point qu'elle devient très indisciplinée et ingérable. À tout juste 13 ans, elle se lance dans la prostitution, ce qui lui vaudra d'être placée par les autorités locales dans un genre de maison de correction, jusqu'à son arrivée entre 1975 et 1976 dans la ville de Gloucester.

On ignore dans quelles circonstances Shirley a rencontré les West, toujours est-il que John Bennet m'explique : « Lorsque Shirley a quitté Jordan's Brook House, elle avait environ 18 ans. On ne sait pas comment elle a atterri au 25 Cromwell Street, mais l'adresse des West était bien connue des pensionnaires de Jordan's Brook House. »

Selon plusieurs témoignages, Rose serait tombée sous le charme de Shirley, laquelle ne cachait pas sa bisexualité, ils auraient alors entamé un ménage à trois.

Quoi qu'il en soit, ce dont on est sûr, c'est que Shirley est tombé enceinte en octobre 1977. Une de leurs voisines, Linda Greening, racontera à la Cour en 1995 : « Rose était enchantée de la grossesse de Shirley et lorsqu'elle m'a dit que le bébé était de Fred, cela m'a beaucoup choquée de la voir si heureuse de m'annoncer cette nouvelle. »

Fred et Shirley se rapprochent chaque jour davantage, ils s'embrassent en public et Fred taquine souvent Rose qui est, dans le même temps, enceinte de Tara : il ne cesse de lui dire que Shirley sera sa prochaine épouse. Cette dernière avait d'ailleurs envoyé une lettre et une photo d'elle et de Fred à son père pour lui annoncer son futur mariage : « C'est l'homme avec qui je vais me marier. Que penses-tu de lui, papa ? Je n'ai jamais été aussi heureuse de ma vie », lui écrit-elle.

Le 9 décembre, Tara West vient au monde et le ventre de Shirley s'arrondit : si, au début, Rose était ravie que Shirley mette au monde le bébé de Fred, elle s'en réjouit dorénavant beaucoup moins. Elle est devenue extrêmement jalouse et Fred s'en amuse – du moins, pour l'instant. La date de l'accouchement de Shirley est prévue pour le mois de juin 1978, et à l'approche du terme, Rose se fait de plus en plus menaçante à l'égard de Shirley et de Fred. Tous leurs enfants sont catégoriques sur ce point : Fred avait une peur bleue de Rose, c'est elle qui menait la baraque. Fred va alors petit à petit se détourner de Shirley et se ranger dans le camp de Rose. Une de leurs locataires et amie de Shirley, Elizabeth Brewer, se souvient : « Un jour, il m'a dit que Shirley devenait trop possessive et qu'il voulait juste rester avec sa "Rosie". Shirley était très inquiète, elle semblait être effrayée par les West. Elle s'est installée dans ma chambre pendant un temps. Un jour, c'était en mai, nous avions passé la journée ensemble, elle est rentrée avant moi car elle se sentait fatiguée. Lorsque j'ai regagné ma chambre le soir, Shirley n'était plus là. » Fred et Rose ont raconté à tous les locataires que Shirley était partie vivre avec son père en Allemagne. Puis, plusieurs semaines après le mystérieux départ de la jeune femme, Fred leur a annoncé que Shirley avait téléphoné pour dire qu'elle avait donné naissance à un petit garçon nommé Barry.

La vérité est bien plus macabre, le corps de Shirley et celui de son « non-nouveau-né » ont été retrouvés – vu qu'il n'y avait plus de place dans la cave – enterrés dans le jardin, près de la porte arrière de la maison. À l'inverse des autres victimes, Shirley n'a été ni bâillonnée ni ligotée. Les West ne l'ont pas tuée à l'issue d'une de leurs sessions sexuelles sadomasochistes, mais juste parce qu'elle faisait de l'ombre à Rose.

Un an après le meurtre de Shirley, c'est une autre pensionnaire de Jordan's Brook House qui s'installe chez les West, Alison Chambers.

Alison Jane Chambers est née le 8 septembre 1962, dans la ville de Hanovre, en Allemagne. Son père, Robert Chambers, était officier dans les Forces Armées. À la suite du divorce de ses parents, Alison s'installe, avec sa mère, Joan Owens, à Swansea, une ville côtière située dans le sud du Pays de Galles. Comme Shirley, elle a très mal vécu la séparation de ses parents : elle est mal dans sa peau et extrêmement rebelle. Sa mère, remariée depuis, raconte : « Alison était une jeune fille adorable, mais elle ne cessait de faire des fugues. Nous prenions souvent la voiture, le soir, pour tenter de la trouver. Parfois on la retrouvait, parfois pas. Et dans ces cas-là, nous appelions la police. » Joan a de plus en plus de mal à gérer les fugues de sa fille, elle décide alors de la placer dans un foyer, pensant que les travailleurs sociaux seront plus à même de la protéger. Mais rien n'y fait, Alison ne cesse de s'évader dès que les responsables ont le dos tourné. Ce sont les raisons pour lesquelles, en décembre 1978, Alison est transférée à la Jordan's Brook House. Cela ne se passe pas très bien, ici non plus. Alison est rêveuse et naïve, ce qui lui vaut d'être continuellement moquée par les autres pensionnaires. Elle se lie, toutefois, d'amitié avec deux adolescentes, Anne et Sharon Compton. Anne, qui est une visiteuse coutumière des West, leur présente un jour Alison : comme elle l'avait fait avec Miss A, Rose se montre attentive et attentionnée à l'égard de la jeune fille.

Après cette première visite, tout ce qui a été relaté dans la presse et dans pas mal de bouquins, à propos de ce qui s'est passé au 25 Cromwell Street entre Alison et les West, provient des déclarations de Sharon Compton. Or la police, qui prenait au début les dires de la jeune fille au sérieux, a découvert, en recoupant toutes les déclarations de cette dernière, qu'elle n'avait peut-être jamais mis les pieds au 25 Cromwell Street. Dans un rapport de police publié dans le livre de John Bennet ainsi que dans un communiqué de presse, daté du 26 septembre 1996, les enquêteurs déclarent : « *Aucun des locataires ou visiteur régulier des West, à qui nous avons montré une photographie de Sharon X, ont le souvenir d'avoir croisé cette dernière au 25 Cromwell Street durant l'année 1979. Sa description des luminaires, agencement et décoration de la maison ne correspond pas à celles faites par les locataires. Par exemple, sa description d'une cave non décorée et lugubre était similaire à celle d'une photo publiée dans un journal national, alors que les murs de la cave ont été recouverts de dessins en 1979. Sharon a affirmé avoir été présente lorsqu'un des meurtres aurait été commis, mais sa description du mode opératoire ne concordait pas avec les résultats des rapports d'autopsie. Lorsque les policiers l'ont interrogée à propos d'un article publié dans le* News of the World, *elle dément totalement avoir déclaré au journal qu'un policier était présent lorsque Fred West l'aurait violée […].* » En effet, elle était régulièrement en contact avec la presse, et lorsque les articles sur elle sortaient dans les médias, elle niait avoir parlé aux journalistes et accusait la police de fournir les informations à ces derniers. Au final, ils n'ont pas pris le risque de la faire appeler à la barre. Son témoignage aurait pu anéantir toute l'accusation. De ce fait, on peut raisonnablement douter de la véracité des récits qui ont été publiés ici et là, quant au déroulé des événements qui se sont succédé après la première rencontre entre Alison et le couple.

En revanche, ce dont on est sûr, c'est qu'Alison est bien tombée dans le piège de Rose, puisqu'entre la première visite et le mois d'août, elle a fugué neuf fois pour passer la nuit chez les West. Qu'elle semblait être heureuse auprès d'eux car elle a réellement déménagé le 5 août pour s'installer au 25 Cromwell Street. Et que, le 6 août, elle ne s'est pas rendue à son travail, un cabinet d'avocat où elle suivait une formation dans le cadre d'un programme d'insertion pour jeunes en difficulté. Alison s'est littéralement volatilisée. Les travailleurs sociaux et sa mère ont signalé sa disparition à la police, mais les recherches ont été abandonnées lorsqu'en septembre de la même année, Joan a reçu une lettre de sa fille lui disant : « *J'ai trouvé une famille formidable, je m'occupe de leurs cinq plus jeunes enfants, et l'aînée qui a presque mon âge me considère comme sa grande sœur. Ne vous inquiétez pas, tout va bien. Je vous donnerai bientôt de mes nouvelles.* » Elle n'a pas donné d'adresse et le courrier a été posté de la ville de Northampton, situé à plus de cent trente kilomètres de Gloucester. En 1991, n'ayant toujours pas reçu de nouvelles d'Alison, sa mère et son beau-père signalent de nouveau sa disparition, mais cette fois auprès du Metropolitan Police Missing Persons Bureau (national et international point de contact en Angleterre, pour toutes les personnes disparues et corps non identifiés dans le cadre d'une investigation). Les recherches furent vaines, puisque les West avaient assassiné Alison depuis belle lurette. Son corps, dénudé, a été retrouvé, enterré dans le jardin près du mur de l'extension de la salle de bains. Aucune corde ni sangle n'ont été retrouvées sur son cadavre, ce qui ne veut pas dire qu'elle n'ait pas été ligotée. En revanche, elle a de toute évidence été bâillonnée à l'aide d'une ceinture en cuir. À noter que les corps d'Anna MacFall, Charmaine West, Rena Costello, Lynda Gough, Carole Ann Cooper, Lucy Katherine Partington, Thérèse Siegenthaler, Shirley Hubbard, Juanita Mott et Shirley Robinson étaient, comme celui d'Alison, entièrement dénudés lorsque la police les a exhumés.

XII

« *Rose aurait fait une excellente gardienne de camp de concentration.* »

Rose n'est pas juste machiavélique avec Anna Marie, elle l'est aussi avec tous ses enfants : elle inflige à ses petits bouts de chou une discipline drastique, ils font les courses, cuisinent leurs repas, s'occupent des tâches ménagères. Et si ce n'est pas fait comme elle le souhaite – et à ses yeux, ce n'est jamais fait comme elle le souhaite –, ils se font démolir à coups de pied, coups de poing, coups de ceinturon, bâton, couteau, fourchette, avec tout ce qui lui tombe sous la main, en somme. Rose fait toujours en sorte de ne pas frapper le visage ou les mains, mais quand elle bascule dans la folie, et c'est souvent, elle tape n'importe où. Dans ces cas-là, les enfants sont si physiquement abîmés qu'elle ne peut pas prendre le risque de les envoyer à l'école. En 1979, Anna Marie a été signalée absente soixante-huit fois, ses professeurs ne s'en sont jamais alarmés, et en vingt ans, les enfants sont passés, pour des blessures plus que questionnables, pas moins de trente et une fois aux urgences, et là encore, cela n'a pas suffi. Cela n'a alarmé ni les hôpitaux, ni les services sociaux, ni les écoles. Mae raconte : « Les professeurs et les autres élèves nous trouvaient bizarres, car on ne voulait jamais aller en sport et on portait toujours des manches longues pour cacher nos bleus. »

Toujours en 1979, Anna Marie est hospitalisée afin d'interrompre une grossesse extra-utérine – Fred l'avait mise enceinte – et soigner une MST. À son réveil, le personnel soignant ne la regarde pas d'un bon œil, elle ne comprend pas pourquoi, car personne ne l'a informée de l'origine de son opération, Fred s'est juste contenté de lui dire que, « dans son ventre, quelque chose ne tournait pas rond ». Elle ne découvrira le pot aux roses que quelques années plus tard, lorsqu'elle tombera à nouveau enceinte de sa première enfant. Même si Anna Marie se doute que Fred et Rose ont, à l'époque, menti quant à la paternité du bébé, la faisant ainsi passer pour une jeune fille dévergondée, elle se demande encore aujourd'hui pourquoi les médecins ne se sont pas interrogés davantage et n'ont pas signalé l'incident aux services sociaux, elle n'avait que 15 ans : « Quand je suis rentrée de l'hôpital, je tenais à peine debout, mais elle m'a obligée à faire le ménage – Rose aurait fait une excellente gardienne de camps de concentration –, je la sentais énervée, je faisais tout pour fuir son regard, elle m'a reproché de ne pas m'appliquer, puis elle s'est défoulée sur moi à coups de pied dans le ventre. Je me suis écroulée et c'est à ce moment-là que j'ai compris qu'il fallait absolument que je quitte cette maison. J'ai attendu que tout le monde dorme, puis je me suis enfuie en pleine nuit. »

Anna Marie va galérer durant un temps, car elle n'a nulle part où aller et très peu d'argent, avant de trouver la stabilité. Néanmoins, les problèmes qu'elle va rencontrer seront bien plus légers à supporter en comparaison du lourd calvaire qu'elle a déjà enduré.

XIII

Heather

Après le départ d'Anna Marie, Heather, tout juste 9 ans, devient la cible favorite de Fred : à savoir que Rose ne viole pas ses propres filles, en revanche, elle incite et aide Fred à le faire. Mais Heather ne se laisse pas abuser aussi facilement, elle tente tant bien que mal de repousser son père, ce qui lui vaut d'être doublement tabassée par sa mère : « Notre père ne nous frappait pas aussi violemment et beaucoup moins souvent. Il intervenait même parfois quand maman nous cognait avec un "Doucement, Rose !", c'était elle qui nous terrifiait le plus », se souvient Mae.

Plus Heather grandit, plus elle résiste et plus ils s'en étonnent. Ils ne comprennent pas que la petite « fasse des histoires » – comme ils disent – lorsque Fred s'apprête à la violer : « Ce doit être une putain de lesbienne », s'écrie Rose à son mari. Et cette idée la rend folle de rage, elle qui, pourtant, passe son temps à violer ou coucher avec des jeunes filles. En somme, avec Rose, c'est « fais ce que je dis, mais pas ce que je fais ».

Le couple West est indéniablement tordu, mais là, ils vont une fois de plus se surpasser en matière de perversité. Ils décident, soudain, de faire dormir leurs trois aîné(e)s, Heather, Mae et Steve, dans la cave juste au-dessus des cadavres de Carole Ann Cooper, Lucy Katherine Partington, Thérèse Siegenthaler, Shirley Hubbard et Juanita Mott. Mae se souvient : « Parfois, des odeurs bizarres et désagréables émanaient du sol. Jamais une seconde nous ne nous sommes imaginé que nos parents avaient tué et enterré des jeunes filles ici même. Le choc a été terrible. »

Tous les soirs, une fois leurs tâches terminées, Rose les enferme à clé dans ce cimetière avec, en guise de toilettes, un vulgaire seau en plastique. Ce n'est pas le pied mais, au moins pendant ce temps-là, Heather et Mae ont la paix, car cette dernière est désormais aussi abusée par son père.

Malgré l'atmosphère délétère dans laquelle elle évolue, Heather devient une adolescente studieuse. Elle est intelligente, très douée et ne pense qu'à une chose, obtenir son diplôme de fin d'études secondaires afin de quitter au plus vite cette horrible maison. Elle écrit des poèmes, aime la nature et rêve d'aller vivre au cœur de la forêt de Dean, située dans l'ouest du comté de Gloucestershire. Ce qui a d'ailleurs le don d'agacer davantage ses parents : Fred pense qu'étudier ne sert à rien et que la place d'une femme est à la maison. Il ne supporte pas non plus la façon dont Heather le regarde : lorsqu'elle se trouve dans la même pièce que son père, elle ne le lâche pas des yeux et prend toujours garde de ne jamais lui tourner le dos.

L'attitude de la petite instaure aussi beaucoup de défiance du côté de Fred et Rose. Car si jusqu'à présent, ils ont réussi – en les terrorisant – à empêcher leurs enfants de révéler à quiconque ce qui se passe au sein de la maison, ils en sont moins certains à propos d'Heather : dans les rapports de police, il est stipulé que Fred et Rose ne sont pas dotés d'un niveau intellectuel très élevé, ils sont même bien inférieurs à la moyenne. Cela posé, ils n'ont peut-être pas « inventé le fil à couper le beurre » mais ils ont de l'intuition, car Heather va finir par parler.

Heather se renferme chaque jour davantage, elle va très mal elle se met à boire et à fumer. Puis un jour, durant la période des examens de fin d'année, elle craque et se confie à sa meilleure amie, Denise Harrison : elle lui raconte, les viols, les coups, les tortures… Denise s'empresse bien sûr d'en parler à sa mère, Gloria, mais cette dernière ne la croit pas. Selon elle, Fred et Rose sont incapables de commettre de telles ignominies. Et pour cause : le père de Denise, Ronaldo Harrison, n'est autre que l'un des meilleurs potes de Fred.

On ne se sait pas si les Harrison ont parlé à Rose et Fred, toujours est-il qu'Anna Marie, qui est désormais maman et mariée à Chris Davis, se souvient : « La dernière fois que je l'ai vue, c'était le 17 juin 1987, à l'occasion du troisième anniversaire de ma fille, Michelle. J'avais organisé une petite fête chez moi, et Fred et Rose ont débarqué à l'improviste avec les enfants. Heather allait très mal, elle était très silencieuse et restait seule dans son coin. J'ai tenté de lui parler, mais dès que je m'approchais d'elle, Rose et Fred s'interposaient. Visiblement, ils ne voulaient pas que je me retrouve seule avec elle. »

Hélas, son dernier espoir d'échapper à la violence de ses parents s'envole le 19 juin : elle avait postulé pour un job dans un camp de vacances, situé dans le comté de Devon à cent quatre-vingts kilomètres de Gloucester. Pour son plus grand malheur, elle n'a pas été sélectionnée. Steve se souvient : « Un soir, nous sommes rentrés de l'école et Heather n'était plus là. Ils nous ont raconté que la responsable du camp avait changé d'avis et qu'une personne était venue la chercher. Nous n'avons plus jamais eu de nouvelles de notre sœur après cela. »

Le jour suivant le pseudo-départ de Heather, Fred demande à Steve de l'aider à creuser un trou dans le jardin afin d'en faire un étang à poissons. Steve constate, quelque temps plus tard, que le trou a été rebouché : Fred avait changé d'avis. Il a, à la place, décidé de construire une terrasse. Une fois son œuvre terminée, Rose et Fred ont organisé un petit barbecue pour fêter ça.

Le corps de Heather a été retrouvé, enterré sous le patio, sept ans plus tard, précisément là où tout le monde avait festoyé pour l'inaugurer.

Heather n'a pas été bâillonnée, comme les autres victimes ; en revanche, le rapport d'autopsie a révélé qu'elle a certainement été, elle aussi, violée et torturée avant d'être tuée. Son corps était nu, ses mains ligotées dans le dos et les fibres de nylon orange, brun et vert retrouvées coincées dans la corde laissent suggérer qu'elle a été immobilisée sur leur tapis pendant qu'elle était attachée.

L'année qui a suivi le meurtre de Heather, Fred, avec l'aide de Graham, son beau-frère, a installé du lino sur le sol de la cave, puis a fait toutes sortes de transformations pour la rendre agréable : Tara, Louise, Lucyanna, Rosemary et Barry dormiront désormais sur les cinq cadavres, comme les trois aînés quelques mois auparavant, mais avec une jolie décoration en prime. Fred aménage également le rez-de-chaussée afin d'en faire un logement pour les enfants. Tous ces travaux ont été effectués, non pas dans le but de faire plaisir à leur progéniture mais pour mieux les contrôler : leur porte d'entrée est alors toujours verrouillée et seuls leurs parents en possèdent la clé. De leur côté, Rose et Fred s'installent dans les étages, mais les enfants ont reçu l'interdiction formelle d'y monter. Ainsi Fred et Rose peuvent continuer à s'adonner à leurs jeux pervers en toute tranquillité.

XIV

Les premières arrestations

Le 3 août 1992, l'officier de police Steve Burnside, alors qu'il patrouille dans Cromwell Street, se fait accoster par deux adolescentes affolées. Les gamines lui confient qu'une de leurs amies a été agressée sexuellement par son père, qui aurait de plus filmé le viol. La victime en question n'est autre que Louise West, âgée de 13 ans à l'époque. Pour la première fois dans toute l'histoire sordide des West, une personne va enfin prendre ces accusations au sérieux.

Trois jours plus tard, dans la matinée du 6 août, les flics et les services sociaux débarquent avec un mandat de perquisition au 25 Cromwell Street. L'équipe n'a pas besoin de chercher longtemps pour tomber sur des preuves accablantes concernant la sexualité déviante du couple : en tout, ils ont trouvé 99 vidéos pornographiques – commerciales et *home made* – comprenant des films scatophiles, zoophiles, sadomasochistes, bondages, dont certaines vidéos montrant Rose s'insérant toutes sortes de choses dans le vagin : des pommes, des ustensiles de cuisine, d'énormes godemichés. La police a aussi trouvé des films d'elle en compagnie de ses amants. Puis tout un tas de photographies pornographiques de Rose, mais aussi d'autres personnes non identifiées. À cela s'ajoute toute une panoplie de matériel sexuel hardcore : des godemichés, des vêtements en latex, des fouets, des menottes, des rouleaux de scotch, des accessoires pour bondage (cordes, sangles...), des masques (que l'on utilise lorsqu'on pratique l'asphyxiophilie).

Tara, Louise, Lucyanna, Rosemary et Barry sont immédiatement emmenés par les services sociaux et Rose est arrêtée pour complicité de viol et acte de cruauté, elle sera relâchée à la fin de l'interrogatoire. Fred, quant à lui, est placé en garde à vue. Le lendemain, il est présenté devant le juge puis est officiellement mis en examen pour viol et sodomie[7] sur mineur, il est alors transféré à la prison de Gloucester.

Le 7 août, la détective Hazel Savage qui est chargée d'interroger Rose et les enfants se rend chez Anna Marie, laquelle est désormais séparée de Chris Davis et vit seule avec

7 En Angleterre et au Pays de Galles, la sodomie fut érigée en crime par le Buggery Act de 1533, sous le règne d'Henri VIII (loi sur la sodomie). Les actes entre hommes et les relations sexuelles anales entre hommes et femmes sont restés une infraction jusqu'en 1994.

ses deux petites filles, Michelle et Carol. Malgré le coup de fil menaçant qu'elle a reçu de Rose juste avant l'arrivée de la police, Anna Marie décide de tout raconter à la détective : les viols et les coups à répétition, la prostitution forcée... Elle lui fait part également de ses inquiétudes à l'égard de ses sœurs Charmaine et Heather, puis de sa mère Rena Costello qu'elle a tenté, en vain, de retrouver. Hazel Savage connaissait Rena, c'est elle qui était allée l'arrêter en Écosse quand celle-ci n'avait pas respecté les termes de sa probation après son inculpation pour vol à Gloucester, en 1966. Elle se souvenait très bien de ce que Rena lui avait confié à l'époque, notamment des mauvais traitements que Fred lui infligeait à elle et ses deux filles, Charmaine et Anna Marie. À l'issue de l'interview, Hazel promet à Anna Marie qu'elle fera tout ce qui est en son pouvoir pour retrouver les traces de ses sœurs et de sa mère.

Le 11 août, Rose est à nouveau arrêtée, puis placée en garde à vue. Hazel l'interroge tout d'abord à propos de Louise et enchaîne sur la disparition de leur fille Heather. Rose maintient ce qu'elle a dit aux enfants, en 1987 : Heather est partie travailler dans un camp de vacances, situé dans le comté de Devon. Puis, lorsque Hazel lui demande où est passée Charmaine, Rose lui répond : « Elle vit avec sa mère, Rena, à Londres. » Rose est officiellement mise en examen pour encouragement de viol sur mineur et acte de cruauté. Elle est tout de même relâchée sous la condition de ne pas rentrer en contact avec ses jeunes enfants, Anna Marie et Fred. Un soir, en rentrant de l'école, Steve trouve Rose sur le sol, inconsciente : elle a tenté de se suicider en gobant une boîte de médicaments et en ingurgitant une grosse quantité d'alcool. Elle est conduite d'urgence au Gloucestershire Royal Hospital où elle subit un lavage d'estomac. De nouveau sur pied, elle est interrogée une troisième fois, le 14 août, mais elle reste droite dans ses bottes. Fred est de son côté entendu, idem pour lui, il sert la même version : « Heather est partie travailler dans un camp de vacances près de Devon et nous n'avons pas de nouvelles d'elle. » Hazel se sent de plus en plus concernée par la disparition d'Heather : si la petite est encore en vie, cela ne devrait pas être si compliqué de la retrouver.

En attendant le jour de leur procès, fixé au mois de juin de l'année suivante, Tara, Louise, Lucyanna, Rosemary et Barry restent placés sous la protection des services sociaux, Fred est envoyé dans une maison d'arrêt dans la ville de Birmingham, et Rose reste seule avec Mae et Steve au 25 Cromwell Street. Elle le vit très mal, elle s'ennuie, elle passe alors la plupart de son temps à se goinfrer de bonbons en regardant des dessins animés. Jusqu'en mars 1993 où Fred est placé en semi-liberté dans un Bail Hostel (hôtel de probation géré par la justice, dans lequel les résidents, des délinquants, sans-abri… doivent faire acte de présence de 23h à 6h du matin). Selon les sources du journaliste Howard Sounes, Rose, « malgré l'interdiction de rentrer en contact avec son mari, lui a rendu régulièrement visite durant cette période. »

Le père de Fred, Walter West, décède le 28 mars 1993.

Le 7 juin 1993, le couple se présente au Gloucester Crown Court, c'est le juge Gabriel Hutton qui est saisi du dossier. Fred va être jugé sur trois chefs d'accusation : viol, sodomie et cruauté sur mineur. Rose, quant à elle, sera jugée sur deux chefs d'accusation : encouragement au viol et acte de cruauté sur mineur. Juste au moment où le juge s'apprête à prêter serment, comble de malchance, le substitut du procureur lui annonce que les deux témoins principaux ne se présenteront pas : Louise, car Mae a tout fait pour la dissuader de témoigner contre leurs parents. Quant à Anna Marie : « J'avais demandé à Hazel Savage une protection policière, mais cela n'a pas été possible. Je vivais seule avec mes filles et je savais de quoi Rose était capable, j'ai alors fait annuler mon témoignage en prétextant que j'avais tout inventé. Je ne me souviens plus à quel moment je me suis rendue à la police, en revanche, je me souviens que Hazel m'a regardée dans les yeux et m'a dit : "Je sais que vous n'avez rien inventé. » Par ailleurs, la fameuse vidéo supposée incriminer Fred n'a jamais été retrouvée par la police. En conséquence, le juge se retrouve « le bec dans l'eau » et ne peut les condamner. À l'annonce du verdict « non coupables », Fred et Rose s'enlacent, s'embrassent et rient aux éclats. Les magistrats sont consternés.

Comme pour le viol de sa sœur Kitty en 1961, puis celui de Caroline Owens avec Rose en 1972, leurs crimes vont encore une fois rester impunis. Plus pour longtemps, toutefois.

XV

Sous le patio

De retour au 25 Cromwell Street, Rose et Fred mettent tout en œuvre pour récupérer leurs enfants. Ils s'imaginent que, puisqu'ils n'ont pas été condamnés pour le viol de leur fille, les services sociaux vont leur restituer leur progéniture. Certes, au regard de la loi, ils sont innocents, mais pas aux yeux des travailleurs sociaux : la quantité de matériel pornographique retrouvée à leur domicile ainsi que les vidéos inconvenantes de leur mère, puis les allégations de viol, ont suffi à faire consigner les petits dans la liste des « enfants à risque » et les West comme étant des parents dangereux. (Il était temps). Sans compter que leurs enfants ne souhaitaient pas retourner vivre auprès d'eux.

Dans le même temps, Hazel Savage poursuit ardemment ses recherches afin de retrouver Heather, mais rien, aucune trace de la petite depuis 1987. Rien au niveau de la Sécurité sociale, des impôts, des hôpitaux, ni de la police… Jusqu'à ce 24 août 1993 où l'un des travailleurs sociaux lui révèle que les enfants ont, à plusieurs reprises, évoqué une sorte de blague familiale, selon laquelle Heather serait enterrée sous le patio : les petits en avaient déjà fait part après l'arrestation de leurs parents en 1992, mais à l'époque personne n'avait pris l'histoire au sérieux. Néanmoins, elle n'avait pas été oubliée.

Durant le mois d'octobre 1993, le détective inspecteur Tony James et Hazel Savage décident de faire part de leur inquiétude quant à la mystérieuse disparition de Heather West à leur Superintendent Commander (commissaire divisionnaire de police) John Bennet, qui est aux commandes de la Gloucester City Subdivision, laquelle couvre Cotswolds, The Royal Forest of Dean, Severn Vale et les centres de Cheltenham et Gloucester. Hazel explique alors au détective John Bennet que cela fait plus d'un an qu'elle recherche Heather sans avoir pu repérer la moindre trace de la jeune femme (Heather aurait eu 23 ans). Après lui avoir exposé tous les faits, elle ajoute : « Je suis malheureusement certaine que ce n'est pas une blague et que nous devrions fouiller leur jardin. » John lui propose, en préambule, d'entendre les enfants séparément, avant de faire quoi que ce soit. Les interrogatoires sont alors fixés au mardi 24 février. Mais le 23 février, la veille de la confrontation avec les enfants, Hazel obtient le mandat d'aller fouiller leur jardin.

Le 24 février, à 13h25, le détective Terry Moore et Hazel Savage frappent au 25 Cromwell Street. Rose est en petite culotte lorsqu'elle leur ouvre la porte et explose de colère en voyant le mandat de perquisition. Steve prévient illico son père que la police s'apprête à retourner leur jardin, mais bizarrement Fred n'est pas rentré sur-le-champ et ne s'est présenté au commissariat qu'à 19h40, soit plus de six heures après l'arrivée de la police. Les enquêteurs pensent que Fred est allé cacher des pièces à conviction. Ce dernier est interrogé par Hazel Savage et le détective Terry Moore.

Rose est, quant à elle, interrogée, à son domicile par le détective Sergent Terence Onions et l'agent Debbie Willats. Lorsque ces derniers lui demandent de décliner son identité, le ton est lancé :

« Quoi, vous ne savez pas qui je suis ? Je suis Rosemary West.

– Quand avez-vous vu Heather pour la dernière fois ?

– J'sais pas, y'a sept ans je crois.

– Savez-vous où elle allait ?

– Elle partait travailler dans un camp, je crois. Je lui ai donné 600 £.

– Vous souvenez-vous de quel compte vous avez retiré cet argent ?

– Nan ! J'étais contrariée. Qu'est-ce vous pensez, que je suis " un putain " d'ordinateur ? Depuis les 18 derniers mois, ma vie est " un putain " d'enfer. Qu'est-ce que vous voulez de plus ?

– Savez-vous où elle se trouve ?

– Nan, j'sais pas. [...] »

À l'issue de l'interrogatoire, qui a duré plus d'une heure, ils n'en sauront pas plus sur Heather. En revanche, lorsqu'ils comparent les propos recueillis en 1992 et ceux d'aujourd'hui, plus de doute possible : Rose ment. Ils vont alors tenter de la pousser dans ses retranchements

Quand, le 25 février, Hazel Savage et Darren Law reviennent sonner à leur porte, Fred sait que leurs mensonges ne vont pas tenir très longtemps. Hazel demande à parler à Rose : elle veut savoir où se trouve sa mère Daisy. Là, c'est la goutte d'eau de trop, Rose bascule dans une rage convulsive, elle hurle et jure comme une « charretière ». Fred la prend en aparté, dans le hall d'entrée. Il revient seul dix minutes plus tard et demande alors aux détectives de le conduire au commissariat. À peine monté dans la voiture, il déclare : « Oui, j'ai tué Heather, mais Rose n'a rien à voir là-dedans. Elle n'est pas au courant. » Puis il ajoute qu'ils ne la cherchent pas au bon endroit.

La police est persuadée que Fred et Rose ont passé un pacte lorsqu'ils se sont absentés : quoi que les enquêteurs découvrent, Fred prendrait le blâme et dédouanerait Rose de toute implication.

Lors de l'interrogatoire, Fred leur raconte qu'il était en colère et qu'il a attrapé Heather par le cou, mais qu'il ne voulait pas la tuer. Que c'était un accident : « Je vous assure que Rose n'était pas là ce soir-là, je l'avais envoyée passer la nuit avec un de ses amants. » Puis il ajoute : « Je voulais la cacher dans la poubelle, mais elle ne rentrait pas, alors j'ai été obligé de lui couper la tête et les jambes et, après, j'ai tout mis dans un sac plastique. » Les flics ont beaucoup de mal à croire ce qu'ils entendent : ils ont juste devant eux un type qui est en train de leur dire, sans manifester aucune émotion, qu'il a démembré et décapité sa gamine pour qu'elle rentre dans une poubelle. Hazel et son équipe ne bronchent pas d'un iota, mais ils tous sont horrifiés. Vu la gravité de la situation et l'état mental – de toute évidence dérangé – de Fred, les enquêteurs décident de lui assigner une *appropriate adult*[8], Janet Leach, pour l'accompagner durant les interrogatoires, elle assistera en tout à plus de quatre-vingts interrogatoires.

De son côté, Rose est conduite au commissariat de Cheltenham pour être à nouveau interrogée. Le détective sergent Terence Onions commence l'interrogatoire sans lui révéler que Fred a avoué avoir tué Heather, et Rose maintient ce qu'elle leur a raconté la veille, à savoir qu'elle ne sait pas où se trouve Heather. Elle change cependant, un peu sa version des faits :

« [...] Elle parle de temps en temps avec Fred au téléphone.

– Quand lui a-t-elle parlé pour la dernière fois ?

– J'sais pas.

– Et à vous, elle vous parle ?

– Nan, on est un peu en froid.

– Pourquoi ça ?

– Parce que c'est une lesbienne.

– Et en quoi cela est un problème ?

– Ce n'est pas un bon exemple pour mes autres enfants.

– Et vous, êtes-vous lesbienne ?

– Nan.

– Pourquoi pensez-vous avoir été arrêtée aujourd'hui ?

– J'sais pas.

---

8 Fonction propre au système judiciaire anglais, qui prévoit la présence d'un parent, d'un employé des services sociaux ou, si aucune personne correspondant à ces critères n'est disponible, de toute autre personne responsable de plus de 18 ans, pour accompagner un adulte vulnérable ou atteint de désordre mental et des mineurs dans le cadre d'une procédure.

– Vous êtes ici pour des infractions très graves, car il y a eu ce matin un grand dénouement d'enquête. Fred a avoué avoir tué Heather.

– Quoi ? Vous savez donc où elle est ?

– Il nous a dit où elle était.

– Alors elle est morte, c'est ça ?

– Fred a avoué l'avoir tuée.

– Quoi ?

– Et cela vous implique automatiquement.

– Pourquoi cela m'implique automatiquement ?

– Nous vous soupçonnons d'être impliquée, car soit vous êtes aveugle, soit complètement naïve, ou vous êtes tout simplement une menteuse.

– Ou alors j'étais dehors. Fred m'envoyait souvent passer la nuit avec d'autres hommes. C'est un homme mort si jamais je mets la main dessus. »

À 18h34, Fred est conduit au 25 Cromwell Street : il doit indiquer aux enquêteurs où chercher Heather. Fred est très contrarié par la présence des mini-pelleteuses, des projecteurs et par l'état dans lequel les policiers ont mis son jardin : « Je vous préviens, vous avez intérêt à tous remettre en place après », leur dit-il. Hazel et son équipe en restent pantois.

De retour au commissariat, il revient sur sa déposition et nie avoir tué Heather : « Elle est vivante, et elle va bien. Elle bosse pour un cartel de drogue, en ce moment, elle doit être à Bahreïn au Moyen-Orient […] » Fred oscille entre fiction, fantasme et réalité : tout au long de l'enquête, il ne cessera de changer de version, de mentir et d'affabuler.

Retourner le jardin sans endommager les éventuelles pièces à conviction est un travail délicat, dès lors, chaque étape des excavations est filmée et photographiée. Les policiers ont également installé une immense tente pour protéger la scène de crime du mauvais temps, mais aussi des journalistes qui ne vont pas tarder à débouler.

Dans la journée du 26 février, les officiers tombent enfin sur quelque chose : un fémur. John Bennet et Terry Moore se rendent illico sur place, ils sont accompagnés du médecin légiste David Gibbons. Cependant, ce sera l'éminent professeur en médecine légale, Bernard Knight, qui se chargera des excavations. John Bennet, qui a déjà une grande expérience en matière d'affaire criminelle derrière lui, note immédiatement une puissante odeur nauséabonde d'adipocire[9] et remarque que cela provient d'un trou fraîchement creusé.

Le professeur Knight, qui était vivement attendu, est enfin arrivé et après avoir jeté un œil sur le fémur, leur confirme qu'il s'agit bien d'un os humain, d'une femme probablement, âgée entre 25 et 30 ans. Aux alentours de 19h, Bernard Knight s'engouffre dans le trou nauséabond indiqué par Bennet. Il remarque lui aussi la présence de la substance savonneuse grise et blanchâtre d'adipocire, mais l'odeur ne l'incommode pas puisqu'il est anosmique (perte d'odorat). John a eu du flair : le professeur vient de tomber sur un corps. Il exhume alors chaque ossement méticuleusement : un crâne avec une touffe de cheveux noirs, deux bras ligotés dans le dos du tronc et deux jambes munies de leur fémur. Son verdict est sans appel : « Bien ! Soit nous venons de trouver la première femme au monde dotée de trois jambes, soit il y a une autre victime enterrée ici quelque part. » Le corps, enfin du moins ce qu'il en reste, est placé dans une boîte en plastique, puis emporté au commissariat de Gloucester afin d'y être nettoyé, puis photographié et envoyé au bureau du professeur Knight basé à l'université de Cardiff.

Les enquêteurs annoncent la nouvelle aux avocats du couple, puis les informent que les gardes à vue vont se prolonger. Fred est représenté par Howard Odgen, Rose par Leo Goatley : tous deux les avaient déjà représentés dans l'affaire du viol de Louise en 1992.

Le 27, Fred est à nouveau interrogé par Hazel Savage et Darren Law. Si, au départ, il faisait le malin et tendait à prendre

9 L'adipocire, ou gras du cadavre, résulte de la transformation post mortem des tissus adipeux. Leur aspect : de cire, fermes et durs quand ils sont froids, plus mous, huileux, à la température de la pièce. Leur couleur : blanc grisâtre, et leur odeur nauséabonde.

les flics pour des imbéciles, il est désormais bien plus fébrile, à tel point qu'il faut le calmer à coups de Diazépam (un anxiolytique). Les questions sont cette fois claires et concises : « Fred, dites-nous, Heather n'avait pas trois jambes, n'est-ce pas ? Y a-t-il un autre corps enterré dans le jardin ? » Il commence par nier, puis après avoir marqué un temps de pause, il leur avoue : « Oui, c'est Shirley, Shirley Robinson, la fille qui causait des problèmes. » Ce jour-là, Fred a été entendu à quatre reprises ; durant la dernière audition qui se déroule à 21h11, il devient extrêmement bavard et fier de raconter ses sordides prouesses : il leur avoue un troisième meurtre, l'amie de Shirley (il ne se souvient pas de son prénom). Il explique avoir tué Shirley Robinson, parce que cette dernière attendait un enfant de lui et allait le répéter à Rose ; quant à l'amie de Shirley, il invente une histoire rocambolesque pour justifier son meurtre. Car la troisième jeune fille que l'on retrouvera dans le jardin est Alison Chambers, et Shirley et Alison ne se connaissaient pas. À l'annonce de ces nouvelles révélations, les enquêteurs réalisent avec effroi qu'ils n'ont plus affaire à un terrible accident domestique qui aurait entraîné la mort, mais bel est bien à une affaire de meurtres en série.

XVI

L'enquête

En trois jours, les policiers ont brillamment avancé, l'enquête s'annonce cependant difficile : ils n'ont, pour l'heure, pas retrouvé les traces de Rena et Charmaine. Comble de malchance, la quasi-totalité des vidéos et photographies pornographiques perquisitionnées chez les West en 1992, ont été détruites. Et une partie du dossier de l'investigation reste introuvable. ; ils n'ont aucune idée de l'identité des deux filles que Fred prétend avoir tuées. Le temps légal de la garde à vue de Rose est désormais écoulé, et même si l'édifiant et effrayant témoignage d'Anne Marie (Anna Marie, sous le choc, décide de changer de prénom) ainsi que les faits (incitation au viol et torture sur mineur) qui lui avaient été reprochés en 1992 viennent confirmer que Rose est capable du pire en matière de violence et de perversité, cela ne prouve pas sa culpabilité ni son implication dans le meurtre de sa fille Heather. Les enquêteurs vont donc, à contrecœur, la relâcher, avec cependant un ordre de la Cour qui l'oblige à rester à la disposition des policiers dans le cadre de son futur interrogatoire. Et pour couronner le tout, l'affaire a déjà fuité dans la presse.

Tous ces points négatifs obligent les policiers à reprendre tout depuis le début, à interroger de nouveau les enfants du couple, les petits comme les grands, ainsi que toutes leurs familles, à se rediriger vers les services sociaux afin de tenter de trouver des éléments concernant les investigations de 1992-1993, à chercher des informations sur Shirley Robinson et à perquisitionner à nouveau chez les West. Ils relogent auparavant Rose, Mae et Steve ailleurs.

Dans le même temps, certaines victimes des West sortent de l'ombre : comme Caroline Owens qui, lorsqu'elle a lu dans la presse locale qu'un corps avait été retrouvé dans le jardin des West, s'est empressée de contacter la police. Lorsque John Bennet reçoit l'information, il est surpris : si cette jeune femme dit la vérité, pourquoi la copie du jugement ne fait-elle pas partie du dossier d'enquête ? Elle aurait, apparemment, été perdue elle aussi. L'équipe poursuit et lui révèle, aussi, que durant l'investigation, en 1992, ils ont découvert que Rose était bisexuelle et que cela ne semblait pas déranger Fred. Vu la gravité et la complexité de l'affaire, les enquêteurs ne peuvent pas se permettre de perdre la moindre information. John Bennet décide alors de mettre en place une cellule de crise, nommée la MIR (Major Incident Room) et d'utiliser le système, HOLMES (Home Office Large Enquiry System) un programme informatique utilisé par les forces de police britanniques, qui permet de récupérer, d'entrer et de croiser des données pour pouvoir mener une enquête de manière organisée et approfondie.

Dans la matinée du 28 février, Fred comparaît devant la chambre des mises en accusation au tribunal de Gloucester, où il est officiellement inculpé par l'avocat général, Général Malcolm Hayes, pour le meurtre de sa fille Heather. Dans l'après-midi, Rose Mae et Steve sont relogés dans le bourg de Dursley, situé à une trentaine de kilomètres de Gloucester – les officiers ont placé la maison sur écoute. En fin de journée, nouveaux macabres retentissements : à 17h20, ils retrouvent les restes d'Alison Chambers et à 21h ceux de Shirley Robinson et de son bébé. À ce stade de l'enquête, les équipes de police ne savent pas qui est qui, le professeur n'a pas assez d'informations pour identifier les corps, elles n'ont alors pas d'autre choix que de nommer les victimes par des numéros. Heather sera le (corps n°1) ; Alison Chambers le (corps n°2) et Shirley Robinson le (corps n°3).

Le 1er mars, les policiers perquisitionnent le 25 Cromwell Street. Et dans le courant de l'après-midi, John Bennet « se jette dans la gueule du loup » et donne la première conférence de presse. La salle est pleine à craquer et les questions fusent de tous côtés : Qui sont les victimes ? Comment sont-elles mortes ? Ont-elles été violées ? Comment se nomment-elles ? John en dit le minimum et, au bout d'une demi-heure, il clôt la séance. Néanmoins, les journalistes ne vont pas en rester là : trois cadavres de jeunes filles, dont une est la propre fille du présumé tueur, retrouvés enterrés dans un jardin, ça fait vendre du papier. La presse s'emballe et, dès le lendemain, des journalistes venus du monde entier installent leur campement devant le 25 Cromwell Street, ce qui n'arrange pas les affaires de la police. Dans la soirée qui a suivi la conférence de presse, le journal télévisé titrait : « *La disparition de Mary Bastholm, en 1968, et celle de Lucy Partington, en 1973, pourraient bien avoir un lien avec l'affaire en question* ». John Bennett est agacé : il sait que Mary et Lucy sont des victimes « potentielles », mais pour l'instant ce ne sont que des suppositions et tout ce déballage dans les médias, pour l'heure, infondé, risque fort bien d'entraver l'enquête. Rarement une affaire criminelle n'a donné lieu à autant d'appels que celle de Fred et Rose West, car l'enquête n'ensorcelle pas seulement les policiers, elle tourmente le pays tout entier : l'officier Mark Grimshaw doit alors faire tourner HOLMES à plein pot, toutes les informations doivent être enregistrées dans le système, qu'elles soient utiles ou pas. Après la déposition de Caroline Owens, les flics reçoivent un coup de fil qui s'avère aussi très utile. C'est un appel du père de Lynda Gough. Ce dernier leur explique les raisons pour lesquelles il craint que sa fille, dont il n'a pas de nouvelle depuis plus de vingt ans, soit une des deux victimes retrouvées dans le jardin. En recoupant les informations : Shirley a disparu en 1978 et Lynda en 1973, elle ne peut dès lors pas être la victime numéro 2. Les inquiétudes de John se confirment : le profiler et psychologue médicolégal, Paul Britton, lui a, la veille, expliqué qu'il est fort probable que les West aient commencé à tuer avant ou après l'agression de Caroline Owens, ce qui laisse sous-entendre qu'il doit certainement y avoir beaucoup plus de victimes enterrées quelque part. Il lui a également brossé un portrait du couple assez édifiant : « D'après les éléments d'enquête que vous m'avez relatés, il apparaît clairement que Fred et Rose sont des prédateurs sexuels psychopathes. Prenez l'exemple : si votre plat préféré, c'est le fish & chips, un jour vous allez y ajouter du vinaigre, un autre de la mayonnaise, un autre de la sauce tartare et ainsi de suite jusqu'à ce que vous obteniez une totale satisfaction. Eh bien, pour Fred et Rose, leur plat préféré, c'est le sexe et tant qu'ils n'ont pas trouvé une satisfaction totale, ils ajoutent un nouvel ingrédient. Dans leur cas, les ingrédients sont des pratiques sexuelles déviantes, et l'ultime jouissance la mort. » La possibilité que Lynda Gough et d'autres jeunes filles aient été assassinées par les West se confirme : contactés par la police, David Evans et Benjamin Stanniland leur confirment que Lynda a bien vécu chez les West en 1973, puis leur ont fait part des mystères qui entourent sa disparition. Les enquêteurs entreprennent alors de sonder à l'aide d'un X-ray tous les murs et sols de la maison.

XVII

L'innommable

Le 2 mars, Fred est officiellement inculpé pour les meurtres de Shirley Robinson et du (corps n°2) Alison Chambers : les enquêteurs ont finalement trouvé des informations sur Shirley et la confirmation qu'elle avait bien vécu au 25 Cromwell Street en 1978 alors qu'elle était enceinte. En revanche, ils n'ont toujours rien sur Alison Chambers connue, pour l'heure, par les services de police sous le nom de « l'amie de Shirley ».

Le 4 mars 1994, à 17h30 précisément, Howard Odgen se pointe « pâle comme un linge » dans le bureau de la MIR et tend une note à John Bennett, et là, c'est l'effroi : « *Moi Frederick West autorise mon avocat, Howard Odgen, à informer le détective superintendant John Bennet que je souhaite admettre (approximativement) neuf autres meurtres dont Charmaine, Rena, Lynda Gough et d'autres à identifier.* » Terry Moore, qui est également présent, est en état de choc, aucun d'entre eux n'a jamais été jusqu'alors confronté à une affaire d'une telle ampleur ni d'une telle horreur.

À 18h10, Fred est à nouveau interrogé, il est très agité et bavard, toutefois sa mémoire lui fait parfois défaut. Il se souvient, cependant, d'avoir enterré Lynda Gough sous la salle de bains. Il avoue aussi avoir tué Lucy Partington, ainsi que « the Dutch Girl » (Thérèse Siegenthaler), puis de les avoir enterrées sous la cave, Charmaine au 25 Midland Road, et Rena à Letterbox Field. Il leur signale également où est enterrée Anna Mcfall, mais nie l'avoir tuée et accuse Rena d'avoir commandité le meurtre.

Terry Moore et John Bennet décident de conduire Fred au 25 Cromwell Street afin que ce dernier leur indique où ils doivent précisément creuser. Janet Leach et Howard Odgen les accompagnent. Les flics, Janet et même son avocat restent sans voix : à l'aide d'une bombe de peinture en spray, Fred fait des ronds et des croix aux endroits où il se rappelle avoir enterré les victimes, avec une désinvolture si déconcertante qu'il leur donne l'impression qu'il est en train de faire de la décoration. De temps à autre, quand sa mémoire lui revient, il ajoute leurs prénoms.

Démolir les sols de la cave de Rose et Fred est loin d'être une besogne agréable : le plafond est bas, il émane du sol une terrible odeur de décomposition, mais le plus insoutenable, c'est qu'ils savent d'avance ce qu'ils sont en train de chercher. Les officiers ont, nonobstant les obstacles, su garder leur sang-froid. En à peine quatre jours, ils accomplissent un travail remarquable : le 5 mars, ils exhument Thérèse Siegenthaler (corps n°4) et Shirley Hubard (corps n°5) ; dans le même temps, Fred est conduit au Letterbox Field à Kempley afin de leur indiquer où chercher le corps de Rena.

Le 6 mars, ils exhument Lucy Partington (corps n°6) et Juanita Mott (corps n°7). Le 7 mars celui de Lynda Gough (corps n°8), et Fred est de nouveau envoyé au Letterbox Field pour retrouver Anna Mcfall cette fois. Puis, le 8 mars, ils retrouvent Carol Cooper (corps n°9).

Le spectacle est insoutenable et innommable : à l'instar de Heather, Alison, Shirley Robinson, Thérèse, Shirley Hubard, Lucy, Juanita, Lynda et Carol ont toutes été démembrées et décapitées. Selon le professeur Knight, Fred a certainement utilisé des couteaux, originellement destinés à couper de la glace ou de la viande congelée. Dans tous les cas, les jambes ont été découpées au niveau des articulations de la hanche, et les têtes au niveau du cou. Il leur manque également à toutes de nombreux ossements ; des bouts de genou, un grand nombre d'os des poignets, des chevilles, des doigts et des échines. Fred a expliqué, lors des interrogatoires, qu'il les a fait disparaître afin que l'on ne puisse pas identifier les corps, le cas échéant. Mais, sur les os les plus larges, les fémurs, les enquêteurs remarquent des traces de raclage de couteau, les médecins légistes ont écrit sur les rapports d'autopsie que « *cela n'a aucun sens, ces marques n'ont pas pu être faites en découpant les jambes.* » Selon Paul Briton, il est probable que les West mangeaient aussi la chair de leur victime. Dans son livre *The Jigsaw Man,* paru en avril 1998, il explique : « *Je ne peux évidemment pas l'affirmer, mais en observant les photographies, la présence de ces marques de raclage, tout au long des fémurs des victimes, me laisse penser que le cannibalisme faisait également partie de leur rituel. Lorsque l'on découpe un gigot, on laisse souvent des traces de couteau sur l'os. Ce qui expliquerait aussi l'absence de nombreux ossements. Et les personnes capables de commettre de telles horreurs sont capables de cannibalisme, des études sur les tueurs en série l'ont souvent démontré.* »

Anne Marie se souvient également d'une anecdote très troublante : « Un matin, Rose m'a tendu un bol de céréales, puis s'est assise devant moi ; elle observait tous mes faits et gestes pour s'assurer que j'avale la totalité de mon petit déjeuner. Je me sentais mal à l'aise, car en général, c'est nous qui préparions notre petit déjeuner, et il fallait qu'on le mange dans notre coin, sans faire de bruit et rapidement. C'était la première fois qu'elle agissait ainsi. Puis, à un moment, j'ai senti un morceau dur et crayeux, je n'arrivais pas à identifier ce que c'était, mais c'était si répugnant que cela m'a fait vomir. Elle m'a attrapé la tête et m'a dit : "C'est juste des morceaux de grain, mange-les. » Anne Marie sait bien qu'il est impossible de lui désobéir, alors elle a avalé les morceaux « non identifiés » sans broncher. Elle n'a jamais su ce que Rose avait mis dans son bol ce jour-là, mais ce dont elle est sûre, c'est que ces trucs dur et crayeux n'étaient pas des Weetabix.

Mais l'horreur atteint, incontestablement, son paroxysme lorsque le professeur Knight ajoute : « Il est impossible de déterminer les causes de la mort, et de savoir si elles étaient mortes ou vivantes quand elles ont été démembrées et décapitées. » Et selon Paul Britton (ibid.) : *Outre le cannibalisme, il existe d'autres raisons possibles d'expliquer l'absence de certains ossements : ils peuvent les avoirs gardés comme trophées ou bien cela faisait partie d'un processus de torture, à savoir qu'ils les découpaient lorsque les victimes étaient encore en vie.* »

XVIII

Les identifications

Le 11 mars, Fred est officiellement mis en examen pour huit meurtres et, le 17, pour le neuvième. Les interrogatoires se poursuivent, Fred leur avoue que, parmi les victimes, deux sont originaires de Worcester.

En ce qui concerne Rose, les policiers ont des problèmes. Steve West a communiqué avec la presse et les journalistes savent désormais où elle se trouve. Si l'information est diffusée dans les médias, c'est une catastrophe. Le pays entier veut la lyncher. Le 18 mars, ils déplacent Rose et Mae dans la ville de Cheltenham et Steve est formellement tenu à l'écart de la famille. Du côté des écoutes, c'est un flop : mis à part des flots d'injures et de hurlements, Rose ne lâche rien : « Votre père est un "putain" de bâtard. Si je l'attrape, *I'm gonna fucking kill him*[10]... » Mae est, pour l'heure, convaincue de l'innocence de sa mère.

De son côté, Bernard Knight a commencé le travail d'identification des victimes mais, vu l'état bigrement abîmé des corps, il ne peut pas trop compter sur les résultats des tests ADN, il fait alors appel à l'un de ses confrères, le docteur David Whittaker, spécialiste en médecine médico-légale dentaire. Avec la dentition, toujours intacte, des victimes, il va être en mesure de définir l'âge ainsi que la datation de leurs morts car, selon lui, « les dents et les structures environnantes contiennent plus d'informations sur le mode de vie d'un individu que toute autre partie du corps. Cela est dû au fait qu'elles se développent de façon séquentielle sur une période d'années commençant avant la naissance et jusqu'à ce qu'elles atteignent leur maturité, c'est-à-dire vers 20 ans. Elles ne se renouvellent pas, comme le font les os humains. Par conséquent, tout ce qui passe dans notre corps durant toute notre existence est codé en permanence dans

---

10 « Je vais le tuer, putain ! »

les dents. » Pour ce faire, le docteur Whittaker a besoin, d'une part d'avoir les dossiers dentaires des victimes et d'autre part leur photographie – de préférence accompagnée du négatif – sur laquelle les jeunes filles sont en train de sourire, il est important qu'il puisse voir leurs dents car il va utiliser la méthode scientifique de superposition d'identification faciale, technique qui consiste à superposer l'image d'un crâne sur la photographie d'une personne, et s'il s'agit du même individu, les dents et la mâchoire s'ajustent parfaitement. Pour l'instant, le docteur Whittaker n'a en sa possession que les informations concernant Heather, Lynda Gough, Shirley Robinson et Lucy Partington. Les enquêteurs n'ont, pour l'heure, rien sur les cinq autres victimes. Tous les moyens sont alors déployés pour les identifier. Ils ont listé les noms de toutes les jeunes filles disparues entre 1972 (date où les West ont emménagé dans la maison) et 1994. Puis ils savent, par les rapports d'autopsie du professeur Knight, que les victimes exhumées avaient toutes entre 15 et 25 ans, ce qui réduit drastiquement la liste : de cinq cents potentielles victimes, ils ont réussi à descendre à une centaine, mais d'une centaine ils doivent arriver à cinq. Le commissariat ressemble à une ruche, les flics à des abeilles, ça turbine de tous les côtés, néanmoins en à peine quatre semaines, leur dur labeur finit par porter ses fruits. Ils sont parvenus à retrouver la trace de la sœur de Juanita Mott ; et les travailleurs sociaux de The Jordon' Brook leur ont signalé la disparition d'Alison Chambers. Les recherches concernant les deux jeunes filles de Worcester, dont Fred leur a parlé, les ont menés aux disparitions de Carol Ann Cooper et de Shirley Hubbard. Puis, le 23 mars, la police de Lewisham, un quartier de Londres, leur fournit le nom de Thérèse Siegenthaler, qui pourrait bien être la jeune fille que Fred nomme « The Dutch Girl ».

Le 10 avril, à 11h40, le corps de Rena est retrouvé, enterré à Letterbox Field à Kempley. À l'instar des autres victimes, Rena a été décapitée, puis démembrée. Et un bon nombre de ses ossements sont absents.

Plus l'enquête avance, plus la presse diffuse, et plus les appels affluent. Tout le monde semble avoir quelque chose à dire sur Rosemary et Fred West. Il y a ceux qui ont vécu chez eux, ceux qui n'ont fait que passer, celles qui ont couché avec Fred, celles et ceux qui ont couché avec Rose, celles qui ont couché avec Fred et Rose ; celles qui ont, ou soi-disant, été violées par le couple, puis ceux qui prétendent les connaître. Faire le tri dans ce flot d'infos a de quoi rendre fou, mais par chance, parmi ces appels parfois délirants, plusieurs ont particulièrement retenu leur attention : celui de Miss A, ceux de deux jeunes femmes qui accusent Rose de les avoir violées (elles ne peuvent être nommées pour des raisons légales, elles seront donc Miss B et Miss C) dans les années soixante-dix avec deux de ses amants. Miss B avait 11 ans et Miss C 8 ans à l'époque des faits. Puis un jeune garçon, Mister D (son nom ne peut également être cité), 8 ans à l'époque des faits, accuse Rose de lui avoir fait des attouchements : elle a donc agi seule cette fois-là. Ils entendent également Kathryn Halliday, une de leurs anciennes voisines, qui a entretenu une relation à trois avec les West durant l'année 1988 : elle décrit des relations sexuelles très violentes, surtout avec Rose. Cette dernière allait chaque jour de plus en plus loin et lui imposait de porter des masques, ou la bâillonnait avec du scotch, la ligotait et la frappait durant leur « sexe session ».

Si jusqu'à présent, les enquêteurs n'avaient pas de preuve directe pour impliquer Rose dans la série des meurtres des neuf jeunes filles, les délits qui lui sont reprochés par Anne Marie, Caroline Owens, Miss A, Miss B, Mister C et Kathryn Halliday sont tous du même acabit : molestation, strangulation, agressions sexuelles. Mais la cerise sur le gâteau, ce sont les déclarations d'Elizabeth Agius, leur ancienne voisine, celle qui gardait les enfants quand Rose et Fred partaient chasser. Ils ont maintenant assez d'éléments à son encontre pour placer Rose en état d'arrestation. Cependant, ils doivent rester prudents, ils vont alors, dans un premier temps, l'arrêter juste pour attentat à la pudeur et agression sexuelle commis dans les années soixante-dix, avec la complicité de ses deux amants, à l'encontre de Miss B, Miss C et seule à l'encontre de Mister D. Le 20 avril à 9h30, les détectives Barbara Harrison et Steve Harris conduisent Rose au commissariat de Cheltenham. Les interrogatoires ne sont pas fructueux, Rose est taciturne, elle se contente de répondre par « sans commentaire », « je ne sais rien », « connais pas ».

Dans le même temps, le docteur Whittaker a identifié le corps de Lynda Gough. De fait, les enquêteurs ont de quoi envoyer Rose devant la chambre d'accusation pour le meurtre de cette dernière : lors des interrogatoires, elle s'obstine à clamer qu'elle n'a jamais entendu parler de Lynda. Mais les flics savent, par les dépositions de June Gough, Benjamin Stanniland et David Evans, qu'elle ment. Le 24 avril 1994, Rose est formellement mise en examen pour le meurtre de Lynda. Les auditions se poursuivent, mais Rose maintient qu'elle ne sait rien.

Le 4 mai, le corps dénudé de Charmaine est retrouvé sous la cuisine située dans une extension, à l'arrière de la maison du 25 Midland Road. Elle aussi a été démembrée et décapitée, pourtant Fred a toujours déclaré : « Non je ne l'ai pas découpée, je ne pourrais jamais faire ça à un enfant. » Il manque aussi un bon nombre de ses ossements.

Au fur et à mesure que le docteur Whittaker identifie les corps, Rose et Fred sont conjointement mis en examen pour les meurtres de ces dernières, à part pour l'assassinat d'Anna McFall, puisque Rose ne connaissait pas Fred au moment des faits, et concernant le meurtre de Rena Costello, puisqu'ils n'ont pas de preuve que Rose était présente. Ainsi, le 3 juin, Rose est officiellement mise en examen pour les meurtres de Lynda Gough donc, puis de Carole Ann Cooper, Lucy Katherine Partington, Thérèse Siegenthaler, Shirley Hubbard, Juanita Mott. Shirley Robinson, Alison Chambers et Heather West. Le docteur Whittaker n'a, pour l'heure, aucune photo de Charmaine affichant, ostensiblement, ses dents, il n'est dès lors pas encore en mesure d'établir à quelle période la petite a été assassinée.

Rose est incarcérée au centre de détention provisoire dans le village Pucklechurch, près de Bristol, et Fred à la prison Winson Green dans la ville de Birmingham.

Le 7 juin, les corps d'Anna Mcfall et celui de son bébé sont retrouvés à Letterbox Field à Kempley. Comme pour Shirley Robinson, son bébé qui gisait près d'elle lui a été arraché du ventre. Elle aussi a été décapitée et démembrée, à elle aussi manquent des ossements.

XIX

Les retrouvailles

Le 28 juillet 1994, Rose et Fred se revoient pour la première fois depuis leur arrestation le 25 février. Ils comparaissent devant la chambre des mises en accusation du tribunal de première instance de Gloucester où ils sont conjointement accusés de neuf meurtres. Pour Fred sont ajoutés les meurtres d'Anna, Rena et Charmaine. Rose est officiellement inculpée avec son complice Whitley Purcell, 64 ans, du viol de Miss B, commis entre le 1er janvier 1976 et le 31 décembre 1977, de celui de Miss C, commis entre juin 1977 et décembre 1977, avec son complice William Smith, 68 ans, puis pour attentat à la pudeur à l'encontre de Mister D entre 1976 et 1980.

Toute la durée de l'audience, Rose n'a pas adressé un seul regard à Fred, et lorsqu'il a tenté de lui toucher la main, elle l'a repoussé avec une telle arrogance que le monde de ce dernier s'est écroulé : la femme pour qui il ressentait un amour indéfectible venait de le jeter comme une vieille chaussette. De retour dans sa cellule, Fred envoie des lettres d'amour à son épouse, mais Rose les ignore. Toutes. Bennett et son équipe savent que c'est une stratégie : si elle veut que l'on croie à son innocence, elle ne peut décemment pas lui ouvrir les bras.

Le 3 août, Fred vire son avocat Howard Ogden : ils avaient, ensemble, passé un agrément, selon lequel Ogden écrirait un livre sur Fred à partir de leurs entretiens. Fred a apparemment changé d'avis et Ogden se voit contraint de remettre à la justice tous les documents en sa possession qui concernent l'affaire. Il est remplacé par Tony Miles, du cabinet d'avocat Bobetts & Mackan. De son côté, l'avocat de Rose, Leo Goatley, prend de l'avance : si Rose doit aller jusqu'aux assises, il cédera sa place à son confrère Richard Ferguson QC (Queen's Counsel[11]) et sa consœur Sasha Wass. Ferguson est irlandais, il a notamment défendu Patrick Magee, un membre de l'IRA connu pour avoir voulu faire sauter Margaret Thatcher, le 12 octobre 1984, en posant une bombe dans le Grand Hôtel de Brighton où elle séjournait. La dame de fer s'en est sortie, mais cinq personnes ont été tuées et trente-quatre autres blessées.

Le 13 décembre, le couple comparaît à nouveau devant la Cour sous les mêmes chefs d'accusation. Cette fois, Rose exige qu'un officier se place entre elle et Fred afin que celui-ci ne puisse pas la toucher. Fred ne s'en remettra pas, le 1er janvier 1995, un gardien le retrouve pendu dans sa cellule.

XX

« *La maison de la mort était un bordel. Quatre hommes par nuit. La sex addict Rose n'en avait jamais assez.* »

11 Conseiller de la reine est un statut honorifique conféré par la Couronne par lettre patente et reconnu à la cour. Les nominations ont lieu sur la base du mérite, plutôt que sur un niveau d'expérience donné. En général, il faut avoir été avocat pendant au moins 15 ans.

Après la mort de Fred, il y a au sein des services de police et des familles des victimes un grand moment de panique. Vont-ils, sans Fred, pouvoir emmener Rose jusqu'au procès d'Assises ? Goatley a bien essayé de faire annuler les procédures, sous prétexte que les flics n'avaient pas de preuves directes qui incrimineraient Rose dans les meurtres en série : les seules preuves que la police possède sont les faits d'agressions sexuelles similaires, commis sur les personnes d'Anne Marie, Caroline Owens et Miss A, Miss B, Miss C, Miss D, Mister D. Aux yeux de Goatley, cela ne fait pas d'elle une meurtrière. Aux yeux des procureurs Neil Butterfield et Andrew Chubb, si. De son côté, le docteur Whittaker n'a pas encore pu trouver une bonne photographie de Charmaine, il a cependant pu évaluer la date de son décès, approximativement entre mai et décembre 1971. Le 13 janvier 1995, Rose est formellement inculpée pour le meurtre de Charmaine. Cependant, rien n'est encore acquis, elle doit comparaître à nouveau devant la chambre des mises en accusation du tribunal de première instance, dans la ville de Dursley.

Les audiences sont ouvertes le 6 février 1995, elles sont présidées par le juge Peter Badge. Durant sept jours, le procureur Neil Butterfield et Maître Sasha Wass sont entendus. Et le 14 février, le juge Badge rend son verdict : il estime qu'il y a suffisamment de preuves pour conduire Rose jusqu'au procès d'Assises. Elle comparaîtra sous quatorze chefs d'accusation, pour les meurtres de Charmaine West, Lynda Gough, Carol Cooper, Lucy Partington, Thérèse Siegenthaler, Shirley Hubard, Juanita Mott, Shirley Robinson, Alison Chambers et Heather West. Puis pour viol et actes de barbarie commis sur deux mineures, avec Fred, dans les années soixante-dix. Les charges pour viol avec la complicité de Whitley Purcell et William Smith n'ont pas été retenues. La date du procès a été fixée au 3 octobre 1995 à la Cour d'Assises The Crown Court de Winchester.

Le 15 février, elle est transférée dans une prison de haute sécurité, Law Newton, dans la ville de Durham.

Le 12 mai, Rose comparaît dans le cadre de la phase préliminaire du procès, à la Cour d'Assises de Winchester, devant le juge Charles Barrie Knight Mantell. Son avocat Richard Ferguson plaide non coupable.

De son côté, John Bennet s'arrache les cheveux : Janet Leach refuse de révéler ce que Fred lui a confié. Lorsqu'en octobre 1994, la police a annoncé à Janet que sa mission était terminée, cette dernière a continué à rendre visite à Fred en prison, et lui l'a appelée régulièrement au téléphone. Que pouvaient-ils bien se dire ? « Son avocat a réussi à la convaincre de nous dire ce que Fred lui avait avoué : ce dernier lui aurait dit qu'il y avait une vingtaine de victimes supplémentaires, qu'il n'aurait tué aucune de ces filles, mais qu'il s'accusait pour protéger d'autres personnes. Il lui a également révélé que Rose était en effet impliquée dans la série d'assassinats », m'explique John. Elle ne le sait pas encore, mais la déposition qu'elle a signée avec la police va avoir de lourdes conséquences sur le bon déroulé du procès : « Si Fred avait été en vie, nous n'aurions pas été en mesure de l'appeler à venir à témoigner pour l'accusation. Mais les clauses de confidentialité qui la liaient à sa mission ont sauté avec la mort de Fred. Elle ne le savait pas. En revanche, rien ne l'empêchait de vendre son histoire aux journalistes. Je savais que de nombreux témoins avaient accepté de l'argent de la presse en échange de leur témoignage. Je lui ai alors fait signer un agrément de confidentialité, cela n'était jamais arrivé dans le passé, mais l'affaire était si convoitée par les médias que j'ai voulu prendre des précautions. Néanmoins, elle a trahi cet agrément et vendu son histoire au groupe de presse *The Mirror* et, à cause d'elle, le procès a bien failli capoter », m'explique-t-il, encore agacé.

Cela sera d'ailleurs un des arguments de la défense : Ferguson ne cessera de discréditer les témoins de l'accusation qui ont quasiment tous vendu leur histoire à la presse. Les journalistes, sur ce coup, se sont montrés sans scrupule et prêts à tous pour dégoter les moindres détails lubriques qui noircissent les journaux. Le journaliste Fabrizio Ravelli s'en offusque d'ailleurs dans un article daté du 1er mars 1994 pour le journal italien *La Républicca* : « *Le trottoir est plein d'offres : "Hé, mec, si tu viens chez moi, je vais te raconter une histoire, murmure un garçon nommé Jamie, je vis juste en face. Je suis allé à l'école avec Heather, la fille de West, celle qu'ils ont déterrée." Les tabloïds britanniques, inégalés dans le journalisme indésirable, s'y vautrent. Le* Daily Mirror *trouve un chauffeur de camion qui dit : "J'ai fait l'amour dans la salle de bains où un cadavre était enterré." Et le* Sun *titrait, hier, en couverture : "La maison de la mort était un bordel." "Quatre hommes par nuit. La sex addict Rose n'en avait jamais assez".* »

Si la presse pose de sacrés problèmes aux enquêteurs, le journal le *Sun* va, pour une fois, leur être d'une grande utilité. John me raconte : « Nous n'avions pas de bonne photographie de Charmaine, puis un jour le docteur Whittaker, en ouvrant le journal, découvre une photo de la petite prise par un professionnel. Le *Sun* nous a donné le nom du photographe et là, surprise, c'était le même photographe qui avait vendu, en 1994, un cliché de Fred et Shirley à la presse. Lorsque nous lui avons demandé pourquoi il ne nous avait pas informés de l'existence de cette photo de Charmaine, il nous a répondu : "Je ne pensais pas que cela vous intéresserait. » Cette photo est une aubaine pour le docteur, il a le négatif, la petite sourit et, en plus, il lui manque deux dents de devant. Il va alors être en mesure d'établir, au vu du développement dentaire, qu'il s'est écoulé entre deux et trois mois depuis le 29 avril 1971, date à laquelle la photo a été prise. Il conclut que Charmaine a été assassinée entre fin juin et fin juillet, mais qu'elle a très bien pu être tuée immédiatement après le shooting. Avec les témoignages de certains voisins, puis des membres de la famille dont Anne Marie, le nouveau procureur chargé de l'affaire, M. Brian Leveson, a désormais de quoi prouver que Fred était toujours en prison lorsque Charmaine est morte, et que Rose a donc agi seule.

XXI

Le procès

Le procès du siècle, tant attendu, s'ouvre comme prévu le 3 octobre 1995. Durant deux jours, l'accusation et la défense présentent les pièces de leurs dossiers de procédure au juge Mantell et aux jurés, huit hommes et quatre femmes. Il a été décidé que les deux viols dont elle était accusée seraient jugés ultérieurement. Il ne sera alors question ici que des dix meurtres.

Le 6 février, les témoins cités par l'accusation commencent à défiler dans le prétoire. Rose ne bronche pas d'un iota lorsque sa mère est appelée à la barre : Daisy leur raconte la fois où Rose lui a dit que Fred était capable de tout, même de tuer.

Les témoignages d'Anne Marie, Caroline Owens et Miss A laissent les jurés et les journalistes sans voix. Mais Ferguson ne se laisse pas démonter, il contre-attaque. À Anne Marie il rétorque : « Vous êtes sûre que tout ceci n'est pas le fruit de votre imagination ? » À Caroline : « Vous exagérez un peu votre histoire pour la vendre à la presse, n'est-ce pas ? Vous avez bien déjà reçu de l'argent de leur part, n'est-il pas ? » À Miss A : « Il me semble que vous avez des antécédents psychiatriques, n'avez-vous pas été diagnostiquée schizophrène ? »

Kathryn Halliday vient compléter les déclarations de ces dernières : « J'ai emménagé au 11 Cromwell Street en octobre 1988. Fred était venu me faire quelques travaux, je l'ai trouvé très sympathique. Il savait que j'étais bisexuelle, il m'a alors proposé de me présenter Rose. Avec Rose, il n'y a eu aucune formalité, j'avais à peine franchi le seuil de leur porte qu'elle m'a conduite dans sa chambre, elle m'a littéralement sauté dessus, il n'y avait aucune tendresse, elle était très en demande et très agressive. Quand elle déposait les enfants le matin à l'école, elle frappait à ma fenêtre au retour. C'était le signe qu'il fallait que je me rende chez elle pour une session de sexe. Fred participait rarement et, lorsqu'il était présent, il était beaucoup plus doux qu'elle. Un jour, elle m'a montré une boîte dans laquelle il y avait toute sorte d'objets, des vibros de toutes les tailles, des masques dont certains avaient des trous pour respirer, d'autres pas. Puis, un jour, elle m'a collé un oreiller sur la tête, je ne pouvais plus respirer. J'en ai eu assez, j'ai eu très peur pour ma vie. » Ferguson la rembarre quand cette dernière ajoute qu'elle a été terriblement choquée d'apprendre que les enfants dormaient au-dessus des cadavres. Kathryn les mettait souvent au lit.

La fille de Shirley Gilles, une ancienne voisine du couple, qui était très amie avec Charmaine, raconte : « Ma mère m'avait envoyée, un jour, demander du lait à Rose. Quand je suis arrivée, j'ai vu Charmaine immobilisée sur une chaise, les mains ligotées dans le dos, pendant que Rose la frappait avec une cuillère en bois. » Shirley enchaîne : « Je ne me souviens plus de la date exacte, c'était peut-être vers Pâques, peu importe, je me souviens très bien que lorsque nous avons demandé à voir Charmaine, Rose nous a répondu qu'elle était partie vivre avec sa mère, Rena, et qu'elle était bien contente de s'être débarrassée d'elle. Elle nous a également dit que Fred était en prison. »

Leveson appelle ensuite Elizabeth Agius, mais cette dernière se parjure, il est alors obligé de faire venir à la barre le policier Gerry Waters qui avait pris sa déposition en 1994 : « Madame Agius m'a raconté que Rose accompagnait Fred afin de ramener des filles chez eux, puis elle s'est mise à pleurer, elle m'a expliqué qu'un jour, après avoir bu une tasse de thé chez les West, elle s'est sentie partir et la dernière chose dont elle se souvienne, c'est de s'être réveillée nue avec Fred et Rose, dans leur lit. Fred lui a dit qu'ils lui avaient fait l'amour pendant qu'elle était inconsciente, puis elle a ajouté que si on lui posait la question au tribunal, elle nierait tout en bloc. Elle avait peur que son mari la quitte s'il venait à l'apprendre. »

Les témoins sont nombreux, anciens locataires, voisins, anciens clients, ami(e)s, familles… Tous sont catégoriques, Rose était le caractère dominant, et indéniablement la plus sadique et active sexuellement. Mais le plus intéressant, c'est que tous ceux qui les ont fréquentés ou même juste croisés sont formels : Rose et Fred n'avaient aucun secret l'un pour l'autre, ils étaient comme « les inséparables », ces oiseaux qui ne peuvent survivre qu'ensemble.

Au bout de quatre semaines, c'est au tour de la défense d'appeler ses témoins. C'est l'accusée qui sera la première à s'exprimer. Rose prêche avec ferveur son innocence. Elle tente d'attirer la sympathie des jurés et du juge en évoquant une enfance malheureuse : elle confie que sa mère l'a abandonnée lorsqu'elle avait 16 ans, puis qu'elle se serait fait violer, une fois à l'âge de 13 ans et une autre fois à l'âge de 15 ans. Elle persiste à dire que Fred la manipulait, la frappait régulièrement, l'envoyait souvent passer la nuit dehors avec d'autres hommes : ce serait, selon elle, les raisons pour lesquelles elle n'aurait jamais rien vu ni entendu. Elle affirme aussi qu'elle ne connaît aucune des victimes : en disant cela, elle se met dans un sacré pétrin puisque les jurés ont déjà entendu David Evans, Benjamin Stanniland, Linda Greening et June Gough. Elle s'embourbe encore plus lorsqu'elle déclare que c'est Fred qui la forçait à coucher avec d'autres hommes et qu'elle le faisait contre son gré : les jurés ont déjà en leur possession la liste des pièces à conviction retrouvées lors des perquisitions en 1992 et 1994. Et sur cette liste figure la description du journal intime de Rose : cette dernière notait chaque jour, de 1 à 10, les prouesses de ses amants-clients. Puis, dans une jarre, elle conservait les slips usagés de ses meilleurs coups et brûlait ceux des mauvais… dont elle conservait néanmoins les cendres dans le même bocal.

Contre l'avis de son avocat, Rose a souhaité que certains des enregistrements des aveux de Fred soient entendus. Elle pensait que ça la dédouanerait de toute implication. Mais non. Même si Fred, lors de ses interrogatoires, affirmait que sa femme n'était au courant de rien, le non-sens de tous ses propos n'a fait que convaincre les jurés qu'ils ne pouvaient pas se fier à ses déclarations.

Ferguson va maintenant tenter de démontrer aux jurés que Fred agissait seul. Sont alors appelés à la barre plusieurs témoins, dont Miss C : « C'était en 1966, je faisais du stop à Cheltenham quand Monsieur West s'est arrêté. Je suis montée, puis il a quitté la route principale et s'est engouffré dans une petite ruelle. J'ai tenté de partir, mais il m'a attrapée par la gorge. Puis il s'est masturbé devant moi. »

Julie Coulson : « C'était en 1975 dans la ville de Tewkesbury, j'avais 15 ans. Il a saisi mon bras et a essayé de me tirer dans sa voiture. J'ai réussi à m'enfuir et je suis rentrée chez moi en courant. »

En tout, sept jeunes femmes raconteront aux jurés à peu près les mêmes histoires. Lorsque la photo de Fred a été diffusée dans les médias en 1994, elles l'ont formellement reconnu comme étant leur agresseur.

Puis un autre témoin, Vincent Oakes, explique qu'il a aperçu à cinq reprises Mary Bastholm aux côtés de Fred dans la voiture de ce dernier.

Les audiences auraient dû s'arrêter là pour laisser place aux plaidoiries, mais Leveson rappelle à la barre deux témoins pour l'accusation : le psychiatre James McMaster et l'ancienne *appropriate adult* de Fred, Janet Leach.

Le témoignage du psychiatre James McMaster fait vaciller l'auditoire. Le docteur s'était entretenu avec Fred lorsque celui-ci était en prison : « Fred m'a confié que c'est Rose qui avait violé Heather avec un large vibromasseur et qu'elle l'avait enterrée sans qu'il le sache. Puis que c'est elle qui se chargeait d'immobiliser les filles pendant qu'il les violait, elle les violait elle aussi, il a ajouté que Rose prenait un réel plaisir à les voir souffrir. Il m'est apparu tout à fait lucide ce jour-là. »

Puis c'est au tour de Janet Leach de venir à la barre : elle relate que Fred lui a avoué qu'il était en effet en prison lorsque Charmaine a été assassinée. Que ce n'était pas lui qui avait tué Shirley Robinson, mais Rose, et que c'est elle qui lui aurait ôté du ventre son bébé. Que certaines des victimes étaient décédées parce que Rose avait été trop loin dans sa frénésie sexuelle et qu'elle avait tué les autres parce qu'elles risquaient de les dénoncer. Qu'il n'était pas très performant au lit et qu'il aurait fait n'importe quoi pour elle. Il lui a aussi parlé du pacte qu'ils avaient passé ensemble, selon lequel il prendrait le blâme pour qu'elle puisse être libérée afin de s'occuper de leurs enfants. Et selon lui, ils avaient des complices, deux hommes de couleur, le père de Rose, John West, et d'autres personnes. Elle ajoute qu'il y aurait au moins vingt autres victimes, enterrées près d'une ferme, dont Mary Bastholm, la jeune fille de 15 ans qui avait disparu en janvier 1968.

Lorsque Ferguson demande à Janet si elle a été contactée par la presse, cette dernière lui répond que non, à la suite de quoi elle s'effondre. Elle est envoyée d'urgence à l'hôpital, mais ses jours ne sont pas en danger. De retour à la barre, la semaine suivante, elle avoue avoir menti et avoir bien touché de l'argent du *Daily Mirror*. Leveson l'a sacrément mauvaise à l'égard de Janet, néanmoins le parjure de cette dernière n'affectera pas, outre mesure, le verdict des jurés.

Durant trois jours, l'accusation et la défense vont présenter leurs plaidoiries.

Leveson commence : il insiste sur le fait que ces jeunes filles ont succombé à la suite d'une longue agonie mortifère. Elles étaient attachées, violées, torturées, avant d'être tuées – les scientifiques ne peuvent dire précisément combien de temps elles ont été maintenues en vie, mais les policiers ont la preuve que Fred s'est rendue à l'hôpital, dans la nuit du 3 janvier, pour une coupure à la main très profonde, soit sept jours après l'enlèvement de Lucy Partington, ce qui laisse sous-entendre que le couple aurait abusé d'elle durant une semaine avant de la décapiter. Il termine sa plaidoirie en clamant que Rose ne pouvait pas ne pas savoir. Et que la similitude des attaques commises sur Anne Marie, Caroline Owens, Miss A et Kathryn Halliday laisse peu de place au doute quant à l'implication de Rose dans ces assassinats.

Ferguson enchaîne : toute sa plaidoirie est fondée sur le fait que Fred avait déjà commis des meurtres avant de rencontrer Rose. Et que ce n'est pas parce que Rose a une sexualité déviante que cela fait d'elle une meurtrière. Et si les locataires et leurs enfants n'ont jamais rien vu ni entendu, pourquoi n'en serait-il pas de même pour Rose ?

Le 20 novembre, à 11h45, les onze jurés – l'un d'entre eux a été renvoyé pour conduite en état d'ivresse durant le procès – se retirent pour délibérer. Et le 22 novembre 1995, les jurés rendent leur verdict : Rose est reconnue coupable des meurtres de Charmaine, Lynda Gough, Carol Ann Cooper, Lucy Partington, Thérèse Siegenthaler, Shirley Hubbard, Juanita Mott, Shirley Robinson, Alison Chambers et de sa propre fille, Heather West.

Puis le juge Mantell annonce la sentence : « Levez-vous, Rosemary Pauline West, sur les dix chefs d'accusation de meurtres qui vous sont reprochés, vous avez été à l'unanimité reconnue coupable par les jurés. La sentence est la prison à perpétuité. Si l'on tient compte de ce que je pense, vous ne serez jamais libérée. »

À l'annonce du verdict, Rose a versé une petite larme, c'est d'ailleurs la seule qu'elle ait versée de tout le procès. Pourtant, chaque témoignage plongeait l'auditoire dans l'effroi. Le journaliste Ralf Sotscheck écrit le 29 novembre 1995, pour le journal allemand *TAZ* : « *Les récits étaient d'une telle violence, en particulier celui d'Anne Marie, qu'à chaque pause, on se demandait si on pouvait les retranscrire littéralement, même un journaliste du* Sun *n'a pas eu le courage de relater certains détails sordides.* » Toute la foule était bouleversée. Sauf Rose.

XXII

Comment ont-ils pu agir aussi longtemps sans se faire remarquer, et combien de victimes en réalité ?

La fin du procès est loin de marquer la fin de l'affaire. Dès le lendemain, deux questions sont au cœur des débats. La première :

comment les West ont-ils pu passer aussi longtemps au travers des mailles des services sociaux et de la police ? Le 26 novembre 1995, un article paraît dans le journal *The Independent* et titre *: « Plus de questions que de réponses : malgré deux rapports officiels, nous ne savons toujours pas pourquoi la police et les services sociaux n'ont pas réussi à arrêter les West plus tôt* » par les journalistes Tanya Sillem and Paul Wandless. Les deux journalistes reprennent le premier rapport d'une part : « *Bien que l'enquête ait été gérée par des consultants indépendants, quatre membres de l'équipe étaient des membres à temps plein des services sociaux, et deux étaient de la police.* » Et d'autre part : « *À partir du début des années soixante-dix, les lignes directrices prévoyaient qu'un enfant pouvait être inscrit au registre à risques si "la nature d'un préjudice n'est pas compatible avec un récit de la façon dont il s'est produit ou s'il existe [...] un soupçon raisonnable que le préjudice a été infligé par toute personne ayant la garde ou les soins d'un enfant." Non seulement deux des enfants de Fred et Rose ont été traités 1) pour une mycose vaginale ; 2) pour une gonorrhée* [MSP et/ou chaude pisse], *mais il y avait en plus toute une liste de blessures aux tendons, aux doigts et à la poitrine, ainsi que des lacérations entre les orteils des enfants, certaines soi-disant auto-infligées. Des égratignures et des bleus ont été remarqués sur le corps d'Anne Marie, en 1973, par un pédiatre, mais aucune mesure n'a été prise. Le Bridge Rapport ne fait pas, non plus, mention d'une blessure vaginale subie par Anne Marie, en 1971, à la suite d'une agression de Frederick et Rosemary West. Cela a été traité à Gloucester Royal Hospital et les West ont dit que la blessure avait été causée par la tige de selle d'un vélo [...].* » Les jurés ont eu accès à ces deux rapports lors du procès.

En ce qui concerne les questions que les médias se posent à l'égard de la police – à savoir les enquêteurs étaient-ils vraiment au courant de ce qui se passait chez les West ? Et étaient-ils complices ? –, il faut revenir sur les allégations de Sharon Compton pour comprendre la profusion de ces rumeurs dans la presse : elle n'a jamais digéré le fait que la police la mette de côté, elle a alors, pour se venger, raconté au *Daily Express* que Fred l'avait violée devant un policier, et que ce dernier n'aurait pas bougé, puis qu'elle avait à plusieurs reprises vu des policiers à l'étage trinquer avec la maîtresse de maison. Une enquête a été menée aussi bien par la police que par les médias, ils n'ont rien trouvé qui puisse étayer les dires de Sharon Compton.

L'autre question est : combien de fille ont-ils en réalité tuées ? Tous les experts en la matière s'accordent à dire qu'un tueur ou une tueuse en série ne cesse de tuer qu'à partir du moment où il ou elle se fait arrêter. Or, la dernière victime connue est Heather en 1987, et ils n'ont été arrêtés qu'en 1994. Selon le profiler Paul Briton, « il est difficile d'imaginer qu'ils aient cessé leurs activités sadiques durant sept ans. Nous savons également qu'il y aurait, selon les confessions de Fred faites à Janet et son fils Steve, une vingtaine de victimes supplémentaire, dont Mary Bastholm. » Si Fred a dit vrai et si Paul Britton a raison, il faudrait fouiller toutes les maisons rénovées par Fred, entre 1968 et 1994, ainsi que les fermes situées aux alentours de Kempley et Much Marcle : c'est comme chercher une aiguille dans une botte de foin. Même si la police reste convaincue que Fred est bien l'auteur de la disparition de Mary Balsthom et, avec la complicité de Rose, de bien d'autres jeunes filles, neuf en particulier ont retenu leur attention. Durant les investigations, les enquêteurs n'ont pas été en mesure de retrouver les traces de ces dernières, elles étaient originaires de Gloucester et ont disparu durant la période où les West ont sévi. Mais l'enquête « Rose & Fred West » a déjà coûté 1 726 922 £ au comté de Gloucestershire, et sans la moindre indication, la police n'est pas en mesure d'obtenir des autorisations pour retourner tous les endroits où Fred a posé les pieds. Il faudrait pour cela que Rose se décide enfin à parler, mais pourquoi le ferait-elle maintenant ? Elle n'aurait rien à y gagner, tout le pays veut la découper en morceaux.

XXIII

Victimes collatérales

Son fils Barry aurait lui aussi volontiers découpé sa mère en morceaux. En 2002, il a déclaré à la presse : « J'étais heureux d'apprendre que mon père s'était suicidé. Aujourd'hui, j'aimerais que l'on enferme ma mère dans une pièce avec les parents de toutes ces filles qu'ils ont assassinées afin que ces derniers la mettent en pièces. Ma mère est une psychopathe. »

Mais aujourd'hui, pour Barry, c'est fini. Il fait partie des victimes collatérales de Rose et Fred West : il a été retrouvé mort dans sa chambre, il vivait dans un centre de réhabilitation, situé à Maidstone, une petite ville très prisée des célébrités, situé dans le Kent. La date et la cause de sa mort restent mystérieuses, mais la presse, en l'occurrence le *Dailymail*, a annoncé son décès le 31 octobre 2020. Une enquête est menée afin de savoir s'il a succombé à la suite d'une « overdose » ou de la Covid. La police espérait avoir les résultats au début de l'année 2021. Mais, pour l'heure, aucune information n'est sortie dans la presse. Le journaliste Howard Sounes pense que Barry s'est suicidé.

Un membre de la famille qui n'a pas souhaité être cité déclare au journaliste Ian Gallaguer : « Barry n'a jamais trouvé la paix, il n'a jamais réussi à échapper aux fantômes du 25 Cromwell Street. De tous les jeunes enfants de Rose et Fred, Barry est celui qui a eu la vie la plus difficile. » Et pour cause, d'une part il a dormi pendant plusieurs années sur cinq cadavres et, d'autre part, dans une interview donnée en 2002, il a raconté comment il a vu sa mère et son père assassiner Heather alors qu'il était âgé de 7 ans : « Il était environ 3h du matin quand j'ai entendu Heather rentrer, puis j'ai entendu mon père crier : “Où étais-tu ? Nous t'attendions.” J'ai entendu ma mère la gifler, puis j'ai regardé à travers la fissure du mur et j'ai vu mon père la tirer par la jambe et l'attraper par le cou. Puis elle a trébuché par terre. Et ma mère la frappait violemment tout en l'insultant : “Espèce de petite salope, où étais-tu ?" tandis que mon père la tenait toujours par le cou. Quand il a essayé de lui faire des choses [la violer,] elle a refusé. Je pense que c'est pour cela qu'elle est morte. Au bout de 15 minutes, ma mère s'est frotté les mains et a dit : "Bon, faut nettoyer tout ça." Mon père a enveloppé ma sœur dans un sac plastique tandis que ma mère passait la serpillière. Maman lui disait de se dépêcher et il lui a demandé de l'aider, mais elle a dit : "Je ne peux pas. Je dois nettoyer tout ça avant que les enfants se lèvent. » À l'époque du procès, il n'avait que 14 ans et il avait peur de témoigner contre sa mère. Dès qu'il a eu l'âge de quitter sa famille d'accueil, il a vécu ici et là, sous une nouvelle identité. Il a tenté d'oublier cette horrible enfance en cherchant du réconfort dans la drogue, et bien sûr il ne l'a pas trouvée.

Les seules infos sur Tara, Louise et Lucyanna proviennent d'un article du *Mirror* daté de 2000. Elles tentaient de se reconstruire, mais elles semblaient aller bien. Tara a voulu retourner sur les lieux du carnage ; même si la maison a été totalement rasée en 1996, les images restent gravées dans sa mémoire.

Steve West a définitivement coupé les ponts avec sa mère en 1999 après avoir reçu un appel de cette dernière lui disant : « Tu ne mérites pas de vivre, tu aurais dû mourir dès la naissance. » Steve a eu aussi quelques déboires avec la justice, il a été jugé en 2004 pour avoir eu une relation amoureuse avec une adolescente de 14 ans. Le juge n'a pas été sévère à son égard en raison de son traumatisme dû à son enfance. Et aussi du fait que la jeune fille était consentante et folle amoureuse de Steve.

Anne Marie s'en sortait plutôt bien, avant que sa belle-mère Rose reprenne contact avec elle. Sa fille Michelle Davis a raconté au journal *The People,* en 2009, comment Rose s'est réincrustée dans leur vie depuis sa cellule : « Elle appelle toutes les semaines, Rose a raconté à ma mère qu'elle était devenue accro aux documentaires qui lui étaient consacrés, apparemment ça la fait rire de voir ses crimes à la télé. Elle rit aussi des grosses lunettes qu'elle portait au procès. Elle est pathétique. Ma mère redoute les appels, mais elle a toujours peur de Rose et n'ose pas ne pas répondre ou lui raccrocher au nez. Depuis qu'elle reçoit ces appels, ma mère est différente, c'est comme si on lui faisait un lavage de cerveau. D'une femme heureuse et bavarde, après chaque appel de Rose, elle se transforme soudainement en une enfant timide, elle parle d'une voix grinçante, reste très calme avec de longues pauses et répond simplement par oui ou par non. Et quand elle raccroche, elle reste silencieuse pendant des jours. Cela me met très en colère. »

Mae aussi est en colère, elle qui au début croyait sa mère innocente a changé d'avis et a complètement coupé les ponts avec elle : « Quand je lui rendais visite et que je lui demandais pourquoi elle nous avait fait subir cela, elle se tortillait devant moi, mais ne me donnait jamais de réponse. Et pour les meurtres c'est pareil, elle est la seule à connaître la vérité et elle refuse de parler. De sa cellule, elle gérait nos vies, elle m'a même dit que Louise ne serait jamais une bonne mère. Elle a oublié qu'elle a aidé mon père à la violer. C'est une hypocrite. » Le 17 septembre 2018, Mae a confié à la journaliste Susanna Reid, pour l'émission *Good Morning Britain's*, qu'elle pensait qu'il y aurait encore une trentaine de victimes, enterrées quelque part. Elle se souvient également que sa mère leur faisait porter, à elle et à sa sœur Heather, les vêtements des victimes. Aujourd'hui, Mae tente de mener une vie normale, elle a deux enfants dont elle s'occupe très bien, car si l'on dit souvent que l'on tend à reproduire ce que l'on a subi, ce n'est heureusement pas toujours le cas.

Caroline Roberts, née Owen, a tenté de se suicider à plusieurs reprises, mais elle a fini par trouver la paix auprès de son mari. Elle est toutefois décédée d'un cancer en 2016.

Puis il y a les familles de toutes les victimes qui doivent vivre avec la terrible douleur de savoir que leurs filles, leurs sœurs, leurs cousines… sont mortes dans d'atroces souffrances et d'horribles circonstances.

XXIV

Rumeurs

Du côté de Rose et Fred, beaucoup ont écrit qu'ils avaient tous deux été abusé(e)s sexuellement lorsqu'ils étaient enfants. Cependant, ces allégations sont à prendre avec beaucoup de prudence, à commencer par Rose : il est dit qu'elle aurait eu des relations incestueuses avec son père, depuis ses 13 ans, et que ce serait donc la raison pour laquelle Bill ne la frappait pas.

Toutefois, le journaliste Howard Sounes, qui a mené une enquête très sérieuse sur la vie des West et a écrit lui aussi un livre sur l'affaire intitulé *Fred & Rose: The Full Story of Fred and Rose West and the Gloucester House of Horrors,* paru en 1995 puis réédité en 2019, m'explique : « Il n'existe en fait aucune preuve tangible que Bill Letts ait eu des relations sexuelles avec Rose, pour ma part je pense que oui – sur la base de ce que Fred et Rose ont dit à plusieurs reprises à diverses personnes à qui j'ai pu parler. Plus clairement, on pense qu'il y a eu une relation incestueuse plutôt qu'un fait établi. Cela n'a d'ailleurs jamais été évoqué lors du procès de Rose. »

Le détective en chef John Bennet me confirme également : « Rose n'a jamais évoqué cette possibilité durant tous ses interrogatoires, ni même à quiconque, que je sache. Pourtant, nous lui avons sans relâche donné l'opportunité de nous parler de son enfance, en lui offrant ainsi la possibilité de blâmer autrui et de justifier son comportement. Mais elle nous donnait toujours les mêmes réponses "sans commentaires" ou "je ne suis au courant de rien". Bill était, certes, un homme très dur, mais je doute qu'il ait été cet agresseur sexuel tel que l'ont dépeint certains auteurs et journalistes. » Si Bill n'a pas abusé de Rose, il n'a donc pas pu être un des clients de sa fille lorsqu'elle vivait au 25 Cromwell Street, comme cela a aussi été dit.

Du côté de Fred, il est écrit que sa mère l'aurait initié au sexe quand il avait 12 ans. Comme pour Rose, il subsiste, ici aussi, un énorme doute quant à la véracité de ces allégations. Son frère Douglas West a, lors d'une interview donnée en 2014 sur Channel 5, totalement démenti ces calomnies : « Ce ne sont que des mensonges, aucun de nous n'a jamais été abusé sexuellement par nos parents. »

Howard Sounes me confirme également : « Ce ne sont que des rumeurs, il n'existe aucune preuve de cela. » Et le détective John Bennett ajoute : « Toutes les personnes qui ont été interrogées durant l'enquête, Fred, toute sa famille ainsi que son entourage, n'ont jamais mentionné qu'il ait eu une quelconque relation sexuelle avec sa mère ou même avec des animaux tel qu'on a pu le lire. Ce ne sont que des spéculations faites en 1995 avant l'ouverture du procès par des journalistes et des auteurs qui ont propagé cette rumeur afin d'attirer l'intérêt des lecteurs et, sans aucun doute, pour augmenter les ventes de leurs livres et articles. »

Comme si cela ne suffisait pas, certains auteurs ont ajouté au calvaire d'Anne Marie, qu'elle aurait également été violée par le père de Rose, Bill Letts. Leo Goatley, l'avocat de Rose, qui a assuré sa défense durant une dizaine d'années, écrit dans son livre *Understanding Fred and Rose West: Noose, Lamella and the Gilded Cage* : « *Fred traitait Anna Marie comme sa petite épouse et la partageait avec son beau-père, Bill, ainsi qu'avec son frère John West.* » Ou encore l'auteure Corinne Philipe, qui écrit dans son livre *Frederick & Rosemary West : la maison de l'horreur* : « *Durant le procès de Rose, son témoignage est de loin le plus bouleversant [...]. Elle revit les abus sexuels perpétrés par son père, son oncle John et son grand-père Bill.* »

Ces allégations sont également à prendre avec autant de prudence, car parmi les moult articles qui ont été écrits sur cette affaire, aucun ne fait état d'une relation incestueuse entre Bill Letts et Anne Marie, et ce genre de faits-divers sordide n'aurait certainement pas échappé aux journalistes qui couvraient le procès. Anne Marie n'en parle d'ailleurs pas non plus dans son livre *Out Of The Shadows*, paru en juin 1996. Les seules occurrences (à part les deux livres cités ci-dessus) concernant une éventuelle histoire entre Bill et Anne Marie se trouvent dans le bouquin de Gordon Burn : *Happy Like Murderers,* paru en 1998 : « *Rose a commencé à forcer Annea Marie à coucher avec son père Bill, lorsque celle-ci avait 12 ans.* »

Selon le journaliste Howard Sounes : « Gordon Burn a travaillé sur cette histoire en même temps que moi. Et Burn était un journaliste et auteur de premier ordre. Certaines subtilités de son récit ont visiblement été mésinterprétées. Pour ma part, je n'ai jamais entendu dire que Bill ait abusé d'Anne Marie. Celle-ci est toujours en vie et les personnes qui ont écrit ceci pourraient avoir de gros problèmes juridiques, si elle venait à l'apprendre. »

Le détective John Bennett me confirme également : « Il n'y a rien, dans les documents de l'enquête (vingt et un procès-verbaux de témoignages d'Anne Marie et de témoignages concernant cette dernière) que Goatley a reçus, pour appuyer ce qu'il dit aujourd'hui, et Anne Marie ne nous a jamais, pour autant que je sache, parlé de cela. »

La seule chose, dont on est sûr à propos de Bill, c'est que, dans les années 1977-78, il s'était réconcilié avec sa fille et Fred et avait projeté de monter un café avec son gendre. Il lui arrivait alors souvent de dormir au 25 Cromwell durant les travaux. Il s'est produit un incident avec Anne Marie un soir où Bill se trouvait chez les West. Andrew Letts a expliqué ce qui s'est réellement passé ce soir-là, lors d'une interview dans le cadre d'un documentaire intitulé *Shame Of Cromwell Street* diffusé, en 1995 sur Channel 4 : « Un jour, mon père en rentrant à la maison a raconté à ma mère qu'il avait entendu beaucoup de bruits émanant de la chambre d'Anna Marie, qu'il s'y était rendu pour voir ce qui se passait, et qu'il avait surpris un homme beaucoup plus âgé qu'elle [elle n'avait que 12 ans] dans son lit. Il a exigé que l'homme sorte immédiatement, puis Fred lui a dit : "Ce qui se passe chez moi, c'est mon affaire, Bill", et il l'a foutu à la porte. » Gordon Burn expose aussi cette version des faits dans son bouquin.

En ce qui concerne John West, il a bien violé (environ trois cents fois) Anne Marie, avec le consentement de son frère et de sa belle-sœur, de ses 11 ans à ses 15 ans. Toutefois, Anne Marie ne l'a pas évoqué, et la question ne lui a jamais été posée – pour des raisons juridiques – durant le procès de Rose, en 1995. John a aussi violé Mae quand elle avait 5 ans. Il aurait dû être jugé, en novembre 1996, mais comme son frère Fred, il s'est pendu avant l'ouverture du procès.

Beaucoup des rumeurs qui se sont propagées dans la presse proviennent en partie de Fred West : « Ce dernier racontait tout et n'importe quoi, mais surtout il voulait voir en qui il pouvait avoir confiance. Il racontait une histoire à une personne, une version différente à une autre, et le lendemain il vérifiait lequel des deux récits était relaté dans la presse. Fred aimait beaucoup faire les gros titres », me confie John Bennet.

En 1996, la police belge a demandé à John Bennet de les aider dans l'affaire Marc Dutroux, le tueur en série pédophile. Il a, entre 1995 et 1996, violé six fillettes et jeunes filles, dont quatre n'ont pas survécu. Les deux plus jeunes n'avaient que 8 ans.

XXV

La vie de château

Rose aime aussi faire les gros titres. Il ne se passe pas une semaine sans que la presse ne parle d'elle. Il faut dire qu'elle fait tout pour qu'on ne l'oublie pas. Après sa condamnation, elle a été incarcérée dans la prison de haute sécurité de Low Newton, située dans la ville de Durham. Si les violeurs et tueurs d'enfants ne sont, généralement, pas bien vus dans les milieux carcéraux, c'est ici qu'elle va se faire une de ses meilleures amies, Myra Hindley, une autre tueuse en série du même acabit. Myra a été condamnée à la prison à perpétuité, le 7 mai 1966, pour avoir aidé son petit ami Ian Brady à violer puis assassiner, entre juillet 1963 et octobre 1965, Pauline Read (16 ans), Keith Bennet (12 ans), John Kilbride (12 ans), Lesley Ann Downey (10 ans) et Edward Evan (17 ans). Rien d'étonnant que les deux psychopathes s'entendent bien. Rose et Myra ont même vécu ensemble une petite amourette. C'est ce que nous montre le journaliste Sir Trevor McDonald dans un documentaire diffusé en septembre 2020, *Rose West & Myra Hindley: Their Untold Story*. Leur relation n'a cependant pas duré. Myra a, du jour au lendemain, coupé les ponts. Cette dernière a confié à une codétenue :

« Cette garce a tué ses enfants.

– Toi aussi, tu as tué des enfants.

– Oui, mais moi, j'aurais pas tué les miens, je tue ceux des autres. »

Myra Hindley est décédée d'un arrêt cardiaque à l'hôpital de Suffolk, le 15 novembre 2002. C'est la cigarette qui a tué Myra, elle en fumait 40 par jour, mais c'est le sucre qui risque de tuer Rose. Elle est devenue énorme et s'empiffre de gâteaux qu'elle prépare dans sa cellule. Sa prison offre un confort de luxe pour certaines détenues, Rose en fait partie, télé, toilette, douche et cuisine dans sa cellule. D'ailleurs, les gardiennes préfèrent qu'il en soit ainsi, tant elles craignent qu'une autre détenue tente de l'empoisonner à la cantine.

En 2003, Rose a entretenu une relation épistolaire avec le bassiste du groupe Slade II, Dave Glover. Dave Hill, le leader du groupe, l'a immédiatement viré dès qu'il a eu vent de cette histoire par les médias.

En 2009, le groupe de rock Oasis, composé des frères Noel et Liam Gallagher, se sépare pendant le festival Rock en Seine. La raison ? Liam avait comparé Noel et sa femme Sara MacDonald à Fred et Rosemary West.

En 2018, Rose a gagné le concours du meilleur gâteau de la prison, elle avait préparé un *sponge-cake*.

Cela étant, son petit bonheur a pris fin en juin 2019 : selon un article du *Daily Mirror*, la tueuse en série Joanna Dennehy a, lors de son transfert dans la prison de Rose, menacé de tuer cette dernière : « *I'm gonna fucking kill this bitch*[12] », aurait-elle dit. Par mesure de sécurité, Rose a été transférée à HM Prison New Hall, située dans le West Yorkshire. Le personnel a déclaré que Rose a fondu en larmes lorsqu'elle a dû quitter ses appartements.

Le 13 février 2021, un article du journal *The Mirror* titrait : « *La tueuse en série Rose West est la dernière prisonnière célèbre à se faire vacciner contre le coronavirus* ». Rose a apparemment fait une mauvaise réaction au vaccin AstraZeneca.

Rose va célébrer ses 68 ans en novembre 2021. Elle est la seule femme « serial killer », avec Myra Hindley et Joanne Dennehy, à avoir été condamnée en Angleterre à une peine d'emprisonnement à perpétuité sans possibilité de libération. Et, aux dernières nouvelles, elle n'aurait pas l'intention de quitter la prison, elle a cessé de faire appel en 2008.

La mamie gâteau n'en demeure pas moins l'une des rares femmes « serial killer » à avoir été condamnée pour tortures et agressions sexuelles ayant entraîné la mort, ce genre de crime étant le plus souvent commis par des hommes.

12 « Putain, je vais tuer cette salope. »

Joanna Christine Dennehy (Joanne, de son vrai nom)

Le 29 mars 2013, Christina Lee contacte la police. Son mari Kevin n'est pas rentré de son travail et il est injoignable par téléphone. Elle est très inquiète. Le détective Martin Brunning, qui a pourtant l'habitude d'enquêter sur des affaires de disparitions, est inquiet lui aussi. Son intuition lui dit que cette histoire ne sent pas bon. Son intuition a raison : le lendemain de la visite de Christina, la voiture de Kevin Lee est retrouvée, calcinée, près d'une ferme dans le village de Yaxley, situé à cinq kilomètres de la ville de Peterborough en Angleterre. Plus tard dans la journée, un homme qui promène son chien aperçoit un corps dans un fossé. Celui de Kevin. Ce dernier a les fesses à l'air et est vêtu d'une robe noire à paillettes. Kevin est mort de cinq coups de poignard portés en pleine poitrine. La lame a traversé le cœur et les poumons. En consultant les relevés téléphoniques de Kevin, deux numéros attirent l'attention des policiers : ceux de Joanna Christine Dennehy et de Gary John Stretch. Un avis de recherche est lancé.

Le 2 avril, la police est alertée : une jeune femme aux cheveux longs châtain foncé a poignardé deux hommes en pleine rue, en à peine 40 minutes.

Cette femme, c'est Joanna Christine Dennehy. Elle est arrêtée, puis conduite au commissariat. Lorsque l'un des policiers lui signale qu'elle est placée en état d'arrestation pour suspicion de tentative de meurtre et suspicion de meurtre, elle rétorque : « Oui je sais. Oh, c'est pas grave. Ça aurait pu être pire. J'aurais pu être grosse, noire et moche. » Ils ne le savent pas encore, mais ils viennent d'attraper une des tueuses en série les plus dangereuses de toute l'Angleterre.

I

« Elle était extrêmement manipulatrice et elle savait exactement ce qu'elle voulait. »

Rien ne prédisposait cette jolie petite fille à commettre des actes aussi barbares, et encore moins à tuer en série. Joanna – Joanne de son vrai prénom – s'est épanouie au sein d'une famille sans problèmes. Sa mère Kathleen est gérante d'un magasin et son père Kevin est agent de sécurité. Joanna Christine Dennehy est née en août 1982 dans la jolie ville de Saint Albans située dans le comté de Hertfordshire, à trente-cinq kilomètres environ au nord de

Londres. Puis elle grandit dans une grande et belle maison dans le village de Redbourn, un district de Saint Albans. Sa petite sœur Maria est arrivée en 1984. Joanna est très protectrice à l'égard de Maria. Si un élève a le malheur de la chahuter, elle la défend sans hésiter. Joanna est sportive, elle pratique le netball (dérivé du basket-ball) et fait du hockey. Elle fait aussi beaucoup de sport avec sa petite sœur, mais ce que Maria préfère le plus chez Joanna, c'est quand elle lui apprend et lui chante des chansons. Les deux sœurs sont très complices au point que « Nous avions inventé un langage que seules nous deux connaissions, ainsi personne ne pouvait connaître nos secrets. On adorait, après l'école, grimper dans l'arbre de notre jardin », confie tristement Maria. Kevin et Kathleen sont des parents un peu stricts, mais pas violents. Les enfants n'ont jamais été témoins de disputes entre eux non plus. Joanna mène une vie tout ce qu'il y a de plus ordinaire. C'est peut-être le fond du problème : sa vie est trop calme à son goût.

En grandissant, Joanna devient très indépendante, c'est un esprit libre, comme le confie une de ses amies d'enfance, Vicky Greenwood : « Elle se foutait de tout, et de ce que les gens pouvaient bien penser d'elle. On rentrait souvent ensemble du collège, on était un peu coquines, on se cachait pour fumer, on devait avoir 14 ans. » C'est justement durant cette période que Joanna commence à manifester des signes de violence et à ne plus s'intéresser à ses cours. À ne plus s'intéresser à rien tout court : « Elle était extrêmement manipulatrice et elle savait exactement ce qu'elle voulait. Elle disait aux autres élèves : "Si vous ne faites pas mes devoirs, je vous rentre dedans", ils étaient tellement terrorisés qu'ils faisaient tout ce qu'elle souhaitait », ajoute Vicky. Maria remarque également les changements qui s'opèrent chez sa sœur et ça l'attriste : « Elle fréquentait des gens plus âgés qu'elle, et elle passait son temps à fumer du cannabis et à boire de l'alcool. Elle ne me regardait plus, j'avais maintenant l'impression d'être un boulet, elle n'était plus la sœur que j'avais connue. » Marika, une ancienne amie de Joanna, se rend aussi compte de cette transformation : « Au début, on s'entendait bien. Puis, presque du jour au lendemain, elle est devenue extrêmement méchante avec moi. Elle ne cessait de me dire “T'es une bonne à rien, tu devrais te suicider. Si tu n'as pas le courage de le faire, je peux t'aider si tu veux. » Joanna menace régulièrement Marika de lui faire la peau à la sortie des cours : « J'avais tellement la trouille que je prenais à chaque fois des chemins différents », ajoute Marika, des sanglots dans la voix.

L'année de ses 15 ans, Joanna tombe amoureuse d'un jeune homme de 21 ans, John Treanor : « Je promenais mon berger allemand dans un parc quand elle s'est approchée de moi. Elle adorait les chiens. Et c'est comme ça que ça a commencé. » Kevin et Kathleen ne sont pas ravis de cette relation : « Nous voulions qu'elle termine ses études, elle n'avait même pas 16 ans, et il était beaucoup plus vieux qu'elle. Je crois que c'est après sa rencontre avec John qu'elle a littéralement changé. » John n'est pas d'accord avec les parents de Joanna : « Quand je l'ai rencontrée, elle était déjà borderline. Puis je suis allé voir ses parents afin de les rassurer et leur dire que je ne couchais pas avec elle. Elle était encore trop jeune. Je pense qu'ils ne m'appréciaient pas. » Kevin et Kathleen tentent tant bien que mal de la persuader de mettre un terme à cette relation, à tort puisque ça ne fait que renforcer son envie d'être auprès de son nouveau petit ami. Elle attend d'avoir 16 ans pour quitter, du jour au lendemain, définitivement le cocon familial : « Je vivais dans un garage à l'époque, elle a déboulé comme ça, puis elle est restée. » Son père pensait que c'était juste un coup de tête, qu'elle finirait par revenir. Elle n'est jamais revenue.

II

Elle se mutile, tantôt le ventre avec des couteaux ou des rasoirs, tantôt les bras avec des aiguilles.

Leur vie de couple commence mal. Ils sont à la rue : tantôt ils dorment sous une tente dans les bois, tantôt dans le métro. Mais la bohème, Joanna aime ça. John déteste. Ils partent alors s'installer dans la ville de Luton. Elle tombe enceinte en 1999. Maria se souvient : « Avec mes parents, nous lui avons rendu visite. Ça a été un choc, elle s'était rasé la tête. Elle était enceinte de six mois et elle fumait du cannabis. Mes parents l'ont suppliée de rentrer à la maison afin de l'aider à s'occuper du bébé. Mais elle a refusé. Elle nous a dit qu'elle était heureuse et qu'elle n'avait pas besoin d'aide. » De son côté, John affirme que Joanna n'a ni bu d'alcool ni fumé durant sa grossesse. Après cette visite, il y en aura d'autres jusqu'au jour où Kevin et Kathleen trouveront porte close : Joanna et John se sont un jour fait virer pour une histoire de drogue, puis sont partis sans laisser d'adresse.

C'est dans la ville de Milton Keynes, située dans le comté de Buckinghamshire, que Joanna donne naissance à une petite fille, Shianne. Quelques jours après l'accouchement, elle se remet à boire et à fumer. Joanna n'a pas la fibre maternelle, elle ne câline pas sa fille et a une façon de jouer avec elle assez particulière : elle lui apprend à jeter des cailloux sur les voitures, à « faire la bagarre », comme aiment dire les enfants. Shianne a des souvenirs différents : « Ma mère m'apprenait à dessiner. Un jour, nous avons fait des dessins avec de la peinture sur les murs du couloir de la maison. Mon père était furieux. Je me souviens aussi qu'elle était souvent allongée sur le canapé à lire. Elle lisait beaucoup et me lisait aussi des histoires. » C'est justement parce qu'elle passe son temps à lire que lorsque John rentre de ses dix-sept heures de boulot en tant qu'agent de sécurité, il doit préparer les repas, faire les lessives. John s'occupe pour ainsi dire de tout à la maison. Et comme remerciement : « Je me souviens qu'un jour, elle est rentrée à 6h du matin, complètement saoule, elle m'a raconté, dans les moindres détails, comment s'était passée sa soirée : elle avait pris de la cocaïne et elle avait rencontré un type avec qui elle avait couché. » John en a ras-le-bol de Dennehy, il la quitte et part avec Shianne vivre chez sa mère. Un jour de l'année 2003, Joanna frappe à sa porte : « Cela faisait dix-huit mois que je n'avais pas eu de nouvelles d'elle. Elle m'a raconté qu'elle avait fait de la prison, puis qu'elle avait été internée dans un hôpital psychiatrique, je lui ai redonné une seconde chance. » Le couple s'installe dans un petit bungalow, dans la commune de Wisbech située dans le comté du Cambridgeshire.

En 2006, Joanna donne naissance à une seconde fille, John qui fait souvent des apparitions à la télévision ne tient pas à communiquer son prénom. On ne sait pas si c'est sa deuxième grossesse qui l'a fait basculer vers le côté obscur, mais ce dont on est sûr, c'est qu'elle est montée de plusieurs crans dans la folie. Elle s'enquille maintenant deux bouteilles de vodka de façon journalière. Elle boit tellement qu'un jour elle a failli, par accident, noyer son bébé dans la baignoire. Les voisins se souviennent : « Elle était toujours saoule. Un jour, elle s'est écroulée devant l'église et elle ne s'est réveillée que le lendemain. Elle hurlait tout le temps. Et frappait John. Le pauvre, il avait souvent des cocards. » Mais ce n'est rien comparé à ce qu'elle s'inflige. Dorénavant, elle se mutile, tantôt le ventre avec des couteaux ou des rasoirs, tantôt les bras avec des aiguilles. Maria, de son côté, mène une vie totalement opposée. Elle travaille pour l'armée en tant qu'opératrice radio en Afghanistan. En 2007, Maria rentre au pays et décide de retrouver sa sœur : « Elle me manquait tellement... Alors, j'ai cherché et trouvé son adresse sur les listes électorales. Quand je suis arrivée, elle était ailleurs, elle parlait machinalement. J'ai aussi remarqué ses vilaines cicatrices au bras. Cela me rendait malade de la voir ainsi. Puis elle m'a dit qu'elle avait été diagnostiquée bipolaire et qu'elle se faisait soigner. Mes nièces étaient bien habillées et très polies. Elle donnait l'impression d'être une bonne mère. Cela m'a rassurée. »

Joanna recommence à faire des infidélités à John, y compris avec des femmes. Sa petite amie se nomme Charmaine. Avec elle, Joanna semble être bien dans ses baskets. Au grand dam de John puisqu'il arrive à sa femme de disparaître avec sa maîtresse, parfois durant des semaines entières. John est, le moins qu'on puisse dire, un homme patient. Néanmoins, sa patience a des limites : un jour, « elle était encore plus saoule que d'habitude, car elle tenait à peine debout. Elle s'est assise par terre, les jambes écartées, et elle tapait sur le sol avec la lame d'un couteau. Comme si elle était en train de tuer quelqu'un. Là, je me suis dit, ça devient vraiment dangereux. J'ai pensé à mes filles, et nous sommes partis. »

III

« *Lorsqu'il s'est réveillé, elle était assise sur son dos et le caressait avec un couteau.* »

Début 2009, Joanna est maintenant en couple avec une femme. On ne sait pas si c'est toujours Charmaine l'heureuse élue, mais peu importe, Joanna a l'air bien dans sa peau. Enfin, c'est du moins ce qu'elle laisse croire à sa sœur Maria : « On ne se voyait pas trop, mais on communiquait via Facebook. Elle me disait qu'elle était bien avec sa petite amie. Que tout roulait pour le mieux. En 2012, je lui ai envoyé un message pour lui annoncer que j'étais enceinte elle ne m'a pas répondu. » La prochaine fois que Maria entendra parler de sa sœur, ce sera à la télévision.

En février 2012, elle est admise au service des soins psychiatriques de l'hôpital de Peterborough. Les psychiatres lui ont diagnostiqué des troubles de la personnalité et psychopathiques. Ils la laissent toutefois ressortir au bout de cinq jours. Une fois dehors, elle recommence ses bêtises, elle boit, se drogue, commet des vols à l'étalage en compagnie d'un molosse dangereux, ce qui lui vaut d'être arrêtée puis emprisonnée. Elle ne fait que quelques mois en détention, avant d'être relâchée courant 2012. Elle est placée sous probation pendant douze mois. C'est durant ses rendez-vous obligatoires de contrôle – enfin, quand elle les respecte et ce n'est pas souvent – qu'elle fait la connaissance de Gary Jones Stretch, Gary Richard de son vrai nom. Gary, 47 ans, est un géant de 2,20 m, pesant 146 kilos. Un sacré morceau. Ce dernier est en probation pour avoir commis des petits cambriolages. Gary va devenir le toutou de Joanna. Il obéit à tous ses ordres.

Dans le courant du mois de février 2013, elle pousse avec Gary la porte d'une agence immobilière, la Quickley Ltd, située dans la ville de Peterborough. Les patrons Kevin Lee et Paul Creed sont tout ouïe lorsqu'elle leur explique qu'elle vient de purger une peine de prison pour avoir assassiné son père qui, selon elle, aurait abusé d'elle sexuellement. Elle sort en effet de prison, mais pour le reste, ce sont bien sûr de gros bobards. Paul ne la sent pas du tout : « Je ne voulais pas lui louer d'appartement. J'ai dit à Kevin de se méfier, mais il ne m'a pas écouté. Il m'a répondu : "Elle a été honnête et courageuse de nous dire la vérité. On peut lui laisser une chance. » Il va même faire plus que lui louer un appartement : Kevin embauche Joanna et Gary pour s'occuper de petits travaux dans les appartements, puis pour réclamer les loyers des mauvais payeurs. Joanna ne se révèle pas une bonne bricoleuse, en revanche elle excelle dans son job de collectrice de monnaie : avec son caractère violent, les locataires ne lui opposent pas de résistance. Ils sont terrorisés. Ils ne sont pas les seuls. Ses nouveaux voisins sont également terrifiés.

Joanna a emménagé dans un appartement qu'elle partage avec John Chapman, un ancien officier de la marine royale de 56 ans. John a des problèmes avec l'alcool et la drogue. Mais c'est un homme adorable, serviable et le cœur sur la main. Michelle Bowles, une voisine, se souvient : « John en avait une peur bleue. Il disait qu'elle était folle. Et il avait raison. Avant qu'elle arrive, il y avait une super-ambiance dans le lotissement. On faisait des fêtes. Après, tout a changé, elle n'était pas souvent là, mais lorsqu'elle y était, on le savait. Elle hurlait. Elle était toujours défoncée. » Avec Kevin, elle est différente, c'est un bel homme de 48 ans, alors, elle lui fait les yeux doux. Kevin est marié avec deux enfants, mais il a du mal à lui résister. Il tombe dans son piège et les deux deviennent amants. Carla White, la colocataire de Gary et voisine de Joanna donc, raconte : « Elle attirait les hommes comme des aimants. J'ai bien vu que Kevin en pinçait pour elle. D'ailleurs, la première fois qu'on me l'a présentée, elle m'a attrapé par la gorge et elle m'a dit : “Je ne t'aime pas. Je ne veux rien avoir à faire avec toi.” Kevin n'a absolument pas bougé d'un iota. Heureusement, j'avais un marteau avec moi, je l'ai menacée. Elle m'a lâchée et s'est excusée. » Carla ajoute que sa violence se manifeste également dans sa sexualité : « Un ancien de ses copains, que je ne peux pas nommer, m'a raconté que lorsqu'il s'est réveillé, elle était assise sur son dos et le caressait avec un couteau. Il a eu la peur de sa vie. Puis, un autre m'a rapporté qu'elle voulait qu'il la frappe fort pendant qu'il lui faisait l'amour. Elle le frappait en retour. »

IV

« Oups ! Je l'ai encore fait. »

Lukasz Slaboszewski, un beau Polonais de 31 ans, va aussi tomber, pour son plus grand malheur, dans le panneau. On ne sait pas exactement comment ils se sont rencontrés. La police suppose qu'ils se sont croisés dans un supermarché. C'est fort possible, d'une part parce qu'ils habitent dans le même quartier, à Orton Goldhay, Lukasz au 695 Lincoln Road, et Joanna au 38 Bifield Street. Douze minutes à peine en voiture les séparent. Et, d'autre part, Joanna a l'habitude d'aguicher les hommes quand ils lui plaisent. Lukasz est originaire de la ville de Nowa Huta (Cracovie), il arrive en Angleterre en 2005. Ses amis le décrivent comme étant un gars chanceux, courageux et amoureux. Le 16 mars, il prévient, par texto, ses amis qu'il est heureux, que la vie est magnifique depuis qu'il a rencontré sa nouvelle petite amie. Le 19 mars, Joanna lui donne rendez-vous dans son ancien appartement, au 11 Rolleston Garth, soit à cinq minutes de chez Lukasz. Il n'a pas le temps de prendre du bon temps avec son amoureuse : elle le poignarde en plein cœur dès son arrivée. Puis elle planque son corps dans une poubelle. La police pense que Gary l'a aidée à porter le corps. Fière de ce qu'elle vient de faire, elle attrape une gamine de 14 ans qui passait par là et lui montre le corps ensanglanté de sa première victime.

Le lendemain, elle se rend au bureau de Kevin pour lui emprunter de l'argent : elle veut acheter une voiture pour transporter le corps ailleurs. Kevin le lui donne, et elle achète une Vauxhall Astra. Joanna n'a pas le permis, c'est alors Gary qui conduit. Le 20 mars, il charge Lukasz dans la bagnole et le balance dans un fossé près du Thorney Dike, un petit village où elle a vécu avec Gary après sa sortie de prison en 2012.

John Chapman a des loyers en retard, Joanna ne cesse de le harceler. Le 29 mars, Joanna le tue dans son lit. Elle le poignarde une fois dans la carotide, deux fois dans le cœur et trois fois à droite dans la poitrine. Les légistes n'ont pas relevé de trace de lutte et le taux d'alcool de John était quatre fois supérieur du taux normal. Ce qui laisse supposer que John était endormi lorsqu'il a été tué. À 6h34, Joanna appelle Gary avec le téléphone de sa victime : « Oups ! Je l'ai encore fait. » Cinq minutes plus tard, fidèle au rendez-vous, Gary vient l'aider à nouveau.

Kieran James, un gars du quartier se souvient : « Je passais à vélo quand j'ai vu, vers 11h45, Gary porter un énorme sac-poubelle et le mettre dans le coffre sa voiture. »

La police a, durant l'enquête, retrouvé une photographie du cadavre de John dans le téléphone portable du voisin du dessus, Leslie Layton. La photo a été prise le 29 mars à 7h32 du matin.

Gary et Joanna ont balancé le corps de John à côté de celui de Lukasz.

Le 29 mars toujours, dans l'après-midi. Kevin est heureux, il va voir aujourd'hui sa maîtresse. Christina, sa femme, qui est au courant ne s'est même pas inquiétée qu'il la quitte. En revanche, elle l'a mis en garde, lui a demandé de se méfier de Joanna. Christina, comme Paul Creed, a toute de suite vu que quelque chose n'allait pas chez la jeune femme. Avant de se rendre à son rendez-vous, qui doit avoir lieu au 11 Rolleston Garth, là où elle a tué Lukasz, Kevin fait du shopping pour sa femme et sa maîtresse. Il achète des CD et, comme c'est le jour de Pâques, il ajoute des petites douceurs. Un ami de Kevin, David Church raconte : « Il m'a dit qu'elle avait prévu de l'habiller et puis de le violer. » Puis plus rien, aucun signe. Kevin ne répond plus aux messages de David ni aux appels de son épouse. Ce qui ne lui ressemble pas. Vers la fin de la journée, Christina se décide à contacter la police.

Elle est reçue par le détective Martin Brunning, ce dernier trouve l'affaire louche. Il met alors tout en œuvre pour retrouver Kevin. Les nouvelles ne sont pas bonnes, la voiture de Kevin Lee est retrouvée le lendemain, calcinée, près d'une ferme dans le village de Yaxley, situé à cinq kilomètres de la ville de Peterborough. Et plus tard dans la journée, un homme qui promenait son chien aperçoit un corps dans un fossé. Celui de Kevin. Il a les fesses à l'air et est vêtu d'une robe noire à paillettes. Kevin est mort de cinq coups de poignard en pleine poitrine. La lame a traversé le cœur et les poumons. Les légistes ont relevé des traces sur son corps qui laissent supposer qu'il a tenté de se défendre. Une enquête est diligentée, son portable et ses mouvements bancaires sont épluchés. Brunning découvre que Kevin a passé la journée à faire des emplettes, puis qu'il a reçu plusieurs appels téléphoniques d'une certaine Joanna Christine Dennehy et d'un Gary John Stretch avant de se volatiliser. Un avis de recherche est lancé et un appel à témoin diffusé dans les médias.

V

« Je ne veux pas me faire une femme ni un enfant. Trouve-moi encore un mec avec un chien. »

C'est le détective Martin Brunning qui mène l'enquête : « Quand j'ai vu la façon dont le corps était disposé, j'ai tout de suite compris qu'on avait souhaité l'humilier. » Joanna est complètement excitée par ce qu'elle a fait. Elle réalise qu'elle aime tuer. Gary et Joanna s'éclatent, ils se prennent en photo : sur l'une, on voit Johanna lécher le couteau avec lequel elle a buté ses victimes. Sur d'autres, Gary montre son bide et Joanna expose fièrement les cicatrices qu'elle s'est faites sur les abdos. Ces photos sont toujours visibles sur Internet. Puis ils vont entamer une cavale à la Bonnie Parker et Clyde Barrow : le 29 mars, ils passent la nuit chez Robert Moore, un de leurs amis de probation. Robert vit à deux pas de l'ancien appartement de Joanna, là où elle a tué ses deux amants. Le 1er avril, ils se rendent à East Anglia située à soixante-dix bornes de Peterborough, chez une amie de Gary, Georgina Page : « Elle m'a dit qu'elle avait tué Kevin parce qu'il était au courant du meurtre de John. Puis elle m'a expliqué qu'elle avait mis du lubrifiant sur ses fesses pour que l'on croie à un crime sexuel. Elle m'a également dit qu'elle avait tué son colocataire parce qu'il l'aurait espionnée sous la douche. Quand elle a vu à la télévision l'avis de recherche et sa photo, elle était extatique. Je n'ai pas appelé la police toute de suite, j'avais terriblement peur qu'elle me tue. » Après leur visite, ils cambriolent une maison dans la ville de Diss dans le comté de Norfolk avant de retourner passer la nuit chez Moore. Le lendemain, ils prennent la route pour la ville de Kington, située à deux cent cinquante kilomètres de Peterborough, où ils vont tenter d'écouler le matériel volé la veille. Pour les aider, ils font appel à Mark Loyd, un ami de Gary : « Dès que je suis rentré dans l'appartement, elle a sorti son couteau. Ce n'était pas du tout l'accueil que je m'attendais à recevoir. J'ai vraiment cru qu'elle allait me tuer. Je leur ai dit que je connaissais quelqu'un à Hereford qui pourrait leur acheter le matos. »

Dans le même temps, la police avance : « J'ai reçu un appel d'un détective qui avait repéré, via la CCTV, Dennehy à une station-essence, tout a été filmé, elle est rentrée dans le magasin, a fait des courses, puis on a pu relever la plaque d'immatriculation. À partir de là, on a essayé de les suivre avec les caméras », raconte le détective Martin Brunning.

Dans la voiture, Joanna picole du whisky. Elle est littéralement défoncée : « Oh Gary, je veux mon fun, j'ai vraiment envie de m'amuser. S'il te plaît, donne-moi mon fun », ne cesse-t-elle de répéter. Mark, qui ne se doute pas un instant de quoi il s'agit, ne va pas être déçu. Elle aperçoit un type au loin, Robin Bereza, 63 ans, qui promène son chien. Elle ordonne alors à Gary d'arrêter la voiture, elle descend, lui donne un premier coup de couteau dans le dos, puis un second dans le bras. Robin se retourne et lui demande ce qu'elle veut. Elle répond : « Je veux te faire mal et après te tuer. » Il tente alors de s'échapper, mais elle le rattrape. Il a reçu une vingtaine de coups. Elle s'acharne littéralement sur lui. Elle prend son pied. Si les ambulances n'étaient pas arrivées, elle l'aurait réduit en bouillie. De retour dans la voiture, elle dit à Gary : « Je ne veux pas me faire une femme ni un enfant. Trouve-moi encore un mec avec un chien. » Le second se nomme John Rogers, 56 ans : « Au début, j'ai cru qu'on m'avait donné un coup de poing. Je me suis retourné et elle a continué à me poignarder dans la poitrine. Je lui disais de me laisser, mais elle continuait. Il y avait du sang partout. » Mark tente de réagir, mais « Gary m'a retenu par le col et m'a dit, ça ne sert à rien. Laisse-la faire. Elle s'amuse. » Elle se décide à remonter dans la voiture et embarque le chien de John avec elle : « Tu ne trouves pas qu'il est mignon ? On va lui trouver un nom », dit-elle à Gary. Grâce à la CCTV, elle est arrêtée quarante minutes après l'attaque de John, dans un supermarché. Et Gary plus tard dans la journée. John a reçu quarante coups de couteau, il s'en est toutefois sorti. Robin aussi. Ils ont gardé pas mal de séquelles, mais ils sont en vie. Joanna ne le sait pas. Elle est convaincue de les avoir tués.

VI

« Oui, Joanna Dennehy est une vraie psychopathe, ça ne fait aucun doute. »

Si la situation n'était pas si dramatique, ce serait presque comique. Une fois au commissariat dans la ville de Hereford, lorsque l'un des policiers lui signale qu'elle est arrêtée pour suspicion de tentative de meurtre et suspicion de meurtre, elle rétorque : « Oui je sais. Oh, c'est pas grave. Ça aurait pu être pire. J'aurais pu être grosse, noire et moche. » Puis elle commence à draguer l'un des policiers :

« J'adore tes sourcils.

– Pardon ?

– Je dis que j'aime bien tes sourcils.

– Ah merci.

– T'es vraiment sexy.

– Merci.

– On devrait se faire un " sunday roast " un de ces jours.

– Silence.

– Oh ! J'ai eu une semaine très mouvementée. Vous savez que j'ai tué des hommes ? Et le chien il va bien au moins ?

– Oui, il va bien. »

Cela dure une bonne vingtaine de minutes, et elle se montre en pleine forme. Le psychiatre en médecine médico-légale Jeremy Coid – spécialiste des psychopathes et connu pour avoir traité le roi des psychopathes anglais, le tueur en série Ian Brady – analyse son attitude en regardant la vidéo de son arrestation : « Elle est dans la séduction. Vous voyez, elle passe sa main dans les cheveux en fixant le policier. Lui est très gêné. Puis l'on voit qu'elle ne ressent aucun remords de ce qu'elle a fait ces dix derniers jours. Elle est plus préoccupée par le chien que par ses victimes. Oui, Joanna Dennehy est une vraie psychopathe, ça ne fait aucun doute. »

Le 3 avril, les corps de Lukasz Slaboszewski et John Chapman sont déterrés à dix kilomètres de l'endroit où ils ont retrouvé celui de Kevin : « Quand j'ai appris ça, je me suis dit, je suis sûre que c'est l'œuvre de Dennehy », se souvient Martin Brunning. Les enquêteurs n'ont pas mis longtemps à réunir des preuves de sa culpabilité. Toutes les personnes qui connaissaient Joanna se sont empressées de contacter la police. « Je faisais une soirée pyjama chez un copain quand mon père m'a annoncé la nouvelle : "Ta mère a tué quelqu'un », se souvient sa fille Shianne. Puis, en analysant le téléphone de cette dernière et celui de Gary, ils ont pu identifier leur potentiel complice. Ils arrêtent Leslie Paul Layton, le voisin du dessus : ils ont découvert qu'il les avait aidés à déplacer le corps de John Chapman. Puis ils arrêtent Robert James Moore. Ce dernier les a hébergés alors qu'il savait, du fait des médias que Joanna et Garry étaient recherchés par la police.

Joanna est placée en détention préventive à l'HMP Bronze Field, dans Middlesex. Mais le 19 septembre, un membre du personnel de la prison a trouvé un plan d'évasion dans le journal de Dennehy, qui consistait à tuer ou à blesser gravement un gardien de prison, puis à lui couper un doigt et à l'utiliser pour tromper le système biométrique de la prison. Deux autres prisonnières sont aussi impliquées. Joanna est immédiatement placée à l'isolement.

L'audience préliminaire s'est déroulée à Old Bailey (Cour centrale de la Couronne britannique (Haute Cour criminelle) à Londres. Joanna apparaît, le 18 novembre 2013, devant le juge, M. Justice Sweeney. Elle est encore dans la provocation : ils s'étaient mis d'accord, elle et son avocat Nigel Lickley, pour plaider non coupable pour les trois meurtres et les deux tentatives de meurtre, mais à la dernière minute et sans en informer son avocat : « Je plaide coupable pour les cinq chefs d'accusation. Et puis, c'est comme ça. » L'auditoire est estomaqué, mais pas autant que son avocat :

« Votre honneur, je pense qu'il faut que je consulte ma cliente, car il nous incombe de faire savoir au tribunal si sa décision de plaider coupable est maintenue ou modifiée... Si cela est possible, nous en informerons le tribunal lundi.

– Non je ne reviendrai pas lundi pour dire la même chose. Je plaide coupable, et c'est tout. »

Nigel Lickley le prend mal. Il se sent humilié. Et Joanna est ravie de l'effet qu'elle a produit dans la salle d'audience. Elle sera en une de presque toute la presse anglaise le jour même.

VII

« Dennehy, vous m'avez dit ne pas avoir de remords pour ce que vous avez fait. »

Le procès de Joanna s'ouvre mi-janvier 2014, aux Assises de Cambridge. Il est présidé par le juge M. Justice Spencer, elle est représentée par Maître Michael Procter, et l'accusation par le procureur Peter Wright. Durant les audiences, elle sourit. Ce qui n'est pas du goût des familles des victimes. Surtout de Christina, l'épouse de Kevin. Darren Cray, le frère de Christina, a déclaré à la BBC le 14 février 2014 : « Cette femme est un monstre. Elle a détruit nos vies. Ma sœur n'arrive même plus à s'occuper de sa fille et de son fils, tant elle est rongée par le chagrin. » Sa sœur Maria est aussi dévastée : « Mes parents sont effondrés. Ils ne comprennent pas. Moi non plus d'ailleurs. Pour moi, ma sœur est morte. »

Les sentences ont été rendues le 28 février 2014 : Joanna est condamnée à trois emprisonnements à perpétuité, Gary Stretch à sept ans et demi de prison ferme pour complicité, même chose pour Leslie Layton. Robert Moore est condamné à trois ans de prison ferme.

Joanna est sortie de son isolement en septembre 2015, elle a porté plainte contre la prison et le ministère de la Justice et sollicité de l'aide auprès des Droits de l'homme : elle trouvait les conditions de sa détention humiliantes. Elle a été déboutée de sa requête le 26 mai 2016.

De sa cellule, elle continue à faire parler d'elle. Selon le *Dailymail*, en 2018, elle aurait, avec sa maîtresse, tenté de suicider. Les deux femmes auraient été retrouvées sur le sol, couvertes de sang. Joanna se serait planté un couteau dans la gorge tandis que sa petite amie se serait ouvert les veines.

Elle s'est visiblement ratée puisqu'aux dernières nouvelles, selon un article du *Gardian* du mois de juin 2020, elle a de nouveau rencontré l'amour dans sa nouvelle prison Low Newton Prison, qui était aussi l'ancienne prison de Rose West. Sa nouvelle amoureuse serait la meurtrière Emma Aitken : en octobre 2013, avec la complicité de son père Vincent Aitken, 44 ans, et son petit ami Nathan Doherty, 27 ans, Emma, alors âgée de 19 ans, aurait battu à mort Barry Smith avant de brûler son corps, près de Kilburn. Apparemment, les deux prisonnières se cuisinent mutuellement des gâteaux, ne se quittent plus, alors que les autres codétenues sont isolées dans leur cellule à cause de la Covid-19. Personne ne se plaint, car la plupart des condamnées ont une trouille bleue de Joanna.

Le docteur Frank Farnhamle, psychiatre de la médecine médico-légale, qui l'a vue en prison peu de temps après son arrestation et avant le jugement, a déclaré qu'outre être une psychopathe, elle souffre de sadomasochisme paraphilie, c'est-à-dire qu'elle tire son plaisir sexuel à la fois de la douleur et de l'humiliation que ces victimes ressentent.

Joanna Dennehy est une tueuse en série assumée, elle tue pour s'amuser. Le jour où le juge M. Justice Spencer a donné la sentence, il a ajouté : « Dennehy, vous m'avez dit ne pas avoir de remords pour ce que vous avez fait. Eh bien, moi, je vous réponds que vous êtes une personne extrêmement dangereuse, calculatrice et mauvaise. Et pour cela, je veillerai à ce que vous ne soyez jamais libérée. »

Genene Ann Jones

Kerrville : c'est dans cette toute petite ville tranquille de l'État du Texas – en 2019, elle ne comptait pas plus 23 754 habitants – qu'une jeune pédiatre de 36 ans, Kathleen Holland (alias Kathy) a décidé de réaliser son rêve d'enfant : ouvrir une clinique de pédiatrie. Et les gens d'ici sont ravis : ils n'ont qu'un seul pédiatre en ville, et les infirmières du service des urgences du Sid Peterson Hospital ne sont pas très bien formées pour traiter les enfants en bas âge, la population étant majoritairement quinquagénaire.

Pour l'aider à faire tourner sa clinique, la pédiatre a fait appel à une jeune infirmière de 32 ans, Genene Ann Jones. Kathy et Genene se connaissent du temps où elles travaillaient toutes deux au Medical Center Hospital – qui s'appelait, quand elles y officiaient, Bexar County Hospital – situé à San Antonio, à cent kilomètres de Kerrville.

Le lundi 23 août 1982, le Fine Medical Center ouvre ses portes et accueille l'une de ses premières patientes, Chelsea Ann McClellans, une jolie poupée de 14 mois, dotée de magnifiques yeux bleus. À 13h, Chelsea et sa maman Petty entrent dans la clinique : Chelsea est venue pour traiter un petit rhume, mais à peine est-elle arrivée qu'elle est victime d'un arrêt respiratoire inopiné. Elle est transportée illico au service des urgences du Sid Peterson Hospital et, à 13h30, la petite a miraculeusement recouvré son joli teint rosé et la santé. Les urgentistes et Petti n'ont aucune idée de ce qui a bien pu se produire, mais cette dernière est, pour l'heure, juste heureuse que les deux femmes, Kathy et Genene, aient sauvé la vie de sa fille : depuis, elle leur voue une admiration sans borne.

Le vendredi 27 août, dans la matinée, Nelda et Gabriel Benites conduisent leur fille de 4 mois, Brandy, à la clinique pour traiter une diarrhée. Genene l'examine tandis que Kathy discute avec les parents. Dix secondes plus tard, la petite ne respire plus. Elle est conduite en ambulance au Santa Rosa Hospital à San Antonio où elle restera cinq jours. Les médecins n'ont pas été en mesure d'identifier les causes du malaise respiratoire. Quatre cas similaires s'en sont suivis. Des soupçons planent : pourquoi six des enfants – âgé(e)s de 3 semaines à 2 ans – qui se sont rendus chez Holland au cours de ce dernier mois ont terminé aux urgences à l'issue d'un arrêt respiratoire survenu inopinément, dont un a été fatal ? Pour tenter de comprendre, le 22 septembre, le directeur du Sid Peterson Hospital convoque un groupe de médecins : « J'exerce la profession depuis une quarantaine d'années et je n'ai jamais expérimenté un seul arrêt respiratoire d'enfant. Il me semble même qu'il n'y en a jamais eu dans la ville de Kerrville de toute ma carrière », s'inquiète le médecin généraliste de la ville, Duan Packard. Il est alors décidé de diligenter une enquête, à savoir : y a-t-il eu des cas analogues, lorsque les deux femmes travaillaient au Bexar County Hospital ? C'est Joe Vinas, un jeune chirurgien qui a officié au Bexar dans le passé, qui est chargé de se renseigner. Il passe alors un coup de fil à un de ses contacts sur place qui lui confirme que, en effet, Genene Jones est soupçonnée d'être une tueuse de bébés.

I

« *Elle mentait pour tout et n'importe quoi.* »

Genene Ann Jones est née le 13 juillet 1950 à San Antonio, dans l'État du Texas. Abandonnée dès sa naissance, elle est adoptée par Richard Jefferson et Gladys Jones. Ces derniers, ne pouvant pas avoir d'enfant, avaient déjà adopté avant Genene, en 1943, Judy (le nom a été modifié, la personne ne souhaitant pas être citée), en 1946 Wiley, puis en 1952 Travis. Les Jones mènent une vie extrêmement confortable. Richard est businessman : dans les années quarante, il a monté une boîte de nuit/restaurant, le *Kit Kat*, qui a eu pignon sur rue durant de longues années. Les Jones travaillent beaucoup, Richard s'occupe du business tandis que Gladys gère les comptes. Cependant, le couple reste très présent et à l'écoute de leurs enfants.

Tout ce petit monde vit sur Fredericksburg Road, située à deux kilomètres à peine de la discothèque, dans une immense et magnifique demeure perchée sur une petite colline, à l'instar de certains châteaux mexicains, et sur huit hectares de terrain. Les enfants ne manquent absolument de rien, Richard a fait construire un court de tennis, une piscine, une écurie pour leurs chevaux. Tous prennent des cours de piano, lequel domine un salon magnifique. Ils passent leurs vacances en famille et traversent régulièrement, à bord de leur Cadillac, les villes du pays en chantant. Richard et Gladys chérissent leurs quatre enfants comme s'ils étaient de leur propre sang.

À la fin des années cinquante, les modes changent. Dès lors, le *Kit Kat* n'a plus le succès qu'il rencontrait jadis. Richard décide alors d'y installer une piscine et de louer l'établissement pour des tournages et des défilés de mode. Bon an mal an, les rentrées d'argents s'amoindrissent. Il vend le *Kit Kat* en 1963.

Genene est très proche de son père, elle vit dans son sillage : elle aime passer ses après-midi en sa compagnie, à l'aider à repeindre les panneaux d'affichage publicitaire qu'il détient maintenant dans toute la ville. Travis adore aussi travailler dans l'atelier du paternel situé à l'arrière de leur maison. Mais en novembre 1966, un drame va s'y produire : Travis, le bricoleur de la famille, décide de fabriquer une bombe qui va lui exploser en plein visage et le laisser, pour de bon, sur le carreau. Toute la famille est bien entendu effondrée, mais c'est Genene et Richard qui souffrent le plus : Genene adorait son frère plus que tout et Richard ne se remet pas d'avoir vu son fils s'éteindre sous ses yeux.

Genene est la tête de la famille, elle est intelligente, affirmée et maîtrise aisément les conversations. Et peu importe le sujet. Néanmoins, ses professeurs disent d'elle qu'elle est une énigme : elle est brillante, mais à part faire du crochet, cuisiner et jouer du piano, elle semble ne s'intéresser à rien. D'un autre côté, elle aime s'inventer des histoires : « Un jour, elle m'a dit qu'elle était une cousine de la star américaine Micky Dolenz, et que ses parents ne l'avaient jamais adoptée légalement car ils ne l'aimaient pas. Elle mentait pour tout et n'importe quoi », raconte une de ses anciennes amies, Linda. Toute sa vie, jusqu'à son arrestation en 1983, elle prétendra être le *black sheep*[13] de la famille, c'est sa manière d'attirer l'attention dont elle aime être le centre : « Son père était un homme intéressant et célèbre. Il faisait parfois la une des journaux. C'était le genre de type qui attirait l'attention naturellement, et Genene voulait lui ressembler et attirer l'attention tout comme lui », raconte le journaliste Peter Elkind.

---

13 « Le mouton noir ».

En 1965, Genene rentre à la John Marshall High School, un lycée fréquenté majoritairement par des enfants d'agriculteurs, ce qui ne va pas jouer en sa faveur. Beaucoup la considèrent comme une petite-bourgeoise prétentieuse. De surcroît, comme elle est en surpoids, les garçons ont tendance à se moquer d'elle. Elle qui a tant besoin que l'on s'intéresse à elle, cette expérience va beaucoup la blesser dans son amour-propre. Et cela aura, à l'avenir, des lourdes conséquences pour son entourage.

Si Genene n'a pas hérité de la notoriété de son père, elle a, au moins, hérité de son caractère. Comme lui, Genene est très autoritaire. Elle aime que les choses soient bien faites. En revanche, elle n'a pas récolté ni sa patience ni sa bonté : si les choses ne sont pas faites comme Genene le souhaite, elle pique des crises de nerfs. La bibliothécaire du lycée se souvient : « Lorsque Genene bossait à la bibliothèque, elle était très dictatoriale, elle agissait comme si les lieux lui appartenaient. Et elle s'énervait si les autres élèves ne faisaient pas ce qu'elle voulait. Elle se prenait aussi très au sérieux, les jeux d'adolescents ne l'intéressaient guère. »

Les heures tragiques de son destin ne vont pas arranger les choses. Le 3 janvier 1968, Richard Jones rend l'âme : Richard n'arrivait pas à se relever de la mort de son fils, il avait perdu sa joie de vivre et contracté un cancer, qu'il n'a jamais voulu soigner. Genene est désorientée : elle n'a plus, pour veiller sur elle, cette figure paternelle si forte que représentait Richard. Pour combler ce vide qui la déstabilise, elle décide de se marier avec son petit ami, James Harvey DeLany. Gladys s'y oppose, elle exige de Genene qu'elle passe d'abords ses examens. Cette dernière obéit, elle obtient son bac avec succès et, le 15 juin 1968, se marie en grande pompe avec James, en dépit des mises en garde de Gladys. Cette dernière n'apprécie guère Delany. James n'est pas un homme très ambitieux, à part les courses de voitures et la bière, peu de choses l'intéressent. Son salaire ne suffit même pas à couvrir le prix d'un loyer. C'est dans l'un des nombreux appartements appartenant à la famille que le couple s'installe.

En janvier 1969, James se décide enfin à prendre sa vie en main et s'engage dans la marine. De son côté, Genene profite de l'absence de son mari pour coucher avec tout ce qui bouge et elle ne s'en cache pas, au contraire, elle est fière de se vanter, auprès de ses ami(e)s, de ses nombreuses conquêtes. C'est sa façon de rattraper les heures sombres qu'elle a vécues avec les garçons de son école. James est au courant des infidélités de son épouse, néanmoins, cela ne semble pas l'affecter plus que ça.

Genene, qui se plaignait du manque d'ambition de son mari, ne vaut guère mieux. Elle ne travaille pas, vit au crochet de Gladys et passe son temps à se plaindre. Gladys est une femme patiente, généreuse et convaincante. Quand cette dernière suggère à sa fille qu'il faut absolument qu'elle apprenne un métier, Genene accepte et s'inscrit dans une école privée d'esthéticienne : c'est, bien sûr, Gladys qui paie la facture. Elle obtient son diplôme avec succès et décide de rejoindre son mari dans la ville d'Albany, dans l'État de Géorgie. En septembre 1971, après s'être fait virer de l'armée, James se trouve un petit boulot de mécano dans un garage et Genene attend son premier enfant. Le 29 janvier 1972, elle donne naissance à un petit garçon qu'elle nomme, en hommage à son père, Richard Mickael Delany.

Faire un enfant lorsqu'un couple bat de l'aile n'est jamais une bonne idée. Dès lors, les disputes reprennent de plus belle et, un soir de mai, en rentrant de son travail, James trouve l'appartement vide : Genene est repartie vivre chez sa mère. En août, Genene engage une procédure de divorce : elle l'accuse de violence conjugale, non-paiement de pension alimentaire, abandon d'enfant… Deux mois plus tard, ils se réconcilient, puis elle se trouve un poste d'esthéticienne au Methodist Hospital de San Antonio et James retourne dans la mécanique. Malgré tout, le couple divorce dans le courant de l'été 1974. Genene retourne à nouveau vivre chez sa mère. En septembre de la même année, son frère Wiley décède, à 28 ans, d'un cancer des testicules.

Après le décès de Wiley, Genene développe une forme de paranoïa aiguë : son médecin lui a diagnostiqué une allergie aux produits cosmétiques, mais elle le soupçonne de ne pas lui dire la vérité et de lui cacher un cancer de la peau. Pire encore, elle voit en chaque petite blessure une maladie mortelle ou incurable. Ron English, qui était responsable de la comptabilité du salon de beauté situé dans le Methodist Hospital dans lequel Genene officiait, se souvient : « Elle faisait tout pour te faire sentir physiquement malade. Elle voyait des choses qui n'existaient pas. Dès que son fils, 3 ans à l'époque, avait quelque chose qui n'allait pas et même quand il n'avait rien, elle l'emmenait aux urgences. Elle trouvait toujours des maladies qu'il n'avait pas ou qui n'existaient tout simplement pas. Je lui disais : "Genene, il n'est vraiment pas malade et il ne va pas devenir aveugle. – Si, il l'est. Il faut qu'on aille aux urgences", disait-elle. Et moi je me disais, c'est reparti. » Si quelqu'un se coupait, cela tournait inévitablement en gangrène, un mal de tête devenait une tumeur au cerveau, et ainsi de suite. En juin 1976, elle quitte son emploi d'esthéticienne pour cause d'allergie et se lance dans une carrière d'infirmière. C'est Gladys qui paie encore la facture de la San Antonio Independent School District's Scholl of Vocational Nursing. En mai 1977, elle passe son examen avec un immense succès, son score est de 559 points, soit 200 points de plus que la note de base d'attribution du diplôme. Et en juillet de la même année, Genene donne naissance à une petite fille, Heather. On ne sait pas qui est le père ; à certains elle raconte que c'est son ex-mari James et, à d'autres, que c'est Ron : « En 1983, après son arrestation, mon téléphone n'arrêtait pas de sonner, les gens voulaient savoir si j'étais vivant. En fait, elle avait raconté au procureur que j'étais le père de sa fille et que j'étais mort dans un accident de voiture. Le journaliste Peter Elkind avait écrit un article là-dessus et c'est ainsi que mon nom, Ron English, a été diffusé dans la presse et que je suis devenu le père de sa fille. » À noter que Ron est gay et a toujours refusé les avances, incessantes, de Genene.

En septembre 1977, elle retourne travailler au Methodist Hospital, en tant qu'infirmière cette fois. Elle travaille de 15h à 23h dans le service de cardiologie intensive. Au bout de cinq mois à peine, le responsable du service écrit : « *Madame Jones tend à donner des diagnostics alors qu'elle n'a ni l'expérience ni l'autorisation de le faire.* » En avril 1978, elle se fait virer. Le rapport stipule : « *Madame Jones a été remerciée pour attitude non professionnelle et mauvaise conduite à l'égard d'un patient.* » Le 15 mai, elle intègre le service de gynécologie obstétrique du Medical Center. Le 16 octobre, le centre lui demande de poser sa démission : elle s'était fait ligaturer les trompes sans avoir déposé d'arrêt maladie.

Le 30 octobre 1978, elle intègre le service de pédiatrie intensive du Bexar County Hospital. Et elle va en faire voir de toutes les couleurs à ses collègues… Avec elle, tout le personnel va voir la vie en bleu. Dans les hôpitaux, il existe plusieurs codes pour signaler une anomalie : le code blanc signifie que le patient semble avoir une gêne non justifiée, dans ces cas-là une alarme s'enclenche dans le service et le médecin déboule sur-le-champ ; le code bleu, quant à lui, indique une urgence médicale comme un arrêt cardiaque ou respiratoire, et dans ce cas, l'alarme s'enclenche dans tout l'hôpital et les médecins spécialisés doivent se rendre d'urgence au chevet du patient. Le code rouge indique, lui, un incendie ou de la fumée dans l'hôpital. Le code noir, enfin, signifie généralement qu'il y a une alerte à la bombe dans l'installation.

Durant son séjour à Bexar, il s'est passé des choses, plus que questionnables, dont ses collègues se souviendront toute leur vie et dont l'hôpital aurait, en revanche, bien aimé qu'on les oublie. Quand elle est partie en mars 1982, l'institution pensait s'être débarrassée d'elle, jusqu'à ce fameux jour de septembre 1982 où Joe Vinas va entrer en scène et passer cet appel.

II

Kathy n'a pas pris pour argent comptant les rumeurs que le docteur Robotham lui a rapportées, selon lesquelles Genene Jones tuerait des enfants.

Août 1982, Genene et ses deux enfants sont en route pour Kerrville. Genene est furax : elle pense que les médecins, avec qui elle a collaboré ces deux dernières années, sont tous des crétins. Heureusement, ses deux amies Kathy Holland et Debbie Sultenfuss lui font toujours confiance : Debby a aussi travaillé au Medical Center Hospital, avec Genene, elle était infirmière dans le même service. Debby adore Genene, elle lui voue une admiration sans bornes, dès lors, lorsque cette dernière a décidé de quitter San Antonio, Debbie a accroché son mobile home à son van, puis l'a suivie.

Kathy, de son côté, est heureuse que Genene ait accepté le poste d'infirmière au sein de sa clinique, elle apprécie particulièrement son efficacité, elle est rapide et habile lorsqu'il s'agit de faire des prélèvements sanguins ou intraveineux aux enfants, ce qui n'est pas une tâche aisée tant leurs veines sont infimes, particulièrement celles des nourrissons. Kathy n'a pas pris pour argent comptant les rumeurs que le docteur Robotham lui a rapportées, selon lesquelles Genene Jones tuerait des enfants en les empoisonnant. Si ces potins étaient fondés, pourquoi diable les médecins lui auraient-ils remis une lettre de recommandation avant son départ ? Cela n'a pas de sens, se dit-elle. Sur cette lettre, signée le 12 mars 1982 par la responsable du service des soins intensifs pédiatriques, Pat Belko, on peut lire : « *[…] Genene Jones a été une infirmière loyale, fiable et digne de confiance, elle a été un atout fondamental pour le service. Ce départ n'a rien à voir avec son rendement au sein de l'unité […].* »

Lundi 23 août 1982, le Fine Medical Center ouvre ses portes pour la première fois… Chelsea Ann McClellans, une jolie poupée de 14 mois, aux magnifiques yeux bleus, est l'une de leurs premières patientes : Chelsea est une enfant prématurée, elle est née 4 semaines avant le terme, le 16 juin 1981. Quelques jours après sa naissance, elle a été amenée d'urgence en hélicoptère au Santa Rosa Hospital. Elle souffrait du syndrome de détresse respiratoire, ou maladie des membranes hyalines, syndrome très fréquent chez le prématuré puisqu'il est lié à une immaturité pulmonaire. Elle a été hospitalisée et mise en observation, puis en est ressortie en pleine forme au bout de 21 jours. En mai 1982, ses parents Petti et William Reid McClellan, tous deux 28 ans, la reconduisent au service des urgences de l'hôpital de Santa Rosa, pour de la fièvre et des difficultés respiratoires. Une pneumonie est diagnostiquée. L'hôpital la garde cinq jours. Néanmoins, son état de santé se veut rassurant : après toute une série de tests, le médecin n'a détecté aucun trouble de la respiration apparent, il leur a vivement recommandé d'être vigilants, sans trop s'inquiéter, car la petite se développe fantastiquement bien pour une enfant de son âge. Le 24 août 1982, c'est juste pour un petit rhume que Petti amène Chelsea chez le docteur Holland. Elles arrivent toutes deux au cabinet à 13h. Pendant que Kathy discute avec Petty des antécédents médicaux de la petite, Genene décide d'occuper Chelsea en attendant le début de la consultation. Cinq minutes plus tard, Genene déboule dans le bureau de Kathy : selon elle, Chelsea ne respire plus. Le premier réflexe de Kathy est d'injecter à l'enfant une dose de Dilantin, un antiépileptique, tandis que Genene maintient le masque à oxygène sur le visage de la petite. L'ambulance arrive à 13h25, Genene monte à bord et la petite est conduite aux unités de soins intensifs du Sid Peterson Hospital. Durant le trajet, Chelsea reprend peu à peu connaissance et respire maintenant par elle-même, elle a retrouvé son joli teint rose de bébé, son énergie, elle joue et elle rit… De fait, le médecin la transfère au service de pédiatrie générale, où durant huit jours, ils vont lui faire subir toute une panoplie de tests sans jamais trouver la moindre anomalie. Rien n'a pu révéler la cause de l'incident. Les infirmières et les médecins du service s'interrogent : qu'a-t-il bien pu se passer pour qu'elle cesse soudainement de respirer ? De son côté, Petti voit en Kathy et Genene deux héroïnes : ces femmes ont, à ses yeux, sauvé la vie de sa fille. Elle ne tarit pas d'éloges à leur sujet et recommande à toutes ses amies, ainsi qu'à sa famille, d'amener leurs enfants se faire soigner dans le cabinet du docteur Holland.

Vendredi 27 août, Nelda et Gabriel Benites conduisent dans la matinée, sous les recommandations des urgences du Sid Peterson Hospital, leur petite fille d'1 mois, Brandy Lee, à la clinique de Kathy : Brandy a la diarrhée depuis deux jours et du sang dans les selles. Brandy est aussi une enfant prématurée, elle est arrivée un mois avant le terme, mais ne présente pas de problème de santé particulier. Genene prend en charge Brandy tandis que Kathy discute avec les parents : Kathy pense qu'il est préférable de faire hospitaliser la petite afin d'effectuer des tests plus poussés : dix secondes plus tard, Genene surgit tel un dragon, vociférant que Brandy est prise de convulsion et ne respire plus. Brandy est amenée en ambulance aux urgences du Sid Peterson Hospital, Genene accompagne l'enfant et Kathy suit avec sa voiture : Kathy est malade en ambulance, elle préfère alors confier la responsabilité à Genene de veiller sur les enfants durant les trajets. Les médecins des urgences ont estimé qu'il valait mieux transférer la petite au Santa Rosa Hospital, à San Antonio. Genene est, cette fois, accompagnée d'un ambulancier-réanimateur, Phillip S. Kneese, et d'une thérapeute spécialisée en cardiorespiratoire, Sara Maudlin. Sur le trajet : « Genene lui a posé une seconde intraveineuse dans le pied, à la suite de quoi le corps de Brandy s'est amolli et il s'est ensuivi un second malaise respiratoire. Genene était très agressive à notre égard, elle était aussi hyperactive, excitée je dirais même », se souvient Sara Maudin. Phillip S. Kneese racontera la même chose, à cela près, au tribunal : elle était agressive et très excitée, *dixit* Phillip. Genene fait alors stopper l'ambulance, Kathy monte à bord et réanime la petite avec succès. Le docteur Raymond Luna, qui a pris en charge Brandy à son arrivée au Santa Rosa, l'a gardée cinq jours, elle a subi toute une série de tests, mais les résultats obtenus n'ont pas permis de connaître les causes qui ont pu provoquer cet incident. Le rapport du médecin stipule : « *Il nous a été impossible d'identifier l'origine des deux arrêts respiratoires.* » Sandra ajoute : « Dans son rapport, Genene a omis d'indiquer le second arrêt respiratoire survenu après la seconde intraveineuse. »

Lundi 30 août, à 10h du matin, Mary Ann Parker arrive chez Holland avec son bébé de 4 mois, Christopher : Christopher souffre d'une affection congénitale appelée le stridor (une obstruction des voies respiratoires qui peut être causée par une multitude de phénomènes, agitations, infections, laryngite). Kathy remarque que Christopher a le bout des pieds bleu, elle préfère alors le transférer au service des urgences du Sid Peterson Hospital afin d'y faire des tests plus poussés. Dès son arrivée au Sid Peterson, Kathy est sollicitée par les infirmières, ces dernières souhaitent que la pédiatre donne son avis sur l'état de santé de Jimmy Pearson, un petit garçon de 7 ans : Jimmy souffre de la tétralogie de Fallot (une cardiopathie congénitale représentant environ une malformation cardiaque sur dix). Jimmy est très mal en point, le diagnostic de Kathy est sans appel : Jimmy doit être conduit au Santa Rosa Hospital de toute urgence et en hélicoptère. Elle demande que Christopher soit également transféré avec Jimmy. Genene les accompagnent. Les sergents ambulanciers paramédicaux David Mayworth et Gabriel Garcia se souviennent que tout allait bien jusqu'au moment où « Genene s'est levée de son siège, elle essayait d'écouter les battements de son cœur avec le stéthoscope, mais avec le bruit des hélices, c'était évidemment impossible. Puis elle s'est mise à hurler qu'il n'allait pas bien du tout, j'ai vérifié, le moniteur cardiaque n'indiquait aucun changement. Mayworth qui était tout près n'a rien remarqué non plus », se souvient Gabriel Garcia. Puis les deux ambulanciers l'ont vu injecter un produit dans la perfusion. Et après, Jimmy a été victime d'un arrêt respiratoire. Ils ont toutefois réussi à le réanimer, mais cet incident ne sera pas sans conséquence sur l'état de santé, déjà bien aggravé, de Jimmy. Le petit décèdera 21 octobre 1982. Genene racontera que Mayworth et Garcia ont refusé de venir en aide à l'enfant, et qu'ils auraient tout tenté pour l'empêcher de lui sauver la vie : « Ils m'ont dit que cela ne servait à rien, que de toute façon, il allait mourir », a-t-elle ajouté. Les parents du petit, Mary Ellen et Thomas Dewey Pearson, ont entamé une procédure en justice pour « erreur médicale ». Mayworth et Garcia, de leur côté, sont très surpris : le grade de Genene ne lui permet pas de pratiquer des injections dans une ambulance, et surtout sans médecin aux alentours. Genene est une *vocational nurse,* ce qui équivaut, en France, à un niveau d'aide-soignante.

Quant au petit Christopher Parker, il est parti de la clinique avec le bout des pieds bleu, puis est arrivé à l'hôpital avec des difficultés respiratoires : il n'a pas été victime d'un arrêt cardiaque. Les médecins ne lui ont rien trouvé non plus. Cela étant, ça commence à jaser sérieusement au sein du service des urgences : trois enfants admis en à peine une semaine, avec pour ainsi dire les mêmes symptômes, ce n'est pas chose courante dans leur hôpital.

Dans leur petite ville tranquille située en plein milieu du Texas, avec une population d'à peine 20 000 habitants à l'époque, il n'est pas non plus courant de voir plusieurs femmes partager la même maison. Surtout lorsque l'une d'entre elles est mariée et que le mari ne vit pas à ses côtés : en effet, Kathy vit la semaine dans la maison située sur Nixon Lane, non loin de la clinique, qu'elle loue à Genene et ses enfants. Non pas qu'elle ait des problèmes avec son mari Charleigh Appling, mais la maison que le couple possède dans la commune de Center Point, à quinze minutes en voiture de Kerrville, est en travaux. Dès lors, pour des questions de confort, Kathy préfère passer ses nuits, la semaine, dans un endroit équipé d'une salle de bains. Néanmoins, ces raisons ne suffisent pas à apaiser les doutes des voisins quant à la nature de leur relation. Et le fait que Debbie Sultenfuss soit toujours fourrée chez Genene n'arrange pas leurs affaires.

Debbie a trouvé un poste au sein du Sid Peterson Hospital et, à l'instar de son mentor Genene, elle est également un peu mythomane, casse-pieds et agressive : elle prétend ainsi avoir été désignée par Kathy pour surveiller si les infirmières de l'hôpital font bien leur travail. Ces dernières ne la supportent pas. Elles ressentent la même chose à l'égard de Genene qui se comporte avec elles de façon familière, vindicative et agressive. En à peine deux semaines, Genene est devenue non seulement le cauchemar du personnel soignant mais aussi celui des enfants.

Le vendredi 3 septembre, à 14h, Kay Reichenau et sa mère arrivent à la clinique avec Misty, une petite fille de 21 mois sans aucun problème de santé particulier. Elle sort tout juste d'une semaine d'antibiotiques prescrits par le médecin de famille, Duan Packard, pour soigner une otite. Le traitement a bien enrayé l'infection. En revanche, les oreilles de la petite la font toujours souffrir. Le matin même, elle a cessé de boire et de manger. C'est le docteur Packard, lequel n'est pas à son cabinet ce jour-là, qui a vivement recommandé à la maman d'emmener Misty dans cette nouvelle clinique. Kathy trouve Misty un peu déshydratée et pense qu'elle pourrait bien souffrir d'une méningite. Selon elle, une hospitalisation s'impose. En attendant l'arrivée de l'ambulance, Kathy demande à Genene de lui faire une perfusion de soluté hydro-gluco-électrolytique, ainsi qu'une prise de sang. Ce ne sont pas les pleurs de la petite qui inquiètent la maman, mais le fait qu'elle a cessé de crier à l'instant même où Genene l'a piquée. Même scénario : Misty ne respire plus, puis est prise de convulsions violentes : « Ma fille avait le regard terrifié, c'était horrible. Genene m'a ensuite ordonné d'aller dans la salle d'attente », se souvient Kay. Kathy injecte une dose de Dilantin et tente d'effectuer une « intubation trachéale », mais la mâchoire de Misty est bloquée, impossible d'insérer le tube. Debbie Sultenfuss, qui passait par là, déboule dans le cabinet de consultation, un flacon d'Anectine à la main (Succinylcholine de chlorure, un bloqueur neuromusculaire dépolarisant qui entraîne quasiment instantanément une paralysie complète des muscles. Sa puissance et son délai d'action très court permettent de réaliser rapidement et dans d'excellentes conditions l'intubation orotrachéale.) Kathy, qui connaît mal le bon dosage du médicament, refuse de l'utiliser : un surdosage peut être fatal. Misty est envoyée d'urgence au Medical Center Hospital à San Antonio. Misty ne reste qu'une journée à l'unité des soins intensifs, le docteur Ray Mackey pédiatre-neurologue a estimé qu'elle n'était pas à sa place dans ce service, étant donné qu'elle va merveilleusement bien et qu'elle ne souffre absolument pas d'une méningite. Elle est tout de même transférée à l'unité de pédiatrie générale afin d'effectuer des tests et tenter de comprendre ce qui a bien pu entraîner une telle aggravation de son état de santé. Misty rentre en pleine forme chez elle au bout de cinq jours. Et les médecins n'ont absolument rien trouvé qui puisse justifier son soudain arrêt respiratoire. Susie Batman, une des ambulancières qui ont transporté Misty, a décrit les mouvements de la petite comme « semblables à ceux d'une crise épileptique ». Kay ajoute : « Misty n'avait jamais fait de crise avant cela et elle n'en a jamais refait ensuite. »

Le mardi 5 septembre, après un week-end prolongé, tout le monde reprend le boulot. Kathy, Gwen la secrétaire et Genene. Cette dernière décide de faire un inventaire et découvre qu'une bouteille d'Anectine a disparu. Elle en fait part à Kathy qui, tout à coup, se souvient que Debbie, lors de l'incident avec Misty, avait débarqué avec une fiole du médicament en question. Elle se dit que ce doit être de cette fiole-là qu'il s'agit : « Si tu ne la trouves pas, commandes-en une autre », répond-elle. La commande a été effectuée plus tard dans la journée auprès du service de pharmacie du Sid Peterson Hospital.

Le vendredi 17 septembre, Petti McClellan se rend à la clinique avec Cameroun, son fils, et Chelsea. Elle avait pris rendez-vous pour le petit qui souffrait d'un rhume, mais Kathy veut voir Chelsea : « Je lui ai répondu que Chelsea n'était pas malade, mais elle a fortement insisté, elle voulait absolument l'examiner », se souvient Petti. Dès leur arrivée, à 10h30, Genene prend en charge Chelsea, elle la pèse, puis Kathy lui demande de vacciner la petite contre le diphtérie-tétanos, puis rougeole-oreillons-rubéole. Petti tient la main de sa fille lorsque Genene lui injecte le premier vaccin. Petti remarque que quelque chose ne va pas, Chelsea a du mal à respirer, Petti supplie Genene d'arrêter, mais cette dernière insiste pour injecter le second vaccin, prétextant que tout va bien, que ce n'est qu'une réaction à la piqûre. Mais non, tout ne va pas bien, Petti voit le visage de sa petite fille bleuir, elle ne respire plus, elle est prise de convulsions. L'ambulance arrive à 10h58, dix minutes plus tard, Chelsea est au service des urgences, avec perfusion et tube dans le larynx. Elle reprend vite le dessus, son teint pâle se rosit à nouveau, tout semble n'être déjà qu'un mauvais souvenir, mais Kathy préfère l'envoyer pour un double check-up à l'hôpital de San Antonio. L'urgentiste, le docteur Richard Mason, du Sid Peterson Hospital, a remarqué, avant que la petite soit transférée à San Antonio, qu'elle ne présentait pas des signes de convulsions, mais plutôt des signes d'une personne qui sort des effets de l'Anectine. Genene monte, comme d'usage, à l'arrière de l'ambulance, accompagnée cette fois d'un ambulancier, Tommy James. Les deux se relaient pour maintenir bien en place le masque à oxygène, mais le cœur de Chelsea s'arrête, Genene fait stopper d'urgence l'ambulance et là, même scénario, Kathy qui la suivait monte à bord, elle arrive à la réanimer pour un temps car, cette fois, il n'y aura ni miracle ni héroïnes, Chelsea ne s'en remettra pas et décédera aux alentours de 14h au Medical Center Hospital de San Antonio. Kathy pense que Chelsea était peut-être atteinte d'une maladie neurologique, elle ordonne alors qu'une autopsie soit faite. Chelsea n'avait que 15 mois.

Ce même vendredi 17 septembre, 15h30, soit deux heures à peine après le décès de la petite Chelsea, Lydia Evans arrive avec ses parents et son bébé de 5 mois nommé Jacob. C'est Elizabeth Winns, la sœur de Lydia, qui lui a vivement conseillé de se rendre à la clinique du docteur Holland : Jacob n'a pas, en soi, de problème particulier de santé, mais il ne cesse de pleurer, sa mère voudrait comprendre pourquoi. Kathy n'est pas encore revenue de l'hôpital, c'est alors Genene qui accueille la petite famille. Elle commence par un simple examen de routine, à savoir le mesurer, le peser, vérifier la fontanelle, qu'elle trouve trop large, puis elle lui observe les yeux. Selon Genene, il y a quelque chose qui ne va pas : sa pupille droite réagit trop lentement à la lumière. Jacob sera alors vu par Kathy au Sid Peterson Hospital mais, avant cela, Genene veut lui faire une prise de sang et une intraveineuse. Elle demande à Lydia d'attendre dans la salle d'attente. Lydia entend son bébé crier, une, deux… six fois, puis plus rien. Silence de mort. Jacob ne respire plus. Le docteur Phillip Webb, qui officie dans le même bâtiment, prend immédiatement Jacob en main, il l'intube avant de transférer ce dernier dans l'ambulance. Jacob arrive au Sid Peterson Hospital à 16h36, Kathy est déjà sur place. Cette dernière constate que Jacob est en train de perdre le tube qui l'aide à respirer et tente de le remettre en place, mais n'y arrive pas, Genene place son doigt sur la trachée de Jacob afin de donner une plus large visibilité à Holland, cela ne fonctionne toujours pas, alors Kathy laisse tomber. Pas Genene. Mais elle ne fait rien pour autant, elle presse juste son index sur la gorge de Jacob et ce dernier redevient bleu. L'urgentiste Richard Masson, témoin de la scène, sans vraiment comprendre ce qu'elle est en train de faire, se rue sur elle et la stoppe. Puis Kathy demande à Genene des explications :

« Pourquoi n'as-tu pas envoyé directement le petit aux urgences comme je te l'avais demandé ?

– Le petit est arrivé bleu et le docteur Webb m'a demandé de lui injecter 180 milligrammes de Dilantin, mais je savais que c'était trop, alors je lui en ai donné seulement 80. »

Le docteur Webb dira plus tard qu'il n'aurait jamais fait une telle erreur, de plus, il jure n'avoir jamais demandé à cette dernière de faire une injection de Dilantin.

Jacob va beaucoup mieux, son teint s'est rosi, mais les infirmiers et médecins restent incrédules : ces enfants sont toujours extrêmement malades, voire à l'article de la mort, lorsqu'ils sortent de chez Holland et dès qu'ils arrivent dans leur service, tout va pour le mieux. Tous s'accordent à dire que quelque chose cloche au sein de cette clinique. De son côté, la mère de Jacob, Lydia, se souvient que « quand Jacob est revenu à lui, Genene était dans un état d'excitation démesurée, elle transpirait, tremblait comme une feuille, on pouvait lire de la joie sur son visage. Elle avait l'air d'être dans son élément. » Quand Shane Evans arrive à l'hôpital, Lydia présente Genene à son mari comme étant la femme qui a sauvé la vie de leur fils. Jacob a été hospitalisé six jours. Les tests effectués n'ont rien donné. Encore une fois, nul ne sait, à part Genene, ce qui a bien pu se passer.

Samedi 18 septembre, Kathy décide de passer le week-end avec son mari dans leur maison à Center Point. Vers 22h, la sœur de Lydia Evans, Elisabeth Winns, qui est devenue très proche du docteur et de l'infirmière, appelle à Nixon Lane, c'est Genene qui décroche. Elisabeth s'excuse de cet appel tardif, mais elle est inquiète, Anthony son bébé de 3 semaines pleure beaucoup et a du mucus dans les selles. Genene lui explique que Kathy passe le week-end avec son mari, mais qu'elle va tout de même examiner le petit. Elisabeth et son mari Donald retrouvent Genene à la clinique et le cauchemar commence. Genene diagnostique un staphylocoque, un taux de sucre si bas qu'Anthony risque de tomber dans le coma. Les Winns sont surpris, ils ne pensaient pas que leur fils allait si mal. Il faut l'envoyer aux urgences, mais en attendant l'ambulance, Genene tient à lui faire une perfusion de glucose. Puis elle appelle l'infirmière de l'hôpital, Marilyne Martinez-Green, à qui elle ordonne « à cor et à cri », de mettre en place un dispositif de survie. Entre-temps, Genene est parvenue à prévenir Kathy, et à 22h56, les parents pétrifiés, Kathy et Genene sont au Sid Peterson Hospital, devant le petit Anthony qui, selon Marilyne, se porte merveilleusement bien : Genene avait annoncé une pression sanguine extrêmement faible, un taux de sucre très bas, de la fièvre… Le petit ne présente aucun de ces symptômes. Quand Kathy demande à son infirmière :

« Pourquoi tu ne m'as pas appelée avant ? Et pourquoi avoir pris une telle décision ? Tu n'es pas médecin. Tu aurais dû l'envoyer directement à l'hôpital.

– Je ne vais tout de même pas laisser un enfant mourir parce que tu n'es pas là. »

Il n'y a pas eu d'arrêt respiratoire cette fois-ci ni de réanimation miracle, elle reste toutefois, aux yeux de Elizabeth et de Donald, une héroïne, elle a à nouveau sauvé une vie, qui plus est celle de leur petit garçon. Genene exulte.

Le mardi 20 septembre, Genene refait le stock de médicaments avant de se rendre à l'enterrement de la petite Chelsea.

Le mercredi 22 septembre, le directeur du Sid Peterson Hospital, Tony Hall, crée une cellule de crise secrète avec les docteurs Duan Packard (le médecin de famille de Misty Reichenau), Georges Schuster, Larry Adams, Martha Carlson. À l'ordre du jour, comprendre ce qui se passe au sein du Fine Medical Center : « J'exerce la profession depuis une quarantaine d'années et je n'ai jamais expérimenté un seul arrêt respiratoire d'enfant. Il me semble même qu'il n'y en a jamais eu dans la ville de Kerrville de toute ma carrière », s'inquiète Duan Packard. Et là, en l'espace d'un mois, déjà cinq, dont un décès ; tous s'accordent à dire que quelque chose ne tourne pas rond. À cela s'ajoutent les plaintes des infirmières ainsi que des docteurs à l'égard du comportement de Jones. À l'issue de cette réunion, il est décidé de confronter le docteur Holland. La réunion est prévue le lendemain.

Le jeudi 23 septembre, juste avant son rendez-vous à l'hôpital, Kathy examine Rolinda Ruff, 5 mois, qui souffre de diarrhée depuis deux semaines. Le scénario se déroule de manière habituelle : Genene conduit la petite dans la salle de consultation, Kathy remarque que la petite est déshydratée et décide de la réhydrater par intraveineuse avant de la conduire à l'hôpital. Clarabelle Ruff, sa maman, attend sagement dans la salle d'attente, lorsque : « J'ai entendu un bruit, comme si ma fille était en train de s'étouffer, puis quand je suis rentrée dans la salle de consultation, j'ai vu le corps de ma fille amolli, avec un masque à oxygène sur le visage, et Genene qui répétait sans cesse "Allez, reviens, s'il te plaît, reviens". » Clarabelle Ruff dira plus tard que personne à la clinique n'avait demandé son historique médical avant d'examiner sa fille. Rolinda ayant de plus en plus de mal à respirer, Kathy décide d'envoyer le code bleu aux services des urgences. Lorsque Holland et Jones arrivent avec la petite à l'hôpital, un petit comité de médecins les attend de pied ferme : les docteurs Packard, Harold Bradley (un anesthésiste), Larry Adams, Earl Merrit et M. B. Johnston ont été prévenus qu'un code bleu était en route pour l'hôpital. La première chose que les médecins constatent, c'est que Rolinda n'est pas bleue, son teint semble reprendre des couleurs. Et sa respiration semble se stabiliser, elle n'a nul besoin d'être intubée, mais Kathy insiste malgré tout. La petite repousse le tube et se débat, mais a du mal à lever le bras. Bradley l'anesthésiste qui a observé très attentivement toute la scène a soudain le déclic et s'écrie : « Cette enfant était sous Anectine, et l'effet vient juste de se dissiper. » La réunion prévue avec Kathy est repoussée au lendemain. Le docteur Packard en profite alors pour demander à un jeune chirurgien, Joe Vinas, qu'il connaît bien et qui a été interne dans le même hôpital que Holland et Jones de mener une petite enquête auprès du Medical Center Hospital afin de savoir s'il n'y aurait pas eu des faits similaires lorsque les deux femmes travaillaient là-bas. Lorsque Vinas passe l'appel, un interne chirurgien lui explique qu'en effet, entre 1981 et 1982, une infirmière a été soupçonnée d'empoisonner des enfants, Vinas lui demande alors :

« Son nom ne serait pas Genene Jones par hasard ?

– Je ne sais pas, laisse-moi vérifier, et je reviens vers toi. »

Cinq minutes plus tard, l'interne rappelle : « En effet, il semblerait bien que vous ayez entre vos mains, une tueuse de bébés. » Joe Vinas est très étonné. S'ils le savaient, comment est-ce possible qu'elle soit toujours autorisée à pratiquer, mais surtout comment se fait-il qu'elle ne soit pas derrière les barreaux ? Et qu'a-t-elle fait exactement ?

III

Retour en arrière

Quand Genene Jones a intégré, en octobre 1978, l'unité des soins pédiatriques du Bexar County Hospital, les infirmières travaillaient en harmonie. Mais après l'arrivée de Jones, leurs vies sont vite devenues un enfer.

Le ICU (Intensive Care Unit) est de forme rectangulaire, il a la taille d'un garage qui pourrait accueillir deux voitures. Il compte huit lits séparés par des cloisons munies de grandes vitres de façon à permettre aux infirmières de garder un œil constant sur les patients. Aucun médecin n'y est établi à plein temps, ils passent le matin faire leur visite puis repartent dans leur service installé au sein de l'hôpital ou dans leur cabinet privé situé à l'extérieur du centre hospitalier. Ce sont donc les infirmières qui ont l'entière responsabilité de veiller au bon fonctionnement du service et de la santé des patients. Elles appellent les médecins uniquement en cas d'urgence et, entre 1981 et 1982, ils vont être appelés très souvent. Genene a officié les trois premiers mois, de 23h à 7h du matin, avant de changer sa permanence, de 15h à 23h. Comme pour beaucoup d'hôpitaux, les budgets sont serrés, et ils n'ont pas les moyens d'embaucher une infirmière si l'une d'elles tombe malade ou part en vacances. Dès lors, ces dernières font beaucoup d'heures supplémentaires. Genene est d'ailleurs adorée par sa chef Pat Belko pour cette raison : elle est toujours disponible et en redemande constamment, le service est devenu sa vie, elle y passe plus de temps qu'auprès de ses enfants. Heureusement que sa mère, Gladys, est là pour veiller sur eux. Genene s'investit corps et âme dans ce nouveau boulot, elle parcourt la littérature scientifique, questionne les médecins sur leurs techniques, elle a une véritable soif d'apprendre : « Elle était fantastique, compétente dans tous les domaines, aussi bien en anatomie qu'en physiologie. Elle était bien plus douée que toutes les autres infirmières », se souvient Pat Belko. Elle excelle particulièrement dans la manipulation des aiguilles et des intraveineuses : beaucoup d'infirmières peinent à trouver la veine du premier coup, et c'est d'autant plus difficile avec les nourrissons, Genene ne rate jamais son coup. Une infirmière se souvient : elle aurait pu piquer une mouche. Mais au bout d'un an, au sein du service, elle s'est fait plus d'ennemi(e)s que d'ami(e)s : elle est insupportable, têtue, veut toujours avoir le dernier mot, jure à tout bout de champ, aime se vanter de ses histoires de fesses, se plaindre, invente des maladies, harcèle les médecins : « Si vous ne faites rien, cet enfant va mourir », leur dit-elle souvent. Elle n'a pas changé en somme, elle fait vivre à ses collègues ce qu'elle a fait subir à sa famille et à Ron English. Toni Grosshaupt, un RN (Registered Nurse/infirmier qualifié) se souvient : « Elle aggravait chaque diagnostic, pour elle, ils allaient tous mourir ; quand je prenais mon service, elle me disait : "Celui-là ne va pas passer la nuit, je suis sûre qu'il va faire un malaise." Elle me faisait trembler comme une feuille. » Genene a une très haute opinion d'elle, elle se croit meilleure en tout. D'un autre côté, avec les parents des patients, c'est un amour, une vraie petite fée. Elle est à l'écoute, les épaule, les tient régulièrement informés de l'état de santé de leur petit bout de chou. Et ils en ont bien besoin, ces enfants sont généralement très malades.

En mars 1980, le docteur James Robotham, un éminent pédiatre de 33 ans, prend les commandes du service. Si les médecins n'avaient jusqu'alors pas pour habitude de demeurer au sein du service, avec Robotham, tout va changer : ces enfants ont besoin d'une surveillance particulière, il tient fermement à être le plus souvent possible à leurs côtés et souhaite être tenu informé de toute anomalie, grande ou petite, qui pourrait survenir en son absence, même en pleine nuit. Robotham et Genene accrochent tout de suite, comme elle, il est consciencieux et ne lésine pas sur les heures de présence. Elle devient très vite son infirmière assistante, elle en est ravie. Elle se sent enfin appréciée à sa juste valeur, à tel point qu'elle le suit partout, ce qui lui vaudra le surnom de « toutou de Robotham ».

Outre sa capacité à être toujours disponible pour faire des piqûres, prises de sang et intraveineuses, Genene se porte volontiers volontaire chaque fois qu'il s'agit de descendre les enfants décédés à la morgue : lorsqu'un patient meurt, c'est le rôle de l'infirmière de le nettoyer et le préparer avant l'arrivée des parents, puis de le conduire en chambre froide, et c'est une tâche très éprouvante. Elizabeth Stauffer, une ancienne infirmière, raconte : « Particulièrement la nuit, c'était très stressant de descendre à la morgue. Souvent gisaient des personnes qui étaient décédées dans la journée et parfois elles n'étaient pas bien recouvertes. Quand vous rentrez dans cette pièce froide et que vous voyez du sang qui coule d'un corps, c'est très effrayant. Genene semblait apprécier ce côté noir de notre travail. »

Début 1981, Genene exige d'être assignée au chevet des enfants gravement malades. Cheryln Pendergraph, qui a travaillé avec Genene, se souvient : « C'était juste une infirmière, elle n'avait aucune autorité ni le pouvoir de prendre une telle décision, cependant elle en a pris le droit. » Même lorsqu'elle n'a pas la charge d'un patient, si un problème surgit, elle débarque telle une furie, prend les commandes et ordonne ce qu'il faut faire. Le docteur Debbie Rasch raconte : « Dès que nous avions une urgence, elle semblait excitée par le remue-ménage que ça engendrait. Elle paraissait être dans son élément. » Cependant lorsqu'un enfant perdait la vie, tout le monde s'accorde à dire qu'elle était toujours très affectée. Elle souhaitait toujours rester un long moment à le bercer avant d'appeler ses parents.

Début décembre 1980, Christopher James Hodega, 15 mois, avait été admis pour traiter une pneumonie et une forte diarrhée. Il souffrait également d'une cardiopathie congénitale. En mai, il contracte une hépatite qui se propage dans tout le corps. Il décède d'un arrêt cardiaque, le 21 mai à 19h32. Genene est effondrée, elle est dans le même état que les femmes ivoiriennes qui, selon leur coutume, pleurent leur défunt en hurlant et en se roulant par terre : un examen psychiatrique révélera plus tard qu'elle est atteinte d'histrionisme, un trouble de la personnalité marqué par une quête permanente d'attention, et ce, par tous les moyens, séduction, manipulation, démonstrations émotionnelles exagérées, dramatisation ou théâtralisme.

Après la mort de Christopher, le personnel soignant commence à se poser beaucoup de questions à son sujet : entre mai et juillet, neuf autres enfants meurent, durant la garde de Genene, dans des circonstances inexplicables. Pat Alberti, l'infirmière de permanence de 23h à 7h du matin, raconte : « Quand j'arrivais à 22h45 pour prendre mon service, Genene m'apprenait qu'un des patients dont je m'étais occupée la veille était décédé. C'est simple, la permanence de nuit s'occupait de l'enfant durant huit heures, elle le laissait vivant. La permanence de jour idem ; et avec Genene le patient décédait au bout de trois heures. » À cela s'ajoutent les malaises inexpliqués : arrêt cardiaque, hémorragie, insuffisance respiratoire : « Le code bleu était envoyé de plus en plus fréquemment, deux ou trois fois dans la semaine, puis quasiment tous les jours, on se disait, ce n'est pas possible, il y a un germe ou un virus qui traîne dans le service », se souvient Toni Grosshaupt. Si on s'accorde à dire que l'être humain est un virus, alors oui, les enfants sont bien affectés par un virus, un virus nommé Genene Jones. Le juge, Pat Priest, qui la condamnera en 1985 lors de son second procès, lui a d'ailleurs fait remarquer lorsqu'il a rendu son verdict : « *Genene Jones, you was the disease of the pediatric intensive care unit*[14]. » C'est aussi ce que l'infirmière Susanna Maldonado va tâcher de démontrer à la direction.

IV

« *Vous pensez vraiment que j'ai tué ces enfants ?* »

Susanna Maldonado est de garde la nuit de 23h à 7h du matin depuis janvier 1980. Elle prend donc son service après celui de Genene : « Dès que j'arrivais, elle m'annonçait le décès d'un des enfants dont je m'étais occupée la veille. Si les enfants étaient si malades, pourquoi mouraient-ils toujours lorsque Genene en avait la charge ? Et pas avec un autre membre du personnel soignant ? » Susanna commence alors à éplucher les plannings et à dresser une liste de tous les décès survenus depuis le début de l'année. Elle a pu observer que quarante-deux patients étaient décédés durant la permanence de Genene.

En octobre 1981, Susanna présente son rapport à l'infirmière en chef, Pat Belko. Cette dernière n'a guère apprécié la démarche de la jeune infirmière : elle adore Genene et n'ose imaginer que cette dernière puisse être impliquée dans une histoire pareille. Pour elle, ce ne sont que des « foutaises », des rumeurs infondées. Cependant, en lisant les chiffres, les dates, elle voit bien que Susanna n'invente rien. Si elle refuse toujours d'y croire, elle se résigne tout de même à transmettre le rapport au docteur Robotham. Une enquête est diligentée, laquelle est menée par le docteur Robert Franks.

Le 6 octobre 1981, Jose Antonio Flores, 6 mois et 3 jours, arrive dans le service avec de la fièvre, il a de la diarrhée, souffre

14 « Vous étiez la maladie de l'unité de soins intensifs pédiatriques. »

de vomissements et de déshydratation. Le 10, il est pris de convulsions. Le médecin lui fait passer d'urgence un scanner crânien. Jose est victime d'un arrêt cardiaque durant l'examen, le pédiatre parvient à le réanimer, mais l'enfant fait un second arrêt cardiaque. Le médecin fait ce qu'il peut. En vain. Il est constaté que Jose a fait une hémorragie, les saignements provenaient des yeux, des oreilles, des canules, il est décédé à 17h22. Le certificat de décès stipule que l'hémorragie aurait été provoquée par le second arrêt cardiaque. Dans un rapport interne, il est signalé que Genene était présente dans la salle de scanner.

D'autres enfants ont été victimes d'hémorragies similaires lorsqu'ils étaient en soin, le sang suintait des points de suture, de leur rectum, des orifices en somme. Puis leur pression artérielle baissait et exerçait une compression sévère au niveau du cœur. Les médecins en ont conclu que les saignements étaient symptomatiques, dus à une coagulation intravasculaire disséminée (CIVD), une affection relativement grave qui peut déclencher une réaction qui empêche le sang de coaguler. C'est chose courante dans un service de soins intensifs, mais pas avec une telle fréquence, les cas sont beaucoup trop nombreux. Le docteur Robotham pense que les saignements pourraient être provoqués par des injections à trop forte dose d'héparine, un anticoagulant d'action immédiate. Robotham s'interroge : y aurait-il une personne, au sein du service, qui en donnerait trop aux enfants ? Ou donnerait d'autres drogues ? Ou bien une raison plus innocente, y aurait-il un lot d'héparine défectueux dans le service ? Robotham décide alors que, dorénavant, à chaque injection d'héparine deux infirmières devront être présentes et devront noter sur le registre laquelle des deux la pratique. Puis qu'un prélèvement sanguin devra être effectué après chaque décès. Avec le docteur Robert Franks, ils se chargent de faire un compte rendu de tous les décès survenus au cours de ces six derniers mois.

Le 22 décembre, Doraelia Rios, 2 ans et 1 mois, est admise dans le service, elle souffre d'une inflammation d'une membrane interne, diarrhée et déshydratation : elle avait déjà, par le passé, été hospitalisée à plusieurs reprises dans le cadre d'une chirurgie gastro-intestinale. Doraelia reçoit des antibiotiques ainsi qu'un soluté de réhydratation en intraveineuse, tout ce qu'il y a de plus courant comme médicament pour ce genre d'infection, pourtant le cœur de la petite lâche. Genene est présente lors de l'arrêt cardiaque. Doraelia Rios décède le 22 décembre 1982 à 20h12.

Le 27 décembre 1981, Rolando Santos, 4 semaines, est admis aux soins intensifs, il souffre d'une pneumonie, sa respiration est donc irrégulière. Le 30 décembre, il est pris soudainement de convulsions, on lui fait passer un scanner, mais les résultats ne révèlent rien d'anormal. Puis le petit est victime d'un arrêt cardiaque, le médecin arrive à le réanimer. Le 1er janvier, sa pression sanguine chute drastiquement et il se met saigner au niveau des anciens points de ponction veineuse, mais en petite quantité, aucune aggravation n'est signalée. Le 6 janvier, les hémorragies reprennent de plus belle, le pédiatre-endocrinologue, Ken Copeland, ordonne immédiatement d'envoyer un échantillon sanguin au laboratoire. Le résultat revient positif, ils ont retrouvé une quantité abondante d'héparine dans le sang de Ronaldo. Néanmoins, le cauchemar de ce petit bout de chou de 4 semaines est loin d'être terminé. Le 10 janvier 1982, les hémorragies reprennent, le docteur Copeland est cette fois présent, il commande d'urgence une dose de protamine, un médicament qui inverse immédiatement les effets de l'héparine. Copeland est furieux, il exige sur-le-champ qu'on lui retire toutes ses perfusions et qu'il soit transféré au service de pédiatrie générale. Le 16 janvier, Ronaldo rentre chez lui en bonne santé.

Plus de doute possible, les hémorragies sont bien dues à des injections abusives d'héparine, il faut maintenant identifier le ou la responsable. Et découvrir si cela a été fait intentionnellement dans le but de tuer ou juste accidentellement. La drogue est retirée du service et placée dans une pharmacie dont seuls les médecins détiennent la clé.

Le 17 janvier, Patrick Zaval, 4 mois, vient de subir une opération d'une artère pulmonaire, l'opération s'est très bien passée sans aucune complication à signaler. Il doit cependant être envoyé en soins intensifs et placé sous surveillance post-opératoire H24, durant quelques jours. Patrick décède d'un arrêt cardiaque à 21h45. Le chirurgien qui a pratiqué l'opération est hors de lui. Comment cela est-il possible ? Le petit Patrick se portait très bien lorsqu'il l'a quitté. Il n'est d'ailleurs pas le seul à être furieux : les chirurgiens Kent Trinkle et Howard Radwin menacent la direction : si rien n'est réglé au plus vite dans ce funeste service, ils enverront leurs patients se remettre de leur opération ailleurs.

Le 19 janvier Robert Franks rend son rapport : Franks a bien remarqué une augmentation du nombre de décès dans l'unité, sur l'ensemble de l'année.

Le 25 janvier, les pontes de l'hôpital, Paul Green, Bill Thorton et Marvin Dunn, se réunissent pour aborder les questions suivantes : y a-t-il un problème avec une infirmière au sein du SPI ? Peut-on la virer ? Doit-on en informer le procureur du district ? Paul Green, l'avocat de l'hôpital, en appelle à la prudence : « Avez-vous des preuves de la culpabilité de cette infirmière ? » Étant donné qu'ils n'en ont pas de concrètes, pour l'instant, leur avocat répond que s'ils virent Genene Jones, elle pourrait bien les poursuivre en justice et ils risqueraient de perdre. Il est alors décidé de continuer les investigations en interne, puis d'aviser le cas échéant. Le 26, une nouvelle enquête est lancée, elle sera menée par le docteur Alan Conn.

Genene Jones est la principale suspecte, cependant tout le personnel est mis sous surveillance. Le docteur Debbie Rasch se souvient : « Chaque médecin était rattaché à une infirmière, et vice versa. Chacun devait vérifier qui faisait quoi. C'était très stressant, nous n'osions même plus prendre de pause par peur de nous assoupir et qu'il se passe un drame durant notre sommeil. Cela a été une période extrêmement éprouvante. » Malgré toutes ces mesures de surveillance prises par la direction, Genene sait que c'est elle qui est dans le collimateur : le docteur Robotham fait tout pour l'éviter, il change de chemin dès qu'il l'aperçoit et ça la rend folle. Genene est coriace, elle ne lâche rien et, un jour, elle parvient à le coincer :

« Vous pensez vraiment que j'ai tué ces enfants ?

– Je ne sais pas pourquoi, mais oui, je suis sûr que c'est vous. »

Même celui qui l'aimait tant lui tourne le dos. Et se sentir rejetée, elle déteste ça. Elle devient alors chaque jour plus agressive. Susanna Maldonado, un jour, découvre une note à son nom sur la feuille d'affectation des infirmières, lui indiquant qu'elle doit vérifier sa boîte aux lettres, à l'intérieur, elle trouve un bout de papier sur lequel est écrit : « Tu es morte. » Le lendemain arrive une seconde note, encore plus flippante : « BIENTÔT. »

Le Bexar County Hospital (maintenant appelé le Medical Center Hospital) est l'un des premiers *non-profit hospitals* de la région. La particularité de ces hôpitaux est qu'ils accueillent et soignent également les personnes qui n'ont pas les moyens de payer une assurance médicale, et donc de se faire soigner. Mais ces hôpitaux sont simultanément financés par les remboursements des assurances et par des donateurs aussi bien privés que publics. Dès lors, si un scandale impliquant une infirmière tueuse d'enfants éclatait, ils risqueraient de perdre, d'une part leur crédibilité, d'autre part leurs sources de financement. Alors, quand Alan Conn rend son rapport, lequel vient étayer les soupçons de Susanna Maldonado et du docteur Robotham, la direction prend une très vilaine décision : plutôt que de faire des vagues inutiles, se disent-ils, ils se contentent de réorganiser le service et de remplacer les *vocational nurses* (aides-soignantes) par des *registered nurses* (infirmières qualifiées), ainsi tout le monde sera content. Pas vraiment. Et encore moins Genene. À l'annonce du verdict, elle explose et menace le docteur Robotham : « Si vous essayez de me faire partir, j'ai mon "Black Book" dans lequel j'ai noté le nom des enfants décédés et les noms des docteurs qui en sont responsables. » Bien sûr, ce livre n'existe pas.

Toutes les infirmières du service sont alors replacées ailleurs. Mais Genene refuse la place qui lui est proposée : entre-temps, le docteur Kathy Holland lui a offert le poste à Kerrville. Quand le docteur Robotham apprend la nouvelle selon laquelle Genene va bosser pour Kathy, il s'empresse de la mettre en garde : « J'ai entendu dire que vous aviez embauché Genene. Si vous voulez mon avis, vous feriez mieux d'y penser à deux fois. Avez-vous entendu parler des malaises de Ronaldo Santos ? Nous avons la preuve que quelqu'un lui a injecté une forte dose d'héparine et je suis certain que c'est elle. Et je suis également certain qu'elle est responsable de bien d'autres choses. » Après le départ de Jones, les malaises et décès inexpliqués au sein de l'hôpital ont cessé.

Pour ceux qui se croyaient débarrassés d'elle une bonne fois pour toutes, le coup de fil de Joe Vinas les ramène à de mauvais souvenirs. La direction commence à s'inquiéter. Si Genene est bien l'auteur des empoisonnements survenus à Kerrville, ils vont avoir à rendre des comptes et ressortir leur rapport. Le problème est qu'ils en ont détruit une bonne partie. Eux qui voulaient éviter une mauvaise publicité, vont être servis. La presse et les familles des victimes ne vont pas les rater.

V

« Une infirmière, nommée Genene Jones, est soupçonnée d'avoir injecté, à leur insu, des doses plus au moins létales de médicament à ses patients. »

Quand Joe Vinas a raccroché, il s'est souvenu de ce qu'il avait dit dans l'après-midi à Duan Packard : « Je crois qu'on a une baleine sous le gravier. » Il ne s'attendait pas, néanmoins, à une affaire d'une telle ampleur.

Le lendemain, le vendredi 24 septembre1982, à 13h, le comité de cellule de crise se réunit afin de faire le point sur ce que le docteur Vinas a découvert la veille : ils s'y attendaient un peu, cependant, ils auraient préféré qu'il en soit autrement. Ils sont maintenant tous sur des chardons ardents d'entendre ce que Kathy a à dire. C'est le docteur Packard qui prend tout d'abord la parole : lorsqu'il fait part à cette dernière de leurs inquiétudes à l'égard des arrêts cardiaques inexplicables de ses patients, elle les remercie de se soucier de ce qui se passe au sein de son cabinet, néanmoins elle s'étonne que ces incidents – six arrêts cardiaques dont un décès – puissent laisser une grande place au doute dans la tête des médecins. Quant à cette histoire d'anectine, oui bien sûr, elle en a un flacon à la clinique mais elle ne l'a jamais utilisé : elle n'en dit pas plus, mais tout à coup, ce flacon manquant d'anectine lui revient en tête, elle ne laisse rien entrevoir, mais une sourde angoisse l'envahit. Puis, concernant les rumeurs qui courent selon lesquels Genene serait impliquée dans plusieurs décès d'enfants : bien entendu, elle est au courant, cependant aucune enquête officielle n'a été menée et aucune preuve n'est venue étayer ces allégations. De surcroît, pourquoi l'hôpital lui aurait-il proposé un poste dans un autre service s'il la pensait coupable ? Kathy quitte le bureau en laissant les médecins pantois. C'est vrai, ça. Comment est-il possible qu'on lui ait offert un emploi si on la soupçonnait de meurtres ? À l'issue de la confrontation, tout le monde est d'accord sur le fait que tout ceci ne sent pas bon et qu'il faut agir vite. Très vite. Dès lors, un message est envoyé illico au Texas Board of Medical Examiner, à l'Austin of office Board of Examiners Nurses et à l'officier de police Joe Davis du Texas Ranger (police locale) de Kerrville : « *Une infirmière, nommée Genene Jones, est soupçonnée d'avoir injecté, à leur insu, des doses plus au moins létales de médicament à ses patients.* » Une enquête est diligentée.

Dans le même temps, Genene qui ne sait pas ce qui se trame dans son dos annonce à Kathy, avec une désinvolture déconcertante, qu'elle vient de retrouver le fameux flacon d'anectine, celui-là même qui avait disparu après le malaise de la petite Misty Reichenau. Le hasard fait parfois bien les choses. Car c'est cette toute petite fiole qui va enfin permettre aux enquêteurs de mettre un terme à cette saga meurtrière.

Le lundi 27 septembre, soit dix jours après le décès de la petite Chelsea, seule dans son bureau, Kathy est en proie au même malaise qu'elle a vécu la veille et ce matin même : le flacon n'avait plus sa capsule de sécurité et, le plus angoissant, on apercevait nettement sur l'obturateur en caoutchouc qu'il avait été perforé par deux fois par une aiguille hypodermique. Non seulement Genene ne lui a donné aucune explication sur la présence des deux petits trous mais elle lui a, en plus, conseillé de jeter le flacon. Kathy ne sait plus quoi penser : Je dois me confier à quelqu'un, mais à qui ? se dit-elle. Deux heures plus tard, le docteur Vinas arrive dans son bureau. Ce dernier fait envoyer le flacon au labo, et bingo, les résultats révèlent que 50% de l'anectine ont été remplacés par de la solution saline. Une seconde nouvelle va venir apporter de l'eau à leur moulin : le 18 août, Kathy, pour l'ouverture de sa clinique, avait commandé une fiole du médicament en question, elle est perdue le 3 septembre, Genene la remplace le 7, elle en recommande une seconde le 20 et, le 26 septembre, elle retrouve le flacon manquant. Kathy devrait donc avoir trois flacons dans sa pharmacie, seulement il n'y en a que deux.

Genene, de son côté, tente de se suicider en absorbant une forte dose de médicaments, elle est envoyée au Sid Perteson Hospital où elle subit un lavage d'estomac, ses jours ne sont pas en danger. Dès sa sortie de l'hôpital, le 28 septembre, l'officier Joe Davis la conduit dans les locaux des Texas Ranger, où elle doit se soumettre au test du détecteur de mensonge. Elle échoue. Elle pensait reprendre son poste comme si de rien n'était, mais Kathy ne veut plus la voir. De plus, à cause de l'enquête, l'hôpital lui a coupé ses subventions et même si les investigations se font dans la plus grande discrétion, Kerrville est une petite ville, les potins vont bon train, dès lors les patients ne se bousculent plus à son portillon. Et même si Kathy a passé le test du détecteur de mensonge avec succès, elle n'en demeure pas moins une potentielle suspecte. Kathy vit un vilain quart d'heure warholien.

Genene s'installe, avec ses deux enfants et Cathy Fergusson, dans le mobile home de Debby garé maintenant dans la ville de San Angelo, sur un bout de terrain appartenant à Diana et Crecencio Hodega, les parents du petit Christopher qui est mort dans ses bras le 21 mai 1981. En avril, Genene se marie avec Garron Ray Turk, un jeune homme de quatorze ans son cadet.

VI

« *Quoi, tu ne sais pas qui je suis ? C'est moi la tueuse de bébés.* »

En octobre, le procureur du comté de Kerr, Ron Sutton, présente ses éléments d'enquête au Grand Jury (aux USA, c'est un groupe de personnes qui décident s'il y a suffisamment de preuves pour envoyer un suspect devant un tribunal). Lorsque Sutton informe les parents de Chelsea que leur fille a probablement été assassinée, c'est l'effroi. Petti et son mari acceptent toutefois, sans faire de vagues, l'exhumation du corps de leur fille afin de pratiquer une seconde autopsie : la première autopsie ordonnée par Kathy Holland avait conclu à un SMSN (syndrome de mort subite du nourrisson), mais selon le médecin légiste examinateur, Vincent DiMaio : « La mort de Chelsea ne correspond pas un SMSN, d'une part parce qu'elle était trop âgée et, d'autre part, un examen de toxicologique devrait toujours être effectué avant de diagnostiquer le SMSN. Et cela n'a pas été fait. Pour ma part, je pense que sa mort a été causée par une overdose de succinylcholine (anectine), ce qui a provoqué les arrêts respiratoires et cardiaques. »

Le procureur de Bexar, Sam Millsap, se charge de son côté d'enquêter sur les événements qui se sont produits au Médical Center Hospital entre 1981 et 1982 : il sait que trois investigations relatives aux décès et malaises inexpliqués durant cette période ont été menées, une en octobre 1981 par le docteur Robert Franks, qui a conduit à la seconde menée, en mars 1982, par le docteur Alan Conn. Les deux ont conduit à la conclusion que Genene était toujours présente lors des incidents. Grande stupeur : quand on lui annonce que certaines informations médicales ont été détruites, en février 1982, et que les rapports en question ont disparu, l'assistant exécutive du directeur, Jeff Duffield, ajoute : « L'obligation de signaler des décès inexpliqués incombait aux médecins et non à l'hôpital lui-même, et aucun décès n'avait été porté à l'attention de l'hôpital. » Vincent DiMaio, en poste au Medical Hospital Center à l'époque, exprime aujourd'hui sa colère : « À moins qu'ils n'aient été terriblement stupides, il était évident que ce qui se passait n'était pas normal. Les enfants ne meurent pas comme ça sans raison et, en plus, toujours dans les bras de la même infirmière. Tout le monde savait que quelque chose n'allait pas. Les autres infirmières s'en sont vite aperçues, puis l'information a été transmise au Conseil et celui-ci a décidé de fermer les yeux car cette histoire allait ruiner notre réputation. J'ai alors démissionné pour protester contre ce que je décris comme un échec général des médecins de ne pas avoir signalé les décès inexpliqués ou suspects qui se sont déroulés au sein de l'hôpital. »

Et la troisième, le *Mangos Report* : en septembre 1981, le docteur John Mangos, nouveau directeur du département pédiatrie, qui a eu vent de l'affaire des morts mystérieuses de bébés, a mené en secret une troisième enquête, laquelle s'est terminée en février 1983 mais qui sera tenue secrète pour le bon déroulement du travail judiciaire.

Le 17 mai 1983, le corps de Chelsea est exhumé. Le médecin légiste Galbreath, qui avait préservé après son autopsie des échantillons de tissus, les remet au docteur Fredric Rieders qui les envoie avec ceux prélevés après l'exhumation à l'Institut Karolinska de Stockholm, en Suède, où ils sont analysés à l'aide d'un test mis au point par le docteur Bo Roland Holmstedt. Les résultats démontrent que Chelsea a bien reçu une très forte dose de succinylcholine (anectine), la concentration la plus élevée se trouvait dans les tissus prélevés sur la cuisse de la petite. L'infirmière Sharon Keith a déclaré à la Cour en 1984, lors du procès de Genene : « Quand Chelsea est arrivée à l'hôpital (Sid Peterson Hospital), j'ai remarqué deux marques de piqûres sur sa cuisse, Genene m'a dit qu'elle venait de lui injecter les rappels de vaccins. Plus tard, j'ai été surprise d'apprendre que Chelsea avait fait un autre malaise dans l'ambulance qui la conduisait à l'hôpital de San Antonio. Car elle allait beaucoup mieux lorsqu'elle est partie de notre service. »

Le 25 mai 1983, Genene est arrêtée est mise en examen pour « blessure volontaire » ayant entraîné la mort de Chelsea Ann McClellans, 15 mois, et pour « blessures volontaires » sur Brandy Lee Benites, 1 mois ; Christopher Parker, 4 mois ; Jimmy Pearson, 7 ans ; Misty Reichenau, 21 mois ; Jacob Evans, 5 mois ; et Rolinda Ruff, 5 mois.

Elle est libérée sous caution d'un montant 225 000 $ payé par sa mère, Gladys. Mais le 9 octobre 1983, sa caution est révoquée, elle est emprisonnée dans la ville de Georgetown. Durant son incarcération, elle confie à une de ses codétenues, Kathy Engelke : « Elle m'a demandé pourquoi j'étais emprisonnée. Je lui ai répondu, pour conduite en état d'ivresse. Je lui ai retourné la question et elle m'a répondu : "Quoi, tu ne sais pas qui je suis ? C'est moi la tueuse de bébés. »

VII

« Je pleurais, les jurés pleuraient, les avocats pleuraient, le juge pleurait, la salle pleurait. Sauf Genene Jones qui est restée impassible. Il n'y avait aucune lueur d'empathie dans son regard. Elle n'a manifesté aucune émotion. »

De son côté, le procureur D. Millsap et son assistant Nick Rothe ont, en dépit des évidences qui ont été détruites par le Medical Center Hospital, réussi à réunir suffisamment de preuves pour lui intenter un procès. Ils ont la certitude qu'elle est impliquée dans les décès de dix enfants et, selon les données des plannings, ils la soupçonnent d'être impliquée dans quarante-six autres décès. Mais le 21 novembre 1983, le verdict tombe et elle ne sera mise en examen que pour « blessure volontaire » sur Rolando Santos, 4 semaines à l'époque : entre le 27 décembre 1981 et le 10 janvier 1982, elle lui avait injecté à trois reprises, une dose létale d'héparine, un anticoagulant. Le procureur est déçu ; néanmoins, c'est mieux que rien.

Le procès pour les empoisonnements à l'anectine s'ouvre le 15 janvier 1984, à la cour d'assises de Georgetown, puis, à cause du tollé que l'affaire a engendré au sein de la presse et du public, il est déplacé dans le comté de Williamson. Durant cinq semaines, quarante-six témoins seront appelés à témoigner à la barre devant douze jurés : sept femmes et cinq hommes. Le témoignage le plus poignant reste celui de Petti McClellan, la maman de la petite Chelsea : « Déjà, après la première injection, elle commençait à avoir des problèmes de respiration, j'ai demandé à Genene d'arrêter mais cette dernière m'a répondu : "Ce n'est rien, c'est juste une réaction au premier vaccin, elle va déjà mieux, là." Puis elle a injecté le second vaccin, Chelsea me fixait, elle avait les larmes aux yeux et tentait de me dire "maman", mais elle ne pouvait pas sortir un son, elle ressemblait à une poupée de chiffon. Genene avait un regard bizarre, comme si elle était perchée sous influence de la drogue, elle était dans un état d'excitation incontrôlable. Elle m'a pris Chelsea des bras et m'a ordonné d'aller chercher le médecin. »

Le procureur Ronald Sutton explique dans une interview donnée en mars 2020 à KSTA News : « Tout le monde pleurait dans la salle d'audience, je pleurais, les jurés pleuraient, les avocats pleuraient, le juge pleurait, la salle pleurait. Sauf Genene Jones qui est restée impassible. Il n'y avait aucune lueur d'empathie dans son regard. Elle n'a manifesté aucune émotion. »

Le 16 février, les jurés se retirent, durant quatre heures, pour délibérer. Genene Jones est jugée coupable à l'unanimité, le juge John Carter annonce la sentence : elle échappe à la peine de mort, elle est condamnée à quatre-vingt-dix-neuf années d'emprisonnement. « C'est un soulagement, on a vécu des semaines horribles. On peut maintenant l'enterrer et on ne la déplacera plus ! Chelsea peut dorénavant reposer en paix », confie la grand-mère de Chelsea, Robin Alexander.

Le docteur Holland, qui était suspectée, est lavée de tout soupçon par les jurés, mais pas par la mère de Chelsea qui la tient pour responsable de la mort de sa fille : « Elle savait que des rumeurs couraient selon lesquels Jones était soupçonnée d'avoir empoisonné des enfants à San Antonio. Un médecin l'a mise en garde. Mais elle n'en a pas tenu compte, en agissant ainsi elle s'est rendue coupable d'avoir mis en danger la vie de cinq enfants et d'avoir volé celle de ma fille. Elle est tout aussi coupable à mes yeux. »

Le 2 octobre 1984, le procès pour blessures volontaires sur le petit Rolando Santos s'ouvre à la Cour d'Assises de Bexar, Genene a renoncé à son droit d'être jugée par un jury. Son avocat, Royal Grifin, ne citera aucun témoin à comparaître pour la défense. Les procureurs D. Millas et son assistant Nick Rothe en appelleront quatre-vingt-douze. Dont l'épidémiologiste le docteur Istre : « L'étude que j'ai effectuée a révélé que, d'avril 1979 à mars 1982, dix-neuf des patients en bas âge de Genene Jones sont morts en sa présence, après avoir subi une réanimation cardio-pulmonaire. J'ai pu également relever que trente-sept autres patients dont elle s'occupait ont subi un arrêt cardiaque, mais ont survécu. » Et Susanna Maldonado : « J'ai fait une liste de tous les enfants décédés durant son service, entre janvier et décembre 1981, j'en ai relevé quarante-deux. Quand elle l'a découvert, elle m'a envoyé deux menaces de mort. » Le juge Pat Priest rend son verdict le 24 octobre 1984, il la condamne pour blessures volontaires à soixante ans de prison.

Genene n'en a pas terminé pour autant avec la justice. Ses deux procès ont fait beaucoup de bruit dans la presse et, maintenant, tous les parents qui ont eu affaire à Genene, et dont les enfants sont décédés lorsque cette dernière en avait la charge, veulent savoir. Petti, la mère de Chelsea, ainsi que les procureurs Sutton et Millaps veulent comprendre pourquoi les responsables de l'hôpital ont fait l'autruche et connaître tous les noms des enfants qui sont passés entre les mains de Genene Jones. Une autre étude, publiée en 1985 dans le *New England Journal of Medecine,* révèle également que durant la période où Genene Jones travaillait à l'hôpital de San Antonio, quarante-deux enfants sont morts, dont trente-quatre lorsqu'elle était en service : une augmentation de 178% des taux de mortalité sur la période de janvier à décembre 1980. En attendant de trouver d'autres preuves permettant de l'inculper pour d'autres meurtres, elle a été incarcérée au Texas Department of Criminal Justice's Lane Murray Unit à Gatesville, dans le comté de Coryell au Texas.

Genene a fait appel le 20 février 1989 : rejeté. Le 21 août 1992 : rejeté. Le 14 février 1996 : rejeté. Le 7 janvier 1999 : rejeté. Le 1er février 2002 : rejeté.

VIII

« Je n'ai pas tué ces bébés, ce sont les voix qui sont dans ma tête qui les ont tués. »

Tout n'est malheureusement pas fini. Car il existe l'amendement « libération obligatoire » adopté en 1977, qui vise à désengorger les prisons : tout prisonnier ayant purgé sa peine légale de prison ferme (35 ans au Texas et en 1983) doit être libéré. En 1987, cet amendement a été abrogé, mais Il n'est pas rétroactif. Et la sentence de Genene Jones est soumise aux règles de l'amendement de 1977, ce qui signifie qu'elle pourrait être libérée en 2018 : « Quand j'ai appris ça, j'étais effondrée. Je me suis dit "Oh non ce n'est pas possible, on ne peut pas remette en liberté une tueuse en série, qui plus est une tueuse de bébés". Je dois maintenant trouver quelqu'un d'autre, une autre famille qui a été victime de Genene Jones. C'est la seule façon de garder cette femme en prison. Qui sait ce qu'elle peut faire si elle sort. C'est ma mission maintenant », confie Petti McClellan à la journaliste Geetika Rudra pour ABC News, en 2013.

En 2014, un jeune procureur est élu, Nicolas LaHood. Faire tomber Jones a été son cheval de bataille durant la période électorale. Il s'est alors rallié à la cause de Petti et a relancé une enquête : « Mon souhait est d'apporter d'autres preuves de sa culpabilité, je ne veux laisser aucune victime de côté, je suis aujourd'hui persuadé qu'elle est responsable de la mort de soixante bébés », déclare-t-il à la presse en 2017. Et le 25 mai 2017, Jones est mise en examen pour le meurtre de Joshua Sawyer, 11 mois, le 12 décembre 1981. Le 21 juin, pour le meurtre de Rosemary Vega, 2 ans, le 16 septembre 1981. Le 29 juin, pour les meurtres de Richard Nelson, 8 mois, le 3 juillet 1981, et de Patrick Zavala, 4 mois, le 17 janvier 1982. Et le 31 octobre, pour le meurtre de Paul Villarreal, 3 mois, le 24 septembre 1981. Genene les a tous assassinés en leur injectant des doses létales d'héparine ou de Dilantin.

Le 4 décembre, Genene est transférée à la prison de Bexar, et le 7 décembre s'ouvre l'audience préliminaire. Elle plaide non coupable. En attendant de fixer la date du procès, il lui impose une caution d'un million de dollars, par précaution, sinon elle pourrait sortir en mars 2018. Lors de la seconde audience préliminaire, qui se déroule le 14 avril 2018, elle reconnaît avoir tué ces enfants : « Je n'ai pas tué ces bébés, ce sont les voix qui sont ma tête qui les ont tués. »

Il n'y aura pas, au sens légal du terme, un procès, mais plutôt plusieurs audiences en vue d'en préparer un. Elle renoncera à nouveau à son droit d'être jugée par un jury.

En juin 2019, Petti McClellan décède à l'âge de 64 ans. Elle n'aura pas la joie d'écouter la sentence, mais ses paroles ont toutefois été entendues. « Elle n'a pas été jugée, car elle a finalement plaidé coupable pour le meurtre de Joshua avant le début du procès. Elle a néanmoins été condamnée, le 16 juin 2020, à la prison à perpétuité pour le meurtre de Joshua Sawyer », m'explique le journaliste Peter Elkind. Elle ne pourra pas faire appel avant 2038, elle aura 88 ans.

Ses motivations ? Les psychiatres lui ont, en plus d'être atteinte d'histrionisme, diagnostiqué le syndrome de Münchhausen par procuration : « *Lequel est une maltraitance psychologique complexe. Les personnes atteintes de ce syndrome n'hésitent en effet pas à inventer des symptômes, voire à les provoquer, quitte à mettre la santé de leur enfant en danger. Le parent peut prétendre que l'enfant a de la fièvre, provoquer chez lui des vomissements en lui faisant ingérer des vomitifs ou des saignements en lui administrant des anticoagulants…* » Comme l'article l'explique, le plus souvent ce sont des parents, et plus particulièrement des mères, qui en sont atteints, et leurs victimes sont leurs propres enfants. Genene Jones a préféré faire souffrir les enfants des autres. Lorsqu'elle ne les tuait pas.

« Vous devriez purger une année de prison pour chaque année de vie que vous avez volée aux bébés que vous avez assassinés.

J'espère que vous vivrez une longue et misérable vie derrière les barreaux », a déclaré la maman de Joshua, des sanglots dans la voix. Jones n'a pas bronché ni pleuré.

Juana Samperio Barraza

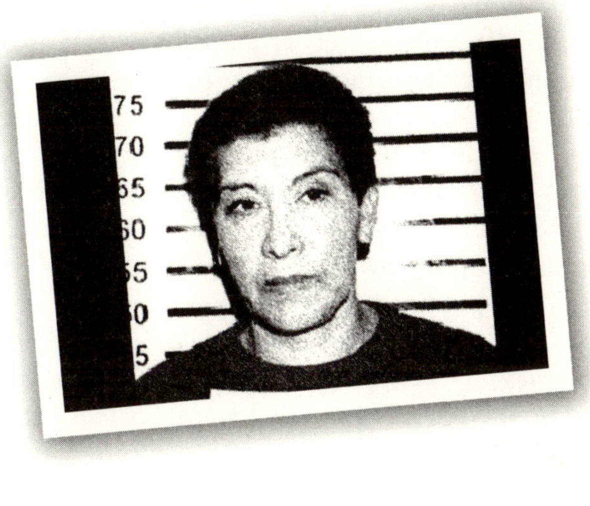

I

El Mataviejitas

2003. La police de Mexico doit se rendre à l'évidence : un tueur en série sévit. Tout a commencé en 1998 quand la police retrouve, à quelques semaines d'intervalle, trois personnes âgées, des femmes, assassinées seules chez elle. Elles ont été asphyxiées, l'une avec un collant, l'autre avec un stéthoscope et la troisième avec un câble électrique. Au début, les autorités ont refusé d'admettre que ces crimes pouvaient être l'œuvre d'une seule et même personne. Mais désormais, elles n'ont pas d'autre choix que de se mettre devant le fait accompli. Ils n'ont pas moins de dix-sept homicides sur les bras. Et cela se déroule toujours selon le même schéma et les mêmes profils : les victimes sont des femmes âgées de 70 ans ou plus, pour la plupart aux revenus modestes et vivant près d'un parc ou d'un jardin, dans les quartiers pauvres de la ville. Dans tous les cas, les victimes ont été asphyxiées avec des objets tels que des collants, des câbles, des stéthoscopes, ou même la ceinture de leur chemise de nuit. Pour les autorités, il faut agir, et vite. Car si d'autres mamies sont assassinées cette année, l'opinion publique et les journalistes vont assaillir les politiques. Tout est alors mis en œuvre pour arrêter leur tueur en série qu'ils surnomment « *El Mataviejitas* » (« le tueur de petites vieilles », l'article *el* indiquant un sujet masculin). Selon les résultats d'enquête de la police, *El Mataviejitas* est probablement un homme déguisé en femme qui s'introduit dans les maisons en se faisant passer pour une travailleuse sociale ou une infirmière du programme gouvernemental de la ville, le Sí Vale : « *En 2001, López Obrador, alors maire de Mexico, avait créé un programme d'aide publique, Sí Vale, qui offrait aux citoyens de plus de 70 ans l'équivalent de 70 $ par mois, la gratuité des transports publics et des soins de santé.* » La police n'est d'ailleurs pas aidée par Obrador qui nie l'existence d'un tueur en série et impute le phénomène *El Mataviejitas* à une conspiration du parti fédéral d'opposition contre les politiques sociales de son gouvernement. Les enquêteurs ont quand même la conviction que le tueur gagne la confiance de ses victimes, puisqu'aucun signe d'effraction n'a été constaté : ni serrures cassées ni portes forcées.

Décembre 2013. Grâce à des témoins ayant aperçu *El Mataviejitas* avec les victimes ou près du domicile des victimes, les policiers sont en mesure de dresser plusieurs portraits-robots qui sont diffusés dans la presse, accompagnés d'un message d'alerte pour mettre en garde toutes les personnes âgées de la ville. Mais cela ne donne rien. Dès lors, le chef de la PGJDF (Bureau du procureur général de la ville de Mexico), Bernardo Bátiz, change pour la énième fois d'avis, il revient sur l'idée que ces crimes seraient commis par un tueur en série : « Nous menons l'enquête, mais je tiens à dire que *El Mataviejtias* n'existe pas. Il s'agit certainement de plusieurs tueurs qui se copient mutuellement », déclare-t-il devant la presse début janvier 2004. Il ajoute : « Ce criminel n'existe que dans notre imagination. »

Dans le même temps, des mamies continuent de se faire tuer par un, une ou plusieurs siphonnés.

II

« Nous avons affaire à une personne intelligente. Qui attire facilement la sympathie puisque nous n'avons retrouvé aucune trace d'effraction. »

Le 6 janvier 2004, María Margarita Aceves, 75 ans, est retrouvée par ses voisins chez elle à Azcapotzalco (division territoriale de Mexico), étranglée avec un câble électrique.

Le 20 février, Alicia González Castillo, 75 ans, originaire du Guatemala, est retrouvée étranglée dans son appartement, dans le quartier de Guerrero.

Cinq jours plus tard, Andrea Tecante Carreto, 74 ans, est retrouvée morte étranglée dans son appartement de l'unité Lindavista Vallejo.

En mars, María del Carmen Cardona, 72 ans, est retrouvée morte étranglée à son domicile dans le quartier de Clavería, à Azcapotzalco.

Le 24 mai, Guadalupe González est retrouvée étranglée à son domicile dans le quartier de Guadalupe Tepeyac.

Après ces quatre nouveaux meurtres, Bernardo Bátiz fait une nouvelle annonce et change encore d'avis dans la foulée : « Le criminel choisit des personnes âgées, leur propose de s'occuper de leur carte de soutien du gouvernement local et, une fois qu'il entre dans leur maison, il les étrangle et vole des objets, souvent sans valeur. Je ne suis pas sûr de l'existence d'un tueur en série, mais je ne l'exclus pas non plus. »

En avril 2004, Araceli Vázquez García est arrêtée. Elle est suspectée d'avoir volé dix personnes âgées et d'en avoir assassiné une. Elle se faisait aussi passer pour une infirmière afin de gagner la confiance des mamies. Bátiz est convaincu d'avoir appréhendé sa tueuse de vieilles dames. Araceli Vázquez García est jugée, mais seulement pour un meurtre, elle écope de quarante-deux ans de prison, elle est incarcérée dans la prison pour femmes, Santa Marta Acatitla.

Mais depuis que Vázquez est en prison, quatre autres meurtres ont été enregistrés, dont celui d'Imelda Estrada Perez, 76 ans, qui a été retrouvée le 17 novembre chez elle, dans le quartier industriel de Gustavo A. Madero. Imelda a été étranglée.

Le 23 juillet 2004, Bátiz présente aux médias Alejandro Ovando Salvatierra, 26 ans, comme étant *El Mataviejtias* : il était entré dans une maison dans le quartier de Colonia Alamos et avait tenté d'étrangler une personne âgée. Mauvaise pioche à nouveau : il s'avère que Salvatierra n'est pas le tueur de mamies.

Une autre erreur survient le 12 septembre 2004. Jorge Mario Tablas Silva, 54 ans, est présenté comme un autre *El Mataviejitas*. Silva est accusé d'avoir tué deux personnes âgées. Tablas se déguisait aussi en infirmière et portait des vêtements de femme et une perruque. Tablas a étouffé les mamies en leur enfonçant une paire de collants dans la bouche. Il prétendait travailler pour un « programme d'aide mensuelle aux personnes âgées » de la ville. Tablas a été condamné à soixante et un ans de prison.

Le 19 novembre 2004, Bernardo Bátiz est obligé de reconnaître que Vázquez et Tablas ne sont pas *El Mataviejtias* : « Nous avons quatre ou cinq cas de plus pour lesquels il y a beaucoup de similitudes dans les faits, et nous avons plusieurs pistes », ajoute-t-il.

Il se tiendra désormais à sa dernière déclaration, à savoir qu'il y a bien un tueur en série qui sévit dans sa ville.

Le 10 février 2005, le corps sans vie de María Elena Mendoza Vallares, 59 ans, est retrouvé chez elle.

Le 13 avril, Lucía Pérez, 72 ans, est retrouvée morte, étranglée par un bas, chez elle, dans la délégation Gustavo A. Madero.

Le 14 avril, Elisa Pérez Medin, 76 ans, est retrouvée dans sa maison de Gustavo A. Madero, morte avec un bas dans la bouche. Le même jour, Rosa Arturo Patiño Barranco, 74 ans, est retrouvée à son domicile de San Juan de Aragón, morte, elle aussi avec un bas dans la bouche.

Le 19 avril, Carolina Robledo, 79 ans, est poignardée à mort chez elle.

Le 21 avril, Ana María Velázquez Díaz, 64 ans, est retrouvée pendue avec un câble électrique dans sa maison, dans le quartier de Hipódromo Condesa.

Le 15 mai, le corps sans vie de Delfina Quiroz de la Rosa, 76 ans, est retrouvé avec un soutien-gorge autour du cou et un sac en plastique sur la tête.

Le 5 juillet, deux corps sont retrouvés, celui d'une femme de 64 ans, identifiée comme étant Julia Vargas, et celui d'un homme de 84 ans, Mario Cruz Flores. Leurs corps étaient dans un tel état de décomposition que les légistes n'ont pas été en mesure de déterminer les causes de leur décès.

Le 25 août 2005, Bernardo Bátiz donne une nouvelle conférence de presse. Le bilan est lourd. Il annonce les meurtres d'au moins quarante-trois personnes dans la ville de Mexico depuis 2003. Officiellement, un seul tueur en série est recherché, après que les enquêtes ont révélé la présence d'une même personne dans au moins quatre homicides au cours de cette période. Le criminel n'a pas de casier judiciaire, et il n'a même pas été possible de déterminer si les empreintes digitales trouvées sur les corps des victimes appartiennent à un homme ou à une femme. La confusion de la police est absolue. Bátiz a reconnu, lorsqu'il a diffusé deux nouveaux portraits-robots, que les enquêteurs ne savent toujours pas s'il s'agit d'un homme déguisé en femme ou d'une femme ressemblant à un homme, ou même s'il y a vraiment deux tueurs. Quant au modus operandi, il reste le même : une prétendue infirmière ou une prétendue travailleuse sociale. Et maintenant, il ou elle se présente en superviseur des eaux ou du gaz afin d'offrir une assistance ou un contrôle rapide. Puis, une fois la confiance installée, le tueur ou la tueuse bute la mamie. Il ajoute : « Trois des quatre dernières victimes du tueur possédaient une reproduction d'un tableau du XVIIIe siècle, le *Garçon au gilet rouge*, de l'artiste français Jean-Baptiste Greuze. »

La dernière malheureuse à être tombée entre les mains du tueur est Emma Reyes Peña, 78 ans, qui a été retrouvée le 10 août dans sa chambre à Villa Coapa, morte étranglée avec un câble électrique. Tous ses biens ont été saccagés. Quelques heures auparavant, et à quelques mètres du lieu du crime, des agents du groupe Parcs et Jardins avaient donné pour consigne aux mamies de ne pas ouvrir leur porte aux inconnus. Visiblement, Emma ne les a pas entendus.

Le groupe Parcs et Jardins a été créé pour attraper *El Mataviejitas*, il est composé de trois cellules d'agents de police, réparties dans différentes parties de la ville. Ces groupes d'agents, depuis août 2005, surveillent les marchés, les églises, les centres de santé, tous les lieux où peuvent se réunir les personnes âgées en somme. Il ne s'agit pas d'une surveillance aléatoire. Selon le procureur Guillermo Zayas Gonzalez, l'opération est appliquée dans les zones où, selon des témoins, *El Mataviejitas* a été aperçu. Certains agents sont déguisés, mais la tâche n'est pas facile. Selon l'Institut national des statistiques, de la géographie et de l'informatique, la ville de Mexico compte 847 000 personnes âgées, dont 45 000 vivent seules. Le directeur de l'Institut national des personnes âgées (Inapam), Pedro Borda Hartmann, ajoute : « Il y a des milliers de personnes qui vivent seules, abandonnées par leur famille. Qui les accompagne ou veille sur leur vie ? La seule chose qu'elles ont est la solitude, alors quand quelqu'un leur parle, elles lui font immédiatement confiance. » C'est d'ailleurs pour cela que le procureur insiste : « Nous avons affaire à une personne intelligente. Qui attire facilement la sympathie puisque nous n'avons retrouvé aucune trace d'effraction. Je conseille à tous nos citoyens de ne pas ouvrir votre porte à une personne que vous ne connaissez pas. »

Le 28 septembre 2005, le corps sans vie de María del Carmen González Miguel, 84 ans, est retrouvé avant celui, plus tard dans la journée, de Guadalupe Oliveira Contreras, 84 ans, dans son appartement à Tlatelolco. Les deux femmes ont été étranglées avec un bas.

III

Les autorités demandent de l'aide à la France. Trois policiers embarquent alors pour Mexico.

La blouse blanche appartient désormais au passé. Selon le voisin d'une victime, *El Mataviejitas* porte maintenant un jean bleu et un pull-over rouge. La police est convaincue que le tueur est soit un homosexuel, soit un travesti. Le 14 octobre, les enquêteurs vont commettre une bourde qui ne va pas plaire à certaines associations : entre 23h30 et 23h45, dans le quartier de Tlalpan, sous l'ordre du procureur Benito Juarez, une troupe de policiers a arrêté sans ménagement et en manifestant des violences arbitraires quarante-six travestis et transgenres, travailleurs du sexe, juste pour relever leurs empreintes. « Une plainte a été déposée auprès de la Commission des droits de l'homme de Mexico, car le traitement qui leur a été infligé est discriminatoire et humiliant. Nous sommes certains que la plupart de ces personnes ne se seraient pas opposées à une collaboration avec les autorités », a déclaré le porte-parole de

Jaime Montejo, une association de soutien aux femmes. De plus, tout ce remue-ménage n'a servi à rien puisqu'aucun d'entre eux ne s'est révélé être *El Mataviejitas*.

Le 21 novembre 2005, la police de Mexico signale que le tueur pourrait bientôt frapper à nouveau. La dernière victime en date est María de los Angeles Repper, 92 ans, étranglée dans sa chambre le 18 octobre. Les meurtres se rapprochant les uns des autres au cours de l'année écoulée, la police craint qu'un nouveau meurtre ne soit imminent. « Il ne s'agit pas d'une simple spéculation », a déclaré le chef de l'enquête, Renato Sales, lors d'une conférence de presse. Les recommandations faites par Bátiz au mois d'août précédent n'ont visiblement pas été entendues. Sales a encouragé les femmes de plus de 60 ans, vivant seules, à redoubler de vigilance : ne surtout pas parler à des inconnus. Puis démentie, par ailleurs, une information selon laquelle la police aurait engagé des femmes âgées pour rôder dans les centres commerciaux et les parcs afin de piéger le tueur.

En janvier 2006, la police n'a toujours pas arrêté le monstre. Les procureurs sont montrés du doigt. Une récompense de cent mille pesos est alors offerte à celui ou celle qui lui mettra la main de dessus. Le même mois, les autorités demandent de l'aide à la France. Trois policiers embarquent alors pour Mexico. C'est Philippe Dussaix, inspecteur de la brigade criminelle de la police judiciaire de Paris et docteur en administration publique, qui est chargé de leur enseigner ses techniques. Son intervention arrive dans un contexte particulièrement tendu. Philippe Dussaix est revenu sur le cas de Thierry Paulin. Paulin avait tué une vingtaine de personnes âgées, des femmes, à Paris, entre 1984 et 1986. La presse l'avait surnommé « le monstre de Montmartre, le tueur de vieilles dames ». Il avait été retrouvé, puis confondu, grâce aux empreintes qu'il avait laissées sur les lieux de ses crimes. L'inspecteur a ainsi insisté auprès des fonctionnaires mexicains sur l'importance de laisser intacte une scène de crime. Dussaix affirme qu'on n'arrête personne « par hasard ou par chance, ça n'existe pas. »

IV

« *Je hais les vieilles dames, elles me font penser à ma mère.* »

C'est pourtant par hasard que, le 25 janvier 2006, Jose Ismael Alvarado, 36 ans, et Marco Antonio Cacique Rosales, 37 ans, vont arrêter celui qui fait trembler Mexico depuis bientôt huit ans, *El Mataviejitas.*

Les deux policiers travaillent ensemble depuis quatre ans. Comme d'autres collègues, ils ont collé le portrait-robot du criminel sur leur voiture de patrouille. Depuis quelques mois, ils rêvent d'attraper le célèbre tueur en série. Cette idée s'est intensifiée lorsque, dans les rues du quartier de Moctezuma, les résidents ont vu rôder le criminel, en décembre, sur la route Ignacio Zaragoza. Mais les meurtres ont cessé entre-temps. Certains se demandent même si le tueur n'a pas fui la ville.

La journée du mercredi s'annonce donc routinière pour Jose et Marco. Dans la matinée, ils ont été appelés à se rendre dans la rue Jose Jasso pour une histoire de voiture volée. Ils font leur ronde, « à la vitesse de la patrouille », comme on dit dans le jargon policier mexicain, quand ils entendent un jeune homme crier « police, police ! ». « On a vu un homme courir, et le jeune homme qui criait nous le pointait du doigt. Marco est sorti de la voiture tandis que je conduisais pour tenter de l'intercepter », se souvient Jose. Marco poursuit le fuyard et l'attrape : « Il m'a frappé avec son sac, lequel contenait des bouteilles de shampoing, mais j'ai réussi à le maîtriser », dit Marco. Et là, stupeur. Il réalise qu'il vient d'arrêter *El Mataviejitas.* Puis second choc. Le tueur tant recherché n'est pas un homme, mais une femme.

José et Marco appellent illico des renforts et une ambulance. José installe la tueuse dans la voiture de patrouille, tandis que Marco interroge le jeune homme de 25 ans, Reyes Alfaro. Qui explique : « Ana María de Los Angeles Reyes me loue une chambre, et lorsque je suis rentré, j'ai croisé cet homme, puis j'ai remarqué que la porte de la salle à manger était ouverte. J'ai voulu saluer Anna, mais je l'ai trouvé allongée sur sol. J'ai tout de suite compris, puis vous connaissez la suite. » Reyes et Marco découvrent avec effroi le corps sans vie d'Anna, 82 ans. Son visage est couvert de sang et un stéthoscope est enroulé autour de son cou.

C'est le commissaire Briones qui est chargé de conduire l'interrogatoire. Il décide de lui parler avec une extrême gentillesse :

« Votre nom, s'il vous plaît ?

– Juana Samperio Barraza.

– D'où venez-vous ?

– De Pachuca.

– Tiens ! Moi aussi. Nous sommes alors des compatriotes. Vous avez de la famille ?

– Oui, j'ai deux jeunes enfants. Pourriez-vous appeler ma fille aînée afin qu'elle aille chercher mes fils à l'école ?

– Oui bien sûr. Pourquoi avez-vous fait ça ?

– À cause de mauvais conseils et de mauvaises fréquentations. »

Elle soutient mordicus que son dernier meurtre est le seul. Briones a beaucoup de mal à la croire, tant la ressemblance entre le buste en cire réalisé en décembre et Barraza est frappante. Elle s'est montrée nerveuse, mais n'a pas manifesté une once de remords, selon le policier, même si plus tard elle s'est mise à pleurer, mais seulement pendant un instant. Elle a dit avoir peur d'être tuée en prison et finit en ajoutant qu'elle avait l'intention d'épouser « un autre homme » prochainement. Elle a avoué avoir croisé Ana María de Los Angeles Reyes dans la rue, lui aurait porté ses courses jusque chez elle, puis lui aurait demandé un verre d'eau. Malgré toute la publicité dans la presse et dans les rues, la mamie ne l'a malheureusement pas reconnue et l'a invitée à rentrer se désaltérer dans sa cuisine : « Je lui ai demandé si elle voulait que je travaille un peu pour elle, genre lui faire des ménages ou des courses. Elle a refusé et je me suis emportée. Je hais les vieilles dames, elles me font penser à ma mère. »

V

« *La Dama del Silencio* »

On sait peu de choses sur la vie de Juana Barraza, si ce n'est qu'elle est née le 27 décembre 1958 à Pachuca de Soto, dans l'État d'Hidalgo. Son père, Trinidad Barraza, un ancien policier aurait, dit-on, abandonné sa mère Justa Samperio le jour même de la naissance de Juana. Mais selon le demi-frère de Trinidad Barraza, Jesús Manjarrez Avila : « Justa Samperio la mère de Juana, a abandonné mon frère et ses deux filles Angela et Juana. Puis la famille s'est éclatée. » Il précise que Juana était la sœur cadette. Après le départ de sa mère, Juana Barraza est laissée à la charge d'un autre oncle, qui résidait à Mexico. Jesús reconnaît que la mère de Juana était une femme qui buvait beaucoup, notamment du pulque de la région (Le pulque est une boisson alcoolisée traditionnelle, d'origine mésoaméricaine, issue de la fermentation partielle de la sève de divers agaves). Puis la grand-mère maternelle de Juana, Refugio, s'est occupée de Juana pendant un temps, mais elle a aussi pris la fuite et Jesús n'a jamais plus entendu parler d'elle. « Juana a grandi ici à Hidalgo, mais nous n'avons aucune nouvelle depuis belle lurette de sa sœur Angela. Pendant longtemps, mon frère l'a cherchée sans succès. Nous ne savons pas si Angela sait que Juana est sa sœur », a-t-il dit. Ça, c'est la version de la famille.

La version de Juana est autre. Cette dernière a raconté à la psychologue et auteure Feggy Ostrosky que sa mère était femme au foyer et avait eu deux enfants avec un autre homme. « Justa était alcoolique et la situation économique dans laquelle ils vivaient était très précaire », raconte Ostrosky. Il était interdit à Juana de sortir et d'aller à l'école, car son beau-père considérait que les femmes n'avaient pas besoin d'étudier pour être femmes au foyer. Barraza a été quotidiennement agressée physiquement et verbalement par sa mère. Ces attaques étaient inconnues de son beau-père, la seule personne que Juana considérait comme son protecteur. Un jour, la mère de Juana l'a emmenée prendre un verre avec des amis. En état d'ivresse, sa mère l'a échangée contre trois bières à José Lugo. Dès le premier jour, José l'attache au barreau du lit, puis la viole. À partir de cet instant, elle sera violée quotidiennement, dévouée aux tâches ménagères avec l'interdiction de sortir. Elle tombe enceinte une première fois et se fait avorter. Puis une seconde, elle garde l'enfant, un petit garçon. Cinq ans plus tard, le frère de son beau-père qui n'a jamais cessé de la chercher la retrouve. Les deux frères vont l'aider à élever son fils. Elle a 18 ans quand sa mère décède d'une cirrhose du foie. À 23 ans, elle épouse Miguel Ángel Barrios avec qui elle a une fille. Mais à peine sont-ils mariés qu'il commence à la frapper. Elle le quitte, entame une nouvelle relation avec un homme nommé Félix Juárez, qui la frappe également. Elle a un autre fils, et quitte son mari. En 1998, son premier fils, José Enrique, est tué lors d'une bagarre de rue alors qu'il n'a que 24 ans. Juana raconte : « Cette mort a été le moment le plus triste de ma vie. » Durant l'interrogatoire, elle a raconté à l'enquêteur Briones qu'elle avait deux fils, dont un serait celui d'un couple et dont elle aurait la charge. En gros, c'est à peu près ainsi que s'est déroulée son enfance, même s'il est à noter que beaucoup de versions diffèrent.

Au cours des années quatre-vingt et quatre-vingt-dix, Barraza a occupé divers emplois et pratiqué la *lucha libre*, technique qui implique généralement des combats titanesques entre des combattants portant des noms et des costumes de personnages de dessins animés. Ils s'identifient comme étant des *técnicos* (les gentils qui se battent selon les règles) ou des *judos* (les méchants qui les enfreignent). Interviewée par une grande chaîne de télévision lors d'un événement de lutte quelques semaines avant son arrestation, Barraza s'est décrite comme étant « rude ». Elle organisait également des événements de lutte pour les fêtes de petites villes, combattant parfois elle-même sur le ring. Son personnage de lutte était « *La Dama del Silencio* », la Dame du Silence. Elle aurait déclaré à la police qu'elle avait choisi ce titre « parce que je suis silencieuse et que je garde tout pour moi. » En 1996, Moisés Flores Domínguez, un officier de police fédérale corrompu, la chope après un cambriolage qu'elle venait de commettre. Il exige 12 000 pesos en échange de sa liberté. Elle accepte. Elle tentera d'utiliser cette histoire pour assurer sa défense durant son procès. Et de déposer plainte contre Flores, mais l'affaire avait plus de dix ans. Il y avait prescription. En 2000, Barraza, lors d'un combat, se brise le dos, elle n'est plus en mesure de catcher. Elle gagnait 300 à 500 pesos par combat, alors sa situation est devenue désespérée.

VI

Condamnée à une peine de 759 ans et 17 jours de prison pour dix-sept homicides et douze vols qualifiés.

Le 26 février 2004, Barraza est inculpée pour dix meurtres. Elle a plaidé coupable pour un seul d'entre eux – l'étranglement de Reyes – et non coupable pour les autres. Les procureurs de la ville déclarent aux journalistes qu'ils espèrent l'inculper pour vingt-sept meurtres et qu'ils disposent apparemment d'empreintes digitales la plaçant sur la scène d'au moins onze meurtres. « Je n'ai tué qu'une seule petite vieille dame. Pas les autres, a déclaré Barraza au tribunal, lors de sa première comparution en février. Ce n'est pas juste de me mettre les autres sur le dos. » Lorsqu'on lui demande de révéler son mobile, elle répond simplement : « Je me suis mise en colère. » Au fur et à mesure que le procès avance, la stratégie de la défense mêle les affirmations de Madame Barraza, qui prétend être un bouc émissaire pour tous les meurtres, sauf un, à des tentatives visant à la faire déclarer mentalement inapte à être jugée. Toutefois, les procureurs déclarent aux journalistes locaux que les études psychologiques de Barraza demandées par la défense ont conclu qu'elle est parfaitement consciente de ses actes. Dans les procès mexicains, il n'y a pas de jurés et peu d'audiences publiques. Au lieu de cela, les procureurs et les avocats de la défense présentent leurs preuves à un juge unique, au cours d'une procédure à huis clos qui peut durer des années. Le 31 mars 2008, le 67e juge pénal, basé à Santa Martha Acatitla, prononce la sentence. Barraza est condamnée à une peine de 759 ans et 17 jours de prison pour dix-sept homicides et douze vols qualifiés. Cela étant, en vertu de la loi mexicaine, la peine maximum d'emprisonnement est de 50 ans, les peines multiples sont généralement purgées simultanément. Si elle vit jusque-là, elle pourra sortir en 2056 (elle a déjà purgé deux ans). Elle a été incarcérée dans la même prison que Sara Aldrete, à Santa Martha Acatitla, prison de la ville de Mexico. Sara Aldrete a été condamnée, dans les années quatre-vingt-dix, à soixante-deux ans de prison. Elle est aujourd'hui âgée de 56 ans. Sara est accusée d'avoir été à la tête d'un cartel de drogue et d'une secte satanique qui aurait fait une vingtaine de victimes. Selon la police, les membres, y compris Sara, pratiquaient le cannibalisme. Sara est aussi classée dans la liste des tueuses en série, cependant il semblerait que beaucoup de fantasmes aient entouré son histoire.

VII

Son « activité » du vendredi après-midi consiste à promener des femmes âgées dans la cour de la prison.

Après l'arrestation de Barraza, la police a trouvé dans son sac une amulette de la Santa Muerte (elle personnifie la mort, un peu comme la Grande Faucheuse), et les agents qui ont fouillé sa maison ont découvert « un autel à la Santa Muerte », puis un serpent et une pomme en guise d'offrandes. À partir de là, toutes sortes d'hypothèses ont été émises quant au profil psychologique de Juana Barraza : les Mexicains sont très croyants et l'idée de personnifier l'image de la mort ne peut venir que d'un être dérangé. Seules les personnes dangereuses adorent la Santa Muerte.

Barraza est dangereuse, la psychologue en médecine médico-légale, Isabel Bueno, explique : « Barraza présente des signes de sociopathie et souffre d'un trouble dissociatif de la personnalité. » Car, une fois capturée, Juana Barraza Samperio n'a pas manifesté aucun remords à l'égard du meurtre qu'elle venait de commettre. Au contraire. « Elle avait l'air calme et confiante », ajoute-t-elle. Isabel Bueno estime qu'elle se rapproche du psychopathe. Elle explique que les sociopathes sont des individus qui utilisent souvent des expressions telles que « je ne suis pas à blâmer », « j'ai mes raisons de faire ce que j'ai fait », des expressions qui tentent de justifier leurs actions.

Comme toute tueuse en série, son cas a attiré des psychiatres du monde entier. Les médecins veulent savoir quelles ont été ses motivations. On ne peut pas dire qu'elle tuait vraiment pour l'argent puisque les procureurs ont toujours déclaré, lors des conférences de presse, que quasiment rien n'était volé. Qui plus est, la plupart de ses victimes étaient des femmes pauvres. Selon le criminologue associé à l'affaire, Miguel Ontiveros : « Barraza a été tellement marquée par les mauvais traitements que sa mère lui infligeait qu'elle a fini par s'en prendre aux vieilles dames parce qu'elle les identifiait à celle-ci. » Barraza a toujours clamé être une bonne mère, elle n'a pas reproduit le même schéma. Ses enfants lui rendent d'ailleurs souvent visite en prison.

Ironie du sort, son « activité » du vendredi après-midi consiste à promener des femmes âgées dans la cour de la prison. Barraza est la « coordinatrice de l'activité de promenade » depuis 2010, encadrant une cinquantaine de femmes âgées. En 2008, l'auteure

Susana Vargas Cervantes lui a rendu visite en prison pour son livre *The Little Old Lady Killer*, paru en 2009. « J'ai été décontenancée lorsque, souriante et rieuse, elle a commencé notre conversation en se plaignant du fait que les femmes âgées ne lui obéissaient pas : "Tu sais ce qu'elles me disent ? Pour qui te prends-tu ? Tu n'es pas mon patron" ! » Entre deux rires, Barraza a raconté à Vargas que les femmes âgées n'aiment pas marcher et préfèrent rester assises. Alors Barraza se met en colère. « Je ne peux pas travailler comme ça ! »

Beverley Gail Allitt

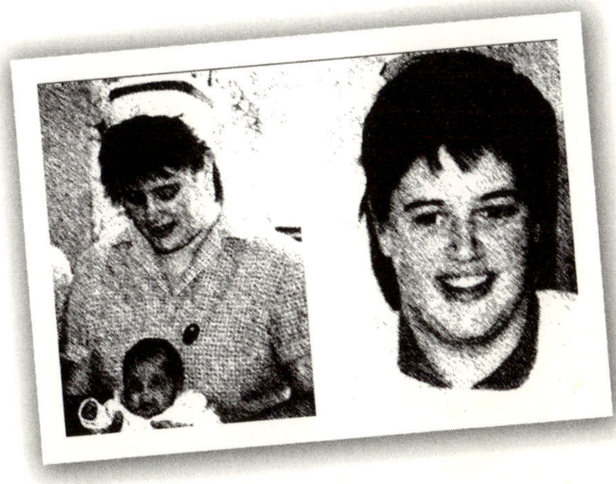

Grantham est une ville située dans l'est de l'Angleterre, à la limite du comté de Lincolnshire. Elle est connue pour avoir vu naître, en 1925, la dame de fer, Margaret Thatcher, et pour avoir accueilli le célèbre physicien et mathématicien, Isaac Newton, qui, entre 1655 et 1661, y a fait ses classes avant d'être introduit par un apothicaire, William Clarke, dans le monde fascinant de la chimie. Dans les années quatre-vingt, Grantham a été élue comme étant la ville la plus ennuyeuse d'Angleterre.

Mais c'est aussi dans cette ville qu'a sévi, dans les années quatre-vingt-dix, l'une des plus jeunes et des plus prolifiques tueuses en série du XXe siècle, Beverley Gail Allitt.

Le 29 avril 1991, le médecin en chef du service de pédiatrie du Queens Med Hospital à Nottingham, Sir David Hull, seul dans son bureau, se gratte le menton. Il est inquiet : entre le 21 février et le 22 avril, treize enfants âgés de 4 semaines à 11 ans ont été victimes, au sein du service de pédiatrie Ward Four du Grantham & Kesteven Hospital, de mystérieux arrêts respiratoires et cardiaques dont quatre ont été fatals. C'est trois fois plus que l'année précédente, sur une durée de douze mois. Il faut agir, sans plus attendre. Il saisit son téléphone et appelle l'hôpital. Il tombe sur l'un des responsables du Ward Four, le pédiatre Nelson Porter : « Il me semble, cher ami, que vous ayez un sérieux problème au sein de votre service. Comment expliquez-vous tous ces malheureux incidents ? Si vous n'appelez pas la police immédiatement, c'est moi qui m'en charge. »

Porter s'était posé les mêmes questions lorsqu'il avait reçu, onze jours auparavant, les résultats d'analyse sanguine du petit Paul Crampton : Paul était arrivé pour traiter une petite bronchiolite et, durant son séjour, il a été victime de trois arrêts cardiaques, lesquels ont nécessité des réanimations assez lourdes, pour un bébé de 5 mois. Ses résultats ont révélé la présence d'un taux élevé d'insuline dans son sang. Paul n'est pas diabétique. Porter avait fait part de ce douteux incident, des autres également, par courrier au directeur de l'hôpital, Martin Gibson. Sa lettre est restée sans réponse. Il a aussi écrit à son confrère, lui aussi responsable du service, le pédiatre Charithananda Nanayakkara, mais ce dernier n'a pas pris les inquiétudes de Porter au sérieux : Charithananda considérait que ces évènements étaient certainement dus à « la faute à pas de chance ». L'appel du docteur Hull ne l'alarme pas non plus. Il faudra attendre qu'un matelas prenne feu au sein du service de pédiatrie pour que Martin Gibson se décide à appeler la police.

Le 1er mai, le détective superintendant Stuart Clifton se rend sur les lieux et, en fouinant un peu, découvre que la seule personne qui avait la charge de ces enfants au moment des faits, et présente lors de l'incendie, est une jeune infirmière de

22 ans, nommée Beverly Gail Allitt. Puis il consulte les rapports de toxicologie, qui ont révélé la présence d'un taux anormal de chlorure de sodium, d'insuline et de lidocaïne (un anesthésiant local) dans la plupart des résultats sanguins des victimes. Clifton se dit alors : « Je suis certain qu'une personne tue et empoisonne délibérément ces enfants. Et cette jeune infirmière n'y est peut-être pas étrangère. »

I

Le plus troublant, c'est le jour où elle a foutu le feu dans la cuisine à l'aide d'excréments enroulés dans du papier journal.

Le 4 octobre 1968, The Yardbirds et The New Yardbirds (ils deviendront, le 25 du même mois, Led Zeppelin) font leurs débuts sur scène, et Beverley Gail Allit pointe le bout de son nez au Grantham & Kesteven Hospital, celui-là même où elle commettra ses crimes odieux vingt-deux ans plus tard.

L'état psychologique plus que problématique de Beverley Allit est passé inaperçu aux yeux de beaucoup de personnes, et surtout à ceux des membres de sa famille qui n'ont jamais rien remarqué d'anormal. Pour son père, Richard, livreur pour un distributeur d'alcool : « Ma fille ne ferait pas de mal à une mouche, c'est une enfant adorable, douce et serviable. » Pour sa mère, Liliane, femme de ménage dans une école : « Elle adore les enfants. Elle passe son temps à bercer sa nièce Katie, la fille de sa sœur aînée Donna, née en 1965. Nous avons une confiance aveugle en Beverley. » Sa petite sœur Alison, née en 1972, et son petit frère Darren, né en 1975, n'ont pas fait de commentaires, mais ils n'en pensent pas moins. Les Allitt sont unis, pour le meilleur et pour le pire. Dans le village où Beverley a grandi, Corby Glen (en

2011, sa population ne comptait pas plus de 1017 habitants), tout le monde se connaît et les habitants sont unanimes : « Elle était toujours la première à se dévouer pour garder les enfants du village. Moi-même, je lui confiais souvent mes fils Charles et Jimmy. Si l'on avait vu que quelque chose n'allait pas chez elle, personne ne lui aurait laissé ses enfants », confie un voisin et ami de la famille, Jeremy Marshall Roberts.

Pourtant, depuis son adolescence, Beverley affiche des troubles du comportement indéniablement identifiables. Une amie d'enfance, Rachel Skerrit, se souvient : « Elle arrivait toujours en classe avec des bandages, soit au pied soit au bras. Elle avait, en somme, toujours un truc qui n'allait pas, mais elle ne montrait jamais ses blessures. On savait qu'elle n'avait rien. Elle cherchait juste à attirer l'attention. » Au collège, sa prof principale, en revanche, n'y voit que du feu, les faux petits bobos de Beverley l'attendrissent.

Malgré ses absences répétées dues à ses maladies imaginaires, Beverley quitte le collège en 1985, avec en poche, un O-level (équivalent du BEPC en France) de nutritionniste, puis un GCSE (brevet des collèges) qui inclut les mathématiques, la biologie, l'anglais et le français. Son rêve ultime est de devenir infirmière, et plus particulièrement de travailler auprès des enfants. Elle s'inscrit en premier lieu à des cours de préparation avant de rejoindre, en 1987, la Graham Hospital School of Nursing. Dans sa petite bourgade, en dehors du temps passé au *Fighting Cooks*, le pub du village, il n'y a pas grand-chose à faire. C'est dans cet endroit qu'elle rencontre, en 1987, son premier petit ami, Stephen Biggs, Stephen n'a pas gardé un très bon souvenir de leur relation : « Elle était violente, elle m'a un jour attrapé par les testicules, jute parce qu'elle était contrariée. Elle cherchait toujours les ennuis. Elle refusait que je lui tienne la main en public. Elle m'avait aussi raconté qu'un homme l'avait violée, et que c'était la raison pour laquelle elle n'aimait pas s'offrir à moi. » Stephen découvrira plus tard qu'elle lui a menti : elle n'a jamais été violée. Ils se séparent en 1990, elle prétendra l'avoir quitté parce qu'il était atteint du sida.

Si son rêve est de devenir infirmière, elle ne fait pas grand-chose pour y parvenir : en deux ans, elle s'est absentée 126 jours durant lesquels elle s'est rendue à cinquante reprises chez différents médecins. Comme elle n'attire plus l'attention avec ses faux pansements, elle s'inflige maintenant des blessures. Elle se charcute avec tout ce qui lui tombe sous la main, verre brisé, couteau... elle va même jusqu'à s'injecter, pour provoquer des grosseurs, de la solution saline dans la poitrine : elle prétend avoir été victime d'accidents, avoir été agressée, être atteinte d'une maladie grave, comme d'un cancer du sein. Or, les médecins ne sont pas dupes, ils ont vite démasqué ses impostures. Sauf un, à qui elle a fait croire qu'elle souffre d'une appendicite. Après l'opération, le médecin est furieux, son appendice n'avait fichtrement rien, il l'envoie alors se faire soigner ailleurs. C'est ce qu'elle fait, mais avant cela, elle s'est volontairement, afin de provoquer une infection, arraché ses points de suture.

Beverley a d'autres TOC, et pas des moins bizarres. Dans la résidence qu'elle partage avec d'autres infirmières étudiantes, elle ne cesse de faire des choses étranges : elle passe régulièrement des appels anonymes sachant que ses colocataires savent que c'est elle. Elle provoque régulièrement des incendies, tantôt dans les toilettes, tantôt dans la salle de bains. Mais le plus troublant, c'est le jour où elle fout le feu dans la cuisine à l'aide d'excréments enroulés dans du papier journal. Et, quand elle n'y fout pas le feu, elle range les fientes, certainement les siennes, dans le frigo avant de recouvrir la poignée de celui-ci avec de la glue. Elle s'amuse également à les faire flotter dans la baignoire.

Entre 1987 et 1990, sa physiothérapeute l'a reçu à vingt-quatre reprises. Cette dernière ne lui a pas, au moment présent, diagnostiqué un syndrome de Münchhausen, ce « *trouble mental qui touche des personnes s'inventant des maladies. Le but est d'attirer l'attention du corps médical sur elles et de le convaincre de l'existence de cette pseudo-maladie. Pour cela, ces personnes vont jusqu'à prendre des médicaments ou faire subir à leur corps des mutilations afin de provoquer les symptômes.* » Elle a cependant signalé à la direction de l'hôpital que Beverley, en dehors même des blessures qu'elle s'inflige, n'est ni en mesure ni apte à s'occuper de personnes malades, et encore moins à s'occuper d'enfants. La toubib en a informé, via un rapport, la direction de l'hôpital, mais visiblement le message n'a pas été entendu. Puisque c'est exactement ce que l'on va lui demander de faire. Veiller sur des enfants.

Début décembre 1990, le Grantham & Kesteven Hospital offre, à celles et ceux qui ont obtenu leur diplôme, des postes au sein de leurs différents services dédiés aux adultes. Toutes et tous ont passé les entretiens avec succès. Sauf Beverley. Ses absences répétées et son comportement n'ont pas joué en sa faveur. Dans le même temps, et paradoxalement, le service de pédiatrie, le Ward Four, qui manque désespérément de personnel, lui propose de rattraper ses cent vingt-six jours d'absence, au sein de leur service. Elle prend son poste le 5 décembre.

II

« *Quand le médecin réanimait Christopher, je l'ai regardée, elle avait l'air d'être en transe.* »

Le 13 février, Beverley répond à une offre d'emploi au sein du service des soins intensifs pédiatriques du Pilgrim Hospital, à Boston. Elle se fait recaler : « Vous n'avez pas suffisamment d'expérience pour vous occuper d'enfants gravement malades », répond la direction de l'hôpital.

Dépitée, elle retourne travailler au Ward Four en tant qu'infirmière qualifiée, mais inexpérimentée, pour une durée de six mois : la direction avait passé une annonce, mais personne n'avait postulé. Comme Beverley est déjà sur place, la direction joue la carte de la facilité. Ils vont amèrement le regretter.

Le 14 février – son contrat de travail ne prendra effet que le lendemain –, Beverley signale que la clé du réfrigérateur, où l'on stocke les médicaments, a disparu. Un rapport est alors établi, la serrure du frigo du Ward Four est remplacée. Or, cette petite clé ouvre toutes les armoires à pharmacie réfrigérées de l'hôpital et personne n'a songé à faire changer les autres verrous.

Le jeudi 21 février, Liam Taylor, 7 semaines, est admis au service du Ward Four pour une mauvaise toux et les yeux infectés. La radio révèle qu'il est atteint d'une pneumonie. Rien de grave, avec des antibiotiques, cela se soigne très bien aujourd'hui. Beverley, qui a la charge du petit, rassure les parents et les convainc de rentrer chez eux : tant que Liam sera entre ses mains, tout ira bien, leur dit-elle. Lorsque ces derniers reviennent plus tard dans la soirée rendre visite à leur bébé : « Beverley nous a dit qu'il avait été victime d'un malaise, qu'il avait beaucoup vomi et que si elle n'avait pas été là, il serait probablement mort », se souvient Chris Taylor, le père du bébé. L'infirmière en chef Margaret Geeson, qui était présente cette nuit-là, raconte : « Si le petit avait été victime d'un malaise, je l'aurais su, de plus Beverley ne m'a jamais parlé de cela. » Le vendredi 22, Liam a fantastiquement recouvré la santé, les Taylor décident alors de passer la nuit chez eux, ils reviendront tôt le lendemain matin. À 21h30, la physiothérapeute, Jenny Starling, fait sa ronde du soir, change les cathéters, lui donne ses antibiotiques, puis laisse le petit endormi et serein. Jenny est appelée d'urgence, une heure plus tard, Beverley est à son chevet, elle est hystérique : « Pauvre bébé, oh non, pauvre petit bébé. » Liam est mal en point : « J'étais très surprise, cela n'avait pas de sens, quand je l'ai laissé, il allait très bien », se souvient le docteur Starling. À 3h, Liam a repris du poil de la bête, Jenny décide alors de retourner à son bureau. À 4h, rebelote, Liam fait un autre malaise, Beverley charge l'infirmier David Wiles d'aller chercher d'urgence des cathéters et de faire venir une équipe de réanimation au plus vite. Les médecins le réaniment et le placent sous respirateur artificiel : son cerveau a été privé d'oxygène durant plus d'une heure, il est alors déclaré cliniquement mort. Ses parents, comprenant qu'il n'y a plus rien à faire, acceptent de débrancher les machines dans l'après-midi du 23 février. Les infirmières n'ont jamais compris pourquoi l'alarme du monitoring ne s'était pas déclenchée. Le rapport d'autopsie stipule : cause de la mort, septicémie. Ce rapport sera contesté plusieurs mois plus tard et les médecins légistes concluront : « *Après avoir examiné l'échographie du cœur, les causes de la mort sont : infarctus du myocarde, provoqué soit par une asphyxie soit par un empoisonnement.* »

Le dimanche 3 mars, Kayley Desmond, 15 mois, atteinte du syndrome de Down (trisomie 21) est admise à l'hôpital pour une infection des poumons et des vomissements. Le 10, les médecins estiment qu'elle est prête à rentrer chez elle : Kayley a merveilleusement recouvré la santé, elle est en pleine forme. Sa sortie est prévue pour le lendemain. Le 10, c'est aussi le retour de Beverley au sein du service, après sept jours de vacances. Peu de temps après la visite de routine, Kayley est victime d'un arrêt cardiaque. Les médecins arrivent à la réanimer. Or, quelques heures plus tard, elle est victime d'un second arrêt, elle est à nouveau réanimée, puis transférée au Queens Med Hospital, à Nottingham. Beverley se propose de les accompagner. Les pédiatres ont constaté une marque d'aiguille sous une aisselle de Kayley et les résultats du scanner ont révélé des bulles d'air dans les poumons. Ils en ont conclu à une injection accidentelle. Aucune enquête n'est diligentée. Aujourd'hui, Kayley a 30 ans et dit avoir toujours peur de l'infirmière : « Le soir, je regarde sous mon lit avant de me coucher, je pense tout le temps qu'elle va revenir. »

Le mardi 5 mars, un petit garçon de 11 ans atteint de paralysie cérébrale, Timothy Hardwick, est admis dans le service vers 14h : Timothy a été victime d'une grosse crise d'épilepsie à l'école. Il est arrivé avec un cathéter dans la veine. Néanmoins, comme sur le trajet il a repris ses esprits, aucun médicament ne lui a été administré. Heather Skayman, une infirmière étudiante, se souvient que lorsqu'elle l'a ausculté vers 17h30, son pouls et sa respiration étaient tout à fait normaux, et aucune perfusion ne lui a été posée. Vers 18h, l'infirmière Mme Reet demande à Beverley d'aller jeter un œil sur Timothy. Trois minutes plus tard, Beverley appelle à l'aide : « Quand je suis arrivée, il était pâle et très froid au toucher. Il avait l'air mort », se souvient Mme Reet. L'équipe de réanimation fait tout ce qu'elle peut pour le réanimer, mais en vain. Timothy s'éteint aux alentours de 18h30. L'autopsie n'a rien révélé de particulier, les causes de la mort ont d'abord été attribuées à une crise d'épilepsie. Plus tard, il sera démontré que Timothy est mort étouffé.

Le mercredi 20 mars, c'est au tour de Paul Crampton, 5 mois. Son père David se souvient : « Paul souffrait d'une bronchiolite. Mon médecin traitant nous a recommandé de le faire hospitaliser afin de le placer en observation. » Le vendredi 22 mars, le docteur Charith Nanayakkara informe David que Paul est suffisamment rétabli pour rentrer à la maison. Mais ce dernier préfère, par mesure de précaution, laisser son fils une nuit supplémentaire au sein du service. David s'absente quelques minutes de la chambre, et lorsqu'il revient : « Paul avait le teint gris, il ne bougeait plus. Beverley était près de lui, puis le médecin est arrivé et lui a fait une prise de sang. » Le prélèvement sanguin révèle que Paul a fait une crise d'hypoglycémie. Après avoir reçu une injection de glucose, Paul va beaucoup mieux, il joue dans son lit, sourit. Il est toutefois placé à nouveau en observation. Le lendemain, même chose, une autre crise survient. Puis le 28 au matin, David reçoit un appel de l'hôpital : Paul a été victime d'un troisième malaise. Il est transféré d'urgence au Queens Med Hospital à Nottingham. Beverley a tenu à accompagner Kathy, la mère de Paul, dans l'ambulance. Des prélèvements plus poussés sont effectués et les résultats, qui sont arrivés dans le courant du mois d'avril, ont révélé la présence d'un taux très élevé d'insuline.

Le vendredi 29 mars, Bradley Gibson âgé de 5 ans et demi, est admis pour soigner une pneumonie. Vers 3h du matin, Bradley appelle une infirmière : le cathéter le fait souffrir. Il se souvient d'avoir vu Beverley, puis plus rien. C'est Nanayakkara qui est de garde ce soir-là, il raconte : « On a bien failli le perdre. On a envoyé un choc, puis deux, puis trois, et au bout de trente-deux minutes, il est revenu à nous. » Trente-deux minutes sans oxygénation du cerveau, c'est long. Il est transféré d'urgence au Queens Med Hospital, où il reprend conscience le 1er avril : « Pendant longtemps, j'ai eu la jambe gauche paralysée, j'ai eu des pertes de contrôle de la vessie et des intestins, je faisais aussi beaucoup de cauchemars. Aujourd'hui, ça va mieux, je n'oublie pas pour autant », s'est-il confié. Les résultats toxicologiques ont révélé un taux élevé de salbutamol (médicament prescrit pour traiter les crises d'asthme et les problèmes pulmonaires).

Yik (Henry) Chan est un petit garçon de 2 ans en très bonne santé. Dans l'après-midi du samedi 30 mars, Henry tombe par la fenêtre du premier étage de sa maison. Il est amené d'urgence à l'hôpital, il s'en sort avec quelques égratignures. Le 31 mars, Henry va beaucoup mieux, sa mère décide alors de le laisser entre de bonnes mains, celle de Beverley. Et part dîner avec une amie. Un quart d'heure plus tard, Beverley signale à l'infirmière en chef que le petit pleure. La responsable constate qu'Henry a cessé de respirer et a viré au bleu. Il est illico placé sous oxygène et ne tarde pas à reprendre ses jolies couleurs, jusqu'au second arrêt respiratoire. Henry est alors transféré au Queens Med Hospital. Le résultat du scanner a révélé que Henry avait été victime d'un œdème pulmonaire, certainement causé par un étouffement.

La petite Becky Phillips, 3 mois, est une enfant prématurée, mais sans souci de santé particulier. Le lundi 1er avril, elle est admise en pédiatrie, juste pour une petite gastro-entérite. Le 4 avril, alors que Sue s'apprête à ramener sa fille à la maison, Beverley se plaint à une jeune étudiante en stage : « Elle m'a dit qu'elle trouvait que Becky était froide et moite comme si elle souffrait d'un excès d'insuline. Je lui ai dit d'arrêter d'être paranoïaque. Puis elle a pris la petite pour lui donner son biberon. » De retour à la maison, Sue remarque que sa fille n'est pas bien. Finalement Becky s'endort, mais vers 2h30 elle est prise de convulsions, puis elle cesse de respirer. Elle est conduite à l'hôpital, les médecins ne peuvent rien faire. Cause du décès : syndrome de mort subite du nourrisson. Plus tard, les légistes découvriront, dans ses prélèvements sanguins, un taux élevé d'insuline et de potassium.

Sue Phillips est maintenant très inquiète pour sa fille Katie, la sœur jumelle de Becky : elle craint que Katie ne soit victime du même syndrome. Elle décide alors de placer sa fille en observation. Beverley prend la petite en charge. Dix minutes plus tard, Katie cesse de respirer, elle est ranimée elle semble se stabiliser. En fin de journée, Jean Savill, l'infirmière de nuit, prend son service. C'est elle qui reste au chevet de Katie. Beverley lui tape sur les nerfs : « Tu es sûre que tu ne veux pas que je m'occupe de Katie ? Vraiment, ça ne me gêne pas de te remplacer », ne cesse de lui demander l'aide-soignante. Jean lui répond : « Non, non et non ! » Le lendemain, Katie se porte bien, pas de séquelles apparentes. Ses parents sont contents. Pas pour longtemps : Beverley arrive en courant pour leur annoncer que Katie a fait un nouveau malaise. Elle va en faire quatre en tout avant d'être transférée, le 7 avril, au Queens Med. Mais trop tard. Katie a subi de graves lésions cérébrales, irréversibles, qui vont la laisser partiellement paralysée, à moitié sourde et aveugle… Sue est persuadée que Beverley a fait tout ce qui était en son pouvoir pour sauver sa fille. Pour la remercier, Sue demande à Beverley de devenir la marraine de Katie. Beverley accepte.

Le dimanche 7 avril, Mickael Davidson, 5 ans et demi, est admis aux urgences du Grantham & Kesteven Hospital : en jouant avec un pistolet à air comprimé, son frère a tiré accidentellement et une balle s'est logée en dessous du foie de Mickael, les organes vitaux ne sont pas touchés, mais il doit subir une opération du le ventre. L'intervention se passe très bien, il est transféré au service de pédiatrie. Le 9 avril, le docteur Bradshaw ausculte Mickael, qui se remet parfaitement bien. Mickael doit recevoir une injection d'antibiotiques : « J'étais à côté de lui quand il a fait l'injection d'antibiotiques, trois minutes plus tard son cœur s'était arrêté de battre », se souvient son frère Mark. Le médecin ne comprend pas ce qui a pu se passer. Il le découvrira lorsque

Beverley sera arrêtée. C'est elle qui avait préparé la seringue. Mickael a rapidement été ranimé mais a toutefois gardé quelques séquelles et a longtemps fait des cauchemars après cela.

Le vendredi 12 avril, Christopher Peasgood, 4 semaines, est admis pour soigner une bronchite. Il est décrit comme « le pauvre petit bébé ». Le 13, Beverley est seule avec Christopher lorsque l'alarme du monitoring s'enclenche : « Quand je suis arrivée, il était bleu marine et ne respirait plus. On l'a transféré en salle de traitement, où il a bien récupéré. Puis on l'a laissé cinq minutes seul avec Beverley, et il a à nouveau été victime d'un arrêt cardiaque. Quand le médecin réanimait Christopher, je l'ai regardée, elle avait l'air d'être en transe », se souvient l'infirmière Claire Winser.

Christopher King, 2 mois, est atteint d'une sténose du pylore (une malformation congénitale du tube digestif, la sténose hypertrophique du pylore affecte environ 2 nourrissons sur 1000, dont une grande majorité de garçons). Il est admis le jeudi 11 avril, mais l'intervention se déroule le 15. Tout se passe bien. Le 18 avril, Beverley a la charge de Christopher : 3 malaises et 3 réanimations. Il est transféré à Nottingham. Il n'en gardera pas de séquelles physiques.

Patrick Elstone, 2 mois, est admis le 16 avril pour soigner une gastro-entérite. Il se remet bien jusqu'au jour où Beverley s'occupe de lui. Le 18 avril, il est victime de deux malaises en sa présence et subit deux réanimations. Subir, car ce petit bout chou souffre maintenant de lésions cérébrales irréversibles. Le rapport médical stipule que ces lésions sont le résultat d'une longue suffocation. Il est transféré à Nottingham.

Les médecins du Queens Med Hospital commencent sérieusement à se poser des questions : deux réanimations dans la même journée. Puis cinq depuis le mois de février. Cela commence à faire beaucoup. D'autant que ces enfants arrivent tous dans un sale état.

Le lundi 22 avril, Claire Peck, 15 mois, est admise à la suite d'une crise d'asthme. Sa mère s'inquiète, Claire est très fatiguée. Vers 17h, Beverley la prend en charge. Cinq minutes plus tard, la petite ne respire plus, l'équipe de réanimation arrive à la ramener à la vie. Le médecin l'examine vers 18h25, son état est stable, elle va même plutôt bien. À peine a-t-il tourné le dos que Beverley le rappelle pour lui annoncer que Claire vient de faire un nouveau malaise. Ils tentent de la réanimer, mais au bout d'une heure et quarante-cinq minutes, Claire s'éteint. Les résultats toxicologiques ont révélé une dose létale de potassium et de lidocaïne (un anesthésique local et un antiarythmique).

Beverley fait également des extras dans une maison de repos située dans le village de Waltham on the Wolds, à quinze minutes en voiture de Grantham. Le 27 avril, dans la soirée, elle prend son cinquième service au sein de cet établissement. Vers 5h du matin, l'infirmière Alice Stewart surprend Beverley en train de faire une injection à une pensionnaire endormie de 73 ans, endormie, Dorothy Lowe. Alice s'interroge : « Dorothy est diabétique, mais sa piqûre ne devait pas être faite avant à 7h. » Deux heures plus tard, Dorothy est transportée d'urgence au Grantham & Kesteven Hospital. Elle a été victime d'une crise d'hypoglycémie.

Les médecins du service des soins intensifs pédiatriques du Queens Med Hospital ont fait une petite enquête. Ils ont découvert que, depuis le mois de février, treize enfants ont été victimes d'arrêts respiratoires et cardiaques, dont quatre ont été fatals. Mais le plus troublant est que ces enfants ne présentaient pas de symptôme sévère lorsqu'ils ont été admis dans le Ward Four. Le 29 avril, ils font part de leur inquiétude à leur responsable, le docteur Hull, lequel reconnaît qu'il y a indiscutablement anguille sous roche. De retour à son bureau. Hull se gratte le menton. Il est inquiet. Il saisit son téléphone et appelle l'hôpital. Il tombe sur l'un des responsables du Ward Four, le pédiatre Nelson Porter : « Il me semble, cher ami, que vous ayez un sérieux problème au sein de votre service. Comment expliquez-vous tous ces malheureux incidents ? Si vous n'appelez pas la police immédiatement, c'est moi qui m'en chargerai. »

Porter s'est posé les mêmes questions, lorsqu'il a reçu, onze jours auparavant, les résultats d'analyse sanguine de Paul

Crampton : Paul, est arrivé pour traiter une petite bronchiolite, a été victime de trois arrêts cardiaques, lesquels ont nécessité des réanimations assez lourdes pour un bébé de 5 mois. Ces résultats ont révélé la présence d'un taux élevé d'insuline dans son sang. Paul n'est pas diabétique. Porter avait fait part de ce douteux incident, comme des autres, par courrier au directeur de l'hôpital, Martin Gibson. Sa lettre était restée sans réponse. Puis à son confrère, lui aussi responsable du service, le pédiatre Charithananda Nanayakkara, mais ce dernier n'avait pas pris les inquiétudes de Porter au sérieux : Charithananda considérait que ces événements étaient certainement dus à « la faute à pas de chance ». L'appel du docteur Hull ne l'alarme pas non plus. Il faudra attendre qu'un matelas prenne feu au sein du service de pédiatrie pour que Martin Gibson se décide à appeler la police.

III

« J'ai fait une analyse plus précise que la première et j'ai relevé 142 ml d'insuline dans son sang. Le taux normal pour un enfant de son âge se situe entre 10 et 15 ml. »

Le 30 avril, c'est le détective superintendant Stuart Clifton qui prend l'appel de l'hôpital : « Je me souviens que je venais juste de boucler une enquête sur un bébé retrouvé enterré dans un jardin. Alors ça m'a fait un nouveau choc. On ne s'habitue jamais à la mort d'un enfant. » Charithananda remet au policier un rapport : « J'ai lu ce rapport, il ne m'a pas convaincu. Selon les médecins, une enquête policière n'avait pas lieu d'être. La plupart des malaises avaient, soi-disant, une explication médicale. Je n'en ai pas tenu compte et on a mené notre propre enquête. » En premier lieu, un détail, et pas des moindres, a particulièrement attiré leur attention : huit enfants ont été victimes de vingt-trois malaises sévères nécessitant une réanimation. Tantôt à deux jours d'intervalle, tantôt en à peine quelques heures d'intervalle, et pour des enfants atteints de petites maladies sans gravité. Cela fait beaucoup et c'est surtout très suspect. Les dossiers de Liam Taylor, Kayley Desmond, Paul Crampton, Yik (Henry) Chan, Katie Phillips, Christopher Peasgood, Christopher King, Patrick Elstone et Claire Peck sont alors épluchés.

Les policiers découvrent ensuite que des pages du planning ont été arrachées. Une cellule de crise est mise en place. Maintenant, il leur faut découvrir qui était présent au moment des faits. Le personnel soignant est tour à tour interrogé. C'est ainsi que les enquêteurs comprennent que Beverley était la seule à être présente pour ces huit cas bien précis. Puis Clifton s'attarde sur le dossier de Paul Crampton : Beverley a mentionné à plusieurs reprises que Paul faisait des crises d'hypoglycémie. Les résultats sanguins ont révélé la présence d'un taux anormalement élevé d'insuline dans le sang de Paul. Or, ce dernier n'est pas diabétique. Clifton apprend par la même occasion que Beverley a signalé, en février, que la clé de l'armoire à pharmacie avait disparu. De son côté, le détective Neil Jones fait une découverte qui va leur être forte utile : « J'ai rencontré l'infirmière responsable du service qui est chargée de récupérer et préserver les prélèvements sanguins. Elle m'a appris qu'elle les gardait au minimum six mois. Elle m'a également expliqué qu'un prélèvement sanguin et un scanner et/ou une radio étaient systématiquement effectués sur chaque enfant hospitalisé. » Clinton décide alors d'envoyer à l'éminent chercheur et spécialiste des empoisonnements à l'insuline, Vincent Marks, les prélèvements de Paul Crampton : « J'ai fait une analyse plus précise que la première et j'ai relevé 142 ml d'insuline dans son sang. Le taux normal pour un enfant de son âge se situe entre 10 et 15 ml. J'étais estomaqué. C'était le deuxième taux le plus élevé jamais enregistré, le premier étant celui d'un médecin qui s'est suicidé en s'injectant intentionnellement une overdose d'insuline », se souvient le chercheur.

Les policiers détiennent maintenant suffisamment de preuves pour mettre Beverley en état d'arrestation. Lorsqu'ils se rendent à son domicile le 21 mai pour l'arrêter, ils retrouvent les pages arrachées du planning, son propre agenda qui indique sa présence au moment de chacun des faits, un oreiller de l'hôpital et des seringues. C'est la détective Michelle Billingsley qui la conduit au commissariat : « L'affaire avait déjà fuité dans la presse, alors les journalistes étaient présents lorsque nous l'avons arrêtée. Elle leur souriait. Moi, j'étais décomposée. Pas elle. Au contraire, ça avait l'air de lui plaire. » Elle est placée en garde à vue. Les enregistrements de l'interrogatoire ont été diffusés, en août 2020, dans le cadre d'un documentaire intitulé *The Beverley Allitt Tapes.* Et lorsqu'on entend ses réponses et sa voix d'enfant, on a du mal à la croire capable d'avoir commis de telles horreurs. Et pourtant : « Elle était impassible, en général quand les gens mentent, ils marquent un temps de pause entre chaque question. Beverley non. Elle répondait du tac au tac. Elle était extrêmement sûre d'elle. » Quarante-huit heures plus tard, la garde à vue touche à sa fin : « Naïvement, je pensais qu'elle avouerait. Sans aveux, nous avons dû la libérer sous caution. On nous a mis la pression, mes supérieurs voulaient qu'on clôture l'enquête. En l'occurrence, un de mes chefs m'a dit que je "chassais les arcs-en-ciel", j'ai eu peur d'être relégué à la circulation, mais je n'ai pas abandonné », confie Clinton.

Neil Jones a réussi à récupérer les prélèvements sanguins de neuf victimes, plus des radios et scanners. Tout va être à nouveau analysé. Les résultats vont jeter l'effroi au sein du commissariat.

IV

« On se disait tous : on a affaire à une personne normale vue de l'extérieur, mais vue de l'intérieur, cette jeune femme est complètement givrée. »

La presse tourne autour de Beverley. Elle part alors se cacher chez la mère de sa meilleure amie, Tracy Jobson : Beverley et Tracy se connaissent depuis deux ans. Les deux travaillent dans le même hôpital, Tracy est infirmière au service des soins intensifs. Elles ont partagé le même appartement, sont parties en vacances ensemble. Autrement dit, Tracy a une confiance aveugle en Beverley. Cette dernière s'installe donc en juin chez Mme Eileen Jobson à Orton Goldhay, une banlieue de la ville de Peterborough. À l'instar de sa fille Tracy, Eileen croit Beverley innocente. Mais elle va vite déchanter. Tout commence lorsqu'Eileen retrouve ses rideaux brûlés par endroits. Puis c'est son argent qui disparaît. Ensuite, son porte-monnaie qu'elle retrouve dans la voiture de Beverley. Il ne se passe pas une journée sans que cette dernière ne fasse une vacherie. Comme de la Javel sur la moquette du salon. Eileen range la vaisselle à un endroit, elle la retrouve à un autre. Eileen se souvient : « Elle m'a dit que je devais certainement avoir un Poltergeist (un esprit bruyant qui fait bouger les meubles) à la maison. » Évidemment, elle se dit que ces incidents sont bien étranges, elle n'y trouve cependant rien d'alarmant. Pour l'instant : « Un jour elle me dit "Viens voir". Quand j'ai vu, là, je me suis dit que tout ceci devenait vraiment ridicule. Un couteau était planté dans mon oreiller. Elle m'a soutenu que ce n'était pas elle. »

Le 15 juin, Beverley rend visite aux Phillips. Ces derniers la croient innocente également, ils lui proposent alors de lui prêter de l'argent pour payer l'avocat. Beverley accepte. Puis elle décide d'aller promener Katie. Sue râle un peu parce qu'il pleut, mais Beverley insiste. La balade n'a pas duré longtemps. Beverley revient en panique, Katie n'a pas l'air bien. Katie est à nouveau hospitalisée au Ward Four.

Beverley n'est pas rongée par la culpabilité ni le par le remords, au contraire. La demoiselle s'éclate : elle tente d'empoisonner le chien d'Eileen, puis au mois d'août son fils Jonathan, 15 ans : « Elle lui a donné un jus de fruits et il s'est effondré sur le sol, j'ai bien cru qu'il était mort. Je lui ai demandé de m'aider, mais elle ne bougeait pas, elle avait l'air en état de choc. Jonathan a repris connaissance sur le chemin de l'hôpital. » Après ces deux incidents, la famille d'Eileen la somme d'appeler la police.

Dans le même temps, Beverley est retournée chez ses parents.

C'est le détective Neil Jones qui prend la déposition d'Eileen. Il est très surpris : il pensait qu'elle se tiendrait maintenant à carreau. Elle est tout de même soupçonnée de meurtre. Mais il n'est pas étonné : les enquêteurs ont interrogé ses anciennes camarades de chambre, du temps où elle était étudiante. Ils sont au courant des tendances pyromanes et limite scatophiles de Beverley : « On se disait tous : on a affaire à une personne normale vue de l'extérieur, mais vue de l'intérieur, cette jeune femme est complètement givrée », se souvient le policier.

Le 3 septembre, Beverley est à nouveau arrêtée pour suspicion du meurtre sur la sœur jumelle de Katie, Becky Phillips, 3 mois au moment des faits. Elle est relâchée au bout de huit heures d'interrogatoire. Après cette seconde arrestation, l'infirmière Jean Savill se suicide : elle avait écrit plusieurs lettres à la direction afin de les informer que, d'une part, il fallait embaucher d'autres infirmières et, d'autre part, que le matériel de réanimation était défectueux. Ses appels n'ont pas été entendus. Lorsque l'affaire Allitt est sortie de terre, elle s'en est voulu de n'avoir pas fait le lien entre les malaises cardiaques et Beverley. Elle ne l'a pas supporté.

V

« Comment peut-elle vomir puisqu'elle ne mange rien ? » Il a plus tard découvert qu'elle avait mangé ses propres fientes.

Début novembre, les résultats des analyses sanguines arrivent enfin. Les enquêteurs ont maintenant la preuve que Beverley a délibérément empoisonné Becky Phillips, Claire Peck, Paul Crampton et Bradley Gibson. Les scanners, quant à eux, révèlent l'impensable : Liam Taylor, Thimothy Hardwick, Yik (Henry) Chan, Katie Phillips, Christopher Peasgood, Christopher King et Patrick Elstone ont été étouffés. Elle pressait sa main sur leur visage très fort jusqu'à ce qu'ils virent au bleu. Elle s'est tellement acharnée sur Katie qu'elle lui a cassé cinq côtes. Elle a injecté de l'air dans le corps de Kayley Desmond. Le 20 novembre, elle est à nouveau arrêtée. Elle n'est pas aussi bavarde que les fois précédentes. À chaque question, elle répond : « *No reply*[15]. » Le 21 novembre, elle apparaît devant la cour d'assises du tribunal de Grantham, où elle est officiellement mise en examen pour quatre meurtres et huit tentatives de meurtre : Mickael Davidson n'est pour l'heure pas inclus dans la liste des victimes. Il faudra attendre le témoignage du docteur Bradshaw qui stipule que c'est Beverley qui a préparé l'injection. Elle est transférée à la prison HP New Hall, dans le West Yorkshire. À quelques années près, elle aurait pu y croiser Rose West.

Au docteur de la prison, elle en fait voir de toutes les couleurs. Il l'a vue plusieurs fois pour des blessures aux poignets, aux chevilles, une fois parce qu'elle avait avalé trop de somnifères. Elle souffre également d'anorexie : en six mois, elle a perdu 32 kilos. Elle se remet également à jouer avec les excréments : le médecin est surpris de la voir vomir : « Comment peut-elle vomir puisqu'elle ne mange rien ? » Il a plus tard découvert qu'elle avait mangé ses propres fientes.

Le 22 février 1992, elle paraît à nouveau devant la Cour d'Assises du tribunal de Grantham où elle est mise en examen pour tentative de meurtre sur Jonathan Jobson, Dorothy Lowe et Mickael Davidson. Son état de santé s'étant littéralement dégradé, elle est transférée au Rampton Secure Hospital, un hôpital psychiatrique de haute sécurité. Du beau monde y est passé comme Peter Bryan qui a fait cuire la cervelle d'une de ses

15 « Pas de réponse. »

victimes dans du beurre ou encore Ian Huntley qui a tué et brûlé, en 2002, Holly Wells et Jessica Chapman, toutes deux 10 ans au moment des faits.

Son procès s'ouvre le 15 février 1993 devant le tribunal de Nottingham. Il est présidé par le juge Justice Latham, les parents des victimes sont représentés par Maître Ann Alexander. Beverley est représentée par Maître James Hunt, et la partie civile par le procureur Maître Goldring. Durant six semaines, les jurés, sept hommes et cinq femmes, vont entendre médecins, infirmières, parents, membres de l'administration hospitalière, car ces derniers sont eux aussi dans le collimateur des parents. En revanche, ils ne vont pas beaucoup voir Beverley car, au bout de deux semaines de procès, selon son avocat, « son état de santé ne lui permet pas de se déplacer. » Le procureur a bien manifesté son mécontentement, mais tous ces reports d'audience ont fini par agacer le juge Latham. Le procès se déroulera donc sans elle.

Le 13 mai, après quinze heures de délibération, les juré(e)s la reconnaissent coupable du meurtre de Claire Peck et Becky Phillips, de blessures volontaires à l'encontre de Yik (Henry) Chan, Christopher King et de Kayley Desmond.

Le 14 mai, elle est reconnue coupable du meurtre de Liam Taylor, tentative de meurtre à l'encontre de Bradley Gibson et blessure volontaire à l'encontre de Patrick Elstone.

Le 15 mai, elle est reconnue coupable de tentative de meurtre à l'encontre de Paul Crampton. Les charges pour les empoisonnements de Jonathan Jobson et Dorothy Lowe n'ont pas été retenues.

Et le 17 mai, elle est reconnue coupable du meurtre de Thimothy Hardwick, de tentative de meurtre à l'encontre de Katie Phillips et de blessures volontaires à l'encontre de Mickael Davidson et de Christopher Peasgood.

Le 23 mai 1993, elle est condamnée à 13 condamnations concomitantes de prison à perpétuité, avec trente ans de peine de sûreté. Ce qui signifie – même si le juge a déclaré : « Vous êtes et restez un très grave danger pour autrui. Il n'y a pas de réelle perspective que vous puissiez un jour être libéré en toute sécurité » – qu'elle pourrait être libérée en 2023.

Son père, qui est toujours convaincu de l'innocence de sa fille, a déclaré : « Nous avons toujours été des citoyens respectueux de la loi et aucun d'entre nous n'a jamais eu de problèmes avec la justice. Mais je ne suis pas sûr de la loi actuelle : il y a beaucoup de gens qui ont été enfermés à tort. Il y a toujours deux côtés à chaque histoire. »

Mais, en novembre 1993, l'utopie de Richard s'effondre : « Je suis allé lui rendre visite. Elle m'a avoué trois meurtres et six tentatives de meurtre. Cependant, je ne veux pas révéler les noms qu'elle m'a cités. Cela serait trop difficile à supporter pour les familles des victimes qu'elle n'a pas citées », selon Stuart Clifton.

VI

« *Elle devrait être en prison, ce n'est pas normal.* »

Le 14 février 1994, le Health and Trent Regional Health Authority publie le *Sir Cecil Clothier QC.Repport Beverley Allit.* On peut le trouver sur internet. Sur les 130 pages, les membres du Département de la santé expliquent en gros que Beverley était une méchante infirmière et que l'administration hospitalière n'est pas responsable de ses actes. Les parents le prennent mal. Selon eux, l'hôpital est aussi coupable, Beverley traînait de grosses casseroles. Et ils en avaient été informés. Les familles leur répondent alors en saisissant la Commission européenne des droits de l'homme. Mais leur recours n'a pas abouti. Les pontes du Département de la santé leur ont toutefois offert 500 000 £ de dommages et intérêts à se partager. En 1999, Sue, la maman de Katie, a quant à elle reçu 2 millions £ de dédommagement.

Et le papa de Thimothy Hardwick a lui aussi été dédommagé de 31 000 £, mais cet argent ne ramènera pas son fils : « Je souffre toujours de dépression et d'anxiété et, chaque fois que l'affaire ressort dans la presse, tout remonte à la surface. J'espère que cela cessera un jour. »

Et Beverley dans tout ça ? Eh bien, elle semble ne pas aller trop mal : une équipe de journalistes a filmé, dans le cadre d'un documentaire, l'intérieur du Rampton Secure Hospital. Mais aussi l'intérieur de la chambre individuelle de Beverley : c'est plutôt classe et cosy. Lorsque le journaliste lui demande comment elle se sent dans cet endroit, elle répond : « Je me sens bien. Je suis mieux qu'en prison. J'ai plus de liberté ici je ne suis pas toujours enfermée dans ma chambre. » Nous la voyons également en train de faire du canevas dans un joli salon. Ce qui n'est pas du goût de Bradley Gibson : « Elle devrait être en prison, ce n'est pas normal. C'est une tueuse d'enfants après tout. » La criminologue Elizabeth Yardley est aussi de cet avis : « Elle n'a rien à faire dans un hôpital psychiatrique, elle est tout à fait consciente de ce qu'elle a fait. Depuis son adolescence, elle manipule son entourage. Et c'est ce qu'elle fait avec les médecins : elle les manipule. » Le psychologue médicolégal Todd Hogue n'est pas d'accord : « Ce sont d'éminents psychiatres qui travaillent à Rampton. Ils traitent de très grands malades mentaux. On ne les manipule pas comme ça. »

Le 6 septembre 1995, un patient bien siphonné de Rampton, Gary Coastes, âgé de 40 ans, comparaît devant les Assises de Nottingham. Il est mis en examen pour avoir planifié l'assassinat d'Allitt : il pense que l'au-delà lui a donné pour mission de la zigouiller. Ainsi les parents des victimes pourraient, selon lui, dormir tranquilles. Le juge lui répond : « Je suis ravi d'apprendre que vous avez l'intention de tuer Allitt. Je comprends bien que vous saisirez toutes les opportunités pour le faire. Vous savez, il existe dans notre pays un système qui punit ces crimes, aussi horribles soient-ils. Et cela s'appelle la loi. » Martin Elwick, son avocat, ajoute : « C'est bien la première fois, de toute ma carrière, que je demande qu'on envoie un de mes clients en prison. » Coastes est condamné à huit ans de prison.

En 2018, on diagnostique à Beverley une septicémie. Selon le *Daily Express*, elle aurait failli y passer, mais elle s'en est toutefois remise. Le 15 février 2021, toute la presse anglaise titrait : *Beverley Allitt a été vaccinée du Covid avant d'autres personnes à risques. Tous les résidents de Grantham sont indignés.* » Sue aussi : « Même Katie ne l'a pas encore reçu ».

Outre les informations en continu diffusées dans les médias sur la vie intime de Beverley, il subsiste une question, et pas des moindres, qui est restée sans réponse : Quelles étaient ses motivations ? Les psychiatres lui ont diagnostiqué un syndrome de Münchhausen et, comme Genene Jones, un syndrome de Münchhausen par procuration. : Toutefois, selon le psychiatre médico-légal Jeremy Coid, celui-là même qui a diagnostiqué Dennehy : « Je pense qu'il y a autre chose derrière Münchhausen. Comme par exemple le plaisir de tuer. Elle les gardait dans ses bras et les regardait mourir. Tuer la mettait dans un état d'excitation intense. Je pense qu'elle aimait ça, et de toute évidence elle aurait continué. » On en est certain, même si aucun médecin n'a été fichu de poser un diagnostic précis. Ce qui est assez embêtant, car comme on le sait, elle pourrait sortir en 2023 et elle n'aura alors que 55 ans.

Judy Anna Lou Buenoano

Le 25 juin 1983, John Gentry retrouve sa fiancée, Judy Buenoano, Anna Lou Welty de son vrai nom, au restaurant. Ce soir, ils célèbrent avec des amis un heureux événement. Judy lui a annoncé la veille au soir qu'elle attendait son enfant. John est heureux. À la fin du repas, Judy lui dit qu'elle va boire un verre avec ses amies, elle le retrouvera plus tard dans la soirée. Au moment d'allumer le moteur, la voiture de John explose. Il est transporté d'urgence à l'hôpital. Sa vie n'est pas en danger. Durant l'enquête, le détective Ted Chamberlain découvre que d'une part une bombe était à l'origine de l'explosion et que, d'autre part, si John n'avait pas survécu, sa gentille petite amie aurait touché de l'assurance-vie la modique somme de 500 000 $.

En fouinant dans le passé de la belle, Chamberlain découvre que les compagnons de cette dernière ont la fâcheuse tendance à mourir dans des conditions suspectes. Il demande alors à John s'il n'a pas été malade récemment et celui-ci lui explique qu'en effet, en novembre 1982, il avait attrapé froid. Judy, pour le soigner lui donnait des médicaments qui le rendaient encore plus malade. Il ne cessait de vomir. Ses malaises se sont arrêtés au moment où il a stoppé le traitement. Ted Chamberlain lui demande s'il a encore ces comprimés ? Oui, John en a. Ils sont alors envoyés au chimiste Roger Markz du bureau du FBI. Les résultats révèlent que les capsules contiennent du paraformaldehyde (usuellement utilisé pour fabriquer des fertilisants, entre autres) classé poison III.

I

Elle prétend être l'arrière-petite-fille du chef Geronimo. D'autres rapports indiquent également qu'elle n'est pas en phase avec la réalité.

Comme Dorothea Montalvo-Puente, Genene Jones et Beverley Allitt, Judy Buenoano a raconté, tout au long de sa vie, beaucoup de bobards. Mentir doit être un TOC d'empoisonneuse : « Elle m'a raconté tellement d'histoires que je ne savais plus quoi croire », se souvient son avocat, James Johnston. Il existe heureusement les documents de la cour et de son jugement qui permettent d'y voir plus clair. Judy Anna Lou Welty est née le 4 avril 1943 à Quanah, dans l'État du Texas : en 2019, la population ne dépassait pas 2500 habitants. Le village doit son nom au dernier chef de la tribu des Comanches, mort en 1911, Quanah Parker (Quanah : arôme en français).

Judy et la cadette d'une fratrie de quatre enfants. Wayne, l'aînée, puis JW, et Gerald en 1941. Peu après sa naissance, son père, Jessie Otto Welty, 35 ans à l'époque, est envoyé sur le front en Allemagne : « J'ai été gravement blessé par un obus d'artillerie allemand. Il est tombé près de moi et j'ai reçu des éclats dans le dos et les jambes. Un morceau d'obus a perforé mes poumons et cela m'a causé beaucoup de problèmes tout au long de ma vie. » Jessie est alors rapatrié, mais Mary, son épouse, est très malade, atteinte d'une tuberculeuse très avancée. Elle a à peine la force de se lever, et Jessie, avec ses problèmes de santé, a de son côté du mal à s'occuper de ses enfants. Ils sont alors totalement livrés à eux-mêmes. Mary décède en 1946. Son frère, Albert Northam, dépose un recours devant la cour et Jessie se voit retirer la garde de ses enfants : « Wayne est parti à l'armée, Anna chez mes grands-parents maternels, puis moi et JW, nous avons été placés dans un orphelinat. Mes grands-parents avaient déjà élevé leurs enfants et ils étaient âgés. Ils ne se sentaient pas capables de tous nous prendre en charge. Et puis, nous n'avons jamais été une famille très proche », confie Gerald au tribunal. À partir de là, Judy va être pas mal ballotée. Elle est envoyée dans une famille du nom de Pursley. Jessie ne sait pas grand-chose des Pursley et les raisons de ce placement ne sont pas claires non plus.

Les seules infos à leur sujet proviennent d'un rapport psychologique établi par le docteur Pat Fleming durant le procès. Ils ont eu ensemble plus de huit heures d'entretiens, voici ce qu'il retranscrit de leurs échanges : « *[…] Les Pursley ont adopté Ann, et l'ont nommée Judias, puis Judy Pursley. Sa mère adoptive se comportait étrangement : elle nourrissait Judy, 5 ans, au sein. Judy a été abusée sexuellement. Sa mère adoptive disait souvent à Judy qu'elle la laisserait seule dans le bois la nuit, puis qu'un démon viendrait la dévorer. Judy a été retirée de cette famille. Puis elle a été placée dans diverses familles d'accueil avant d'être confiée à son oncle et sa tante, Karl et Betty Northam. Elle a vécu les meilleurs moments de sa vie en leur compagnie. Mais après la mort de Karl, elle a dû aller vivre avec son père. Et cela a été la pire expérience de sa vie. Ils étaient pauvres et vivaient dans une caravane au Nouveau-Mexique.*

Sa belle-mère la frappait et lui interdisait de manger pour la punir. Son père ne réagissait pas. Elle a fait une fugue. Le juge pour enfants lui a demandé de choisir entre aller dans un pensionnat de jeunes filles à Albuquerque, Nouveau-Mexique, ou retourner vivre chez son père. Elle a choisi le pensionnat. […] »

À noter que ce rapport a été établi dans le cadre d'un procès d'appel qui s'est déroulé en 1992, le but était de sensibiliser les jurés et le juge afin de faire annuler sa condamnation à la peine de mort. Le docteur Pat Fleming, à l'issue des entretiens, conclut : « *[…] Elle prétend être l'arrière-petite-fille du chef Geronimo. D'autres rapports indiquent également qu'elle n'est pas en phase avec la réalité. Les membres de sa famille ont constaté qu'elle inventait souvent des histoires. Mme Buenoano souffre de trouble de la personnalité schizoïde et de trouble paranoïaque. […]* »

Cela étant, Jessie et son épouse Billie ont une autre version des faits : « J'ai entendu dire qu'elle avait vécu chez des gens du nom de Pursley, puis est retournée chez ses grands-parents maternels, mais son grand-père est décédé peu de temps après son retour. Elle est venue ensuite vivre avec moi et mon épouse. Mais nous n'étions pas riches, et Billie avait trois enfants d'un premier mariage. Les temps étaient difficiles. Et ma maladie m'empêchait de bien m'occuper d'elle. » Billie ajoute : « Nous étions désolés pour elle. Je sais qu'elle a eu une enfance vraiment malheureuse, elle ne se sentait pas bien avec nous. Nous étions très pauvres. »

La suite tient la route, elle a bien fait une fugue et a bien été dans un pensionnat, dans la ville d'Albuquerque, dans l'État du Nouveau-Mexique.

II

« Je vais lui mettre de l'arsenic dans ses macaronis au fromage ou dans son jus de tomate. L'arsenic, c'est le seul poison qu'on ne détecte pas lors d'une simple autopsie. »

Après l'obtention de son bac, Judy quitte la Foothills High School, puis trouve un poste d'aide-soignante au sein du Eastern Medical Center dans la ville de Roswell, dans l'État du Nouveau-Mexique. Là, elle tombe amoureuse d'Arthur Leroy Schulz, sergent dans l'armée de l'air, et se retrouve enceinte. Durant cette période, elle se fait appeler Anne Schulz, même s'ils ne sont pas mariés. La relation ne dure pas, et elle se retrouve alors fille-mère à tout juste 18 ans. Le 30 mars 1961, elle donne naissance à un petit garçon qu'elle nomme Michael. Michael souffre de troubles du comportement, rien de bien méchant, il est juste un peu limité, ce qui lui vaut d'être rejeté par les autres élèves : « Il était souvent seul, alors il cherchait la compagnie des adultes, mais certains s'agaçaient. Il avait tellement besoin d'amis qu'il en était collant », se souvient un ancien voisin.

Peu de temps après la naissance de Michael, elle rencontre James Goodyear. Lui aussi est sergent dans l'armée de l'air. James est un homme grand, beau et séduisant. Judy est aussi une très jolie jeune femme. Ils se marient le 21 janvier 1962. James adopte Michael dans la foulée. En 1966, elle donne naissance à James Arthur, puis en 1967 à une petite fille, Kimberley. James est muté, la famille part alors s'installer à Orlando, sur la base militaire près du McCoy Jetport, aujourd'hui l'Orlando International Airport.

En avril 1970, une amie, Debra Sims, s'installe chez les Goodyear. Et en mai de la même année, James part en mission au Vietnam. Judy, qui ne s'épanouit pas dans son mariage, profite de l'absence de son époux pour papillonner à droite et à gauche, et tout particulièrement avec Robert Crawford : « On s'est connus avant que je ne quitte Orlando pour aller vivre à Pensacola. Je lui ai dit qu'elle pouvait m'appeler quand elle voulait. Puis on s'est vus à plusieurs reprises. Nous étions amants », relate Robert Crawford. En mai 1971, James revient de sa mission. Judy n'est pas ravie : « Elle disait souvent en plaisantant : "Je vais lui mettre de l'arsenic dans ses macaronis au fromage ou dans son jus de tomate. L'arsenic, c'est le seul poison qu'on ne détecte pas lors d'une simple autopsie », se souvient une amie, Connie Lang.

Depuis son retour, James n'est pas en forme, il fait régulièrement des malaises. Debra Sims le voit littéralement dépérir : « Il pouvait à peine se lever de son lit. Il avait des hallucinations. On voyait bien qu'il souffrait, mais elle refusait de l'emmener à l'hôpital. » James est finalement hospitalisé, le 12 septembre. Le docteur Auchenbach lui diagnostique un foie nécrosé, mais il n'est pas en mesure d'en déterminer la cause. James décède le 16 septembre 1971 : « Elle m'a appelé pour me dire que son mari était en train de mourir et elle voulait que je vienne. Quand je suis arrivé, il était mort. Elle a tenu à ce que j'assiste aux funérailles. J'ai trouvé ça bizarre, mais j'y suis allé quand même », se souvient Robert Crawford. Judy a aussi raconté à Robert que James aurait plongé dans la drogue durant sa mission au Vietnam, que l'armée lui donnait des substituts pour le faire décrocher et que ça l'aurait tué. À Mary Owens, une de ses amies, elle fournit une tout autre version : « On faisait souvent du shopping ensemble. Elle m'a dit que son mari était décédé à la suite d'un virus qu'il avait attrapé au Vietnam. Ça n'allait pas très fort dans mon couple à l'époque, je voulais divorcer, elle m'a alors dit : "Oh non, ne fais pas ça. Prends plutôt des assurances pour la vie et tu l'empoisonnes avec de l'arsenic. » La mort de son mari lui a rapporté un sacré pactole : 33 284 $ provenant de diverses assurances puis 62 642 $ d'indemnités de l'armée. Avec ça, elle n'a pas besoin de travailler.

III

« *Cela ne sert à rien, il doit certainement être déjà mort.* »

Depuis la mort de son mari, Judy sort beaucoup avec Connie Lang. Un soir, les deux femmes rencontrent un businessman, bien porté sur la bouteille, Bobby Joe Morris, 33 ans : « On s'est fréquentés un moment, mais quand j'ai découvert que Judy était amoureuse de lui, j'ai arrêté de le voir », se souvient Connie. En janvier 1972, Judy met le feu à sa maison pour toucher l'assurance, puis finit par s'installer avec Morris et ses enfants dans le Colorado. Selon la mère de Bobby, Lodell Morris : « Ils ne faisaient pas que se disputer, c'était la guerre entre eux. Puis elle m'a dit qu'elle avait tué son mari parce qu'il avait abusé d'une enfant de 13 ans. » Dans le même temps, Judy commence à manifester de l'agacement à l'égard de son fils Michael. Elle ne supporte pas sa différence, elle l'envoie alors dans des centres pour enfants un peu attardés, en camp de vacances. Elle fait tout pour qu'il soit le plus loin de la maison. Le 8 novembre 1977, elle fait signer un contrat d'assurance-vie à Bobby. Elle raconte à l'assureur qu'elle est médecin, qu'elle a travaillé au sein de l'armée et qu'elle possède un doctorat de psychologie. Soudain, le 4 janvier, Morris tombe malade, comme James, il a des hallucinations, il vomit. Il se rend à l'hôpital, puis ça repart. Deux jours plus tard, rebelote. Il décède au service des urgences. Là, elle empoche des assurances 23 697 $, plus le remboursement du prêt de la maison, qu'elle vend. Puis elle part s'installer à Pensacola en Floride. Elle change de nom et devient Judy Buenoano : *Bueno ano*, « bonne année ».

Avec l'argent des assurances, elle monte un salon de beauté de luxe où elle emploie du personnel, avec qui elle fait la fête quasiment tous les jours à bord de sa nouvelle Cadillac. Elle expose fièrement son beau diamant. Cadeau qu'elle vient de s'offrir avec la mort de ses maris.

Bien que Michael soit quelque peu perturbé émotionnellement, il réussit à se faire engager dans l'armée en 1980, pour ses 18 ans. Malheureusement, à peine six mois se sont écoulés qu'il est victime d'un accident qui le laisse paralysé : il a perdu l'usage de ses bras et de ses jambes. Il est hospitalisé à l'hôpital de Tampa. Plus tard, le procureur de Pensacola, M. Edgar, saisi des affaires de la « veuve noire », découvrira que l'arsenic n'est pas étranger à la paralysie de Michael. Le 12 mai, Judy organise une partie de pêche avec ses deux garçons. Ils se rendent à l'East River, un lieu de pêche populaire en Floride, dans le comté de Santa Rosa, près de Milton. Elle attache la chaise roulante sur le canoë qu'elle a loué, puis s'embarque avec ses deux fils sur la rivière. Le canoë se retourne, Michael se retrouve le corps immergé tandis que Judy et James regagnent le bord. Un pêcheur, Ricky Hicks, est témoin de la scène, il se jette dans l'eau et cette dernière lui crie : « Elle m'a dit " Cela ne sert à rien, il doit certainement être déjà mort. " Puis elle m'a demandé si j'avais une bière. Elle s'est assise et l'a bue tranquillement », témoigne Ricky. Michael était mort en effet. Lors de sa déposition, elle dira qu'un serpent les a effrayés : c'est ce qui les aurait fait basculer. Elle changera toutefois plusieurs fois de version. David Lackey, ancien petit ami de Kimberley, la fille de Judy, dira à la Cour : « Kim s'était disputée avec sa mère et elle m'a dit que celle-ci l'avait délibérément noyé pour toucher l'assurance. » En effet, Judy touche 125 000 $ de son assurance-vie à la mort de son fils.

IV

« Elle tenait vraiment à ce que je prenne ces pilules, j'en ai repris et je suis à nouveau tombé malade. »

John Gentry, 39 ans, a rencontré Judy lors d'un combat de lutte dans une boîte de nuit à Pensacola. Dès le premier instant, elle s'est vantée d'avoir un doctorat en psychologie et en physique. En plus de gérer une entreprise de beauté, elle lui raconte qu'elle a été chef des soins infirmiers dans un hôpital local. En réalité, elle n'a été qu'aide-soignante : « Je la trouvais extrêmement féminine, séduisante, douce et gentille », se souvient John. Gentry est patron d'une entreprise de papiers peints, il n'est pas plein aux as, mais il mène une vie confortable. Au bout de six mois de relation, Judy lui propose de venir s'installer chez elle, dans sa maison située à Gulf Breeze, non loin de Pensacola. Judy lui a raconté que James, son premier mari, est décédé dans un crash d'avion au Vietnam, et Morris son second mari (elle ne s'est jamais mariée avec lui) d'alcoolisme. Judy propose à John de souscrire une assurance-vie et elle fera de même de son côté. John accepte, mais trouve que le montant est trop élevé. Pas de souci, elle l'annulera et en prendra une moins coûteuse, lui dit-elle. En novembre 1982, John attrape froid. Judy le soigne avec de la vitamine C. Mais ça ne passe pas. Bien au contraire, ça empire chaque jour davantage. Il décide alors de se rendre chez le médecin et recouvre la santé : « Elle tenait vraiment à ce que je prenne ces pilules, j'en ai repris et je suis à nouveau tombé malade. Le 15 décembre, je suis allé à l'hôpital et, après cela, je ne les ai plus touchées. Elle était extrêmement en colère que je cesse son traitement, je trouvais ça étrange. Maintenant je comprends mieux pourquoi. »

Le 24, juin 1983, elle lui annonce qu'elle est enceinte. Et le 25, elle organise une petite sauterie pour fêter cela. Elle invite ses employés, le champagne coule à flots : « Ce soir-là, elle a insisté pour que je prenne ma voiture. Elle m'avait réservé une place de parking, je devais absolument me garer là où elle avait décidé. »

Vers 22h30, Judy lui dit qu'elle va boire un verre avec ses amies, et que c'est une virée juste entre filles. Elle le retrouvera plus tard dans la soirée. Au moment d'allumer le moteur, la voiture de John explose. Il est transporté d'urgence à l'hôpital. Il est pas mal amoché, mais les organes vitaux n'ont pas été touchés. Sa vie n'est pas en danger.

C'est le détective Ted Chamberlain qui est chargé de l'enquête. Nul doute, c'est un acte criminel. Une personne a piégé la voiture. Judy accuse la mafia d'en être responsable. Elle raconte au policier que John vend de la drogue : une semaine avant le drame, elle a demandé à John de l'emmener acheter du cannabis pour elle et ses enfants. Elle a tout manigancé. Mais elle est tombée sur plus malin qu'elle. Chamberlain est un bon flic. Et son instinct lui dicte qu'il ne faut pas chercher si loin.

Il découvre primo qu'elle a fait souscrire une assurance-vie à John (celle qu'elle devait annuler) et que si John n'avait pas survécu, elle aurait touché une prime de 500 000 \$. Deuxio : elle a réservé une croisière pour elle, ses enfants et Sue Williams, une de ses employées qui gère la boutique quand Judy est absente. John ne figure pas sur la réservation. Tertio : en fouillant dans son passé, Ted découvre que trois de ses anciens partenaires sont morts de façon suspecte. Quand John explique au détective tous les malaises dont il a été victime depuis novembre, Ted Chamberlain est maintenant presque sûr d'être sur la bonne piste. Mais ce qui va venir conforter ses intuitions, ce sont les résultats d'analyse des comprimés que John avait conservés : Ted les a envoyés au chimiste Roger Markz du bureau du FBI. Le docteur Roger Markz a trouvé en grosse quantité du paraformaldehyde (utilisé pour fabriquer des fertilisants entre autres), classé poison III, à l'intérieur des capsules. Et John découvre qu'elle n'est pas enceinte.

V

À 7h08, les bourreaux balancent le courant durant 38 secondes, il se dégage de la fumée de sa jambe gauche.

Le 27 juillet 1983, les policiers se pointent chez elle avec un mandat de perquisition. Et bingo, dans la chambre de James, son fils, ils retrouvent de la marijuana et le matériel qui a servi à fabriquer la bombe. Judy et son fils sont arrêtés pour être interrogés. Ils sont relâchés dans la journée, mais une procédure en justice pour tentative de meurtre sur John Gentry est lancée. De son côté, Ted Chamberlain ressort le dossier concernant la noyade de Michael, l'aîné de Buenoano. La police militaire a toujours soupçonné Judy d'avoir volontairement fait couler le canoë. Et le 11 janvier 1984, elle est officiellement mise en examen pour le meurtre au premier degré de ce dernier et escroquerie à l'assurance-vie. Elle est arrêtée le soir même, puis est relâchée sous caution. Encore en janvier, le corps de Bobby Morris et celui de Michael sont exhumés, puis en mars, celui de James : « J'étais présent lorsque le corps de James Goodyear a été exhumé. Lorsqu'on l'a ouverte, la crypte a émis un nuage visible et l'odeur la plus étrange que j'aie jamais sentie de ma vie. Je ne m'attendais pas à ce que Goodyear soit reconnaissable après quinze ans dans un cercueil humide, mais son corps était bien intact à cause de l'arsenic », se souvient Ted Chamberlain. Et en juin, celui d'un certain Gerald Dossett : on sait peu de choses sur Gerald Dossett si ce n'est qu'il aurait eu une aventure, début 1980, avec l'empoisonneuse et serait décédé, le 4 février 1980, à Fort Walton Beach dans l'État de Floride, peu de temps après l'avoir rencontrée. La mort de ce dernier a rapporté à Judy une jolie prime d'assurance-vie, d'un montant de 240 000 $.

Le toxicologue en médecine légale, Thomas Hegert, qui a effectué les analyses, a relevé la présence d'arsenic en grosse quantité dans les quatre corps. Cependant, Judy ne sera jugée que pour les meurtres de son premier mari, James, et celui de son fils Michael. Le procès s'est ouvert en mars dans le comté de Santa Rosa, dans l'État de Floride. Le 31 mars 1984, elle est reconnue coupable d'avoir noyé son fils, Michael Goodyear. Le 6 juin, la sentence tombe, elle est condamnée à la perpétuité pour meurtre au premier degré. En août, son fils James est lavé de tout soupçon dans l'affaire John Gentry, seule Judy est mise en examen.

Et le procès pour empoisonnement et tentative de meurtre à la voiture piégée à l'encontre de Gentry s'ouvre, en octobre de la même année, dans le comté d'Escambia, dans l'État de Floride. Elle est reconnue coupable le 18 octobre. La sentence tombe le 6 novembre, Buenoano est condamnée à douze ans de prison.

Puis le procès pour le meurtre de James Goodyear s'ouvre en octobre 1985 dans le comté d'Orange, dans l'État de Californie. Elle est reconnue coupable, le 1er novembre, de meurtre au premier degré. Le 26 novembre, la sentence tombe, Buenoano est condamnée à la peine capitale.

Le 25 novembre, la veille de sa condamnation, donc, Buenoano a signé un contrat avec ses avocats, James et Rebecca Johnston, lequel stipule que les droits de Buenoano provenant de livres, de films, de publications ou d'événements médiatiques liés à son histoire et son procès seraient reversés à ses avocats, à hauteur de 250 000 $, en contrepartie du paiement des honoraires. Le contrat donne également aux Johnston le droit d'accepter, de rejeter et de négocier au nom de Buenoano toutes les offres de publications, diffusions… Judy dira plus tard que James Johnston a priorisé l'idée de faire de l'argent avec son histoire plutôt que de travailler sur sa défense. Autrement dit, elle l'accuse de ne pas s'être assez battu pour lui éviter la peine capitale.

De sa prison, The Broward Correctional Institution, elle écrit des articles pour un magazine chrétien, *Born Again*, et elle se bat pour faire annuler sa condamnation à la peine capitale. En vain. Après treize ans à attendre, sans impatience, dans le couloir de la mort, le gouverneur Lawton Chiles l'abandonne à son triste sort. Et le jeudi 26 mars 1998, elle est transférée en avion à la Florida State Prison, dans l'attente de son exécution. Le 29 mars, son onzième appel est rejeté et au dîner, car ce sera le dernier, c'est brocolis et asperges vapeur, agrémentés d'une tomate et d'une tranche de citron, le tout accompagné d'une tasse de thé. Le 30 mars, à 7h, on l'installe sur la chaise électrique, elle ferme les yeux. À 7h08, les bourreaux balancent le courant durant 38 secondes, il se dégage de la fumée de sa jambe gauche, à l'endroit où est placée l'électrode. La mort de Buenoano est prononcée à 7h13.

Elle était la troisième femme, depuis 1976, à être exécutée aux USA : la première fut en 1984, Margie Velma Barfield, une autre tueuse en série du même acabit, six victimes à l'arsenic, et en février 1998, Karla Faye Tucker pour avoir tué un couple à coups de pioche.

À savoir que les exécutions ont été brièvement interrompues entre 1967 et 1977. La Cour suprême des États-Unis avait décidé de réexaminer les statuts constitutionnels de la peine de mort. En 1972, la Cour a estimé que la pratique existante de la peine capitale était si arbitraire et imprévisible qu'elle violait l'interdiction constitutionnelle en perpétrant des châtiments cruels et inhabituels. Mais les États ont rapidement révisé leurs lois, et certaines de ces nouvelles lois ont reçu l'approbation de la Cour en 1976. Les exécutions ont repris, lentement au début, puis ont augmenté de manière drastique à raison d'une moyenne de cent exécutions par an. Depuis Buenoano, il y a eu quatorze femmes exécutées aux USA, dont la dernière, Lisa Marie Montgomery, le 13 janvier 2021, qui avait étranglé, en 2007, une jeune femme de 23 ans, enceinte de huit mois, avant de lui ouvrir le ventre pour lui enlever son bébé. L'enfant a été ensuite retrouvé et rendu à son père.

Le jour de l'exécution de Buenoano, les associations contre la peine de mort brandissaient, dans les rues, des pancartes pour manifester leur indignation et d'autres étaient venus s'assurer que Judy ne serait plus : « Judy Buenoano était la personne la plus froide que j'aie jamais rencontrée. [...] Elle a tout nié jusqu'à la fin. Comme j'avais été impliqué dans l'enquête depuis le début, j'ai assisté à l'exécution. C'était la première fois que je voyais Buenoano exprimer une émotion. Paralysée par la peur, elle a dû être portée par les gardes. Ses yeux étaient fermés et ses mains crispées, alors qu'elle était attachée à la chaise électrique. Elle n'a pas eu de dernier mot », conclut Ted Chamberlain.

Buenoano a été exécutée dans une prison qui a pignon sur rue. La Florida State Prison a accueilli les plus célèbres tueurs et tueuses en série des États-Unis. Comme, par exemple : Daniel Harold Rolling, « The Gainesville Ripper[16] » qui a tué cinq étudiantes, Ted Bundy au moins une trentaine de jeunes femmes, et la serial killeuse Aileen Carol « Lee » Wuornos qui sera la septième femme à être exécutée aux USA, en à peine quatre ans, après Judy Buenoano.

---

16 « L'éventreur de Gainesville ».

Aileen Carol Wuornos

Le 19 novembre 1990, le corps d'un chauffeur routier, Walter Jeno Antonio, est retrouvé sur le bord d'une route forestière, dans le comté de Dixie en Floride. Walter est à moitié nu et criblé de balles : trois dans le dos et une dans la tête. Les officiers de police retrouveront sa voiture cinq jours plus tard dans le comté de Brevard. La police est à cran, cela fait déjà le sixième cadavre en moins d'un an que les policiers ramassent, la peau trouée par un calibre 22. Et c'est toujours le même mode opératoire : le corps est laissé à un endroit – souvent dans des bois – et la voiture à un autre.

Si, au début, ils pensaient avoir affaire à un homme, ils savent désormais que ce n'est pas le cas. Le 4 juillet 1990, deux femmes

– l'une blonde, l'autre rousse – ont été aperçues à bord de la voiture de Peter Siems, un retraité de 65 ans qui a disparu depuis juin et n'a toujours pas été retrouvé. Ils identifient leurs suspectes courant décembre, mais il faudra attendre le 9 janvier 1991 pour attraper l'une d'elles. Le 8 au soir, les enquêteurs Mike Joyner et Dick Martin repèrent la blonde qui traîne dans un bar à Port Orange, dans le comté de Volusia. Ils tentent, en tenue de bikers, une première approche, mais la femme est considérée comme étant très dangereuse. L'opération est alors annulée. Le lendemain, ils la repèrent toujours dans le même coin, mais dans un autre bar sur Daytona Street : *The Last Resort.* Cette fois, Martin arrive à la persuader de le suivre jusqu'à sa voiture. Dehors, six policiers armés jusqu'aux dents sont là pour la cueillir : « Vous êtes en état d'arrestation, Lori Grody », lui dit un flic l'arme au poing. Elle répond : « Vous n'avez pas le bon nom, Lori c'est ma sœur. Moi c'est Lee Wuornos. »

Après plus d'un an d'enquête, les flics viennent de mettre la main sur celle qu'ils vont appeler, à tort, la première tueuse en série des États-Unis. Aileen Wuornos.

Prélude

Après son arrestation en 1991, Aileen a fait la une des tabloïds. Les journaux titraient, à tort : La première tueuse en série des États-Unis a été arrêtée hier au *Last Resort*, à Port Orange en Floride. À partir de là, l'affaire Wuornos est devenue un show de télé-réalité de très mauvais goût. Tout le monde, y compris la police, a vu dans cette histoire un moyen de se faire un maximum de fric. Comment ? En réalisant des films, des livres, des documentaires… tous les acteurs de ce macabre scénario ont frisé l'indécence.

À commencer par trois pontes de la police, l'officier Munster, le major Dan Henry et leur capitaine, Steve Binegar. Ces derniers étaient en relation avec un producteur hollywoodien : ils avaient pour projet de vendre les rapports d'investigation afin d'en faire un film de grosse production. Le sergent Brian Jarvis, qui les avait démasqués, en a avisé en haut lieu, mais la hiérarchie n'a visiblement pas apprécié sa démarche : « J'ai reçu des menaces de mort. Puis, un jour, ma femme s'est absentée une petite heure pour faire les courses et, à son retour, elle a réalisé qu'on avait forcé les serrures. Rien n'a été volé, sauf mes dossiers d'enquêtes et toutes les informations concernant Aileen Wuornos. Et je me suis retrouvé à la circulation », s'indigne Jarvis.

Puis Arlene Pralle, une fervente chrétienne, entre en scène. Courant 1991, elle écrit à Aileen : « *Je rendais visite à mon père à l'hôpital lorsqu'un journal a attiré mon attention, votre photo était en une et votre regard m'a touchée. Je suis persuadée que Dieu souhaitait que j'ouvre ce journal. Et que c'est lui qui me pousse à vouloir vous adopter.* » Aileen, pensant avoir trouvé une personne de confiance, accepte. Et le délire médiatique prend place. Pour commencer, Arlene conseille à Aileen de virer son avocate, Trish Jenkins, et de la remplacer par Steve Glazer, un avocat minable qui n'a aucune expérience dans les affaires de meurtres et encore moins de meurtres en série. Pralle et Glazer vont ainsi aller de plateau télé en plateau télé. De conférence de presse en conférence de presse, en prenant soin de récupérer, à chaque passage, de grosses sommes d'argent en échange d'informations croustillantes et souvent erronées sur la vie de la tueuse. Arlene s'est aussi désignée comme étant l'ayant droit de tout ce qui serait, dit, écrit, filmé… sur Aileen. Se faire avoir, c'est toute l'histoire de la vie d'Aileen Wuornos. Sa mère biologique, Diane, sera d'ailleurs la première à lui faire défaut.

I

« À un moment, ils décrivent des abus sexuels perpétrés par mon père et mon frère. C'est de la pure connerie ! Mon père n'a jamais abusé sexuellement de moi, ni même ne s'est exposé nu devant moi. »

Diane a 17 ans lorsqu'elle donne naissance à Aileen Carol Pittman, le 29 février 1956, au Oakland County Hospital, situé dans la ville de Rochester. Son père, Leo Dale Pittman, un gars peu fréquentable et extrêmement violent, s'est engagé dans les Forces armées deux mois avant sa naissance. Elle ne le connaîtra donc pas. Ce n'est pas plus mal : après avoir été inculpé, en 1962, pour le viol d'une gamine de 7 ans, Leo est transféré au Ionia Staste Hospital dans le Michigan où les médecins le diagnostiquent comme étant un psychopathe et prédateur sexuel dangereux. En 1965, il est extradé vers la prison du Kansas. Le 15 janvier, les gardiens le retrouvent dans sa cellule, un linge enroulé autour de la gorge de sorte à bloquer la respiration. Il meurt à l'hôpital deux semaines plus tard. Suicide ou meurtre ? Nul ne sait.

Diane est une jeune femme indépendante qui rêve de liberté et qui n'aime pas les contraintes, mais avec deux enfants et sans mari, c'est compliqué : Keith, le frère aîné de Aileen, est né en mars 1955. Dès lors, un soir d'automne 1956, Diane met les voiles et abandonne, sans crier gare, ses deux jeunes enfants. Aileen et Keith sont alors confiés à leurs grands-parents maternels, Lauri Jacob et Aileen Britta Wuornos. Ils sont officiellement adoptés le 18 mars 1960. Aileen Wuornos est née. Et les ennuis vont commencer.

Aileen a grandi dans le mensonge, elle découvrira à l'âge de 12 ans que Lauri et Britta ne sont pas ses parents biologiques par des voisins mal intentionnés. Et, dans le même temps, que Barry née en 1944 et Lori en 1953 ne sont pas son frère et sa sœur, mais son oncle et sa tante. À partir de là, tout va basculer. De la petite fille douée pour à peu près tout – « Elle était très bonne élève, elle avait un talent d'artiste déroutant », se souvient Barry –, elle (tout autant que Keith) va devenir incorrigible : lorsque Lauri veut la corriger, elle lui répond : « Tu n'as pas le droit de me toucher, tu n'es pas mon père. » Cela étant, Aileen a commis ses premiers vols à l'âge de 9 ans, le terrain était déjà propice à la rébellion. En raison des multiples fausses révélations d'Arlene Pralle et de la police, il a beaucoup été écrit dans la presse et ailleurs que Lauri était violent et tabassait méchamment Aileen. Et même qu'il la violait. C'est vrai qu'il était sévère, mais il était loin d'être le méchant bourreau que les journalistes et certains auteurs ont dépeint : « Mon père ne nous a jamais maltraités, et je ne l'ai jamais vu frapper Aileen. Quand je suis parti à l'armée, elle devait avoir 12 ans et elle commençait à être ingérable, séchait souvent les courses et fuguait tout le temps. Mon père était alors souvent obligé de la recadrer », confiera Barry à la barre en 1992. De son côté, Aileen exprime le 12 avril 1994, dans une lettre écrite à Dawn Botkins, sa meilleure amie, son mécontentement à l'égard du film *Overkill: The Aileen Wuornos Story* sorti en salle en 1992, retraçant soi-disant sa vie depuis son enfance : « *[...] À un moment, ils décrivent des abus sexuels perpétrés par mon père et mon frère. C'est de la pure connerie ! Mon père n'a jamais abusé sexuellement de moi, ni même ne s'est exposé nu devant moi. S'il l'avait fait, il aurait sûrement été enfermé. Avec Keith, c'est vrai qu'on a fait l'amour. Mais c'était réciproque. En plus, nous étions si jeunes, 9 ou 10 ans. Et c'était essentiellement du jeu, pas des relations sexuelles directes... S'ils me l'avaient demandé, je leur aurais dit la vérité... Mais personne ne veut entendre cette vérité. Certainement parce qu'elle n'est pas assez sordide pour faire de l'argent. [...]* » Durant la Seconde Guerre mondiale, Lauri, ancien sergent, était à la tête d'une troupe de cinquante hommes. En somme, il éduque ses enfants de la même manière qu'il commandait ses hommes. En revanche, Lauri n'y va pas mollo sur la boutanche, Britta boit aussi beaucoup.

Les Wuornos vivent dans une jolie maison au 1429 Cadmus, dans un quartier résidentiel de la ville de Troy dans l'État du Michigan. Le coin est calme et tout le monde se connaît.

Mais Aileen n'est pas appréciée par les ados du quartier : « Un jour où on se rendait à une fête, Aileen avait acheté des bières, puis un gars a ouvert la portière arrière du van et l'a poussée dehors. Je ne sais pas pourquoi, mais tout le monde la détestait et profitait d'elle. Quand ils organisaient des fêtes, ils l'invitaient juste pour qu'elle apporte de l'alcool et après ils la viraient », se souvient tristement Dawn Botkins. À 14 ans, Aileen se fait violer, selon elle par un homme d'une quarantaine d'années qui l'a prise en stop. Selon John Gallop, un ami de son âge abandonné et en galère, avec qui elle vivra plus tard dans les bois : « Je me souviens, il y avait ce bonhomme, un pédophile, qui vivait dans le quartier. Sa maison était toujours remplie d'enfants. Je pense que c'est lui qui l'a violée. » Toujours est-il qu'Aileen se retrouve enceinte. L'avortement n'est pas encore légal, il ne le sera qu'en 1973. L'enfant sera donc donné, dès la naissance, à l'adoption. Le 19 janvier 1971, Britta conduit Aileen à Detroit et la laisse à la Florence Crittenton Maternity Home : fondée en 1883 pour accueillir les femmes enceintes en difficulté telles que les prostituées, les femmes déchues et vulnérables, et les femmes enceintes hors mariage. Elle y restera jusqu'au jour de l'accouchement, le 23 mars 1971, où elle donne naissance à un petit garçon. Beaucoup donneraient cher aujourd'hui pour retrouver cet enfant. Même si cette naissance est le résultat d'un viol, Lauri lui en veut terriblement de faire honte ainsi à la famille. De surcroît, Aileen ne cesse de fuguer et de lui tenir tête, il est alors décidé de la placer dans un centre de redressement juvénile, la Adrian Training School, où elle restera quelques mois avant d'aller vivre dans les bois. La Adrian Training School a définitivement fermé ses portes en 2008.

Le 27 juillet 1971, Britta décède d'une insuffisance hépatique. Aileen ne s'en remettra pas : « Ce jour-là, j'ai perdu ma seule alliée », a-t-elle confié à Dawn. Lors des funérailles, Aileen et Keith revoient leur mère pour la première fois depuis leur abandon : « Je leur ai proposé de venir vivre avec moi au Texas, mais ils hésitaient, puis ils m'ont demandé s'ils pourraient fumer de la marijuana, quand je leur ai répondu non, ils ont tourné les talons et je suis partie », confiera Diane des années plus tard. Lauri de son côté est effondré, il tient Diane et Aileen pour responsable du décès de son épouse. Aileen quitte l'école et Keith s'engage dans l'armée.

Aileen vit désormais dans les bois avec John Gallop : « *[...] Dormir dans la neige. Pas d'argent, pas de chaleur, nulle part où aller. Affamée comme l'enfer. Je me souviens d'une fois où je me suis réveillée au printemps. Il pleuvait comme en enfer, du tonnerre et des éclairs. J'ai levé les yeux et j'ai vu le sable des collines se transformer en boue qui glissait et tourbillonnait autour de moi. J'étais si fatiguée, et faible à cause du manque de nourriture [...]* » (lettre d'Aileen, 17 juillet 1992).

Pour se nourrir, elle se prostitue, ce qui n'arrange en rien les mauvais rapports qu'elle entretient déjà avec les ados du quartier : « Je sortais avec elle, mais je ne voulais pas qu'on nous voie ensemble. Tout le monde la traitait de pute et de salope, alors j'avais honte. J'avoue que je profitais d'elle », raconte au prétoire Jeremy, un ancien petit ami.

Jusqu'à présent, elle ne s'était jamais trop fait remarquer par la police. Ses petits délits se déroulaient souvent dans le bois ou à l'arrière d'une voiture, mais dorénavant âgée de 18 ans et dotée d'un permis de conduire, la demoiselle se déplace : le 27 mai 1974, elle est arrêtée dans le comté de Jefferson dans le Colorado, sous le nom de Sandra Beatrice Kretsch, pour conduite en état d'ivresse et pour avoir tiré des coups de calibre 22 en l'air tout en conduisant. Elle sera jugée, plus tard, pour ne pas s'être rendue au tribunal pour cette infraction.

Le 12 mars 1976, Lauri Wuornos se suicide au monoxyde de carbone. Et Aileen quitte définitivement la région pour la Floride.

II

« C'était un vieux pervers. Une fois marié, il a voulu prendre le contrôle et a affiché des fantasmes dégoûtants. »

Dans le courant du printemps 1976, un septuagénaire, Lewis Fell, prend Aileen en auto-stop. Lewis vit à Ormond Beach, en Floride, la ville prisée des milliardaires à la retraite. Il tombe sous le charme de la jeune femme. Il faut dire qu'elle est ravissante du haut de ses 20 ans, grande, aux cheveux longs couleur de blé et dotée d'un sourire magnifique. Quand elle ne se défonce pas et ne fait pas de conneries, Aileen est topissime. Ils se marient dans le comté de Volusia : les démarches pour dissoudre un mariage y sont bien plus simples. Lewis est multimilliardaire, ça la change un peu.

Le 13 juillet 1976, le couple se rend dans le Michigan au chevet de son frère Keith : il est atteint d'un cancer de la gorge. Le jeune homme n'en a plus pour très longtemps. Aileen est très affectée par l'état de santé de son frère, elle lui est extrêmement attachée. Le lendemain soir, elle laisse son époux seul à l'hôtel et part noyer son chagrin dans un club, le *Bernie*, situé dans le village de Mancelona, dans le comté d'Antrim. Complètement saoule, elle fricote avec un gars : « On a fait cinq parties de billard, elle a gagné à chaque fois. Elle était forte », raconte-t-il. Aileen n'est pas une femme très discrète et elle a tendance, quand elle est bourrée, à jurer comme un charretier. Elle est aussi très susceptible, mieux vaut ne pas l'emmerder. Alors, quand le barman lui demande de la mettre en sourdine, elle se fâche et lui balance une boule de billard en pleine tête. Les flics la placent en dégrisement. Lewis la récupère le lendemain, lui paie la caution, puis rentre en Floride. Keith s'éteint le 17 juillet 1976. L'argent n'effacera pas le chagrin d'Aileen, mais l'aidera à remonter la pente : l'assurance de Keith lui verse 10 000 $, qu'elle va dépenser en partie en alcool, mais pas dans la drogue comme beaucoup l'ont écrit « […] *Ce satané crack… je n'ai jamais essayé et je suis contente de ne pas l'avoir fait.*

C'est étrange. Parce que j'ai essayé presque tout. Mais j'ai commencé à détester les drogues à 17 ans. J'ai aussi abandonné l'herbe à ce moment-là. Et à partir de là, je n'ai plus fait que boire. Point final. Je n'ai sniffé que 5 lignes de cocaïne dans ma vie. C'est tout. Rien d'autre. Quand je faisais le trottoir. Je ne buvais que de la bière [...] », (Aileen Wuornos, lettre du 6 juin 1992).

Avec l'argent de l'assurance, elle s'achète également une Pontiac Grand Prix flambant neuve, qu'elle explosera contre une cabine téléphonique quelques semaines plus tard. De retour chez son mari, leurs rapports s'enveniment : « *[...] C'était un vieux pervers. Une fois marié, il a voulu prendre le contrôle et a affiché des fantasmes dégoûtants. Alors je lui battais le cul avec sa canne. Il a de la chance d'être en vie. J'ai failli le tuer une nuit. J'ai attrapé un fusil, je l'ai jeté par terre, j'ai mis mon pied sur sa poitrine et le canon du fusil sur son front et j'ai dit : je veux le divorce dans les vingt-quatre heures ou je te tue. Il est parti. Je suis resté deux semaines dans sa villa. Et on a divorcé. [...]* » (lettre du 4 mai 1998). Le mariage n'aura duré que soixante jours. Elle retourne à ses anciennes occupations, la prostitution.

Au début des années quatre-vingt, Aileen, qui a déjà tout dépensé depuis belle lurette, rencontre au *Talk of the Town*, un bar situé sur Daytona Beach, Jay Watts, un mécanicien de 51 ans : « Je l'ai revue une seconde fois et elle m'a demandé de l'héberger, j'ai dit ok. Puis on s'est mis ensemble, comme ça, naturellement. Elle aimait bien le sexe, mais elle était aussi très tendre. Quand on regardait la télé, elle aimait se blottir dans mes bras », se souvient Jay. Elle est amoureuse, lui aussi, mais elle a des doutes. Le 20 mai 1981, elle est à nouveau arrêtée, au *Majik Market*, dans la ville de Edgewater, toujours en Floride : elle était partie pour se suicider et elle a fini saoule, en bikini, en train de braquer un magasin : « Je ne voulais pas le braquer, j'avais de l'argent, je voulais juste acheter de l'alcool, mais vu que j'avais mon flingue à la main – j'avais projeté de me tirer une balle dans le cœur, puis j'ai changé d'avis –, la caissière s'est mise à hurler. C'est là que je lui ai dit : "Puisque c'est comme ça, donne-moi ton fric", elle m'a donné 33 $. Puis les flics sont arrivés », a-t-elle raconté à l'auteur Christopher Berry-Dee. Elle avait déjà tenté de se suicider en 1978 en se tirant une balle dans l'estomac, elle aurait pu recommencer. Elle écope de trois ans d'emprisonnement. Elle est incarcérée à la Florida Departement of Corrections Prison, le 4 mai 1982, et sera libérée le 30 juin 1983 pour bonne conduite. À sa sortie de prison, elle revoit Jay à quelques reprises, mais rien n'est plus comme avant. Puis ils coupent définitivement les ponts. La prison ne la calme pas, elle est régulièrement arrêtée pour vol, détournement de chèques, vagabondage, bagarre, état d'ivresse sur la voie publique, mais jamais pour prostitution. C'est une habituée des services de police, mais comme elle commet souvent ses crimes dans des comtés et sous des noms différents, Lori Grody, Susan Blahovec… elle arrive à passer entre les mailles du filet.

III

« *Elle m'a montré la vilaine cicatrice de sa tentative de suicide, puis elle m'a dit qu'elle était commerciale, un truc comme ça.* »

En juin 1986, dans un bar gay, le *Zodiac*, situé au sud de Daytona Beach, Aileen rencontre Tyria Jolene Moore. Tyria est originaire de l'Ohio. Elle préfère la compagnie des femmes à celle des hommes. Mais dans son village, à Cadiz, où l'on ne comptait pas plus 3161 habitants en 2019, les homosexuels ne sont pas vus d'un très bon œil, et ils ne courent pas les rues non plus. De surcroît, sa famille n'est pas très ouverte d'esprit : sa mère est décédée, son père est remarié avec Mary Ann, elle a trois frères et une sœur, et tous ignorent l'orientation sexuelle de Tyria. Alors la Floride lui est apparue le meilleur endroit pour trouver l'amour. Elle s'y est installée en 1983. Tyria a 29 ans, et si elle est dotée d'un physique de camionneur, elle n'est cependant pas très grande. Quand la belle Aileen franchit la porte du *Zodiac*, la petite rousse de l'Ohio tombe sous le charme. Tyria tente sa chance et s'installe alors près d'elle au bar, puis engage la conversation. Aileen reste au début un peu sur ses gardes : « Je te préviens, je ne suis pas lesbienne. » Après quelques verres, Aileen se détend : « Elle m'a montré la vilaine cicatrice de sa tentative de suicide, puis elle m'a dit qu'elle était commerciale, un truc comme ça », dira Tyria des années plus tard quand elle sera invitée sur les plateaux télé pour conter son aventure avec la tueuse. À la fin de la journée, elles conviennent de se revoir et se rapprochent au fil du temps. Néanmoins, Aileen ne sera jamais trop portée sur le sexe avec sa nouvelle compagne, même si elle ne cesse de la présenter comme étant sa femme. Elle est surtout en quête de tendresse.

Tyria loge chez une amie de sa famille, Cammie Marsh Greene. Monsieur et Madame Greene sont de fervents chrétiens, alors, le jour où Cammie surprend Aileen au lit avec Tyria, même si elle ne faisait rien à ce moment-là, elle est choquée. À cela s'ajoutent les mauvaises manières d'Aileen : « On se doutait qu'elle se prostituait, je ne voulais pas de ça chez moi. J'ai dit à Tyria de cesser de la fréquenter, mais elle n'a rien voulu entendre. Elle a pris ses affaires, puis elle est partie », racontera Cammie des années plus tard. Elles vivent désormais au *Fairview Motel* situé au 5964 S Ridgewood Avenue, à Port Orange, Daytona Beach. Elles changeront souvent de motel, mais celui-là sera leur préféré.

Tyria travaille comme femme de ménage au *El Caribe Motel* sur l'Atlantic Avenue à Daytona Beach, tandis que Aileen se prostitue le long de l'Interstate-75, une autoroute inter-États de l'est et du centre des États-Unis, qui traverse du sud au nord les États de Floride, Géorgie, Tennessee, Kentucky, Ohio et Michigan et relie la ville de Hialeah à Sault Ste Marie, à la frontière avec l'Ontario. Sa technique est simple : elle fait du stop. Puis elle prétend que sa voiture est en panne, qu'elle a deux enfants et qu'elle doit d'urgence aller les récupérer. Une fois dans le véhicule, elle explique qu'elle a des soucis d'argent et leur demande s'ils peuvent la dépanner en échange d'un petit moment de plaisir. Soit le gars accepte, soit il la vire. Elle travaille de midi à la tombée de la nuit. Et arrive à se faire jusqu'à 300 $ par jour. Si bien que Tyria en profite pour quitter son emploi. C'est Aileen qui paie tout : « *Elle profitait bien de moi, il fallait l'emmener au restaurant. Ty avait des goûts de luxe de sorte qu'il ne me restait même pas de quoi m'acheter des vêtements.* » (Aileen, le 3 juin 1992) Le manque d'argent crée des tensions entre les deux jeunes femmes. Elles se disputent souvent.

En mars 1989, Aileen est ravie, elle vient d'acquérir une caravane 1968 Corsair Trailer qu'elle installe au Ocean Village Camper Resort, à Ormond Beach. Mais ce bonheur ne va pas durer. Les propriétaires du camping se plaignent de leur attitude : « On voulait donner une bonne image de ce lieu, mais elles faisaient sans cesse la fête, il y avait toujours des bouteilles d'alcool qui traînaient devant leur caravane. On leur a demandé de partir », confiera le propriétaire à moult journalistes. De retour au *Fairview*, les disputes reprennent de plus belle. Et Aileen bascule du côté obscur.

IV

« J'espère qu'elle rencontrera Old Sparky. Savez-vous qui est Old Sparky ? »

Le 1er décembre 1989, un type qui promène son chien sur une route forestière à Ormond Beach remarque une voiture, les portières grandes ouvertes. Elle lui semble avoir été abandonnée. Il le signale alors à la police, et le sergent John Bonnevier du comté de Volusia se rend sur les lieux. La voiture appartient à Richard Mallory, 51 ans, propriétaire d'un magasin de composants électroniques à Clearwater, dans le comté de Pinellas. Dans le véhicule, John trouve une bouteille de vodka pleine, des préservatifs, des cartes de visite, divers papiers, mais pas de clé : « Quand elle est rentrée le soir, elle avait bu, elle m'a raconté qu'elle avait tué un type, puis qu'elle lui avait volé des affaires avant de l'abandonner dans un bois », dira Tyria le jour du procès en 1992.

Le 13 décembre 1989, James Jano Davis et Jimmy Bonchi cherchent de la vieille ferraille dans un bois, au nord-est de Daytona Beach dans le comté de Volusia, quand ils aperçoivent un nuage de mouches. Ils s'approchent, pensant trouver un animal ou un oiseau mort. Mais c'est un corps d'homme en décomposition enroulé dans un tapis qu'ils découvrent : celui de Richard Mallory. Ce dernier a reçu plusieurs balles, dont deux dans le poumon gauche, qui ont provoqué une grosse hémorragie. Il a les fesses à l'air, et le rapport d'autopsie révèle qu'il avait consommé de l'alcool. Quand Aileen a croisé le chemin de Mallory, le 24 novembre 1990, il était environ 22h30. Elle était en train de marcher sur le trottoir en direction de son motel quand il l'a accostée à bord de sa voiture. Au début, elle ne voulait pas le suivre, elle ne travaille pas le soir, mais il a insisté, alors elle est montée : « Il a pris la route du bois. Puis s'est arrêté dans un coin très éloigné. Et il a commencé à m'insulter de pute, de salope, il m'a aussi dit qu'il détestait les femmes et qu'il allait me tuer. Il m'a assommée, puis lorsque j'ai repris connaissance, mes mains étaient ligotées et attachées à la poignée de la portière, côté passager. Et il m'a inséré violemment un objet énorme dans l'anus et dans le vagin. Puis il m'a violée. Cela a duré au moins deux heures. Puis il m'a aspergée tout le corps d'alcool, jusque dans le nez. La douleur était insoutenable. J'ai réussi à me détacher, puis quand il s'est approché de moi, j'ai tiré, une fois, deux fois, je ne sais plus », dira-t-elle, en mimant chaque geste, le jour de son procès en 1992.

Richard Mallory n'était pas un homme très apprécié. C'était un véritable obsédé, il passait sa vie à regarder des films pornographiques, à fréquenter les boîtes de strip-tease et il était un habitué des prostituées. Il avait déjà fait dix ans de prison pour des viols commis à l'âge de 19 ans. La disparition de Mallory n'a jamais été signalée à la police : « Il pouvait disparaître plusieurs jours sans prévenir. Puis il réapparaissait, comme ça sans explication. C'était invivable. Je ne pouvais plus supporter ses pornos et ses bars à strip-tease. Il buvait beaucoup et fumait de la drogue. Il avait toujours une bouteille d'alcool dans la voiture et deux gobelets. J'ai rompu en 1988 », confie son ex-petite amie. Au vu de son passé houleux et plus que questionnable, les flics concluent à un règlement de comptes.

Le 19 mai 1990, David A. Spears, 43 ans, un conducteur d'engins lourds, originaire de Bradenton, doit rendre visite à son ex-femme, Ima Dean Spears, dans la soirée, mais il n'est jamais arrivé. Il ne s'est pas rendu à son travail le lendemain non plus. Le patron de Spears, Robert Kerr, et sa femme trouvent, en fin d'après-midi, le pick-up de Spears sur l'Interstate-75. Les Kerr revenaient du Tennessee, à environ vingt miles au sud de Gainesville dans le comté de Marion, quand ils ont vu le camion. Celui-ci avait un pneu crevé. La boîte à outils de Spears, ses vêtements, une panthère en céramique, la plaque d'immatriculation du véhicule et les clés ont disparu. « Il m'a téléphoné le matin pour me dire qu'il viendrait en fin de journée.

Et il fait toujours ce qu'il dit. Et s'il ne peut pas venir, il prévient », déclare Irma à la police de Sarasota.

Le 31 mai, Charles E. Carskaddon, 40 ans, quitte sa maison pour se rendre dans la ville de Tampa, située dans le comté de Hillsborough. Charles travaille dans une entreprise de rodéo, et depuis son départ plus personne n'a de nouvelles de lui.

Le 1er juin, David Spears est retrouvé mort dans un bois près de la rivière Chassahowitza, dans le comté de Citrus. Son corps est dans en état de décomposition avancée. Il est nu et porte une casquette de base-ball sur la tête. Un préservatif usagé a été trouvé à proximité. Le médecin légiste, le docteur Janet Pillow, a retrouvé six balles de calibre logées dans son abdomen

« *Avec David Spears nous avons bu ensemble toute la journée de 13h à 21h. Il m'a dit que sa sœur avait une ferme de chevaux près d'Ocala. Nous avons donc appris à nous connaître. Je crois qu'il a découvert que je vivais seule. Je ne lui ai pas parlé de Tyria. C'est là qu'il a eu l'idée de ne pas me payer, mais de me violer et de me battre à mort avec un tuyau de plomb rempli de ciment. Certainement pour que personne ne sache jamais ce qui m'est arrivé. Parce que je lui ai dit que je n'avais pas de famille.* » (Aileen, le 27 juin 1992)

Tandis que les policiers du comté de Citrus sont en train de pratiquer l'autopsie de David Spears afin de l'identifier, les policiers du comté de Pasco retrouvent, le 6 juin, le corps nu de Charles Carskaddon, à 30 miles au sud du comté de Pasco, près de l'Interstate-75. Le corps est dans un état de décomposition très avancée, cependant, le médecin légiste Janet Woods estime que John Doe est mort de cinq jours à deux semaines auparavant. Il s'est pris 9 balles de calibre 22 dans le corps. « *[...] Carskaddon voulait me faire sauter la cervelle, il m'a collé un calibre 45. Je me suis reculée et j'ai tiré trois fois. Il est resté droit dans ses bottes et essayait de me tirer dessus, mais il n'avait pas chargé son pistolet. Alors j'ai continué à tirer, il s'est écroulé au bout de la neuvième balle. Avant de partir, je lui ai volé son pistolet […]* », (Aileen, le 22 septembre 1992)

Le 7 juin, les détectives Padgett et Thompson du comté de Citrus ont identifié le corps de David Spears. Et à 250 miles de là, à Palm Beach County, Peter Siems fait ses valises. Peter Siems est retraité, il a 65 ans. Il se consacre à une association chrétienne nommée Christ Is The Answer. Sa femme étant en Allemagne pour le travail, il a décidé de rendre visite à sa sœur dans le New Jersey avant de se rendre dans l'ouest de l'Arkansas où vit son fils, Stefan. Ni sa sœur ni son fils ne l'ont vu depuis.

Le 4 juillet 1990, Rondha Bailey est assise sous son porche, près de la forêt nationale d'Ocala à Orange Springs, dans le comté de Marion, quand elle entend le bruit d'une bagnole s'encadrer dans une barrière. À bord, Aileen Wuornos et Tyria : « Je t'ai dit que tu allais trop vite. C'est malin maintenant », reproche Aileen à Tyria. Elles sont légèrement blessées, mais refusent que Rondha appelle les pompiers. Elles tentent de repartir en voiture, mais celle-ci a le radiateur explosé. Elles l'abandonnent alors au bord de la route. En partant, elles croisent Harmon Jeter : « La blonde avait un peu de sang sur le visage. Je leur ai proposé de les déposer quelque part, elles ont refusé. » Jeter appelle tout de même les secours. Sur le chemin, elles croisent un pompier, Huber Hewlett, elles refusent également son aide. La voiture de Peter Siems vient d'être retrouvée. Et trois témoins vont être en mesure d'identifier les deux passagères. Un portrait-robot est dressé et, en examinant la voiture, les policiers retrouvent une empreinte et du sang sur l'accoudoir du siège passager. Sur le plancher, ils retrouvent des cannettes de bière vides, des mégots de cigarettes et toutes sortes de cochonneries. La femme de Siems, Ursula, est interrogée par le détective Wisnieski du comté de Marion.

Courant juillet, Tyria et Aileen sont dans leur chambre au *Fairview Motel* en train de regarder tranquillement la télé quand les portraits-robots des deux femmes sont diffusés. Tyria a toujours dit ne pas être courant des activités macabres de sa compagne. Du moment qu'Aileen rapportait de l'argent, elle se fichait pas mal du reste, et de la façon dont elle gagnait. Mais maintenant que son visage est dans tous les journaux et passe à la télévision, Tyria commence sérieusement à paniquer.

Le 30 juillet, Troy Burress, 46 ans, quitte son entreprise et part à bord de son camion faire ses livraisons de saucisses. Troy est marié à Sharon depuis seize ans et, selon elle, c'est un mariage heureux, sans problèmes. Troy est aussi un homme très ponctuel. Alors quand son patron, Johnny Mae, découvre que son employé n'a effectué aucune des livraisons prévues, il le contacte via la CB, sans réponse. Nul doute, Troy a un problème, se dit-il. Il appelle illico la police. John Tilley prend les dépositions de Johnny et Sharon, et un avis de recherche est lancé. En retraçant son parcours, la police découvre qu'il a marqué un dernier stop à 14h24 dans une épicerie près de la forêt nationale dans la commune de Seville, située dans le comté de Volusia.

Le 4 août, une famille qui pique-nique dans la forêt nationale d'Ocala est dérangée par un nuage d'insectes et une odeur de mort. Le corps est formellement identifié dès le lendemain comme étant celui de Troy Burress. Ce dernier a reçu une balle à gauche dans la poitrine et une autre dans la partie inférieure du dos. Son corps est dans un sale état et recouvert d'asticots. Mais il est habillé. Les 293 $ qu'il avait sur lui ont disparu. Son camion est retrouvé quelques jours plus tard dans l'État d'Indiana : un auto-stoppeur, qui l'avait retrouvé abandonné près de la forêt, s'en était servi pour voyager.

Le lundi 10 septembre 1990, Charles « Dick » Humphreys et son épouse Shirley ont célébré leur trente-cinquième anniversaire de mariage dans l'arrière-cour de leur maison de Crystal River, sur la côte du golfe de Floride. Humphreys, 56 ans, est un ancien chef de police d'Alabama qui travaille désormais pour le Département de la santé et les services de réhabilitation de la Floride. Le 11 septembre, ne voyant pas son mari rentrer, Shirley signale sa disparition à la police.

Le 12 septembre 1990, deux jeunes garçons retrouvent son corps dans un bois, près de la rivière Chassahowitza. Charles est entièrement vêtu, et a reçu 5 balles dans la tête, une dans le cou et une dans le torse. La médecin légiste Janet Pillow constate que Charles n'avait pas consommé d'alcool et remarque un hématome étrange sur son corps. Les policiers ont constaté que les poches de Humphreys étaient retournées, que son portefeuille et sa voiture avaient disparu. Son portefeuille et ses papiers d'identité seront retrouvés plus tard à une cinquantaine de kilomètres de là, et la voiture a été localisée derrière une station-service abandonnée près de l'Interstate-10, dans le comté de Suwannee. Aileen ne se rappelle pas avoir tiré sept fois : « J'espère qu'elle rencontrera Old Sparky[17]. Savez-vous qui est Old Sparky ? », confie Shirley Humphreys aux journalistes. Aileen dit l'avoir tué parce qu'il voulait la violer.

Le lundi 8 octobre 1990, le détective en chef Binegar, le major Dan Henry, du comté de Marion, Jerry Thompson, Marvin Padgett et David Strickland du comté de Citrus se réunissent : tous s'accordent à dire qu'ils ont affaire à un tueur en série.

V

« *Quand les flics sont arrivés au coin de la rue,*
je savais que c'était la fin. »

Le 16 novembre 1990, Tyria est seule dans la chambre. Elle rentre dans l'Ohio le lendemain, et ne reviendra pas.

Le 19 novembre 1990, le corps d'un chauffeur routier, Walter Jeno Antonio, est retrouvé sur le bord d'une route forestière,

17 Old Sparky est le surnom donné à la chaise électrique dans certains États des USA.

dans le comté de Dixie en Floride. Walter est en chaussettes, mais nu, et son corps est criblé de balles : trois dans le dos et une dans la tête. « *[...] Je regrette profondément d'avoir tiré sur Siems, Antonio et Burress. Pour les autres, c'est différent, ils m'ont maltraitée et ils m'auraient tuée [...]* », (Aileen Wuornos, le 8 mars 1993).

Les flics sont à cran. La diffusion dans les médias des portraits-robots n'avait rien donné en juillet. Ils décident alors de les rediffuser avec en titre « Probables tueuses en série ». Ils sont persuadés qu'ils obtiendront ainsi plus de réactions. Une conférence de presse est donnée le 29 novembre. Le 21 décembre, le sergent Brian Jarvis contacte Munster : il a des noms à lui donner. Un type nommé Billy Copeland a reconnu les deux femmes, il les a identifiées : Tyria Moore et Lee. Kathy Beasman, une jeune femme de Tampa, leur indique qu'il pourrait s'agir de Tyria Moore et Susan Blahovec. Puis un autre leur dit que Susan Blahovec se prostitue sur la I-75. Jarvis a localisé les parents de Tyria dans l'Ohio. Dans le même temps, ils découvrent que Blahovec est un faux nom, puisque son permis de conduire est au nom de Cammie Marsh Greene. Lors de sa dernière nuit chez Cammie, en 1986, Aileen a emporté avec elle quelques souvenirs. Jarvis découvre ensuite qu'elles ont quitté le *Fairview* le 14 octobre 1990. Il sait également que la suspecte a laissé une caméra et d'autres objets appartenant à Richard Mallory et une bague appartenant à Antonio chez un prêteur sur gage. Et l'empreinte retrouvée dans la voiture de Peter Siems matche avec celle d'une Lori Grody arrêtée en 1986 pour port d'arme illégal dans la ville de Thalassee.

Le 4 janvier 1991, la police ne connaît toujours pas le vrai nom d'Aileen, mais ils savent qu'ils ont trouvé leur coupable. Six policiers sont envoyés à Port Orange pour surveiller le *Fairview* et le *The Last Resort*. Le sergent Joyner et Martin, habillés en bikers, sont chargés de l'attirer dans le guet-apens.

Le 8 janvier, Joyner et Martin, à bord de leur Jeep, tournent sur Ridegewood, à Port Orange, quand ils aperçoivent Aileen dans un pub. Ils se garent et la retrouvent à l'intérieur. Elle est là, près du juke-box. Bucket (Joyner) essaie une approche et lui demande de danser, mais des flics de Port Orange, qui ne sont pas dans le coup, interrogent Aileen : « Ils voulaient savoir si je savais quelque chose sur cette tueuse en série », dit-elle à Bucket. Les policiers de Port Orange ont failli foutre en l'air la mission. Et la tueuse est considérée comme étant extrêmement dangereuse. Martin et Joyner reviendront le lendemain.

Le 9 janvier, elle est accoudée au bar du *Last Resort*, complètement saoule. Bucket et Drums (Martin) sont à ses côtés, ils lui paient à boire. Cannonball, le patron du bar, qui comprend ce qui se passe essaie de l'aider : il veut qu'Aileen le suive chez lui, mais elle le prend mal. Elle s'imagine qu'il a des idées salaces derrière la tête. De retour dans le bar, elle cherche de la monnaie, ils saisissent la balle au bond : « Je lui ai proposé d'aller se doucher dans ma chambre d'hôtel, et elle m'a suivi », se souvient Martin.

« *Quand les flics sont arrivés au coin de la rue, je savais que c'était la fin. Je me suis dit : "c'est foutu !" J'étais calme comme un chaton. Quand il m'a dit : "Vous êtes en état d'arrestation, Lori Grody, pour détention d'arme illégale en 86, j'ai dit : "Vous avez le mauvais nom, c'est le nom de ma sœur, mon nom c'est Aileen Wuornos." Et ils ne m'ont jamais lu mes droits Miranda.* » (Aileen, le 19 septembre 1992).

VI

« *Tout ceci est ridicule, combien de fois vont-ils me tuer ?* »

Maintenant, les enquêteurs ont besoin de ses aveux, car les preuves qu'ils ont en leur possession ne suffiront pas à la mettre en examen pour meurtres. De plus, elle n'avait pas d'arme sur elle lors de l'arrestation : elle l'a jetée du côté de Rose Bay. La police a alors menacé Moore de l'inculper si elle ne les aidait pas à faire parler Aileen. Moore accepte de téléphoner à Wuornos en prison tandis que la police enregistre secrètement la conversation. Moore, qui est en pleurs au téléphone, supplie Wuornos de dire la vérité. Elle lui dit qu'elle est terrifiée à l'idée d'aller en prison. La tactique fonctionne : « Mais oui, ma chérie, ne t'inquiète pas je vais dire la vérité. Tu n'y es pour rien. J'ai commis ces meurtres seule. » Le 16 janvier, Wuornos est à nouveau interrogée. Dans des aveux enregistrés sur vidéo pendant trois heures, elle raconte son histoire aux officiers Munster et Horzepa avec tellement de détails qu'il a fallu lui rappeler qu'elle parlait à la police.

Le 14 janvier 1992, Wuornos passe en jugement dans le comté de Volusia pour le meurtre de Richard Mallory, la première de ses victimes. Et les autres procès seront répartis dans les comtés où les meurtres ont été commis : Volusia, Citrus, Marion, Pasco et Dixie. Quatre de ces comtés ont proposé une négociation de peine selon laquelle Wuornos pouvait plaider coupable en échange d'une peine de prison à vie. Mais un comté – Pasco, où Carskaddon a été assassiné – a maintenu la peine de mort, supprimant l'option du plaidoyer. Le 27 janvier 1992, il ne faut que quatre-vingt-onze minutes aux jurés pour la déclarer coupable du meurtre de Richard Mallory. Elle est condamnée à mort.

Le 4 mai 1992, Aileen commet un acte irréfléchi : Arlene Pralle, sa nouvelle amie qui lui a monté le bourrichon, la convainc de renvoyer l'équipe désignée par la cour et dirigée par Trishia Jenkins. Pralle engage ensuite l'avocat Steve Glazer pour défendre Wuornos. Glazer s'occupe aussi de faciliter son adoption et de la négociation des droits d'auteur d'un éventuel livre.

Sur les mauvais conseils juridiques et religieux de Glazer et Pralle, Aileen décide d'aller de l'avant, « de se mettre en règle avec Dieu ». Elle plaide donc la non-contestation pour les autres meurtres. Pour les meurtres de Dick Humphreys, Troy Burress et David Spears, Wuornos est condamnée à trois autres peines de mort : « Tout ceci est ridicule, combien de fois vont-ils me tuer ? », s'écrie-t-elle à la presse. Dans les deux derniers procès, Wuornos plaide coupable pour Charles Carskaddon et Walter Jeno Antonio et reçoit deux autres condamnations à mort, soit un total de six condamnations à la peine capitale. Elle n'est pas jugée pour le meurtre de Peter Siems, son corps n'ayant jamais été retrouvé. « *J'ai essayé de les aider à trouver le corps de Siemens. Il y a quelque chose de vraiment louche dans cette histoire. Parce que je l'ai laissé allongé en plein milieu de la route. Je ne l'ai jamais caché (ni) déplacé. Ils auraient dû le trouver... J'ai passé une journée à essayer. Mais je ne me souviens pas où il m'a emmenée. Encore une fois, si cela avait été prémédité, je lui aurais suggéré un endroit que je connais. Mais il a choisi l'endroit. Et je ne m'en souviens pas parce qu'il m'a acheté presque une caisse de bière... Alors comme je ne m'en souviens pas, je leur ai dit que la meilleure chose à faire était de m'hypnotiser...* », écrit-elle dans une lettre qui n'est pas datée.

Beaucoup ont écrit, hurlé qu'elle avait commis ses crimes parce qu'elle haïssait les hommes. Il est vrai qu'elle aurait eu de bonnes raisons de les haïr, après une dizaine de viols. Mais ses proches ne croient pas à cette théorie. Selon eux, la raison est ailleurs. Même si seule Aileen sait ce qui s'est passé dans ces bois.

VII

« J'ai des sacrées voisines : Deidra Hunt, elle est accusée d'avoir tué un jeune de 18 ans (attaché à un arbre). Elle a été filmée. Il y a Andrea Jackson, elle a tué un flic. Ann Cordona, 45 ans, elle a tué son petit garçon avec une batte de base-ball et Judy Buenoano, « la veuve noire », elle a empoisonné son mari avec de l'arsenic en 1971 et noyé son fils paralysé en 1980. » (Aileen, 29 août 1992)

En 2001, un nouvel avocat, Joe Hobson, tente en procès d'appel de faire annuler la peine capitale. L'audience est présidée par le juge Victor Musleh et l'accusation par le procureur James McCune. Aileen fait tout pour faire capoter la défense d'Hobson. Elle déclare :« De toute façon si un jour j'étais relâchée, je tuerais encore. Je hais cette société. » Estimant que la vie dans le couloir de la mort est pire que la mort elle-même, Aileen renonce à tout autre appel de ses six condamnations à mort. Elle appelle cette défense sa campagne de rétractation « 7 et 7» » – une référence aux sept meurtres et sept vols dont elle prend désormais l'entière responsabilité. Elle fait ainsi annuler la défense précédente où elle plaidait la légitime défense. Le 11 juin 2001, elle demande, par courrier au gouverneur Charles T. Wells, l'autorisation de virer son avocat. Elle fait la même demande aux juges des cinq comtés qui l'ont condamnée. La Cour autorise finalement Aileen à renvoyer ses avocats et à mettre fin à ses appels.

En avril 2002, le gouverneur Jeb Bush désormais élu signe l'acte d'exécution, prévue pour septembre 2002. De multiples associations tentent de faire annuler la procédure, mais en vain. Les psys qui ont vu Aileen en septembre ont estimé qu'elle était tout à fait saine d'esprit. Pourtant, lors d'un entretien qu'elle a eu, le 8 octobre 2002, avec le réalisateur Nick Broomfield, elle explique que le personnel de la prison la torture et la pousse au suicide. Que l'interphone serait utilisé pour envoyer ce qu'elle appelle une « pression sonique » dans sa cellule, ce qui l'empêche de dormir et lui procure des maux de tête. Elle croit que le personnel de la prison souille sa nourriture en crachant et urinant dedans. Elle s'est aussi plainte d'avoir été malmenée lors de fouilles corporelles. Pour éviter d'avoir à interagir avec les gardes, elle prend le moins possible de douches, elle se lave parfois les cheveux avec l'eau du robinet, penchée au-dessus des toilettes. Elle a déposé une plainte manuscrite de vingt-cinq pages, en vain, contre la prison : l'administration pénitentiaire a nié toutes ses allégations. Elle montre clairement des signes de paranoïa aiguë, les psys ne l'ont visiblement pas vu.

En Floride, on peut choisir entre la chaise électrique et l'injection létale. Aileen a choisi l'injection. Pour son dernier dîner, l'État lui a accordé un budget de 20 $. Elle a mangé du poulet et des frites à la française. « La dernière chose qu'elle m'a dite, "je t'aime, Buddy, on se reverra de l'autre côté », se souvient Dawn.

Le matin de son exécution, le 9 octobre 2002, Nick Broomfield lors d'une conférence de presse a déclaré : « Cette décision est plus que discutable. Nous sommes en train d'exécuter une personne qui souffre de troubles du comportement. » Dans son recueil de lettres, *Dear Dawn Aileen Wuornos in Her Own Words 1991-2002,* édité par Soft Skull Press en 2012, les lettres écrites quelques mois avant son exécution démontrent indéniablement qu'Aileen commençait à perdre la raison. Comme elle a toujours été diagnostiquée souffrant de troubles du comportement, l'enfermement n'a pas dû arranger les choses

Le responsable des relations publiques de la prison d'État de Floride à Starke, Sertling Ivey, déclare à la presse : « Elle s'est réveillée à 5h, elle a fait sa toilette, elle était calme. » À 9h28, ils ont levé les rideaux, elle a souri aux témoins, ils lui ont inséré la seringue, puis elle a dit ses derniers mots avant de s'éteindre en douceur. La fille de Charles Humphreys, la sixième victime, Terri Griffith, s'indigne : « Je trouve que cela a été bien trop vite. J'aurais bien aimé qu'elle souffre un peu plus. Que son cerveau fume un peu. »

À 9h40, Sertling Ivey annonce à la presse : « Ses derniers mots sont : "Je voudrais juste dire que je navigue avec le rocher. Je reviendrai, comme dans *Indépendance Day,* le 6 juin avec Jésus, comme dans le film avec le Bateau-mère. » Les cendres de Aileen ont été répandues au pied d'un noyer parmi des rochers, les fraises et autres plantes dans la propriété de sa meilleure amie, Dawn Botkins.

VIII

« *Je vous le dis, je déteste Steve et Arlene.* »

Peu de temps après son adoption, en 1992, Aileen avait coupé les ponts avec Arlene Pralle. Elle a vite compris que cette dernière l'avait adoptée par profit. On ignore quelle somme d'argent Arlene Pralle a touchée, en définitive, mais cela droit représenter un joli pactole. « *Arlene et Steve sont vicieux. Le contrat qu'ils m'ont fait signer leur permet d'être éligibles et les désigne gardiens de tout l'argent que je gagne. Ce qui fait qu'ils m'arnaquent bien ! Un marché plutôt sournois ! Je vous le dis, je déteste Steve et Arlene. J'ai déjà dit à Arlene d'aller se faire voir…* » (Aileen, 1er janvier 1993)

Ils ne sont malheureusement pas les seuls à avoir fait de l'argent sur cette histoire. Et cela continue. La vie d'Aileen Wuornos est un marché très florissant. Si vous passez par Daytona Beach, vous pouvez dormir, entre 70 et 100 $ la nuit, dans son ancienne chambre au *Fairview Motel*. Elle a bien sûr été rénovée, mais la décoration est restée à l'identique. Elle porte dorénavant le numéro 9, elle portait le 7 à l'époque d'Aileen. Et si le 9 est occupé, le propriétaire vous suggère le numéro 4 : en 2007, elle a servi de repaire à deux hommes soupçonnés d'avoir démembré une femme et dispersé les morceaux de son corps dans toute la Floride. Puis vous pouvez aller boire une bière en mangeant une bonne barquette de frites au *Last Report*, le bar où elle a été arrêtée : sa photo est placardée sur toutes les bouteilles de sauce ketchup, moutarde et mayonnaise. Elle a aussi sa propre bière. Et une peinture la représentant vous accueille à l'entrée du bar. Pour finir, vous pouvez repartir avec un tee-shirt à son effigie. On ne compte plus les livres, les documentaires, les films qui lui sont consacrés tant ils sont nombreux.

Cependant, celui-ci qui se rapproche le plus de la réalité, c'est le film *Monster*, sorti en salles en 2014 et réalisé par Patty Jenkins. Aileen est interprétée par Charlize Theron, elle a d'ailleurs reçu l'Oscar de la meilleure actrice en 2014 pour ce rôle. Et Tyria est interprétée par Christina Ricci. La réalisatrice Patty Jenkins et l'actrice Charlize Theron se sont littéralement immergées dans la vie d'Aileen. Elles ont échangé avec cette dernière durant plusieurs mois avant son exécution et ont lu toutes les lettres que Aileen a envoyées à Dawn Botkins. Le résultat est assez bluffant.

Outre le fait que les faits-divers attirent un large public, ce qui a rendu Aileen bien plus célèbre que les autres tueuses, c'est que ce sont en général des hommes qui tuent des prostituées. Rarement le contraire. Elle est aussi la première à en avoir tué autant.

Marybeth Roe Tinning

Le 20 décembre 1985, il est 1h15 du matin à Schenectady dans l'État de New York quand Cynthia Walter, infirmière, reçoit un appel de sa voisine Marybeth Tinning : « Elle m'a dit de venir immédiatement, elle était complètement affolée. » Une fois sur les lieux, Cynthia trouve la fille de Marybeth, Tami Lynne Tinning, 5 mois, allongée sur la table à langer, le visage entièrement cyanosé. Elle ne semble pas respirer. L'infirmière tente de la réanimer, en vain. Les deux femmes se rendent alors au service des urgences du Saint Clare Hospital, mais il est déjà trop tard. Tami est partie. Cynthia s'étonne, la veille au soir, la petite allait très bien. Les docteurs concluent à un syndrome de mort subite du nourrisson (SMNS). Plus tard, dans la journée, le détective

Robert Imfeld reçoit un appel anonyme inquiétant : « Combien d'autres vont encore mourir avant que vous ne fassiez quelque chose ? » Quand il raccroche, il se souvient soudain qu'il a reçu, six ans auparavant, un appel du même type. Et cela concernait la même personne, Marybeth Tinning. Il avait enquêté sur le mystérieux décès d'un bébé de 4 mois, Mary Frances Tinning. Les médecins avaient également conclu à un SMSN. Robert n'avait alors pas cherché plus loin. Mais aujourd'hui, il est très intrigué. Le corbeau en a dit plus : Tami est la neuvième enfant de Marybeth Tinning, mais surtout elle est la neuvième à mourir et la troisième à être victime d'une SMSN. Selon le docteur Michael Baden, médecin légiste en chef de la ville de New York : « Environ trois bébés sur mille meurent de la mort subite du nourrisson. Les chances de voir deux bébés mourir au berceau dans une même famille sont énormes. Les chances contre trois sont astronomiques. De surcroît, les victimes de ce syndrome ne deviennent pas bleues. Si un bébé est cyanosé, c'est qu'il a dû être asphyxié. Soit Tami s'est étouffée avec un objet, en l'occurrence ce n'est pas le cas, soit une personne l'a volontairement étouffée. »

I

Lunatique, menteuse et dotée d'une fâcheuse tendance à l'exagération.

Duanesburg est une jolie petite ville située dans le comté de Schenectady, dans l'État de New York. La ville est perchée sur des collines boisées à quatre cent trente mètres d'altitude. Jusqu'à la fin du XXe siècle, la majeure partie de la ville était constituée de terres sur 60% de la surface totale du terrain. L'endroit est doté d'une canopée d'environ douze mètres. La forêt est principalement composée de peupliers, de pruches, de chênes, d'érables, de pins blancs et de sapins baumiers. La hauteur maximale des arbres est d'environ vingt-quatre mètres. En raison de son élévation et de sa position, Duanesburg offre une vue qui s'étend jusqu'au sud du Vermont, aux monts Adirondacks et aux monts Catskill. Duanesburg est la source du Normans Kill et du Bozenkill Creek. Ces ruisseaux dévalent une série de rapides et de chutes d'eau taillés dans des lits de roches de schiste et de grès.

Et c'est dans cet îlot de nature verdoyante que Marybeth a vu le jour, le 11 septembre 1942. L'année de sa naissance est marquée par la Seconde Guerre mondiale, elle ne alors verra pas beaucoup son père, Alton Roe, souvent appelé au combat. Sa mère, Ruth, est une femme active, si bien que Marybeth est souvent ballottée entre différents membres de la famille. En 1945, Ruth donne naissance à un petit garçon, Alton Junior Roe (nommé Buddy par la famille). Marybeth s'est souvent plainte auprès de sa voisine, Cynthia Walter, qu'elle n'a pas été désirée : son petit frère, selon elle, serait le chouchou de la famille. Son frère Alton n'a pas le même souvenir : « Ma mère était une femme adorable et mon père un travailleur forcené. Ils nous ont élevés de la même manière. »

Ses camarades de classe l'ont décrite comme n'ayant pas beaucoup d'amis, mais un besoin vital d'attention. Ils la trouvent lunatique, menteuse et dotée d'une fâcheuse tendance à l'exagération. Marybeth aime se donner de l'importance. À la fin de la guerre, son père est embauché comme opérateur de presse chez General Electric, le plus gros employeur de la région.

Marybeth n'est pas très bonne élève, elle obtient tout de même son bac en 1961. Elle aurait bien aimé aller à l'université, mais ses faibles notes l'en ont privée. Au cours des années qui ont suivi, elle enchaîne des petits boulots peu rémunérés et non qualifiés qui ne lui offrent guère d'avenir. Finalement, en 1963, elle devient aide-soignante à l'hôpital Ellis de Schenectady. C'est ici, à Schenectady, qu'elle fait la connaissance, en 1963, à l'âge de 21 ans, de Joseph (dit Joe) Tinning, un homme calme et facile à vivre. Ils se sont rencontrés lors d'un rendez-vous arrangé par la belle-sœur de Joe, Carol Tinning, l'épouse de son frère Andy. Joe travaille également pour la General Electric, tout comme le père de Marybeth. Ils se sont fréquentés durant plusieurs mois avant de se marier en 1965. Le 31 mai 1967, Marybeth donne naissance à sa première enfant, Barbara Ann, et le 10 janvier 1970 à Joseph junior. Marybeth Tinning a dit un jour qu'il y avait deux choses qu'elle voulait dans la vie : être mariée à quelqu'un qui s'occupe d'elle et avoir des enfants. En 1970, elle a atteint ces deux objectifs.

Joe et Marybeth forment un couple tout ce qu'il y a de plus banal. Ils travaillent dur, essaient de gagner leur vie décemment et de se construire un avenir. Des citoyens lambda en somme. Sauf qu'un problème étrange et persistant les poursuit : leurs enfants ont la fâcheuse tendance de mourir.

II

Les membres de la famille ont également remarqué que Marybeth se mettait en colère si elle avait l'impression de ne pas recevoir assez d'attentions lors des funérailles des enfants, ainsi qu'à l'occasion de réunions de famille.

En octobre 1971, Marybeth attend son troisième enfant lorsque son père meurt d'une crise cardiaque. C'est le premier d'une série d'événements tragiques pour la famille Tinning. Le 26 décembre de la même année, Marybeth donne naissance à Jennifer, qui ne quittera jamais le Saint Clare Hospital. Elle s'éteint huit jours plus tard. Le rapport d'autopsie révèle que Jenifer est décédée d'une méningite aiguë. Certaines personnes qui ont assisté aux funérailles de Jennifer se souviennent que cela ressemblait plus à une réunion conviviale qu'à un enterrement. Les remords que Marybeth éprouvait semblaient se dissoudre à mesure qu'elle devenait le centre d'intérêt de ses amis et de sa famille. C'est le seul décès que les autorités ne considéreront pas, plus tard, comme suspect.

Le 20 janvier 1972, soit dix-sept jours après la mort de Jennifer, Marybeth se précipite aux urgences du Ellis Hospital de Schenectady avec Joseph, qui, selon elle, a fait une sorte de crise d'épilepsie. Il est rapidement réanimé. L'examen n'ayant rien révélé d'anormal, Joseph est renvoyé chez lui. Quelques heures plus tard, Marybeth revient avec lui, mais cette fois, les médecins ne réussissent pas à le réanimer. Marybeth a raconté aux médecins que Joseph faisait la sieste, mais lorsqu'elle est allée le voir, elle l'a trouvé emmêlé dans les draps, avec sa peau cyanosée. Aucune autopsie n'a été pratiquée, mais les médecins ont conclu à un arrêt cardio-respiratoire.

Six semaines plus tard, le 2 mars 1972, Marybeth se précipite à nouveau dans la même salle d'urgence avec Barbara, 4 ans et demi, qui souffre de convulsions. Les médecins du Ellis Hospital la réaniment, mais veulent garder la petite vingt-quatre heures en observation. Marybeth refuse de la laisser et la ramène à la maison. À peine quelques heures plus tard, Marybeth Tinning est de retour à l'hôpital, mais cette fois, Barbara est inconsciente. Elle décède à l'hôpital. Les médecins concluent que le décès a pu être provoqué par un œdème cérébral, communément appelé gonflement du cerveau. « Les médecins ont pratiqué une autopsie, ils ont évoqué l'éventualité d'un syndrome de Reyes, mais cela n'a jamais été prouvé. En réalité ils n'ont pu trouver aucune cause définitive de la mort », se souvient le docteur Thomas Oram, pathologiste en chef du Ellis Hospital : « *Le syndrome de Reye est une maladie rare non inflammatoire pouvant causer des conséquences graves sur le foie et le cerveau. Si la maladie n'est pas prise en charge rapidement, celle-ci peut engendrer des dommages irréversibles au niveau cérébral, voire être létale pour l'individu.* » L'incident est toutefois signalé à la police. « Il s'agissait du premier cas qui nous a été signalé, mais après avoir parlé au médecin, nous avons abandonné l'enquête. Rien n'indiquait qu'il ne s'agissait pas d'une mort naturelle », rapportera le détective Imfeld à la barre des années plus tard.

Trois de ses enfants sont morts à neuf semaines d'intervalle. Les Tinning décident de déménager dans une nouvelle maison, en espérant que le changement leur fera du bien. Début 1973, Marybeth attend son quatrième enfant.

Le jour de Thanksgiving, le 21 novembre 1973, Marybeth donne naissance à Timothy. Le 10 décembre, alors qu'il n'a que 3 semaines, Marybeth le trouve mort dans son berceau. Les médecins du Ellis Hospital ne trouvent rien d'anormal chez Timothy et attribuent sa mort au syndrome de mort subite du nourrisson (SMSN), également connu sous le nom de mort dans le berceau : le SMSN a été reconnu comme étant une maladie en 1969. Dans les années soixante-dix, il y avait encore beaucoup plus de questions que de réponses concernant ce mal mystérieux.

Le directeur des pompes funèbres, Monsieur Courtland Andrew, a participé à chaque enterrement. À un moment donné, il a pensé que les décès étaient dus à une « maladie génétique héréditaire », mais il n'a pas cherché plus loin. « Nous ne sommes pas le docteur Quincy ou quoi que ce soit d'autre, dit-il en référence à une vieille série télévisée américaine consacrée à un médecin légiste indiscret et en croisade. On nous remet un certificat de décès signé par un médecin agréé qui nous permet de procéder à des funérailles, et puis c'est tout. » Le docteur Robert Sullivan, médecin légiste du comté, ajoute : « On m'a signalé la mort de Timothy, mais dans une confusion totale, aucune autopsie n'a été ordonnée et je n'ai jamais reçu de rapport de mon assistant. »

Courant 1974, Joe fait un malaise, son frère Andy l'emmène d'urgence au Ellis Hospital. Les médecins arrivent à le réanimer. Les résultats de toxicologie révèlent un taux anormal de barbiturique dans le sang. « Votre frère a avalé une dose létale de médicaments, si vous ne l'aviez pas amené, cela lui aurait été fatal », disent les médecins à Andy. Puis, lorsque ces derniers demandent à Joe pourquoi il a avalé autant de somnifères, il répond qu'il ne se souvient plus. Andy a sa petite idée : Joe s'était plaint que son dîner avait un goût amer. Personne n'a interrogé Marybeth, car Joe ne voulait pas faire de vagues. Joe pensait que leur mariage était suffisamment solide pour survivre à l'incident et le couple est resté uni malgré ce qui s'est passé. Jo aurait dit plus tard : il faut faire confiance à son épouse. L'affaire est restée sans suite, mais aucun des membres de la famille de Jo ne l'oubliera.

Le 30 mars 1975, un dimanche de Pâques, Marybeth donne naissance à Nathan. Bon an mal an, la funeste série se poursuit. Le 2 septembre 1975, Marybeth emmène d'urgence Nathan au Saint-Clare Hospital. Elle a raconté aux médecins qu'elle conduisait avec lui sur le siège avant de la voiture et qu'elle a alors remarqué qu'il ne respirait pas. Ces derniers n'ont pas été en mesure d'identifier les causes de la mort de Nathan et l'ont alors attribuée à un œdème pulmonaire aigu.

N'ayant maintenant plus d'enfant à la maison, Marybeth décide de devenir famille d'accueil. Un petit bébé de quelques mois, nommé Michael, lui est confié. En août 1978, le couple décide d'entamer le processus d'adoption. Dans le même temps, Marybeth retombe enceinte. Dorothy Posluszny, une ancienne voisine, se souvient : « Quand j'ai appris qu'ils allaient adopter le petit Michael, je me suis dit. C'est bien, maintenant tout va s'arranger. »

Le 29 octobre 1978, Marybeth donne naissance à une petite fille qu'elle nomme Mary Frances. Il ne faudra pas longtemps pour que Mary Frances franchisse les portes des urgences du Saint Clare Hospital. Elle est admise une première fois en janvier 1979, à la suite d'une crise d'épilepsie. Les médecins la soignent et la renvoient chez elle. Un mois plus tard, Marybeth amène à nouveau Mary Frances aux urgences du St Clare Hospital, mais cette fois-ci, elle ne rentrera pas chez elle. Elle décède peu de temps après son arrivée à l'hôpital.

C'est à partir de la mort de Mary Frances que les médecins commencent à tenter d'établir un lien. Une pathologiste du St Clare décide d'examiner de plus près le corps puis de faire des prélèvements de tissus et sanguins. Néanmoins, elle ne trouve absolument rien. Impossible d'identifier les causes de la mort. Le décès sera alors attribué à un SMSN. Frustrée, la pathologiste garde ses conclusions pour elle, elle ne transmettra le résultat de ses recherches au docteur Thomas Oram que deux ans plus tard, à la suite d'un nouveau drame. Le décès de Mary Frances a également été signalé à la police par un appel anonyme, se souvient le détective Imfeld : « Rien n'était vraiment suspect, car les médecins ont dit qu'il s'agissait d'une mort subite du nourrisson », a-t-il déclaré.

Les amis et la famille commencent à se poser des questions, ils se demandent, comme Monsieur Courtland, si les enfants ne sont pas victimes d'une « maladie génétique héréditaire ». Mais si c'est le cas, pourquoi diable continue-t-elle à faire des enfants ? Car Marybeth est à nouveau enceinte : « Je me suis demandé combien temps il allait vivre, celui-là », ajoute Dorothy Posluszny. Les membres de la famille ont également remarqué que Marybeth se mettait en colère si elle avait l'impression de ne pas recevoir assez d'attentions lors des funérailles des enfants ainsi qu'à l'occasion de réunions de famille.

Le 19 novembre 1979, les Tinning ont un autre bébé, Jonathan. En mars, Marybeth est de retour au St Clare, Jonathan est inconscient. Cette fois, les médecins l'envoient à l'hôpital de Boston où il peut être traité par des spécialistes. Ceux-ci n'ont pas été en mesure d'identifier la cause du malaise, car ils n'ont rien trouvé d'anormal chez le petit. Jonathan est alors renvoyé chez lui. Pas pour longtemps, puisque le 24 mars, soit trois jours plus tard, Marybeth revient au St Clare avec Jonathan. Cette fois, les médecins ne peuvent rien faire pour lui. Il était déjà mort en arrivant. Les médecins concluent à un arrêt cardio-pulmonaire.

La piste de la maladie génétique héréditaire va être écartée le 12 mars 1981 quand Marybeth amène Michael, l'enfant adopté, chez le pédiatre. Lorsque le médecin examine l'enfant : « Il est trop tard, Marybeth. Michael est mort », lui dit le médecin. L'autopsie a révélé que Michael souffrait d'une pneumonie, cependant elle était trop légère pour lui être fatale.

Les infirmières du St Clare discutent entre elles : elles se demandent pourquoi Marybeth, qui vit juste en face de l'hôpital, n'a pas amené Michael directement aux urgences à l'hôpital comme elle a l'habitude de le faire. Au lieu de cela, elle a attendu que le cabinet du médecin ouvre. Cela n'a pas de sens, surtout s'il avait montré des signes de maladie plus tôt dans la journée. Thomas Oram se souvient : « Il y avait déjà un haut niveau de suspicion. Le petit Michael aux cheveux bruns bouclés et aux yeux marron était tombé et avait été soigné à l'hôpital quelques semaines plus tôt. Le bureau local des services sociaux avait enquêté sur l'affaire. Mais les travailleurs sociaux n'avaient alors trouvé aucune preuve d'abus et l'autopsie que j'ai réalisée avec un de mes confrères n'a rien révélé d'inhabituel. Nous avons même pensé à un étouffement, mais là encore, nous n'avons rien trouvé. Nous savions que l'enfant avait été malade. Nous n'avons pas trouvé d'ecchymoses. » Puis des examens microscopiques ont révélé que Michael souffrait d'une broncho-pneumonie. « Nous nous sommes dit : "Dieu merci." Nous nous sommes accrochés à ça, ajoute Oram. Si vous avez quelque chose à quoi vous raccrocher, vous le prenez. » Un rapport médical a révélé que « Cet enfant a une histoire familiale bizarre. Il a été adopté, et ses parents ont déjà perdu six autres de leurs propres enfants au cours des dix dernières années. Le rapport indique que les investigations et les "examens approfondis", y compris les études génétiques des enfants conduites par des spécialistes à Boston et Syracuse, ont été négatifs, ce qui signifie qu'aucun problème génétique n'a été découvert », conclut Oram.

Julia Lionarons, une ancienne voisine, se souvient : « Ils étaient habituellement très discrets. Puis elle est arrivée à l'improviste à la maison et elle m'a dit : "Avant que vous le lisiez dans le journal, je préfère vous prévenir, Michael est décédé." Cela m'a laissée sans voix. »

Marybeth sent désormais que les gens parlent dans son dos. Alors les Tinning déménagent à nouveau. Et Marybeth est encore enceinte. Les membres de leurs familles et leurs amis ont remarqué qu'outre les petits goûters qu'elle organise après chaque décès, elle relave – y compris ce qui est déjà propre et plié – tous les vêtements de ses enfants systématiquement.

Marybeth donne naissance, le 22 août 1985, à Tami Lynne au St Clare. Une voisine a pensé la même chose que Dorothy, sept ans plus tôt : « Quand le dernier enfant est né, je me suis demandé : combien de temps celui-ci va-t-il durer ? » Pas très longtemps, car le 20 décembre, Marybeth réveille sa voisine, Cynthia Walter, à 1h15 du matin, pour lui dire que Tami Lynne semble rencontrer des problèmes respiratoires. En arrivant chez les Tinning, Cynthia constate que la petite ne respire quasiment plus. De surcroît, « j'ai remarqué qu'il y avait des traces de sang sur l'oreiller », ajoute Cynthia. Il faut conduire Tami Lynne aux urgences sans plus attendre. Lorsqu'elles arrivent au St Clare hospital, il est malheureusement déjà trop tard, Tami Lynne n'est plus. Le docteur Oram se souvient : « Quand elle est morte, toutes les alarmes ont retenti au plafond. » La police et d'autres officiels sont appelés, mais encore une fois, les pathologistes sont déconcertés. Une fois de plus, faute d'une meilleure explication, ils déclarent que le bébé est mort du syndrome de mort subite du nourrisson. Les médecins qui ont suivi de très près Tami Lynne durant quatre mois n'ont absolument rien remarqué d'anormal. Elle était en excellente santé. « Quand je suis passé les voir le matin après la mort de Tami, ils étaient tous les deux tranquillement en train de prendre leur petit déjeuner. Elle était très détendue. Elle n'avait pas le comportement d'une mère qui vient de perdre son enfant. Et le neuvième en plus », se souvient Cynthia Walter. Le comportement de Marybeth après les funérailles de Tami Lynne a cette fois doublement choqué. Lors de son « brunch traditionnel après funérailles », les voisins ont remarqué que son comportement sombre habituel avait disparu : « Elle souriait, mangeait, plaisantait. C'était étrange », ajoute Cynthia.

III

« Je les ai étouffés chacun avec un oreiller parce que je ne suis pas une bonne mère. »

À la suite de l'appel anonyme que le détective Robert Imfeld a reçu le lendemain de la mort de Tami Lynne lui sommant de se réveiller et de réagir concernant les décès inexpliqués et à répétition des enfants de Marybeth Tinning, il contacte immédiatement le St Clare et le Ellis pour qu'une enquête soit diligentée. Puis Michael Baden, le médecin légiste en chef de la ville de New York, entre en scène et Marybeth, pour la première fois depuis le début de tous ces drames, va devoir s'expliquer et rendre des comptes.

Une équipe d'enquêteurs se réunit à Albany pour discuter de l'étrange histoire de la famille Tinning. Les décès des neuf enfants, ainsi que toutes les preuves existantes dans chaque cas, sont soigneusement examinés. Les rapports médicaux sont passés au crible, les déclarations réexaminées et les rapports d'autopsies disponibles étudiés. Malgré la montagne de paperasse qui s'est étalée sur une période de quatorze ans, un consensus se dégage sur le fait qu'une poursuite judiciaire réussie ne peut toujours pas avoir lieu sans preuve supplémentaire. Il est alors décidé que Marybeth doit être interrogée à nouveau au sujet de la mort de Tami Lynne.

Dans l'après-midi du 4 février 1986, les enquêteurs Bob Imfeld et Joseph V. Karas se rendent au domicile de Marybeth Tinning : ils espèrent pouvoir la conduire à l'hôtel de police pour l'interroger. Marybeth n'a aucune obligation de les suivre puisqu'ils n'ont pas de mandat d'arrêt. Imfeld lui dit que sa coopération est nécessaire si elle veut lever les soupçons sur la mort de Tami. Marybeth accepte, même si elle dira plus tard qu'elle s'est sentie obligée de les suivre. Peu de temps après leur arrivée au commissariat de Loudenvielle, dans l'État de New York, les policiers lui lisent ses droits Miranda et elle accepte de leur répondre. Lors des audiences préliminaires, en 1986, Marybeth niera et dira qu'ils ne lui ont jamais lu ses droits et qu'ils l'avaient intimidée en la menaçant d'exhumer le corps de ses enfants si elle ne collaborait pas. Puis qu'elle s'était juste contentée de répéter ce que lui disait la police.

Marybeth leur raconte son enfance à Duanesburg. Elle dit avoir fait le deuil de la mort de chacun de ses neuf enfants et nie avoir joué un rôle dans leur décès. À l'exception de Jennifer, dont la cause de la mort était une infection, elle pense que ses enfants ont été victimes du SMSN ou d'un problème génétique. En ce qui concerne la mort de Tami Lynne, Marybeth déclare que dans la soirée du 19 décembre 1985, elle a couché sa fille dans son berceau comme elle le faisait habituellement. Cette nuit-là, Tami Lynne pleurait, ce qui l'agaçait, car elle avait l'impression d'être une mauvaise mère. Puis qu'elle a regardé la télévision seule pendant un moment. Et lorsqu'elle est revenue pour voir sa fille, Marybeth a découvert qu'elle ne respirait pas. Elle l'a prise dans ses bras et a essayé de la réanimer. Mais cela n'a pas fonctionné. Elle a alors réveillé son mari et appelé une ambulance. Elle n'a pas parlé de Cynthia, cet oubli lui portera préjudice lors de son procès. L'enquêteur de la police William Barnes, qui connaît Marybeth Roe depuis son enfance, se joint aux enquêteurs. Puis après plusieurs heures d'interrogatoire, elle craque. Elle explique que Tami n'arrêtait pas de pleurer et qu'elle n'arrivait pas à la calmer : « J'ai finalement utilisé l'oreiller de mon lit et je l'ai mis sur sa tête. Je l'ai tenu jusqu'à ce qu'elle arrête de pleurer. Je ne voulais pas la blesser. Je voulais juste qu'elle arrête de pleurer. » Elle poursuit : « Joe dormait profondément, il n'a pas remarqué que je m'étais rendue dans la chambre pour prendre l'oreiller. Quand j'ai soulevé l'oreiller Tami ne bougeait plus. Puis j'ai posé le coussin sur le canapé et j'ai fait comme si j'avais dormi sur celui-ci. Et j'ai crié pour appeler Joe, il s'est réveillé et je lui ai dit que Tami ne respirait plus »

Tinning déclare ensuite à la police qu'elle aurait ensuite essayé de réanimer Tami, elle ajoute : « C'était stupide de ma part car je savais qu'elle n'était plus en vie. » Puis : « Je n'ai rien fait à Jennifer,

Joseph, Barbara, Michael, Mary Frances, Jonathan, avoue-t-elle, seulement à ces trois-là, Timothy, Nathan et Tami. Je les ai étouffés chacun avec un oreiller parce que je ne suis pas une bonne mère. Je ne suis pas une bonne mère à cause de la mort des autres enfants. » Quant à Timothy, Tinning déclare à la police qu'elle l'a étouffé dans son berceau parce qu'il faisait des « bruits bizarres » à cause d'un rhume, selon sa déclaration. En ce qui concerne Nathan, l'enquêteur William Barnes, déclare qu'elle lui a révélé que, quand elle était en voiture, le bébé a commencé à faire du bruit et c'est la raison pour laquelle elle l'a étouffé dans son berceau. « Elle a mis l'oreiller sur le visage du bébé et elle est allée dans un magasin pour obtenir de l'aide », ajoute Barnes.

Joe Tinning est amené au poste où il encourage son épouse Marybeth d'être sincère. En larmes, elle lui avoue ce qu'elle a admis à la police. À la fin de l'interrogatoire, les policiers se retrouvent avec un procès-verbal de 36 pages. Marybeth a notifié en bas du document une brève déclaration indiquant le nom des enfants qu'elle a tués (Timothy, Nathan et Tami) et ajoute « n'avoir pas assassiné les autres ». Elle signe et date sa confession. Elle est relâchée sous caution, puis le couple redéménage et s'installe dans le village voisin de Duanesburg, à Delanson.

Peu de temps après l'arrestation de Marybeth, la police et le bureau du procureur décident de pousser l'enquête plus loin. Le 29 mai 1986, sous la direction du docteur Michael Baden et du docteur Thomas Oram, chef du service de pathologie de l'hôpital Ellis de Schenectady, les corps de Mary Frances, Jonathan et Michael sont exhumés du cimetière Most Holy Redeemer du comté de Schenectady. Puis envoyés au bureau Baden pour des tests supplémentaires. Une confusion sur l'emplacement des tombes a entraîné l'exhumation d'un mauvais cadavre. Et les deux autres corps étaient dans un état de décomposition si avancé que les légistes n'ont pas été en mesure de réaliser un examen concluant. Dès lors, Marybeth ne sera poursuivie que pour la mort de Tami Lynne, ce sont les seules preuves tangibles que les enquêteurs possèdent pour la mettre en examen.

IV

« *Cette femme connaissait les conséquences de tous ses actes.* »

En décembre 1986, les audiences préliminaires s'ouvrent dans le tribunal du comté de Schenectady pour déterminer l'admissibilité de ces déclarations lors d'un éventuel procès ultérieur. Pour la toute première fois, le public va entendre l'explication de Marybeth Tinning sur ce qui s'est passé. À l'issue des audiences, elle est mise en examen pour le meurtre au second degré de Tami Lynne : le légiste Baden a pu prouver que la petite avait été étouffée par oreiller.

Son procès s'ouvre au tribunal du comté de Schenectady le 22 juin 1987. Il est présidé par le juge Clifford T. Marybeth est représentée par Maître Paul Callahan. L'avocat a tout fait pour que la confession complète de 36 pages de Marybeth ne soit pas remise aux jurés, sous prétexte que ses aveux auraient été obtenus sous la contrainte. Mais l'avocat de l'accusation, John Poersch, qui s'occupe de l'affaire depuis le début, fait valoir avec succès que les aveux faits par l'accusée le 4 février 1986 n'avaient pas été obtenus sous la contrainte et sont admissibles en tant que pièces à conviction.

Après six semaines d'audience, les jurés, sept hommes et cinq femmes, se retirent pour délibérer. Après vingt heures, sur trois jours de délibérations, le 17 juillet 1987, les jurés reconnaissent Marybeth Tinning, 44 ans, coupable de meurtre au second degré sur sa fille Tami Lynne, 4 mois. L'avocat de la défense, Paul Callahan, déclare à la presse qu'il fera immédiatement appel. L'appel, dit-il, serait basé sur la confession épique de 36 pages que Tinning a faite aux enquêteurs le 4 février 1986. Callahan déclare que le document n'aurait jamais dû être admis dans la liste les pièces à conviction. Il perdra l'appel.

Le 2 octobre 1987, Marybeth apparaît à nouveau au tribunal pour entendre sa sentence. Le procureur John B. Poersch a demandé une peine maximale de vingt-cinq ans à perpétuité.

« Cette femme connaissait les conséquences de tous ses actes, a-t-il dit à la Cour, c'est une femme méchante. » L'avocat de la défense, Paul Callahan, a demandé une peine minimale de quinze ans. Le juge Harrigan, avant de prononcer la sentence, demande à Marybeth si elle a quelque chose à ajouter. Durant le procès, Marybeth Tinning a refusé de témoigner à la barre pour sa propre défense. Elle décide désormais de sortir du silence : « Je veux que vous et les personnes présentes dans cette salle d'audience sachiez que je suis vraiment désolée que Tami Lynne soit morte, déclare-t-elle. Il n'y a pas un jour qui passe sans que je pense à elle. Elle me manque beaucoup. Je veux juste que vous sachiez que je n'ai joué aucun rôle dans la mort de ma fille. Je vais essayer de garder la tête haute et d'accepter la punition que la société et le tribunal exigent pour le crime dont j'ai été reconnue coupable. Je n'ai pas commis ce crime, mais je purgerai le temps passé en prison au mieux de mes capacités. Cependant, je ne cesserai jamais de me battre pour prouver mon innocence. Le Seigneur au-dessus et moi savons que je suis innocente. Un jour, le monde entier saura que je suis innocente et peut-être qu'alors je pourrai retrouver ma vie ou ce qu'il en reste. »

Marybeth est condamnée à vingt ans de prison. Elle est emmenée hors de la salle d'audience et placée en détention provisoire dans la prison du comté. Bien que le bureau du procureur ait promis des poursuites supplémentaires pour la mort des autres enfants, cela ne s'est jamais produit. En août 1989, Marybeth est inculpée pour les meurtres de Nathan, âgé de 6 mois, et de Timothy, âgé de 16 jours. Cependant, les accusations seront abandonnées plus tard en raison d'un manque de preuves. Tami Lynne est le seul meurtre pour lequel Marybeth a été condamnée. Elle a ensuite été incarcérée au New York State Department of Corrections and Community Supervision.

V

« C'est ridicule de laisser sortir quelqu'un qui a fait subir cela à des enfants. »

Quand l'affaire est sortie de terre, une question a beaucoup taraudé les journalistes et le public : comment se fait-il que les voisins, les médecins et les familles ne se soient pas interrogés plus tôt sur la nature de ces décès ? Neuf tout de même, ce n'est pas rien. Les réponses divergent : « Avec le recul, les responsables de la ville ont déclaré que le manque de communication et la tenue centralisée des dossiers ont entravé leurs enquêtes. Trois décès ont été signalés au bureau du médecin légiste, mais jusqu'à la mort de Tami Lynne, il n'y avait aucune trace de discussions entre la police et son bureau au sujet des décès précédents. Les médecins n'étaient pas enclins à soupçonner des actes répréhensibles, les autopsies n'ayant pas révélé de trace de mauvais traitement physique ou de blessure, pas plus que les enquêtes des travailleurs sociaux », confie le médecin légiste Robert Sullivan. Il ajoute : « Nous étions tous ensemble… et nous avons tous échoué. »

« Presque tous ceux qui ont été en contact avec la famille, l'hôpital, les médecins, les travailleurs sociaux, étaient méfiants », a déclaré à la presse Richard E. Nelson, chef de la police de Schenectady. Les voisins des Tinning se doutaient bien que quelque chose ne tournait pas rond. « Je savais qu'elle avait perdu cinq enfants et j'avais des soupçons, a déclaré Dorothy Poluszny, mais qui étais-je pour montrer du doigt ? » Puis Joe, son mari, explique : « Il y avait des choses qui me rendaient méfiant, mais vous devez faire confiance à votre femme. Elle a ses choses à faire et tant qu'elle les fait, vous ne posez pas de questions. »

Qui étaient réellement Marybeth et Joe Tinning ? Dans le cadre de l'enquête, le docteur Thomas Oram a tenté de brosser un portrait de leurs profils psychologiques à partir d'entretiens approfondis avec des travailleurs sociaux et des fonctionnaires de police, mais pas avec le couple directement. Selon Oram,

Joseph Tinning est un « homme très passif » qui apparemment « ne faisait pas grand-chose » avec ses enfants. Dans son rapport, Oram écrit : « Le père semble avoir fait preuve de peu d'intérêt sur les circonstances de la mort de tous ses enfants. Il a même des difficultés à se souvenir de leurs prénoms. » Sur Marybeth Tinning, il écrit : « Elle est plutôt simple, mais agressive. Certains pensent qu'elle réagissait étrangement à la mort de ses enfants. Elle a résolument refusé de se faire ligaturer les trompes. On ne l'a jamais vue maltraiter ses enfants ouvertement. Elle était toujours seule avec eux lorsque ces derniers décédaient ou se trouvaient dans une situation extrême. Et elle demandait de l'aide en général lorsqu'il était déjà trop tard. » Plusieurs experts en ont déduit que Marybeth était atteinte du syndrome de Münchhausen par procuration. En 2017, elle est repassée devant le tribunal pour faire valoir ses droits, à savoir sa libération. Ce qui a provoqué de nombreuses contestations. Ce qui a déclenché de nombreuses oppositions à sa libération : « C'est ridicule de laisser sortir quelqu'un qui a fait subir cela à des enfants », a ainsi déclaré le sénateur de l'État de New York, Jim Tedisco. « Je ne peux pas croire que vous puissiez dire qu'elle est réhabilitée alors qu'elle refuse d'admettre la véritable étendue de sa conduite », a-t-il ajouté.

Marybeth Tinning a été libérée le 21 août 2018, elle reste cependant sous contrôle judiciaire, et ce jusqu'à la fin de sa vie.

Les serial killeuses françaises

La notion de « tueur en série » est restée pendant longtemps en France un sujet tabou. Le phénomène était soi-disant limité aux États-Unis. L'idée qu'il existe en France des femmes « tueuses en série » est pour beaucoup un fait inconcevable. Pourtant, la France a aussi son lot de perverses, détraquées, perturbées... et cela ne date pas d'hier.

Au XIXe siècle, en Bretagne, Hélène Jégado aurait assassiné par empoisonnement entre quinze et soixante hommes, femmes et enfants (le nombre varie selon les auteurs). Elle aurait été exécutée à Rennes en 1852.

Trente ans plus tard, Jeanne Weber, surnommée « l'ogresse de la Goutte d'Or », a tué par étranglement au moins dix enfants, dont les siens. Elle serait morte dans sa cellule en 1914.

Il y en a peut-être eu d'autres entre-temps, mais le problème avec les tueuses en série est que leur nombre est sous-évalué, certains de leurs meurtres passant souvent pour des morts naturelles.

Plus récemment, l'infirmière Christine Malèvre a tué, entre 1997 et 1998, à l'hôpital de Mantes-la-Jolie, six patients dont elle avait la charge. Elle a été condamnée en 2003 à douze ans de réclusion criminelle, elle n'en a fait que quatre et a été libérée en 2007.

Céline Lesage, entre 2000 et 2007, dans la ville de Valognes, en Normandie, a tué quatre de ses nouveau-nés par étouffement, et deux autres par étranglement. Elle les planquait ensuite dans son garage. Elle a été condamnée, en 2010, à quinze ans de prison.

Dominique Cottrez, à Villers-au-Tertre, Hauts-de-France, a, entre les années quatre-vingt-dix et deux mille, tué par étouffement huit de ses nouveau-nés. Elle en a enterré deux dans le jardin de son ancienne maison, et les six autres ont été camouflés dans un sac-poubelle qu'elle gardait près d'elle sous son lit. Elle a été condamnée, en 2015, à neuf ans de prison, elle n'en a fait que trois. Elle a été libérée pour bonne conduite en juillet 2018.

Selon un article de *Paris Match (*l'AFP*)* daté du 23 juin 2015, la France est « le pays qui tue ses bébés ». Pas moins de huit cas « d'infanticides en série », dont Lesage et Cottrez, ont été jugés entre mars 2005 et mars 2015.

Mais la France est aussi le pays qui tue ses mamies et ses papis. Ludivine Chambet, surnommée « l'empoisonneuse de Chambéry », a assassiné par empoisonnement, entre le mois de novembre 2012 et celui de décembre 2013, treize personnes âgées de 70 à 90 ans dont elle avait la charge.

Ludivine Chambet

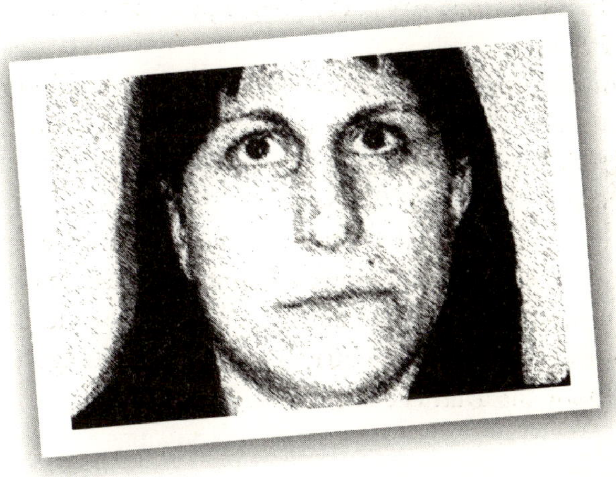

À Jacob-Bellecombette, ce joli petit village de Savoie niché dans le creux des montagnes et situé dans la région de Chambéry, il ne se passe pas grand-chose. Jacob-Bellecombette n'abrite pas plus de 4000 habitants. Les Jacobins et Jacobines mènent une existence, paisible et sans histoire. Enfin du moins, tranquilles, ils l'étaient jusqu'à ce funeste jour du mois de décembre 2013 où tout a basculé. Le 15 décembre, ils découvrent en allumant la radio ou la télé qu'au sein de leur petite bourgade a sévi l'une des tueuses en série les plus prolifiques de France, Ludivine Chambet. Entre le mois de novembre 2012 et le mois de décembre 2013, au Césalet, une maison de retraite charmante et verdoyante où il faisait bon vivre, treize personnes âgées de 70 à 90 ans ont été empoisonnées par un cocktail détonnant, composé d'un mélange de neuroleptique, d'anxiolytique, d'antiépileptique… Le tout concocté par une aide-soignante qui voulait soi-disant abréger leurs souffrances. Sauf que ces personnes étaient toutes en bonne santé et qu'aucune d'entre elles n'avait l'intention de mettre un terme à ses jours. Trois d'entre elles ont survécu, les dix autres ont trouvé la mort dans de longues et atroces souffrances. L'affaire Ludivine Chambet s'ouvrait le 15 décembre 2013, au parquet de Chambéry.

I

« *On était très liées, on ne faisait qu'une personne.* »

Ludivine Chambet est née le 10 mai 1983 à Chambéry. Ludivine est fille unique, son père Gérard, 33 ans, est boucher. Il deviendra plus tard paysagiste. Sa mère Solange, née Lambeaux, 32 ans, est femme de ménage. Les Chambet mènent une vie modeste dans la commune de Challes-les-Eaux. Ludivine n'est pas arrivée dans ce bas monde sous de bons auspices, elle est née avant le terme, l'abdomen ouvert, ce qui a nécessité une lourde intervention chirurgicale dès la naissance. Plusieurs s'en sont suivies. On lui découvre également un syndrome Wiedemann-Beckwith, une maladie génétique rare qui s'accompagne de malformations physiques. Et à l'âge de 8 ans, on lui diagnostique une macroglossie, c'est-à-dire une langue trop grande. Elle doit être à nouveau opérée. À l'époque, Gérard et Solange sont inquiets. Ludivine va-t-elle survivre ? En grandissant, Ludivine n'a pas beaucoup d'amies. Elle vit dans le sillage de sa maman : « On était très liées, on ne faisait qu'une personne, en fait, je pense qu'on peut dire qu'elle me surprotégeait à cause de mes problèmes survenus à ma naissance. Je crois qu'on n'avait pas coupé le cordon », dira-t-elle durant son procès. Au collège, Ludivine est une élève sans histoires, dont la scolarité est surtout marquée par du harcèlement : « J'ai surtout eu des moqueries au niveau du collège, on me trouvait grande, pas belle », a-t-elle déclaré dans le box des accusés. Elle n'a ni amis ni préoccupations de son âge. Pas non plus d'activité périscolaire, hormis le basket et un passage dans un groupe d'accordéonistes qui se produisaient en maisons de retraite. Elle n'est jamais allée en discothèque, n'a connu que de rares flirts. « Ce n'était pas ma priorité », dit-elle. Ne souhaitant pas se lancer dans des études longues, elle décroche un CAP tourisme puis, conformément à son désir de s'investir dans les soins à la personne, obtient son BEP sanitaire et social, et enfin son diplôme d'aide-soignante. Son diplôme en poche, elle intègre le service des soins intensifs de l'hôpital de Chambéry, avant de prendre un poste d'aide-soignante dans la maison de retraite, Le Césalet, en 2012. L'année 2012, c'est aussi l'année où tout va basculer : sa mère Solange contracte une leucémie. Et là, c'est le drame, Ludivine ne supporte pas de voir sa mère souffrir et ne supporte pas l'idée de la perdre. Afin de bien veiller sur elle, elle réintègre la maison familiale. Cela posé, Olivier Sotty, capitaine de la police de Chambéry, m'explique : « Elle est propriétaire d'un appartement, mais lors de l'enquête, nous avons découvert qu'elle n'y avait pour ainsi dire jamais vécu. » Son père dira lors du procès : « Sa mère a beaucoup souffert. Ils ont essayé de la sauver en lui faisant une greffe de moelle osseuse. Mais ces maladies-là, c'est comme la mauvaise herbe : si vous en laissez dans le jardin, ça repousse. » Solange Chambet décède le 27 juin 2013 à l'âge de 62 ans, après treize mois de souffrance, dont sept mois d'hospitalisation à Grenoble.

II

« Elle m'a regardé dans les yeux et puis elle s'est mise à compter sur ses doigts. »

Élise Maréchal est née le 2 décembre 1929. Dans sa jeunesse, elle travaillait à la ferme et s'occupait de ses cinq enfants avec son époux Joseph. Élise est désormais une mamie qui a la pêche, elle sourit tout le temps, mais du haut de ses 84 ans, elle commence à avoir quelques problèmes de mobilité. Ses enfants décident alors, pour plus de sécurité, de la placer en octobre 2013 à la maison de retraite du Césalet située dans le village de Jacob-Bellecombette, en Savoie. L'endroit est loin d'être désagréable, il est niché au creux des montagnes, des bois et des champs. Élise se sent très bien dans ce nouveau cocon. Sa famille et sa dame de compagnie lui rendent visite pour ainsi dire tous les jours. Elise souffre d'un début d'Alzheimer, mais pour l'heure, elle a encore toute sa tête. Depuis quelques jours, pourtant, elle est parfois prise de malaises qui la font terriblement souffrir. Le 29 novembre, à peine un mois après son arrivée, elle tombe soudainement dans le coma. Elle est transférée d'urgence à l'hôpital de Chambéry. Mais, tristement, les médecins n'arrivent pas à la réanimer. L'urgentiste s'interroge : « C'est bizarre tout de même, et puis ça fait la troisième personne ce mois-ci. » Il décide alors de faire des analyses de toxicologie.

Et là, c'est l'effroi : les résultats ont révélé la présence d'un cocktail létal de psychotropes dans son sang. Nul doute, une personne a volontairement administré des médicaments à forte dose à Élise Maréchal. Le médecin alerte immédiatement la procureure Marianne Thirard. Puis une enquête est diligentée. Elle sera menée par le capitaine Olivier Sotty et la commandante Claire Mathon. La police interroge en premier lieu la directrice du Césalet. Ils découvrent ainsi que, durant le mois novembre, Marcel Poncet, Simone Aguettaz, Irène Grand, Anne Marcillac, Jean Tretout ont vraisemblablement été empoisonnés par la même personne. Irène Grand et Jean Tretout ont survécu. Jean décédera tout de même quarante jours après son premier malaise. Les enquêteurs sont convaincus que c'est l'œuvre d'une main criminelle, mais pour l'heure, ils ne peuvent rien prouver, les personnes soupçonnées d'avoir été assassinées étant déjà enterrées ou incinérées. Ils décident alors de recouper les plannings et constatent que la seule aide-soignante présente systématiquement au moment des faits se nomme Ludivine Chambet.

À la suite de cette découverte, ils retournent interroger les cadres, lesquels les informent que la personnalité de Ludivine Chambet est très ambivalente : « Il lui arrive de pousser sans raison des cris dans les couloirs. On s'est alors dit qu'on était peut-être sur la bonne piste », me confie Olivier Sotty. Ils n'écartent pas pour autant d'autres pistes, mais vont commencer par celle-ci et mettre l'aide-soignante sur écoute. Ils constatent très vite qu'elle peut passer d'un état dépressif à un état surexcité. Sa personnalité les trouble. Les écoutes ne donnent pas grand-chose, à part révéler qu'elle a une personnalité très contrastée. Ils remarquent que son compte Facebook est très orienté sur sa mère, sa légende de profil est même : « *Tu me manques.* » « Elle a été mise en arrêt maladie quelques jours et nous avons remarqué qu'elle en était très affectée », ajoute le capitaine Sotty.

La procureure décide qu'ils ont assez d'éléments pour l'interroger et, le 13 décembre 2013, la police frappe à la porte de Gérard Chambet. Le papa est décrit comme étant une personne affectueuse, gentille, un gros nounours très paternaliste. Et puis, ce sont des gens qui n'ont jamais eu affaire à la justice, alors il est surpris de voir les flics débarquer chez lui. Les policiers sont tout aussi surpris : « Quand elle était sur écoute, on avait eu la sensation d'avoir affaire à une personne en détresse et lorsqu'on lui notifie qu'on va la placer en garde à vue, pour des faits d'empoisonnement, elle a réagi comme une personne qui subissait une injustice. Elle se sentait offensée. Elle a même tenté de m'impressionner avec sa taille. C'est une armoire, et moi je suis assez petit, on sentait qu'elle était plus dans le combat que dans la dépression. » C'est vrai qu'elle est impressionnante, elle mesure 1 mètre 83 et, le jour de son arrestation, elle pesait près de 100 kilos. Lors de la perquisition, ils constatent que la décoration de sa chambre est aussi très orientée vers le souvenir de sa mère.

Une fois au commissariat, Ludivine est interrogée par Olivier Sotty et Claire Mathon. La première audition va durer au moins trois heures. Elle est articulée autour de sa vie et de sa personnalité : Ludivine se montre dépressive dès qu'elle évoque le décès de sa mère. Elle leur raconte le calvaire de cette dernière, comment elle s'est occupée d'elle quasiment H24 durant sa maladie. Ludivine leur apparaît comme étant une jeune femme intelligente, vive d'esprit et dotée d'une très bonne mémoire : après trois heures d'interrogatoire, elle demande à être assistée d'un avocat : c'est Maître Anne Dupret qui la représentera. Puis l'interrogatoire aborde les empoisonnements. À ce moment-là, les seuls cas sur lesquels ils n'ont aucun doute sont ceux de Madame Maréchal et de Monsieur Tretout. Les deux ont reçu le même cocktail. Ils tentent alors de la pousser dans ses retranchements, mais ce n'est pas évident : « Au début de l'interrogatoire, elle nous a dit que Madame Maréchal avait pour habitude de boire dans le verre des gens et que c'est possible qu'elle ait pu être empoisonnée à ce moment-là. Seulement, aucun des patients n'avait de prescription pour ce genre de médicament. De surcroît, on parlait là d'un cocktail létal, sa réponse n'était donc pas crédible. Seule une personne qui avait accès à la pharmacie pouvait avoir versé les drogues dans le verre. »

Et là, stupeur : elle avoue avoir empoisonné Madame Élise Maréchal. Les policiers la remercient de son honnêteté mais attendent qu'elle fasse des aveux complets. Second choc : « Elle m'a regardé dans les yeux et puis elle s'est mise à compter sur ses doigts, nous étions sûrs de cinq cas… et elle nous en a avoué six : Madame Josette Paillet, Madame Simone Aguettaz, Madame Irène Grand, Madame Anne Marcillac, Madame Élise Maréchal et Monsieur Jean Tretout. Même son avocate n'en revenait pas. Et là, nous avons compris que ces meurtres s'étaient déroulés sur plusieurs années », poursuit Olivier Sotty. À l'issue de cette audition, les officiers lui demandent si elle a été honnête, elle répond que oui, mais émet des réserves quant à la fiabilité de sa mémoire. Les officiers ont remarqué qu'elle avait l'air soulagée, mais qu'à aucun moment elle n'a manifesté de remords ni des regrets : « Je vais aller en prison ? », demande-t-elle au capitaine. Ce dernier lui répond : « Ce n'est pas à la police de décider, mais oui, il y a de fortes chances. De toute évidence, lorsqu'on tue une personne, on va en prison. » Elle leur paraît alors très attristée par cette nouvelle : « On a bien senti qu'elle pleurait sur son sort, pas sur celui de ses victimes. »

La garde à vue est prolongée de vingt-quatre heures. Néanmoins, ils ne vont pas la cuisiner comme dans les films. Ils la laissent dormir dans une cellule, et les auditions reprennent le lendemain. Durant la nuit, elle a recouvré la mémoire et avoue deux victimes supplémentaires, Monsieur Marcel Poncet, 92 ans, et Madame Alice Miege, 92 ans. Quand les policiers lui demandent pourquoi elle a fait ça, elle répond : « Je voulais juste les soulager. » Sauf que sa justification ne tient pas. Chaque fois qu'elle administrait ses cocktails détonants à ses patients, les malaises arrivaient dans l'heure et les victimes étaient prises de convulsions ultra-violentes. Et si, par chance, elles s'en sortaient, Ludivine en rajoutait une dose. Carrément. Elle qui se dit tant blessée d'avoir vu sa mère agoniser, elle ne peut pas dire qu'elle n'avait pas remarqué que ces personnes étaient en état de souffrance. De plus, la plupart de ces résidents étaient en bonne santé. Des petites maladies dues à la vieillesse, mais rien de bien méchant. Et aucun d'entre eux n'avait dans l'idée de se suicider.

Les policiers ont de leur côté identifié cinq autres potentiels victimes : Monsieur Georges Lombard, Monsieur François Ruiz, Monsieur Matias Carle, Madame Augusta Zottino et Madame Joséphine Pachoud.

Quand je demande à Monsieur Sotty s'il est possible qu'elle ait fait d'autres victimes, il me répond : « Non. Il y a eu un travail d'enquête incroyable, avec un expert en médecine légale, qui fait que nous ne pensons pas qu'elle ait pu tuer plus de personnes. »

Après ces aveux, le plus difficile est d'annoncer la terrible nouvelle aux familles : « Au-delà de devoir les informer que de très fortes présomptions pesaient sur les causes des décès de leur parent, nous devions également leur indiquer que nous allions procéder aux exhumations des corps pour procéder aux recherches toxicologiques. Il est évident que l'idée de ces exhumations était plus que douloureuse, parfois même insupportable pour les familles. Sauf pour Madame Zotino qui n'avait qu'une sœur d'à peu près son âge qui n'a pas voulu témoigner. Je me souviens du petit-fils d'une des victimes qui m'avait dit qu'il avait laissé dans le cercueil de sa grand-mère une peluche. Il m'a demandé de bien veiller à la remettre en place. »

III

« Pour moi, Ludivine a pété les plombs après le décès de sa maman. »

Ludivine est mise en examen et placée en détention provisoire à la maison d'arrêt de Bonneville, en Haute-Savoie, en attendant le procès. Marianne Thirard, la procureure, prend maintenant le relais.

Les proches de la jeune femme sont sous le choc. Bernard Chambet, son oncle, dit de sa nièce : « C'est une fille sérieuse, qui a toujours travaillé. Depuis la mort de sa mère, Ludivine avait des problèmes de fatigue, elle n'arrivait pas à s'en remettre. » Pour Bernard Chambet, « Ludivine est une fille simple, un peu renfermée, qui a toujours été sérieuse dans son travail. Lorsqu'elle finissait sa journée, elle filait voir sa mère qui était hospitalisée à Grenoble. À la mort de sa mère, je pense aussi qu'il a dû se passer quelque chose dans sa tête. Et, aujourd'hui, on ne comprend toujours pas comment elle a pu en arriver là. Pour nous, cela a été un choc d'apprendre par la télé ce qui lui était reproché. Elle nous disait parfois que son métier était un peu dur. Mais sans plus. De savoir qu'elle est maintenant en prison, cela nous fait mal », a-t-il confié à la presse juste après l'arrestation de sa nièce.

Claudette, la sœur de Solange, se confie au *Parisien* : « Pour moi, Ludivine a pété les plombs après le décès de sa maman. Elle l'a très mal vécu, cela l'a complètement déboussolée. Elle avait beaucoup de peine Elle disait “ma maman, ma maman”. Ma sœur Solange, la mère de Ludivine, est morte dans de grandes souffrances. Elle avait une leucémie aiguë. Son agonie a duré treize mois. Et pendant tout ce temps, Ludivine est restée à ses côtés. Elle l'a accompagnée jusqu'au bout. Elle était très proche de sa mère. Elles étaient fusionnelles. Elles étaient toujours main dans la main. Elles ne faisaient pas un pas l'une sans l'autre. Elles se disaient tout. Elles allaient dans les magasins ensemble. Ludivine gâtait sa maman. Je pense qu'elle ne s'est pas remise de sa mort. On se demandait, nous aussi, ce qu'elle allait devenir sans sa maman. Elle avait d'ailleurs changé. Cela a dû déclencher quelque chose dans sa tête », affirme sa tante. Claudette avance une explication : « Le fait qu'elle ait vu sa mère souffrir l'a peut-être poussée à éviter à d'autres personnes de connaître les mêmes souffrances. » « Ludivine n'avait pas de petit ami. Pour elle, ce qui comptait, c'était le cocon familial. Elle était fille unique. Lorsque sa mère est tombée malade, Ludivine a quitté son appartement de La Ravoire pour aller vivre chez ses parents. Ludivine n'est donc pas quelqu'un de mauvais. Il n'y a que les psychiatres qui pourront dire pourquoi elle en est arrivée là. Je ne pensais pas qu'elle était capable d'une telle chose. Moi, je ne peux dire que du bien d'elle », confie encore sa tante. Claudette ajoute : « J'ai passé l'après-midi de jeudi avec son père. Il est effondré. Il ne comprend pas, il cherche des réponses. Il ne cesse de répéter : j'ai perdu ma femme, maintenant, je vais perdre Lulu. »

IV

« Elle ose dire qu'elle n'a pas voulu donner la mort, qu'elle voulait simplement apaiser. Mais Ludivine Chambet est dangereuse, même avec ses manières de petite fille. L'horreur du dossier est incontestable. Il s'agit bien de meurtres en série. »

Après presque quatre ans d'enquête, son procès s'ouvre le mardi 9 mai 2017 devant la Cour d'Assises de Chambéry. Il est présidé par Madame la juge Isabelle Oudot, les familles des victimes sont représentées par Maître Daniel Cataldi, Maître Olivier Connille, Maître Elsa Beltrami, Maître Ingrid-Astrid Zeller, Maître Patricia Seigle et Maître Victoire Bern. Et Ludivine Chambet par Maître Ségolène Franc et Maître Thomas Bidnic. Ludivine est accusée d'avoir tué par empoisonnement Madame Simone Aguettaz, Madame Anne Marcillac, Madame Élise Maréchal, Monsieur Marcel Poncet et Madame Alice Miege, Monsieur Georges Lombard, Monsieur François Ruiz, Monsieur Matias Carle, Madame Augusta Zottino et Madame Joséphine Pachoud. Et d'avoir tenté de tuer Madame Irène Grand, Monsieur Jean Tretout et madame Josette Paillet.

« Je voulais juste les soulager, je ne voulais pas les tuer. » Cette phrase, le tribunal va l'entendre souvent sortir de la bouche de Ludivine Chambet. Et pour les familles, c'est juste insoutenable.

Josette Paillet est née le 20 mars 1935. Elle a intégré Le Césalet en 2012. Elle souffrait de démence sénile. Elle était sous tutelle et n'avait pas de famille connue. Son mandataire, Monsieur Mercier, dépendant de l'ATMP, a indiqué à la police avoir limité très largement ses visites qui la perturbaient. Elle était âgée de 76 ans au moment des faits, elle a survécu aux empoisonnements.

Mathias Carle est né le 14 avril 1926. Il est entré au refuge du Granier en 1968 à l'âge de 42 ans, suite au décès de ses parents. Il souffrait d'un déficit intellectuel. À l'époque, les institutions comme l'Hôtel-Dieu recueillaient ce type de patients et leur demandaient quelques petits travaux comme l'aide en cuisine en échange d'un toit et de l'encadrement de la structure. Malgré son déficit intellectuel, Mathias est dépeint comme un monsieur aimant la compagnie. Il n'avait pas de famille. Un diabète avait exigé qu'on l'ampute d'une jambe en septembre 2012, deux mois avant son décès. Mais il était en forme. Il est décédé le 23 novembre 2012, à l'âge de 76 ans. Ludivine Chambet dément avoir empoisonné Mathias Carle.

François Ruiz est né le 2 février 1931. Monsieur Ruiz a été placé par jugement de tutelle en avril 2012. Il vivait seul dans le centre-ville de Chambéry. C'est son voisinage qui a avisé les services sociaux, il souffrait de solitude et d'une pathologie cardiaque. Son mandataire ne l'a rencontré qu'à deux reprises. Il évoque une personne introvertie et fragile. Il n'a pourtant eu qu'un seul malaise constaté le 27 mars 2013, jour de son décès à l'âge de 82 ans. Il était venu se plaindre du dos auprès de Ludivine Chambet.

Georges Lombard est né le 9 mars 1917. Il était à la tête d'une société de matériaux de construction en Haute-Savoie. Georges Lombard était un homme de caractère ayant conjugué avec brio ses responsabilités professionnelles et personnelles. Actif, il a assuré jusqu'à ses 90 ans quelques fonctions au sein de sa société, car très alerte intellectuellement comme physiquement. Monsieur Lombard est rentré au Césalet en février 2012 à l'âge de 95 ans, car il ne supportait plus la présence d'une aide à domicile de nuit. Ce qui inquiétait sa famille. D'après ses proches, il ne se plaisait pas au Césalet et pouvait se montrer un peu ronchon et impatient. Mais il était toutefois en bonne forme physique et intellectuelle pour son âge. Sa fille Marie a raconté au prétoire que son père « était déjà passé à travers un balcon » puis « avait été gravement brûlé » par accident avant de revenir d'un premier coma imputé aux empoisonnements de l'accusée. « Mon père, c'était un peu un Phoenix. Ça ne lui aurait pas déplu d'être centenaire. » Il est décédé le 2 avril 2013, à l'âge de 96 ans.

Joséphine Pachoud est née le 16 août 1923. Joséphine a travaillé un temps comme secrétaire, avant de s'occuper de ses deux enfants. Avec son mari, ils ont mené une vie très dynamique, ils pratiquaient le vélo, la randonnée et ils partaient souvent en voyage. Joséphine souffrait de la maladie de Parkinson et avait quelques difficultés à se déplacer. Mais dans l'ensemble, elle était en bonne santé. Sa famille la disait bien intégrée au Césalet, même si elle disait s'ennuyer un peu parce qu'elle ne pouvait ni lire ni regarder la télévision à cause de ses problèmes de vue. Joséphine était une mamie gentille, joyeuse et pleine de vie. Elle n'était pas dépressive et n'avait pas du tout envie de mourir. Son fils Jacques témoigne des souffrances dans lesquelles sa mère s'est débattue après plusieurs malaises dont elle a été victime. Il indique qu'elle souffrait dans son for intérieur. Qu'il entendait des gémissements de douleur alors qu'elle était placée sous morphine. Joséphine est décédée le 23 avril 2013 à 90 ans. Ludivine nie l'avoir empoisonnée.

Alice Miege est née le 24 novembre 1921. Madame Miege a travaillé au tribunal de Chambéry avant de se marier. Puis a aidé son mari dans son commerce. Elle a intégré Le Césalet en novembre 1999. Elle était atteinte de la maladie d'Alzheimer, et un cancer du sein lui avait été diagnostiqué en 2012. Malgré sa maladie, ses proches indiquent qu'elle les reconnaissait sans difficultés et que ses propos étaient cohérents. Elle semblait heureuse, même si elle se plaignait d'une perte d'autonomie due à son âge. Elle pouvait cependant se déplacer seule pour se rendre à la salle à manger. Elle était de nature très gaie et aimait plaisanter avec les soignants. Elle recevait la visite de ses enfants de manière très régulière, notamment celle de sa fille Marie-Frédérique, qui venait deux à trois fois par semaine. Après son premier malaise, elle avait arrosé sa guérison avec une coupe de champagne. Alice étant une femme costaude, elle résistait aux empoisonnements, mais cela l'affaiblissait chaque jour davantage. Elle est partie dans d'atroces souffrances. Ludivine Chambet s'est littéralement acharnée sur elle. Elle a été victime de huit malaises. Sa fille Frédérique Noiton a raconté à la barre les huit comas dans lesquels a été plongée sa mère à cause de ces mélanges de médicaments : « J'ai croisé Ludivine Chambet dans les couloirs de la maison de retraite après le septième. Elle était agacée et m'a dit : "C'est Lourdes dans cette chambre" ! » Alice Miège est décédée le 7 octobre 2013 à l'âge de 91 ans.

La présidente Isabelle Oudot demande à Ludivine Chambet : « Quand ils ont des malaises, ce n'est pas en dormant, c'est "J'ai mal", c'est violent. Vous ne le voyez pas ? » Ludivine lui répond : « Si, je le vois. Mais, à ce moment-là, je ne fais pas le lien avec ce que j'ai fait. »

Augusta Zottino est née le 20 août 1920, elle a intégré Le Césalet en juin 2005, après une chute. Un cancer du sein lui avait aussi été diagnostiqué en 2013. Les policiers ont très peu d'informations sur la famille d'Augusta. Ils savent qu'elle a une sœur, mais cette dernière n'a jamais accepté de témoigner. Augusta est décédée le 9 octobre 2013, à l'âge de 93 ans.

Marcel Poncet est né le 25 février 1921. Il est entré au Césalet en juin 2009, il était atteint de la maladie d'Alzheimer, mais en forme. Il avait une relation qualifiée « d'amour platonique » avec une résidente. Ils aimaient être côte à côte lors des activités de la maison de retraite. Il est décédé le 14 octobre 2013 à l'âge de 92 ans.

Simone Aguettaz est née le 22 juin 1928, à La Motte-Servolex. Mère de trois enfants, deux garçons, une fille. Elle était clerc de notaire à Chambéry et son mari était électricien. Simone Aguettaz a consacré sa vie à sa famille, une vie simple et heureuse. Simone était une femme discrète, réservée et très pieuse. Elle rejoint l'Ehpad en février 2013. Sa famille indique qu'elle avait sombré dans une grosse dépression après le décès de son mari en 2007 et celui de sa fille en 2008. Elle souffrait de problèmes cardiaques, mais elle n'était pas suicidaire pour autant. Ses fils étaient très souvent près d'elle. Un de ses fils a raconté que sa famille s'était rendue à l'Ehpad lors du premier malaise de sa mère, le 16 octobre 2013 : « Quand on a quitté l'établissement ce soir-là, Ludivine Chambet nous a rattrapés sur le parking pour nous demander comment l'habiller si elle venait à mourir dans la nuit. Alors qu'elle venait de l'empoisonner ! » Simone est décédée le 24 octobre 2013 à l'âge de 85 ans.

Anne Marcillac est née le 11 avril 1925. Avec son époux Roger, employé à la SNCF, ils résidaient à Chambéry depuis 1953 et s'étaient rencontrés en Tunisie en 1943. Ils ont eu ensemble quatre enfants. Madame Marcillac était une bonne vivante, pleine d'humour et très coquette. Son petit-fils, Patrick Pillet, raconte à la barre : « Un jour, elle est revenue d'Aix-les-Bains avec une copine, à 4h30 du matin, en stop. Elle m'a dit : "Tu le diras pas à ta mère, hein ? » Anne a intégré Le Césalet en avril 2013. Elle avait des petits problèmes d'équilibre, c'est pour cette raison qu'ils ont préféré la placer dans un lieu sûr. Pour sa famille, cet assassinat résonne encore davantage comme une vraie trahison. Anne Marcillac était atteinte de la maladie d'Alzheimer, mais avait encore toute sa tête. Patrick, qui était très proche de sa grand-mère, est en colère et inconsolable : « Ça ne lui aurait pas déplu d'être centenaire. Elle aimait aller s'amuser avec ses copines. On nous l'a enlevée une seconde fois. J'adorais ma grand-mère. On était très complices. Elle n'était pas en fin de vie. Un jour, Ludivine Chambet lui a demandé si elle allait bien. Et parce que ma grand-mère ne lui a pas souri, elle l'a condamnée à mort. Ma mamie a mis cinq jours à mourir. Le jour où j'ai appris à mon fils de 11 ans que son arrière-grand-mère avait été empoisonnée, il s'est écrié : "Elle n'avait pas le droit de faire ça à mémé !" Ce drame a brisé notre famille. On est tous rongés de l'intérieur. Tous ceux qu'elle a empoisonnés, ce n'étaient pas des chiens. C'étaient des êtres humains », sanglote Patrick Pillet.

Patricia Vincent, la petite-fille d'Anne Marcillac, est effondrée : « C'était une super-mamie. Ma confidente. Elle me manque terriblement. » Puis elle se tourne vers l'accusée qui a affirmé durant l'instruction qu'elle avait voulu « soulager » les victimes : « Toutes ces personnes âgées ne sont pas mortes en paix. Elles sont mortes en souffrant. C'est horrible, affreux. Je ne vous accorderai jamais mon pardon », lance Patricia. Monique Meunier, une des filles d'Anne Marcillac, ne cache pas sa colère :

« À l'époque, Ludivine, je la trouvais gentille. Aujourd'hui, je pense que c'est un monstre. » Anne Marcillac est décédée le 16 novembre 2013 à l'âge de 88 ans.

Irène Grand est originaire de Savoie. Elle est née le 18 décembre 1927. Elle a intégré l'Ehpad en mars 2013 à la demande de sa famille, par mesure de précaution, parce qu'elle avait quelques petits soucis d'autonomie. Irène a vécu à Lyon avec son mari commissaire de police, avant de s'installer à Chambéry après la mort de celui-ci, en 1979. Ils n'ont jamais eu d'enfants, selon sa famille. Elle se sentait bien au Césalet, même si parfois elle paraissait un peu renfermée. C'était dans sa nature. Irène était une solitaire. : Irène était un petit bout de femme fine et menue, solitaire mais dotée d'un moral d'acier. Elle a survécu aux empoisonnements.

Jean Tretout est né le 10 mai 1937. Il avait intégré l'Ehpad en 1999. Jean était un instituteur à la retraite qui avait adoré son métier. Il était un homme très investi dans ses fonctions, ce qui explique peut-être pourquoi il ne s'est jamais marié. Il était décrit comme un homme gentil et doux. Il s'était très bien intégré à la maison de retraite. Sa famille est soudée, mais éclatée géographiquement avec un frère à Marseille et une sœur en Bretagne. Il recevait donc très peu de visites. Monsieur Tretout n'a jamais évoqué de volonté de se suicider. C'était un résident modèle. Pas exigeant et pas faiseur d'histoires. En novembre 2013, sa nièce avait constaté qu'il avait de la joie dans les yeux. Jean est décédé le 7 janvier 2014, quarante jours après son premier malaise à l'âge de 77 ans.

Le fils d'Élise Maréchal, celle dont le décès a permis de démasquer l'empoisonneuse, Hubert Maréchal, exprime son chagrin et sa colère à la barre : « Elle est entrée à l'Ehpad le 14 octobre 2013 et, quarante jours plus tard, c'était fini. Son empoisonnement a été violent. On a retrouvé ma mère par terre dans sa chambre. Dans son vomi. Elle avait des côtes cassées, le foie éclaté. Je me suis imaginé mille fois ses souffrances. On leur avait confié ma mère en toute confiance et cela a été un drame, une faillite Je n'arrive pas à comprendre son déferlement de violence, tous ces morts. Pourquoi s'en prendre aux plus faibles ? »

Ludivine ne bronche pas d'un iota quand l'avocat général, Pierre Becquet, expose son réquisitoire : « Il ne s'agit ni d'euthanasie, car cette maison de retraite n'était pas un mouroir, ni de démence, car Ludivine Chambet était parfaitement consciente de ce qu'elle faisait en administrant ses cocktails de médicaments. Elle ose dire qu'elle n'a pas voulu donner la mort, qu'elle voulait simplement apaiser. Mais Ludivine Chambet est dangereuse, même avec ses manières de petite fille. L'horreur du dossier est incontestable. Il s'agit bien de meurtres en série. » Il demande trente ans de réclusion criminelle.

Mardi 23 mai 2017, au onzième jour d'audience et après six heures de délibéré, la cour et le jury ont déclaré Ludivine Chambet coupable des treize empoisonnements, dont dix mortels, les deux qu'elle contestait compris.

La cour et le jury ont reconnu l'altération du discernement de Ludivine Chambet au moment des faits. Elle a été condamnée à vingt-cinq ans de réclusion criminelle, avec une obligation de soins pendant dix ans, l'interdiction d'exercer à l'avenir la profession d'aide-soignante et l'obligation de payer des dommages-intérêts aux victimes : « C'est le fonds de garantie qui verse les montants aux victimes et aux familles des victimes. Puis ils s'arrangent pour récupérer les sommes auprès des condamnés. En l'occurrence, Ludivine Chambet », m'explique Maître Connille.

V

« *Comment faire mourir un homme.* »

Avant l'arrestation de Ludivine, pendant l'enquête, Olivier Sotty avait recueilli des témoignages effarants : « Ses collègues nous ont rapporté que Ludivine était toujours dans un état d'excitation intense quand les malaises se produisaient. Qu'elle faisait plus qu'elle ne devait faire. C'est elle qui appelait le Samu, coordonnait les démarches à suivre. » Cela ressemble étrangement à un syndrome de Münchhausen par procuration ! : Mais aucun des deux psychiatres, les docteurs Patrick Blachère et Daniel Zagury, chargés de lui dresser son profil psychologique, ne lui en ont diagnostiqué les symptômes.

Le plus étrange encore est le diagnostic du docteur Daniel Zagury, connu pour avoir expertisé Guy Georges, Patrice Alègre et Michel Fourniret, entre autres. Selon lui : « Nous n'avons pas repéré de froideur ni de jouissance de toute-puissance. Elle ne nous a jamais mis mal à l'aise. Elle ne présente pas les caractères psychologiques des tueurs en série qui, après un premier acte fortuit, tirent les leçons et peaufinent leurs méthodes. » Son analyse est d'autant plus surprenante qu'en janvier 2014, en analysant l'ordinateur de Ludivine Chambet, les policiers ont découvert qu'elle avait fait des recherches assez troublantes sur les psychotropes connus, comme les effets du Tercian (un neuroleptique qui possède des effets atropiniques) et du Tiapridal (un neuroleptique). Puis de février à octobre 2013, elle a cherché sur internet : « Comment faire mourir un homme », « Comment tuer une personne », « Médicaments provoquant un arrêt cardiaque », « Personnes âgées ces médicaments provoquent des chutes mortelles », « Comment provoquer une perte de connaissance, « Comment provoquer un AVC », « Provoquer un arrêt cardiaque », « Médicament provoquant l'infarctus », « Empoisonner un homme », « Torsian forte dose » « Provoquer un coma ». Et ne dit-on pas : un tueur ou une tueuse en série est un criminel auteur d'homicides, qu'il réitère dans le temps. Selon la définition la plus répandue, ce type de criminel a commis au moins trois meurtres, dans un intervalle de temps – de quelques jours à plusieurs années – séparant chacun de ces crimes. Il semble, dans de nombreux cas, tirer un certain degré de plaisir du fait de tuer ses victimes.

Olivier Sotty me dit également : « Ces recherches montrent la volonté sans équivoque de Ludivine Chambet de faire évoluer son mode opératoire. J'appellerais cela un mode opératoire évolutif. » De surcroît, personne ne l'a jamais surprise, si elle se cachait, c'est qu'elle était consciente de ce qu'elle faisait. On dit également qu'un tueur en série choisit ses victimes selon un profil particulier qui lui est cher. Rose et Fred choisissaient des jeunes filles. Genene Jones des enfants. Joanne Dennehy des hommes… Dans le cas de Ludivine Chambet, ses victimes avaient également le même profil : elles étaient toutes des personnes âgées, heureuses et pour la plupart en bonne santé.

Remerciements

Je tiens tout d'abord à remercier mon éditeur Hervé Desinge, pour sa patience et la confiance qu'il m'a accordée.

Merci aux officiers de police John Cabrera et John Bennett pour avoir accepté de répondre à mes nombreuses questions.

Merci au capitaine de la brigade criminelle de Chambéry, Olivier Sotty, de m'avoir accordé son temps et de m'avoir fourni certains de ses rapports.

Merci aux journalistes Howard Sounes et Peter Elkind d'avoir accepté de répondre à mes questions.

Merci à Kim Hayden, du Center for Sacramento History, pour m'avoir procuré les archives dans le cadre de l'affaire Dorothea-Montalvo.

Merci à Shelly Orio, du Media Officer, Sacramento County District Attorney's Office, merci au détective Scott Alford, de la ville de Placer, et Aimee Kincade, Administrative Legal Supervisor du Placer County Sheriff's Office, pour m'avoir aidée dans l'affaire Theresa Knorr.

Merci à Pierre Diot et ma grande amie Caroline Constant, pour m'avoir relue et corrigée.

Merci à ma grande amie Audrey Rebmann, pour son soutien et son amitié.

Merci à Marie-Hélène Braudo, Léonore Alexandrov, Christian Alain, Pascal Gros et Côme Peignot de m'avoir épaulée durant la réalisation de cet ouvrage.

Merci à Antonio Fischetti, d'être toujours près de moi et pour tous ses encouragements.

Et surtout merci à mes deux enfants, Ludivine et Valentin, les deux plus grands amours de ma vie.

Bibliographie

Theresa Jimmie Knorr

Mother's Day, Dennis McDougal, Open Road Media, 2015.

Whatever Mother Says… A True Story of a Mother, Madness and Murder, Wensley Clarkson, St. Martin's Paperbacks, 1995.

U.S. v. KNORR, Case No. 15-00070-01-CR-W-GAF, United States of America, Planti, v. Robert W. KNORR, Defendant, 29 janvier 2016.

Department of Justice U.S. Attorney's Office Western District of Missouri St. Joseph Man Sentenced for Child Porn, août 2016.

« Recent Court Rulling Slow Murder Tial », *The Sacramento Bee*, 14 septembre 1964.

« Murder Verdict is Sought in Sanders Case », *The Sacramento Bee*, 21 septembre, 1964.

« Victim's Sister Believes Murder was Planned », *The Sacramento Bee*, 17 septembre 1964.

« Body of Young Woman Found Afire », *The Sacramento Bee*, 28 juillet 1984.

« Placer Release Artiste Rendering of Female Found Afire », *The Sacramento Bee*, 28 juillet 1984.

« Tale of Family Murder Shocks California », *The Independent*, 23 octobre 1993.

« Mother Sought in Grisly Slaying », *The Sacramento Bee*, 6 novembre 1993.

« Brothers Arrested, Mother Sought in Killing of Sisters », AP Archives, 8 novembre 1993.

« Fugitive Mother Arrested in Utah », Upi News, 11 novembre 1993.
« Mother Accused in Slayings Called Master of Manipulation, Suspect: She was “Harder on Girls », *The Sacramento Bee*, 12 novembre 1993.
« Woman Accused in Slayings of 2 Daughters Arrested », *Los Angeles Times*, 12 novembre 1993.
« Woman Reveals Sister's MuRder », *Detroit Free Press* (Detroit, Michigan), 14 novembre 1993.
« Family's Grisly Trail of Death - Officials Slow to Believe Mother's Abuse », *The Seattle Times*, 14 novembre 1993.
« Unbelievable Tale Reveals Grisly Crimes », *Los Angeles Times*, 14 novembre 1993.
« Family Held by Fear, Abuse - and Death », *Deseret News*, 15 novembre, 1993.
« Daughter Pen Up a Mother's Grisly Secrets », *The Berkshire Eagle* (Pittsfield, Massachusetts), 15 novembre 1993.
« Woman Will Faces Murder Charges », *The Times-News*, 1 décembre 1993.
« Mom Accused of Killing Daughters Arraigned », *The Hanford Sentinel*, 21 décembre 1993.
« Mother Appears in Court of Killing Children », *Deseret News*, 21 septembre 1993.
« Does County Lack Juridiction ? » *Deseret News*, 30 novembre, 1993.
« Brother Faces Trial as Adult “84-85” Deaths of 2 Sisters », *Deseret News*, 15 avril 1994.
« Mother won't be Confronting Death Penalty », *Deseret News*, août 1995.
Cold Case Files: Mommy's Rules (narration Bill Kurtis), intervenants Terry Knorr Walker, la détective Liz Rehkop, le shérif Steve Frick et le détective John FitzGerald, Kurtis production, juin 2020, documentaire.
Deadly Women, The Sacred Bond, auteur réalisateur James Fox, Beyond International production, 23 septembre 2010, documentaire.

Evil Lives Here: The Face of My Torturer, intervenant William Knorr, réalisation J. Tom Pogue, scénario Morgan Beatty, Jonathan Santos, IMDbpro, 21 juillet 2019, documentaire.

Dorothea Montalvo-Puente

Archives détenues au Center for Sacramento History California Superior Court case files for The People v. Dorothea Montalvo Puente (criminal case #18056) : jugements de la Cour, procès-verbaux, arbre généalogique, articles, vidéos des interrogatoires, certificat de naissance, etc. Kim Hayden.
Casetex : Puente v. Mitchell, United States District Court, N.D. California Mar 10, 2006 No. C 02-4129 JSW (N.D. Cal. Mar. 10, 2006).
« Granny Had Trick Up Sleeve », *The Sacramento Bee*, 22 juillet 1982.
« Fifth Corpse is Found at Home », *The Akron Beacon Journal*, 14 novembre 1988.
« Landlady Mixes Past », *The Sacramento Bee*, 15 novembre 1988.
« Body Count at 7 as Search Widens », *The Sacramento Bee*, 15 novembre 1988.
« House of Death Draws Crowd of Curious, *The Sacramento Bee*, 16 novembre 1988.
« Dorothea Montalvo, the Frail Landlady Wanted in the Slayings…, UPI Archives, 17 novembre 1988.
« Something Wasn't Right, Tipster Says of Landlady: Led Police to Death House Suspect », *Los Angeles Times*, 17 novembre 1988.
« Bar Patron Tips Leads to Landlady's Arrest », *The Press Tribune* (Roseville, Californie) 17 novembre 1988.
« Landlady Admits Cashing Checks, Denies Killing 7 », *The Orlando Sentinel*, 18 novembre 1988.
« Friendly Woman in Bar Sure Looked Familiar, then he Remembered Why », *The Los Angeles Times*, 19 novembre 1988.
« Officials Identity one of F Street Body », *The Sacramento Bee*, 22 novembre 1988.

« Mutilated Body Among Those Found in Back Yard », *St. Cloud Times*, 23 novembre 1988.
« 8th Death Tied to Boardinghouse Murders; Man Held », *Los Angeles Times*, 11 décembre 1988.
« Man Linked to Boarding House Murder Case Released on Bail », UPI Archives, 11 décembre 1988.
« Police Link Landlady to Eight Body », *The Star Press*, 12 décembre 1988.
« Accused Mass Killer Got Drugs from Therapist », UPI Archives, 15 mars 1989.
« The House on F Street: Boardinghouse Murder Case Becomes a Nightmare for Landlord », *Los Angeles Times*, 16 juillet 1989.
« Informant Says Puente Admitted Killing Boarders », UPI Archives, 10 mai 1990.
« Prosecution Rests its Case for Putting Puente on Trial », *The Sacramento Bee*, 25 mai 1990.
« Medecine from Puente Bothered Victim, Pal Say Inmate Testifies he Helped Landlady to Cover Up her Tenant's Fisseaperance », *The Sacramento Bee*, 19 février 1993.
« Disturbed Puente Ran F Street House, 82 Reports Says Psychiatrist Diagnosed her Schizophrenic, *The Sacramento Bee*, 2 avril 1993.
« Puente: Her Rroommate had a Pemonition of Reath », *The Sacramento Bee*, 11 juillet 1993.
« A California Jury Ponders 9 Deaths, *The New York Times*, 8 août 1993.
« The Puente Verdict, Some Puzzled by Outcome Others Pleased », *The Sacramento Bee*, 27 août 1993.
« Puente Guilty of Killing Three, Jury Can't Agree on 6 Counts », *The Sacramento Bee*, 27 août 1993.
« Daughter Plead for Dorothea Puent's Life », *The Sentinel*, 22 septembre 1993,
« Landlady to Spend Life in Prison for Killing Tenants », *Los Angeles Times*, 14 octobre 1993.
« The Life and Deaths of Dorothea Puente », Martin Kuz, *Sactown Magazine*, août 2009.

« Murderous Landlady Puente Mannequin Stolen from F Street Boardinghouse, *The Sacramento Bee*, 18 décembre 2014.
The Boarding House Killer, réalisation Steve Allen, scénario Bruce Edwards, Cour TV production, diffusion Channel 4, janvier 2007, documentaire.
The House Is Innocent, réalisé par Nicholas Coles, IMDbPro, 19 avril 2015, documentaire.

Rosemary et Fred West

Out of the Shadows: Fred West's Daughter Tells Her Harrowing Story of Survival, Anne Marie West et Virginia Hill, Simon & Schuster, 1995 et 1996.
The Cromwell Street Murders: The Detective's Story, John Bennett, The History Press, 30 octobre 2011.
Fred & Rose: The Full Story of Fred and Rose West and the Gloucester House of Horrors, Howard Sounes, Sphere, 7 décembre 1995. Seconde édition, Little & Brown Book Group, janvier 2019.
Happy Like Murderers, Gordon Burn, Faber and Faber, 1998 et 2001.
Frederick & Rosemary West : La maison de l'horreur, Corinne Philippe, autoédition, décembre 2019.
Understanding Fred and Rose West: Noose, Lamella and the Gilded Cage, Leo Samuel Goatley, The Book Guild Ltd, décembre 2020.
« Father Prepares to Face News of Death: One of the Bodies Dug Up at House Could be Missing Student », *The Independent*, 7 mars 1994.
« Seventh Body Found Entombed in House », *The Herald Scotland*, 7 mars 1994.
« Couple Told Victim she Would be Buried », *The Independent*, 11 octobre 1995.
« Frederick West Found Hanged in Cell », *The Independent*, 2 janvier 1995.
« Prosecution Tells How Young Girls were Abducted and Abused; in most Appalling Aay; The Victims of Depravity », *The Herald Scotland*, 7 octobre 1995.

« Testimony : Suspect Couldn't get Enough Sex », UPI Archives, 12 octobre 1995.
« Murder Trial is Told that Accused Landlady had Sex with Young Male Lodgers at 25 Cromwell Street. Girl Tried to Stay out of West », *The Herald Scotland*, 13 octobre 1995.
« Witnesses Heard Screams from UK Horror House », UPI Archives, 17 octobre 1995.
« Lesbian Tells of Violent Sex Sessions », *The Independent*, 18 octobre 1995.
« Silent Jury Visits Cromwell Street », *The Independent*, 20 octobre 1995.
« Daughter Tells of Incest and Brutality was Made Pregnant », *The Independent*, 21 octobre 2015.
« Rosemary West Tells of Fred and Sex », *The Independent*, 23 octobre 1995.
« Step-Daughter Charmaine was First to Die », *The Independent*, 23 octobre 1995.
« The Pathologist then Demonstrated How the Body was Dismembered between the Dhighs and Pelvis », UPI Archives, 24 octobre 1995.
« Grim Remains Reveal Torture Mask », *The Independent*, 25 octobre 1995.
« Police Bugged Safe House for Two Months », *The Independent*, 26 octobre 1995.
« Young Women Tell of Attacks by Fred West », *The Independent*, 3 novembre 1995.
« Jury Hears Killer; Voice Describe How Victims were Strangled, Sismembered and Buried. Monologue of Murder », *The Herald Scotland*, 4 novembre 1995.
« Was it Appropriate to Make this Woman Talk? », *The Independent*, 9 novembre 1995.
« Fred West Confessed to 20 More Killings », *The Independent*, 14 novembre 1995.
« How Many More Did they Kill », *The Independent*, 25 novembre 1995.

« House not a Police Brothel », *The Irish Times*, 27 septembre 1996.
« I can Still Taste the Fear », *The Guardian*, 21 novembre 1999.
« Rosemary West condamnée à dix peines de prison à vie. La police s'intéresse désormais à neuf autres meurtres », *Libération*, 23 novembre 1995.
Reg Harcourt, avis recherche de Lucy Partington, reportage diffusé sur la chaîne ATV Midlands, mai 1974.
The Shame of Cromwell Street, Channel 4, 22 novembre 1995.
Inside 25 Cromwell Street : interview filmée de Steve et Mae West, IMDbpro, 6 décembre 1995.
Good Morning Britain's, Susanna Reid, Mae West témoigne, 17 septembre 2018.
Fred & Rose West the Real Story, Trevor McDonald, réalisé par Adam Kaleta, Nathaniel Lippiett, Blink Films production, février 2019, documentaire.
Unheard: The Fred and Rose West Tapes, Howard Sounes, Apple Podcast, Interviews enregistrements, novembre 2019.
Rose West and Myra Hindley - The Untold Story, Trevor McDonald, réalisé par Hugh Ballantyne, Blink Films production, septembre 2020, documentaire.

Joanna Dennehy
Woman tells judge: « I've pleaded guilty and that's that », ITV, 18 novembre 2013.
Peterborough ditch deaths: Joanna Dennehy pleads guilty, BBC News, 23 novembre 2013.
« Killer and Accomplice Captured on Camera at the Height of a Nationwide Manhunt », *Eastern Daily Presse*, 24 janvier 2014.
Peterborough murders: Defendants will not give evidence, BBC News, 28 janvier 2014.
Peterborough murders: Joanne Dennehy was mentally ill, BBC News, 23 janvier 2014.
« My Sweet Sister the Serial Killer: One of these Girls would Grow up a Murderer », *Daily Mail*, 25 janvier 2014.

« Joanna Dennehy : Gary Stretch and Leslie Layton found Guilty of Offences Relating to her Murders », *The Independent*, 12 février 2014.
« Joanna Dennehy: The Girl from a Loving Home who Became a Serial Killer », *The Independent*, 13 février 2014.
Joanne Dennehy « not sorry » for Cambridgeshire ditch murders, BBC News, 14 février 2014.
Compte rendu officiel rédigé par le Juge Spencer : *In the Crown Cour at Cambridge sitting at the Central Criminal Court, Sentencing remarks of Mr Justice Spencer*, 28 février 2014.
The law pages court-cases – Joanna-Christine-Dennehy –12947-1. law, 28 février 2014.
« Joanna Dennehy: Serial Killer Becomes First Woman Told by Judge to Die in Jail », *The Guardian*, 28 février, 2014.
« Twisted Joanna Dennehy was Sentenced to Life Last Week After Brutally Killing Three Men. Her Sister, Maria, Tells Closer how her Loving Older Sister Became a Monster », *Closer*, 13 mars 2014.
Document officiel de la Cour - jugement rendu à la suite de la plainte de Dennehy déposée en 2015 à l'encontre de la prison et du ministère de la Justice : *Neutral Citation Number : [2016] EWHC 1219 (Admin)Case No: CO/4332/2015 : In the High Court of Justice Queen's Bench Division Administrative Court.*
Joanne Dennehy: Triple killer was under probation service supervision, BBC News, 18 mars 2016.
« Psychopathic Serial Killer Joanna Dennehy and Lover Found Covered in Blood after Trying to Kill Themselves in Jail », *Mirror*, 17 août 2018.
« Rose West is 'Moved to Another Prison' after Aerial Killer Joanna Dennehy 'Threatened to Murder her in a Bid to Assert Herself as Top Dog' Minutes after Arriving at Aame Aail », *Daily Mail*, 21 juillet 2019.
« Killer Joanna Dennehy, 37, is now Dating Fellow Murderer Emma Aitken, 25 », *Daily Mail*, 28 juin 2020.
Joanne Dennehy: Serial Killer, Susanna Reid, ITN Productions et ITV4, 18 avril 2019, documentaire.

Genene Jones

« Questions on Infant Deaths Beset San Antonio Hospital », *The New York Times*, 2 juillet 1983.

« The Dead Shift », Peter Elkind, *Texas Monthly*, août 1983.

« Former Nurse in Texas is Tried in Child's Death », *The New York Times*, 20 janvier 1984.

« Trial Begins Of Nurse in Child's Death », *The Washington Post*, 20 janvier 1984.

« Dr. Kathleen Holland, a Pediatrician who Employed Nurse Genene », UPI Archives, 26 janvier 1984.

« Trial Giving Nurse Black Eye », *Fort Worth Star-Telegram* (Fort Worth, Texas), 6 février 1984.

« Around The Nation Hospital Shreds Records Involving Accused Nurse », *The New York Times*, 10 mars 1984.

« Investigation to Go on Despite Conviction », *Kenosha News* (Kenosha, Wisconsin), 2 octobre 1984.

Former Nurse Assessed 60 Years for Injuring Child with Injection, *Fort Worth Star-Telegram*, 2 octobre 1984.

« Baby's Condition Worsened When Nurse on Duty, Witnesses Say », UPI Archives, 19 octobre 1984.

« Another Infant Arme Case is Built Against Ex-nurse », *El Paso Times* (El Paso, Texas), 21 octobre 1984.

University of Texas Health Science Center at San Antonio v. Jordan, Court of Appeals of Texas, San Antonio Jan 21, 1985 686 S.W.2d 652, avril 1985.

Jordan v. Ct. of App. for Fourth Sup. Jud. Dist. Supreme Court of Texas. 701 S.W.2d 644, 20 novembre 1985.

The Honorable V. Murray JORDAN, Judge, Relator, v. The Honorable Court of Appeals For the Fourth Supreme Judicial District, Respondent. No. C-3990, 25 mai1988.

Supreme Court of Texas, Jones v. State. Court of Appeals of Texas, San Antonio 751 S.W.2d 682 No. 04-84-00461-CR. Casetext, avril 1988.

A review of the rôle of roster data and evidence of attendance in cases of suspected excess deaths in a medical context, David Lucy et Colin Aitken, 17 juin 2002.

Survivor of 'Killer Nurse' Opposes her Planned Release Rolando Santos Injected with Blood-thinning Agent at 4 Weeks Old by Genene Jones, KSAT News, 22 mai 2013.
Genene Jones Indicted for 1981 Death of Joshua Sawyer, Communiqué de presse du procureur Nico LaHood, 25 mai 2017.
« Former Texas Nurse, in Prison for Toddler's Death, Now a Accused of Killing Dozens », *The Chicago Tribune*, 26 mai 2017.
« The "Angel-of-Death" Nurse Charged With Death of Second Baby », Peter Elkind, *Texas Monthly*, 21 juin 2017.
« Former Texas Nurse Faces 5th Murder Charge in a Child Death », AP Archives, 1er novembre 2017.
« Former Texas Nurse Accused of Killing 60 Babies Faces New Murder Charge », *The Dallas Morning News*, 1er novembre 2017.
« Former Texas Nurse Suspected in the Killing of Dozens of Children Gets Life Sentence », AP Archives, 17 janvier 2020.
« Prosecutors Race to Keep Notorious Angel-of-Death Behind Bars », ProPublica, 25 mai 2017.
« Angel of Death Nurse Leads Guilty to a New Murder, Peter Elkind, *Texas Monthly*, 16 janvier 2020.
VILE PODCAST KENS5, Stacey Welsh, 2018 :
1. *Baby Chelsea's death put 'killer nurse' Jones behind bars.*
2. *For 'killer nurse' Genene Jones, the case unfolded with one discovery.*
3. *State's Exhibit 47,' Kerr DA reflects on sensational Jones trial.*
4. *Killer nurse's' 99-year sentence vs. Life.*
5. *Former fiancer explains killer nurse's 'hero complex'.*
6. *Nobody reported the cases' : Former Bexar medical examiner speaks on Jones case.*

Juana Barraza
The Little Old Lady Killer, Susana Vargas Cervantes, NYU Press, août 2019.
« Hace embrollo con mataviejitas », *Cronica*, 22 novembre 2004.
« Investiga la PGJDF reportes sobre presuntos "mataviejitas" », Wradio, 30 août, 2005.

« Mataviejitas, asesino en serie », ABC Internacional, 4 septembre 2005.
« De inteligencia brillante, el homicida de ancianos, dice el procurador Bátiz », *La Jornada*, 11 octobre 2005.
« La cacería de El Mataviejitas El costo de negar al asesino », Alberto Nájar, 9 octobre 2005.
Mexico police hunt serial killer, BBC News, 11 octobre 2005.
« Buscan a "Mataviejitas" entre los travestis », *El Universal*, 19 octobre 2005.
« Del Mataviejitas, 24 de 32 asesinatos », Renato Sales, *La Jornada*, 17 novembre 2005.
« SÉCURITÉ - Formation à la française pour des policiers mexicains », *Le Petit Journal Mexico*, 12 janvier 2006.
« Asesiné por las "malas compañías : la Mataviejitas », *La Jornada*, 27 janvier 2006.
Atrapan a «La Mataviejitas», BBC World, 27 janvier 2006.
« La Mataviejitas delató a cómplice, que resultó ser su comadre ; cae judicial que extorsionó 10 años a la homicida », *Cronica*, 2 février 2006.
« The Lady Killer », *The Guardian*, 19 mai 2006.
Informe Criminologico De La Mataviejitas, monografias, 31 mars 2008.
LA MATAVIEJITAS : «UNA SOCIÓPATA», Universia, 8 avril 2010.
« Juana Barraza, la ex luchadora que pasó del ring a la cárcel por matar mujeres », *Milenio*, 14 septembre 2019.
Life for Mexico's Old Lady Killer, BBC News, 1er avril 2008.
« DF - Cronología del caso La Mataviejitas (2004-2006) », *El Universal*, 26 mars 2008.

Beverley Gail Allitt

« Hospital Nurse Charged with Murdering four Children », *The Guardian*, 22 novembre, 1991.
« Two Questioned on Shooting », *The Guardian*, 20 mars 1992.

« Father Speaks of Trust in his Killer Daughter », *The Herald*, 19 mai 1993.
« Allit Hospital was Told of "Unsafe" Ward », *The Guardian*, 19 mai 1993.
« The Syndrome that Makes Killers of Carer », *The Guardian*, 19 mai 1993.
« A British Nurse with a Rare Mental Disorder is Convicted of Killing Four Children », *The Ottawa Citizen*, 19 mai 1993.
« Allit has Bizarre Form of Anorexia Prison Sources », *The Guardian*, 23 mai 1993.
« British Nurse Gets Life Sentence after Conviction for Work-related Murders », Caroline Richmond, *Letter From London*, 1er septembre 1993.
« Killer Nurse Admits 9 Charges she Denied », *The Guardian*, 15 octobre 1993.
Beverly Allitt (Report Hansard), 11 février 1994.
Plainte officielle des familles des victimes : *As to the admissibillity of Application No. 23412/94, by the TAYLOR family, the CRAMPTON family, the GIBSON family and the KING family against the United Kingdom The European Commission of Human Rights sitting in private on 30 August 1994*…
Murder in the NHS, Éditoriaux destinés aux professionnels de la santé, 1994.
« Patient Jailed for Nine Years for Threatening to Kill Allit », *The Guardian*, 6 septembre 1995.
« Allitt Victims' Families Offered Pounds 500,000 », *The Independent*, 17 mai1996.
« Damages Victory for Victim of Child Killer », *The Guardian*, 20 juillet 1999.
Casemine, Allitt Re. Englands and Wales High Court (Queen's Bench Division), 6 décembre 2007.
« Serial Killer Nurse Allitt Must Serve 30 Years », *The Guardian*, 6 décembre 2007.
« Staff at Hospital 'Sere Stunned by Baby's Death' », *The Independent*, 22 octobre 2011.

« Twin Baby Girl 'Was Killed With Insulin Injection »,
The Independent, 22 octobre 2011.
« Boy Patient Died an Hour After Being 'Stable' »,
The Independent, 22 octobre 2011.
« Drawn Curtains in a Silent Village: The Beverly Allitt Case: on Friday this Baby Killer Will be Sentenced for 26 Attacks Including Four Murders. What do they Make of it All Back Home ? »,
The Independent, 23 Octobre 2011.
« Mad, Bad and Fully Qualified », *The Independent*,
23 octobre 2011.
« How I Caught Beverley Allitt, the 'Angel of Death' »,
The Telegraph, 7 novembre 2019.
Trevor McDonald and the Killer Nurse, ITN Productions,
14 octobre 2018, documentaire.
The Beverly Allitt Tapes, Sky Crime, 2020, documentaire.

Judias Buenoano

IN THE SUPREME COURT OF FLORIDA CASE NO 68,091
JUDIAS V. BUENOANO a/k/a JUDY GOODYEAR, Appellant
IN THE SUPREME COURT OF FLORIDA CASE NO.
92,522, JUDY A. BUENOANO, Appellant.
UNITED STATES REPORTS, 508, octobre 1997.
« Ex-fiance Accuses Woman of Trying to Kill Him »,
Pensacola News Journal, 6 mars 1984.
« Buenoano Headed for Trial on Murder, Theft Charges »,
Pensacola News Journal, 18 mars 1984.
« Prosecutor Tells Jurors Mother Cooly Killed Son,
The Orlando Sentinel, 31 mars1984.
« 'Black Widow' is Caught is her Own Web », *The Miami Herald*,
21 octobre 1985.
« Trail of Dead Husbands, Stepson Leads to 'Black Widow' »,
Hartford Courant, 24 octobre 1985.
« Woman Fears she'll Get Death Sentence in Killing of Husband »,
The Tampa Tribune, 7 novembre 1985.

« Buenoano Sentenced to Die for Death of Dirst Husband », *Pensacola News Journal*, 2 novembre 1985.
« Pensacola Detective Believes Buenoano Killed for the Money », *Orlando Sentinel*, 24 juin 1990.
« Buenoano Lived a Life of Sweetness, Death », *Orlando Sentinel*, 24 juin 1990.
« The Black Widow », *Sun Sentinel*, 1er juillet 1990.
« Death Row's 'Black Widow'Still an Enigma », *The Miami Herald*, 2 juillet 1991.
« Bodies Leaves Killer's Motive Untold », *The Miami Herald*, 14 juillet 1991
« Black Widow Killer Executed », *Washington Post*, 31 mars 1998.
« Smoke Rises from Buenoano's Leg », *The Tampa Tribune*, 31 mars 1998.
Gregg v. Georgia (1976), The Death penalty in 1976, Bill of Rights Institute.

Aileen Carol Wuornos

Dead Ends : The Pursuit, Conviction, and Exécution of Serial Killer Aileen, Joseph Michael Reynolds, Open Road Media, 21 juin 2016.
Dear Dawn, Aileen Wuornos in Her Own Words, 1992- 2002, Soft Skull Press, 2012.
Aileen Carol WUORNOS, Appellant, v. STATE OF FLORIDA, Appellee. No. 79484.
Aileen C. WUORNOS, Appellant, vs. CASE NO. SC001199, STATE OF FLORIDA, FOR VOLUSIA COUNTY.
Florida Supreme Court : archives Aileen Wuornos Cases.
FBI. Vault - Aileen Wuornos records.
« Woman Held in Interstate Killings », *Chicago Tribune*, 18 janvier 1991.
« Woman Is Arrested in a Series of Killings in Florida », *The New York Times*, 18 janvier 1991.
« Woman Confesses to Killing 2 Men Along Florida Roads »,

The New York Times, 6 février 1991.
« Florida Prostitute Admits Murders », AP archives, 2 juillet 2001.
« Death Thumbs a Ride », *Sun Sentinel*, 17 novembre 1991.
« Childhood, Police Profile Follow Wuornos to Court », *Orlando Sentinel*, 8 décembre 1991.
« Cruising the Highway on a 'Killing Day' », *Tallahassee Democrat*, 18 août 1991.
« The Country's First Known Female Serial Killer, *Asbury Park Press*, 1er septembre 1991
« A Mother's Love: Aileen Carol Wuornos has claimed to be that rarest of predators, a female serial killer. Horse breeder Arlene Pralle is the born-again Christian who adopted her after seeing her photo in the local newspaper », *The Los Angeles Times*, 17 décembre 1991.
« Accused Serial Killer Only Defense Witness at her Trial », UPI Archives, 24 janvier 1992.
« Brother Says Wuornos Had Normal Childhood », UPI Archives, 29 janvier 1992.
« Jurors Recommend Death Penalty For Florida Woman Who Killed 7 », *The New York Times*, 31 janvier 1992.
« Serial Face Two More Trials », UPI Archives, 16 mai 1992.
« True Tales of Two Women », *Washington Post*, 5 novembre 1992.
« Unique Case, Unique Defense », *Sun Sentinel*, 15 novembre 1992.
« Governor Delays 2 Executions, *Pensacola News Journal*, 1er octobre 2002.
« Cryptic Words and then she Dies », *Tampa Bay Times*, 10 octobre 2002.
Le procès d'Aileen Wuornos pour le meurtre de Richard Mallory, dans son intégralité, Courttv.com FLV. Wuornos (1992).
The Selling Of A Serial Killer, réalisé et produit par Nick Broomfield, 1993, documentaire.
Aileen: The Life and Death of a Serial Killer, réalisé et produit par Nick Broomfield, 2002, documentaire.

Marybeth Tinning
Casemine, Supreme Court of New York : People V. Tinning.
« Community: Shock, Confusion over Infant Deaths; Mother Charged in One », AP Archives, 6 février 1986.
« Mother Suspect in Child Deatths », *The Tyler Courier-Times,* 6 février 1986
« Nine Tiny Corpses, How Many Did the Mother Kill ? » *Daily News New York*, 6 février 1986.
« Investigator Warned in 1981 About Tinning Death », AP Archives, 8 février 1986.
« SIDS Deaths Sometimes Hard To Differentiate From Murders », AP Archives, 10 février 1987.
« I just Wanted her to Stop Crying », *The Republic*, 8 mars 1987.
« The Case of Dying Children », *The Charlotte Observer* (Charlotte, Caroline du Nord), 12 avril 1987.
« Nine Toung Lives that Slipped Away », *The Age* (Melbourne, Victoria, Australie), 28 mars 1987.
« Over Years, Couple Buried 9 Children », *The Washington Post,* 1er mars 1987.
« Mother's Trial Starts in Baby's Death », *The New York Times*, 28 juin 1987.
« Former Next-Door Neighbor Testifies to Finding Tinning's Lifeless Infant », AP Archives, 28 juin 1987.
« Conviction in Infant Death », *The Washington Post*, 28 juillet 1987.
« Slay Mom Loses Bid for Trial », *Daily News* (New York, New York), 30 décembre 1988.
« The Mother who Murder », *The Observer* (Londres, GB), 24 septembre 1989.
« Schenectady Child-suffocation Case Goes to Jury », *The New York Times*, 16 juillet 1987.
« Could she be modern-day Medea ? » *Courier-Post* (Camden, New Jersey), 30 mai 1990.
« Case of Babies' killer is like None Others », *The Los Angeles Times*, 9 juillet 1999.
« Notorious baby killer Marybeth Tinning getting out of prison »,

Times Unions, 25 août 2018.
Autopsy: Confessions of a Medical Examiner, réalisateur Arthur Ginsberg, auteur Michael Baden (médecin légiste) et Joyce Egginton (auteure), HBO production, 1994, documentaire.

Ludivine Chambet

Rapports du capitaine Olivier Sotty.
« Chambéry : depuis le décès sa maman, Ludivine avait changé », Europe 1, 13 décembre 2013.
« Chambéry : la vie à petits pas après l'affaire du poison », *Libération*, 13 décembre 2013.
« Nous avons cette terrible impression d'être les seuls coupables » (les familles des victimes), *Le Dauphiné*, 18 décembre 2014.
« En Savoie, l'aide-soignante aux 13 empoisonnements passe aux assises », *Libération*, 8 mai 2017.
« Empoisonneuse de Chambéry : Ludivine Chambet encourt la prison à vie », *Le Parisien*, 9 mai 2017.
« Les psychiatres face au mystère Ludivine Chambet, l'aide-soignante empoisonneuse », *Le Parisien*, 10 mai 2017.
« Aide-soignante empoisonneuse : "sa volonté était de tuer", selon l'enquêteur », *Le Point*, 11 mai 2017.
« Procès de Chambéry, pas une affaire "d'euthanasie" pour le policier-enquêteur », *La Croix*, 11 mai 2017.
« Procès de Chambéry, la mémoire sélective de Ludivine Chambet », *La Croix*, 12 mai 2017.
« Face à ses incohérences, Ludivine Chambet reste imperturbable », *Le Monde*, 13 mai 2017.
« Procès de "l'empoisonneuse de Chambéry" : quand soudain, des larmes », *Le Monde*, 18 mai 2017.
« Les proches des victimes témoignent au procès de l'aide-soignante empoisonneuse », *Le Point*, 8 mai 2017.
« Trente ans de réclusion requis contre "l'empoisonneuse de Chambéry" », *Le Monde*, 22 mai 2017.
« Empoisonneuse de Chambéry : pour l'avocat général, "il s'agit

bien de meurtres en série" », *Le Parisien*, 23 mai 2017.
« Vingt-cinq ans de prison pour Ludivine Chambet, l'empoisonneuse de Chambéry », *Le Monde*, 24 mai 2017.
« Procès de Chambéry : Il n'y a pas de monstre ici, Mme Chambet, elle est des nôtres », *Le Monde*, 28 mai 2017.

Table des matières